教育部哲学社会科学系列发展报告

山西资源型经济转型国家综合配套改革试验区发展报告2017

营商环境与区域发展

郭泽光　等编著

中国财经出版传媒集团
中国财政经济出版社

图书在版编目（CIP）数据

营商环境与区域发展：山西资源型经济转型国家综合配套改革试验区发展报告．2017/郭泽光等编著．—北京：中国财政经济出版社，2018.3

ISBN 978-7-5095-8206-0

Ⅰ.①营…　Ⅱ.①郭…　Ⅲ.①资源经济-转型经济-研究报告-山西-2017　Ⅳ.①F127.25

中国版本图书馆 CIP 数据核字（2018）第 075867 号

责任编辑：刘五书　林治滨　　　　责任校对：胡永立

封面设计：邹海东

中国财政经济出版社 出版

URL：http：//www.cfeph.cn

E-mail：cfeph@cfeph.cn

社址：北京市海淀区阜成路甲 28 号　邮政编码：100142

营销中心电话：010-88191537　北京财经书店电话：64033436　84041336

北京财经印刷厂印刷　各地新华书店经销

787×1092 毫米　16 开　22.75 印张　270 000 字

2018 年 3 月第 1 版　2018 年 3 月北京第 1 次印刷

定价：58.00 元

ISBN 978-7-5095-8206-0

（图书出现印装问题，本社负责调换）

本社质量投诉电话：010-88190744

打击盗版举报热线：010-88191661　QQ：2242791300

发展报告课题组成员

郭泽光 山西财经大学　教授、博士生导师

山西省政协人口资源与环境委员会　副主任

副主编：

张荣章 中共山西省委政策研究室（省委改革办、省综改办）副主任

郭淑芬 山西财经大学资源型经济转型发展研究院　院长、教授、博士生导师

主要研究人员（按姓氏拼音排序）：

陈　治 山西财经大学统计学院　副院长、教授、博士

范冬梅 山西财经大学资源型经济转型发展研究院　教授

樊贵莲 山西财经大学公共管理学院　讲师、博士研究生

高　楠 山西财经大学旅游管理学院　副教授、博士

郭　伟 山西财经大学会计学院　讲师、博士研究生

吉迎东 山西财经大学管理科学与工程学院　副院长、副教授、博士

景普秋 山西财经大学　教授、博士生导师

李荣杰 山西财经大学资源型经济转型发展研究院　讲师、博士

马慧强 山西财经大学旅游管理学院　讲师、博士

任　娇 山西财经大学资源型经济转型发展研究院　讲师、博士

单顺安 山西财经大学财政金融学院　副教授、博士

王建秀 山西财经大学管理科学与工程学院　副教授、博士

王晓霞 山西财经大学环境经济学院　办公室秘书

薛曜祖 山西财经大学资源型经济转型发展研究院　副教授、博士

阎　晓 山西财经大学资源型经济转型发展研究院　讲师、博士

张宝建 山西财经大学资源型经济转型发展研究院　副院长、副教授、博士生导师

张华明 山西财经大学经济学院　副院长、副教授、博士

张　静 山西财经大学资源型经济研究院　讲师、博士

张丽华 山西财经大学资源型经济转型发展研究院　教授

赵康杰 山西财经大学资源型经济转型研究院　副教授、博士

钟顺昌　山西财经大学资源型经济转型发展研究院　讲师、博士

研究生：
包　盛　山西财经大学资源型经济转型发展研究院　硕士研究生
卜　晨　山西财经大学资源型经济转型发展研究院　硕士研究生
董屹宇　山西财经大学会计学院　博士研究生
窦倩倩　山西财经大学管理科学与工程学院　硕士研究生
范映君　山西财经大学经济学院　硕士研究生
李佩娟　山西财经大学资源型经济转型发展研究院　硕士研究生
李晓芳　山西财经大学财政金融学院　硕士研究生
李　玥　山西财经大学会计学院　博士研究生
刘雁蔚　中南财经政法大学经济学院　硕士研究生
刘泽岩　山西财经大学管理科学与工程学院　硕士研究生
马文婷　山西财经大学管理科学与工程学院　硕士研究生
牛　娜　山西财经大学资源型经济转型发展研究院　硕士研究生
裴耀琳　山西财经大学管理科学与工程学院　硕士研究生
任灿灿　山西财经大学会计学院　博士研究生
王瑞瑜　山西财经大学经济学院　博士研究生
吴文婷　山西财经大学旅游管理学院　硕士研究生
翟　君　山西财经大学会计学院　博士研究生
张晋楠　山西财经大学资源型经济转型发展研究院　硕士研究生
张竞超　山西财经大学经济学院　硕士研究生
张丽波　山西财经大学管理科学与工程学院　硕士研究生
张旭红　山西财经大学旅游管理学院　硕士研究生
张一帆　山西财经大学资源型经济转型发展研究院　硕士研究生
赵富礼　山西财经大学资源型经济转型发展研究院　硕士研究生

本科生：
高丽鑫　山西财经大学旅游管理学院　本科生
刘嘉乐　山西财经大学旅游管理学院　本科生
王　玺　山西财经大学旅游管理学院　本科生
王俞琴　中国矿业大学（北京）理学院　本科生

前　言

2017 年 6 月 21 日至 23 日，习近平总书记到山西考察调研，对山西经济社会发展取得的成绩和各项工作给予了肯定，同时指出，要以营造良好营商环境推动经济转型发展。6 月 13 日，李克强总理在全国深化简政放权放管结合优化服务改革电视电话会议上强调，“营商环境就是生产力”，既要积极抓项目建设，更要着力抓环境建设，由过去追求优惠政策“洼地”，转为打造公平营商环境的“高地”。我们也认为，打造良好的营商环境，是山西深入贯彻新发展理念、深化转型综合改革试验区建设的迫切要求。同时我们也感到，山西营商环境不优、制度性交易成本偏高的问题还没有从根本上得到解决。2017 年 5 月 21 日山西召开的“全省优化营商环境会议”，对进一步开创转型综合改革工作新局面作业部署。会议强调，要坚持改革创新，攻坚克难，对标一流，奋力争先，推动山西营商环境进入全国第一方阵，打造“审批最少、流程最优、体制最顺、机制最活、效率最高、服务最优”的营商环境。这不仅为全省营商环境建设指明了方向，也是下一步推进综合改革促发展的主要突破口。

基于党中央赋予山西建设国家资源型经济转型综合配套改革试验区的重大任务和 2017 年山西省努力营造“六最”营商环境的系列实践，我们将本年度《山西省国家资源型经济转型综合配套改革试验区发展报告》（以下简称《发展报告》）的主题确定为“营商环境与区域发展”，对山西营商环境优化进展及其相关问题进行多视角的探索性研究。《发展报告》仍沿袭往年编写框架，由总论篇、专题篇、案例篇、经验篇以及转型综改大事记等五部分构成。

总论篇包含年度总论、转型统计监测与评价及转型效果评估三部分，共3章：一是“优化营商环境：山西深化转型升级的新突破口”，以国家“十三五”规划中提出的“营造公平竞争的市场环境、高效廉洁的政务环境、公正透明的法律政策环境和开放包容的人文环境”为依据，从市场环境、政务环境、法律政策环境和人文环境四个维度给出了对营商环境的本土化解释，并据此对山西优化营商环境取得的阶段性成效和问题进行梳理。研究认为，山西营商环境阶段性成果显著，“引进来、走出去”步伐也进一步加快，但仍存在要素保障瓶颈制约、行政审批繁琐、基础设施建设相对落后等问题。在此基础上，提出山西将营商环境作为深化转型升级的新突破口的优化建议。二是山西资源型经济转型统计监测与评价研究，延续历年指标体系的构建思路，从经济增长质量与水平、产业转型与经济多样化、城乡协调与空间结构优化、民生工程与社会转型、资源集约利用与生态环境修复、科技进步等六个方面，对2006—2015年山西省及各地市转型升级进行综合评价。三是山西资源型经济转型发展效果评估与政策探析，基于层次分析法测度山西资源型经济转型发展指数，发现山西资源型经济转型发展过程来可划分转型严重失效（2000—2005年）、转型波动式下降（2007—2013年）、转型略有成效（2014—2015年）三个阶段，进一步检验政策效果发现山西转型综合改革未表现出持续的政策效应，未来应加强政策的延续性、一致性与连贯性。

专题篇围绕财税环境与融资成本、电力及基本公共服务、法治化与国际化、开发区改革创新、人才政策与大学生创业、创新型企业与双创生态、资源型企业绿色转型等领域进行了探讨，共计13章主要有：山西财税营商环境目前存在地方税收自给率低、纳税服务不完善、财政透明度不足等问题，促进税收服务于营商环境优化，管理者需要理念转变，执行者也需要行动转型；通过对太原市230

家民营企业的问卷调查发现大、中、小型民营企业贷款综合成本依次递升，企业规模越小则融资成本越大，未来应该完善政策法规和金融环境，为民营提供更多低成本贷款选择，以改善民营企业融资难问题；售电侧改革激发了市场活力，为企业降低用电成本起到了促进作用，进一步提升山西电力服务需要完善监管机制、促进发售电双边协商、进一步增进电力行业竞争；对近五年山西省11个地级市的基本公共服务质量水平进行测度发现，山西省基本公共服务总体质量水平呈上升趋势，等级空间分布格局呈现由质量较差及以下向质量中等及以上演变，位序演变总体呈向好趋势；在法治化营商环境建设方面，山西目前还存在政策和理念落实不到位、干预过多而监管不足、司法效率和司法能力有待提高等问题，未来应该深入推进"1+9"专项行动，将其打造为长效机制；山西开放发展总体趋势向好，外商投资获得较大规模提升，开发区对内和对外开放水平快速提高，人才和资金吸引力不断提升，但与全国开放水平相比仍需要进一步加快追赶；山西应该以开放发展理念推进开发区二次创新创业，深化改革创新开发区的运营模式，提升开发区发展的创新驱动力，完善开发区基础设施建设，扩大开发区与其他地区的合作交流；山西对人才的吸引力仍然不足，创业环境不佳，缺乏优秀人才立足的土壤，山西人才政策应对标国内先进，同时还应增强人才培育力度，优化创新型企业成长环境，构建双创生态体系，提升对大学生创业的扶持力度，外部引进与本地培育并举、人才集聚与双创生态协同地推动营商环境优化和地区发展；山西省资源型企业绿色转型营商环境建设存在政策落实不到位、服务体系建设不到位、市场环境优化不到位、制度性交易成本仍然很高等问题，推进政府职能转变，加大市场开放力度，构建与开放的市场经济体制相对应的管理体制，是优化营商环境促进资源型企业绿色转型的长久之道。

近年来，2017年百强县排名第35位的山西孝义市深化"放管服"改革，优化营商环境推进转型发展取得了显著成效。因此，案例篇选择孝义市进行研究。对孝义市进行实地调研，并与代表性企业深入座谈交流后，从企业创办、政府服务、企业融资、法律环境四个方面分析孝义市营商环境的发展、变化与主要推进举措。研究发现，该市在降低企业制度性交易成本、优化政府服务、提升城市品质等方面的做法具有典型性、示范性、可推广性。

经验篇包含两个部分共计2章：一是发达地区优化营商环境的经验及其对山西的启示，通过对新加坡和中国香港等发达地区优化营商环境做法的深入剖析，总结其优化营商环境的主要经验，提出对山西优化营商环境的四点启示：效率优先，简政放权，降低制度性交易成本；提高城市服务水平，与发达地区对接；完善投融资相关法律法规，建设优质高效的投融资环境；打造服务企业的电子政务平台系统。二是从历史视角分析明清晋商五百年辉煌的地理、经济、政治、人文环境，提出传承晋商精神、优化山西营商环境的启示，包括：以政府为主导，推动制度环境建设；政府推动，传承晋商精神；践行双创，推动创新创业新格局。

转型综合改革大事记，对山西2017年转型综合改革的重点事件进行了记录。

营商环境对区域发展至关重要，是生产力也是竞争力。进入2017年，随着营商环境不断优化，山西各地掀起招商引资、招才引智新热潮，前三季度地区生产总值同比增长达到7.2%。从增速看，前三季度的增速自2014年以来首超全国平均水平，经济稳中向好、实现由“疲”转“兴”。《发展报告》研究团队希望能够通过及时调研现状，在理论研究、理念宣传、政策建议等方面，为山西的营商环境优化和区域可持续发展提供智力支持。

郭泽光

2017年11月

目 录

总论篇

专题篇

案例篇

经验篇

附　录

CONTENTS

Overview

Disquisitions

Case

Experiences

总论篇

总论篇

第一章

优化营商环境：山西深化转型升级的新突破口

郭泽光　郭淑芬　裴耀琳

当代经济，营商环境日益成为难以复制的竞争力和显性生产力。本章以我国“十三五”规划中提出“营造公平竞争的市场环境、高效廉洁的政务环境、公正透明的法律政策环境和开放包容的人文环境”为依据，将营商环境划分为市场环境、政务环境、法律政策环境和人文环境四个维度，并以此为基础，分别对山西优化营商环境取得的阶段性成效和问题进行梳理。研究认为，山西营商环境阶段性成果显著，市场竞争机制不断完善，监管格局趋向合理，政府职能逐渐转变，政策法律体系更加完善健全，“引进来、走出去”步伐也进一步加快等，但也存在要素保障瓶颈制约、行政审批繁琐、基础设施建设相对落后等问题。在此基础上，本章还针对现存问题，分别提出山西进一步优化营商环境的建议，对山西将优化营商环境作为深化转型升级的新突破口具有一定的借鉴和指导意义。

"新常态"下，经济下行压力与日俱增，同时，能源供给紧张等问题也暴露无遗，粗放的要素驱动模式已经不可持续，因而对资源型经济转型发展提出了新的要求。实现转型发展最终就是要实现从资源依赖型向创新驱动型的根本转变，为此，要在全社会范围内形成有利于实施创新驱动的良好氛围。构建良好的营商环境，则是其中必不可少的一环。

营商环境反映着一国或地区经济软实力，深刻影响着一个地区的投资活跃度与经济活力。伴随全球化进程的不断深入，营商环境越来越成为一个区域融入国际交流与合作的基础、参与国际竞争的保障。可以说，"营商环境就是生产力"。山西作为全国重要的能源基地和老工业基地，在推进资源型经济转型改革和发展中具有重要地位，经过多年的以商事制度为主的改革，营商环境趋于优化，一系列措施使山西相较从前而言，逐渐形成了一个更加公平、高效、透明、开放的投资环境，这对山西实现资源型经济转型具有重要意义。将优化营商环境作为转型升级的战略之举来抓，已经成为山西深化资源型经济转型发展的新突破口。

一、山西省优化营商环境的背景及意义

山西受自身结构性障碍和体制性束缚的影响，多年来经济增长缓慢，前几年还一度出现了"断崖式"下滑。为重振经济，扭转颓废势头，全省加快了改革步伐，在一系列政策措施的作用下，工业结构出现向好变化，"一煤独大"的结构性障碍得以减弱；服务业逐渐成长为引领经济增长的主动力；进出口总额也在 2015 年经历短暂下跌后在 2016 年大幅度提升；固定资产民间投资和吸纳外商及港澳台投资也焕发新活力（如图 1－1 所示）。整体上，山西经济在 2017 年上半年度实现 GDP 增长 6.9%，自 2014 年第一季度以来首次追平全国增速，全省经济实现了由"疲"转"兴"的反转；前三季度经济增速达到 7.2%，高于全国 0.3 个百分点，实现了自 2014 年第一季度以来 14 个季度后首超全国平均水平。这些成绩的取得与山西营商环境持续优化有密切联系。

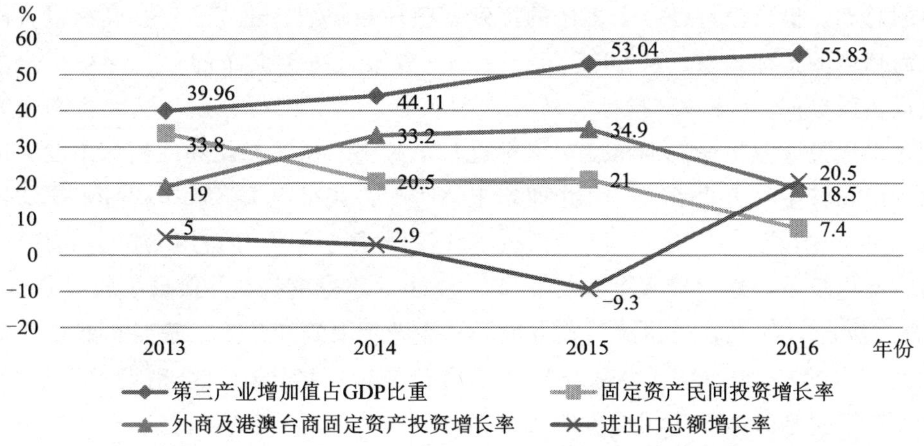

图 1－1　2013—2016 年山西经济发展部分指标变化情况

据世界银行 2012 年发布的《在更透明的世界里营商》报告显示，好的营商环境，如果使开办企业需要的时间减少 10 天，投资率和 GDP 增长率就会分别增长 0.3% 和 0.36%。良好营商环境对地区经济有重要意义。自 2015 年我国提出深化“放管服”改革以来，山西省委、省政府在认真落实国务院有关精神基础上，结合自身实际情况，加速政府职能转变，不断推进“放管服”改革，大大提升了在山西省开办企业的便利度。

2017 年 6 月 21 日至 23 日，习近平总书记在山西省考察时提出要“以营造良好营商环境推动经济转型发展”，这为山西的转型和发展指明了方向。山西省自第十一次党代会以来，政治生态持续净化，营商环境逐步改善。山西省委、省政府将 2017 年确定为开展优化营商环境专项行动年，有针对性地破解阻碍营商环境优化的各个顽疾，是山西当前最重要的大局。因此，研究山西营商环境现状、提炼存在问题，对进一步优化山西营商环境的政策制定及实践均具有借鉴和指导意义。

二、营商环境的概念与构成

（一）世界银行观点

世界银行将“营商环境”定义为：一个企业在开办企业、经营、贸易活动、纳税、企业破产及执行合约等方面遵循政策法规所需要的时间和成本等条件的总和。世界银行经过十多年的探索、整理和归纳，建立了一整套衡量各国营商环境的指标体系，从2015年开始，世界银行每年发布的营商环境报告中形成了固定的10项一级指标、36个二级指标。世界银行分别从法制化和便利化角度以及企业生命周期角度对指标进行了归类：从法制化和便利化角度，10项一级指标中“开办企业”“办理施工许可”“获得电力”“产权登记”“纳税”和“跨境贸易”这些属于反映监管过程的复杂程度和费用支出类的指标，另一类由反映法制保障程度指标构成，包括“获得信贷”“保护少数投资者”“合同执行”和“破产办理”几方面。从企业生命周期角度，按照企业生命周期的“启动”、“选址”、“融资”和“容错处理”四个阶段分别设置了指标，启动阶段包括开办企业，选址阶段包括办理施工许可、获得电力、产权登记三项，融资阶段的指标有信贷和保护少数投资者两项，容错阶段是合同执行和破产办理等两项。此外，还包含有企业的日常运行方面的两项，分别是跨境贸易和纳税。

可以看出，世界银行的营商环境评价指标是通过采用针对各国企业运营的客观环境而设计的，是围绕市场主体展开的。其中，成本和效率是对营商环境评价最基本的要求。通过评价营商环境，要求政府在实现有效监管和防止监管负担过重两者间寻求平衡，达到改善营商环境的目的。目前，各国对这一指标体系虽存在不同的争议，但却是世界上较为完善、认可程度较高的一套衡量标准，受到各国政府及投资者的关注。

（二）本土化观点

2016年3月17日，我国《国民经济和社会发展第十三个五年规划纲要》（下称《纲要》）在“健全对外开放新体制”这一章中提出要完善法治化、国际化、便利化的营商环境，具体包括“营造公平竞争的市场环境、高效廉洁的政务环境、公正透明的法律政策环境和开放包容的人文环境”四个方面（如图1-2所示）。《纲要》不仅要求统一内外资法律法规，保护外资合法权益，在知识产权和反垄断方面加强执法，深化执法国际合作，还要求对外资全面实行准入国民待遇及负面清单管理制度，在降低外资准入门槛的同时，也为外资提供同内资公平竞争的环境；另外在提高自由贸易试验区建设及跨境电子商务要求提高政府工作效率，并将成功经验在更大范围推广等。这些措施和要求，就是为搭建由市场环境、政务环境、政策法律环境及人文环境构成的营商环境，围绕“公平竞争”“高效廉洁”“公正透明”以及“开放包容”这四个关键词提出的。这不仅从宏观层面为健全对外开放新体制做出要求和规划，也为全国各省市和地区打造优良的区域营商环境指明了方向。

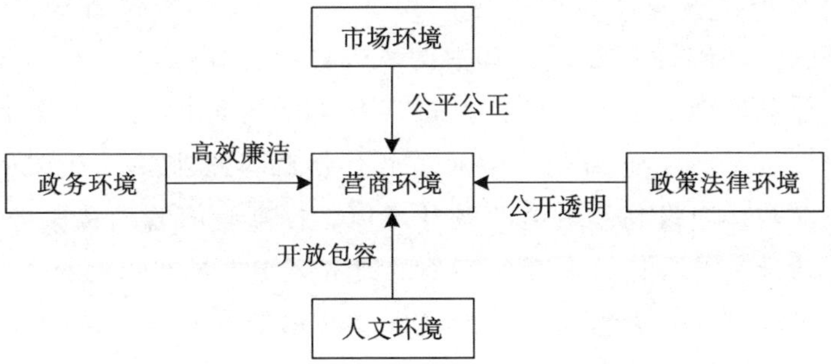

图 1－2　营商环境构成的本土化观点

（三）本章的理解

本章对山西营商环境的考察和评价是基于图 1－2 的理解。同时，结合山西实际与数据可获得性，对每一个方面的考察内容又进行了细化。细化后的内容如表 1－1 所示。

表 1－1　　山西省营商环境评价主要包括内容

	营商环境构成	营商环境评价主要内容
山西省营商环境	市场环境	要素公平使用程度、进入退出市场机制健全程度、参与市场竞争公平程度、市场监督完善程度
	政务环境	政府服务意识、政务信息公开程度、行政审批便利度、公务员廉洁从政程度
	政策法律环境	决策公开透明程度、执行公开透明程度、宣传公开透明程度、结果公开透明程度
	人文环境	国际交流与区域合作程度、对外投资规模、对外来人口和文化的包容程度、基础设施健全程度

1. 市场环境。现代企业管理理论认为，市场环境是指经营活动所处的社会经济环境中企业不可控制的因素。市场环境既可以给企业带来生存和发展的机会，也可能对其形成一定威胁。在市场经济条件下，为充分发挥市场的竞争机制，必定需要公平竞争的市场环境。“公平竞争”是对市场环境的重要要求，也是营商环境中对市场环境考察的重点。公平竞争的市场环境指对各参与竞争的市场主体的外部约束必须平等，可以使各类市场主体平等地使用生产要

素、公开公平公正地参与市场竞争等。公平公正的市场环境离不开有效的市场监管，市场监管的力度和成效能很大程度上体现市场环境的公平公正特征。

2. 政务环境。政务环境指影响行政事务的内部和外部各种因素的总和。主要包括了软件和硬件两方面，其中的软件方面体现在“工作制度、审批流程、效率、公务员廉洁从政、依法从政”等内容方面；硬件方面是指“工作环境、办公设施”等。营商环境中对政务环境的考察主要反映在从软件方面要注重高效廉洁。建设高效廉洁的政务环境，提高政府管理和服务社会水平，是营商环境建设的首要任务。高效廉洁的政务环境，具有强大的先导作用，有利于带动市场环境、政策法律环境以及人文环境等的建设，有助于带动民风、社会风气以及市场秩序等的良好，是政府提供良好的社会服务的保障。

3. 政策法律环境。政策法律环境是保障一个国家或地区企业正常生产经营活动的基本条件。它直接体现了保护弱者权益、可持续发展、经济民主、政府的经济管理职能和适度的市场竞争等更深一层的问题。营商环境中对政策法律环境的考察涉及政策法律的决策、执行、宣传以及结果公开等各环节的公开透明。公开透明的政策法律环境，一方面可以使政策法律所规范的社会主体及时了解相关政策法律内容，明确自身享有的权利和应当履行的义务，执法机关也能据此对各种社会活动或行为进行管理；另一方面，社会相关主体也可依据政策法律内容，对执法、行政机关的行为进行监督，促进经济、社会、政治等的公平、有序发展。

4. 人文环境。人文环境是社会本体中隐藏的无形环境，是一种潜移默化的民族灵魂，可以理解为社会系统中各种能够反映文化价值内涵的事物的集合。人文环境可以表现为基础设施建设等有形环境，但其本质应当是人的价值观念、行为模式等无形的环境。营商环境对人文环境的考察重点在其开放包容的程度，竞争环境的开放以及社会环境的包容是其主要内容，包括国际交流和区域合作程度、对外投资规模、对外来人口和文化的包容程度以及与此相关的社会基础设施健全程度等。营造开放包容的人文环境更有利于打造开放型的合作平台，维护和发展开放性的经济，推动构建公正、合理、透明的经济体系。

三、山西省优化营商环境的阶段性成效

纵向看，山西经济的发展有过辉煌，也有过遭遇挫折的低谷期。近 20 多

年来，山西作为中国重要的能源基地、能源重化工基地等，依靠自身的煤炭资源优势，发展了以煤炭为基的产业体系，形成了对资源长期、高度的依赖，挤出了高端创新要素与产业。在新的历史时期，原来的以采掘、原材料等为主的成熟发展模式依然受到严峻挑战。如何吸引优质要素入住、黏滞与全省的营商环境优劣有重大关切。近年来，山西营商环境在向着优化的方向发展并已取得阶段性成效。主要反映在以下几个方面。

（一）市场进入退出机制日益完善，协同监管新格局正在形成

山西的各类市场主体中，95%左右是民营小微企业。它们在促进经济发展、改善民生、社会稳定以及解决就业等方面都有重要贡献。但小微企业对社会环境的干预能力微不足道，这需要更好的营商环境来生存和发展。2013年起，山西为扭转连续多年经济下滑的态势，破除“一煤独大”的结构性障碍，激发市场经济的内在活力，山西拉开了商事制度改革的序幕，旨在营造公平竞争的市场环境。在推进商事制度改革历程中，山西工商部门以改革工商登记为切入点，对公司注册资本制度和营业场所登记制度进行改革：变注册资本实缴登记制改为注册资本认缴登记制，公司登记时只登记注册资本，不再收取验资证明文件、登记实收资本；市场主体住所（经营场所）除另有规定外的，同一地址可登记为多个市场主体的住所（经营场所）。这些改革意味着市场的创业门槛大幅降低，“零门槛”创办公司成为现实。多证合一改革推进证照改革，实现企业一证一码，从“两证合一”“三证合一”到“五证合一”。“五证合一”的落实比国务院规定时间提前了一个月，“两证整合”的落实比国务院整体部署整整提前了两个月，2017年9月1日起，山西开始实施“十七证合一”，使企业市场准入便利化程度提高，登记注册的制度化成本降低，为企业提供更为便利、合法、公平的竞争环境。同时，对市场公平竞争的审查制度进行完善，以“尊重市场、竞争优先；立足全局、着眼长远；整体规划、分步实施；依法审查、强化监督”为基本原则，要求建立并有序实施公平竞争审查制度，从审查范围、审查方式及审查标准和例外规定四方面作出具体要求，并对健全公平竞争审查的保障机制做出要求。这些一起为各类市场主体不断在营造一个公平竞争的市场环境。2013年以来出台的主要制度如图1－3所示。

01.《山西省公司注册资本登记制度改革试点推进实施办法》(2013年12月)

02.《山西省市场主体住所(经营场所)登记管理办法》(2015年1月)

03.《关于加快推进"三证合一"登记制度改革的实施意见》(2015年9月)

04.《关于建立企业信用承诺制度的实施意见》(2015年10月)

05.《关于加快企业信用信息互联互通交换共享机制推进企业企业信用体系建设的意见》(2015年11月)

06.《关于做好双告知工作加强事中事后监管的工作》(2016年5月)

07.《关于"先照后证"改革后加强事中事后监管的实施意见》(2016年8月)

08.《关于在市场体系建设中建立公平竞争审查制度的实施意见》(2017年1月)

09.《国家企业信用信息公示系统(山西)管理暂行办法》(2017年8月)

10.《山西省市场主体住所(经营场所)登记管理办法》(2017年8月)

11.《关于加快推进"多证合一"改革的实施意见》(2017年9月)

图 1-3　山西省商事制度改革路径梳理

经过商事制度的持续改革，市场主体类型与数量等出现了向好变化，各类市场主体井喷式增长，私营企业、个体工商户以及市场主体总量连年成上升趋势（如表 1-2 所示）。据山西省工商局统计，截至 2017 年第一季度，山西实有私营企业 47.28 万户、个体工商户 143.39 万户，全省各类市场主体数量首次突破 200 万个。2017 年一季度间，平均每天新涌现市场主体 1381 户，同比增长 30.85%，高于全国平均水平（19.5%）约 11.4 个百分点，市场活力被大大激发；2017 年前三季度，山西全省新登记市场主体 29.8 万户，同比增长 20.8%，其中含私营企业和个体工商户 7.2 万户和 21.1 万户，各自同比增长 12.7% 和 24%，山西省企业利润回升到 2012 年以来的最好水平。

表 1-2　2013—2017 年（第一季度）山西各类市场主体数量　单位：万户

	2010	2013	2014	2015	2016	2017（第一季度）
私营企业	15.9	22	27.4	32	38.7	47.28
个体工商户	84.3	100	113.7	125	140.2	143.39
市场主体总量	110	134.4	149	173.9	194.9	200.25

在山西企业进入市场便利度提升的同时，也存在注销时间长的问题。为解决这一问题，从 2016 年 9 月起，太原市在全省试点推行企业简易注销登记的基础上，继续大力推进简易注销程序。对未被列入企业经营异常名录或严重违

法失信企业名单等符合简易注销程序的企业，公示期限由45天缩短到30天。公示期满后，按简易注销程序申请注销登记。同时要求，登记机关当场受理，3个工作日内办结，并核发准予注销登记通知书。截至2017年1月18日，太原市简易注销公示企业110户，办结12户。随后晋城等市也相继启动简易注销程序。简易注销登记制度构建了便捷有序的市场退出机制，不仅简化了企业的注销登记流程、降低了企业的退出成本，而且有利于挤掉了市场上企业数量虚高的“泡沫”。

随着监管方式的不断创新，山西于2014年10月全面实施企业年报和年报信息公示工作。据山西省工商局统计，2013年和2014年年报的企业分别为20.4万户和24.3万户，年报公示率分别为80.69%和78.23%，在全国排位中下。截至2016年6月30日，山西省应当公示2015年年度报告的企业37万余户，已公示33万余户，年报公示率达90.12%。这一比率比全国水平（88.32%）高1.8%，全国排名第13位。山西逐渐形成了综合监管与行业领域专业监管、社会协同监管的新格局。

（二）放管服改革成绩显著，政府职能转变加快

2017年9月6日，李克强总理在国务院常务会议上指出，“只要有利于解放生产力，有利于为人民群众增加便利，政府职能就要向着这个方向转变”。山西省的“放管服”改革在持续推进中取得了显著成绩。

2012年以来，山西省政府出台了大量推进转变政府职能、简政放权等的相关政策（如图1-4所示）。为进一步推动简政放权，深化“放改服效”改革，山西省在全国率先试行企业投资项目承诺制、探索无审批管理重大改革。2017年5月，山西省委、省政府印发《山西省企业投资项目试行承诺制实行无审批管理的决定》，提出在全省设区的市各选定一个开发区，先行试点企业投资项目承诺制，试行无审批管理，总结经验后，2018年1月1日在全省推广。文件对试点改革提出明确要求，并作出明确部署（如图1-4）。为贯彻落实该文件精神，2017年6月制定《山西省企业投资项目试行承诺制实行无审批管理试点工作方案》，明确试点工作在全省选定的山西转型综改示范区、大同经济技术开发区（国家级）、阳泉经济开发区等10个开发区开展，并对改革的时间节点、责任分工等内容进行细化。经过努力，2017年11月，形成了在全省推广企业投资项目承诺制的《山西省企业投资项目承诺试点工作方案（试行）》，提出到2018年试点建设初见成效，并在部分重点领域形成一批可

复制、可推广的改革成果，到 2020 年，高效精准的政府靠前服务机制基本完善，双向约束的信用体系基本建立，基本形成有效、透明、协同的监管体系，“六最”营商环境逐步创建。

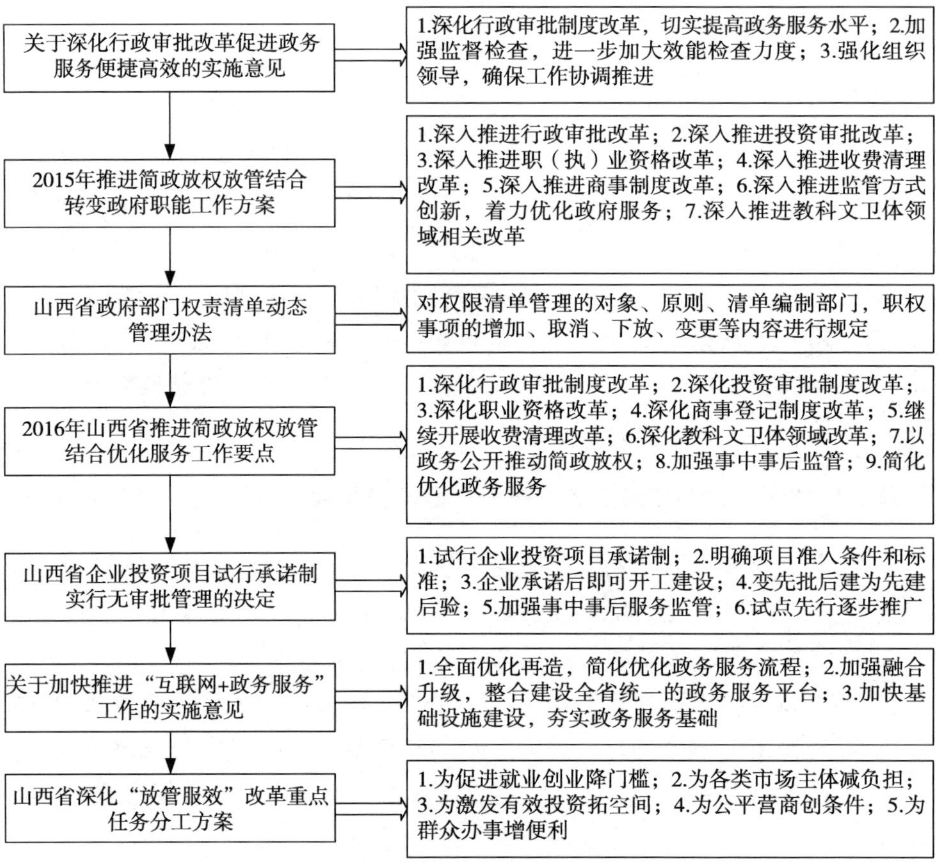

图 1－4　山西省政府优化政务环境的主要政策及主要内容梳理

在取消行政审批事项、清理规范行政审批中介服务费上的相关政策无论从数量还是力度上都引人注目。尤其在 2016 年间，山西省政府加大简政放权力度，分三批对 49 个部门的 232 项行政审批中介服务事项进行清理和规范，精简掉 80% 的事项，对破除中介垄断、减轻企业负担有积极意义，同时还大大改善了政务环境（如图 1－5 所示）。

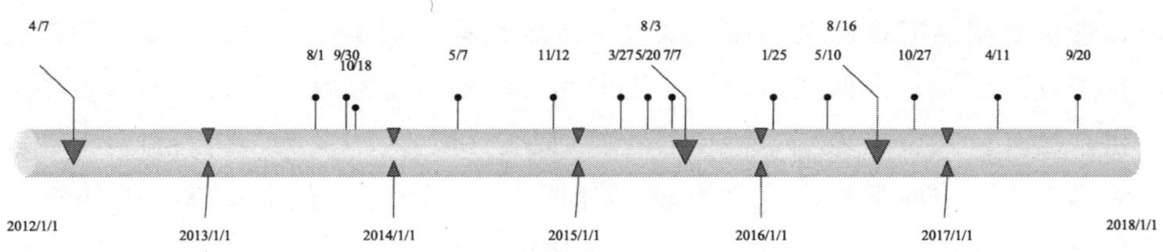

注：↑ 表示颁发有关取消和调整行政审批项目的文件时间；↓ 表示颁发的有关简政放权、深化改革行政审批项目的指导方案时间；▲ 示年份节点。

图 1－5　山西省取消行政审批事项、清理规范行政审批中介服务费工作时间轴

随着“互联网＋政务”工作的不断推进，政务信息公开度加强，在山西政务服务网以及各部门官方网站均可查询到省发展和改革委员会、省经济和信息化委员会、省商务厅等多数机关审批流程缩减至一个，每个办事机关对于相应审批内容的法定期限、承诺期限都有明确显示，市场主体审批所需的办理材料、流程图、收费情况及法定依据也都能从相关网站上获取，还提供网上办理服务。网上服务的提供以及审批流程的大幅度缩减等都为市场主体提供了更加便利的办事环境。为优化营商环境，山西省还对省级行政审批前置申请材料进行全面清理规范，彻底取消了各类“奇葩证明”，提高行政审批效率，切实减轻企业负担。另外，山西省政治生态的不断净化以及各级行政部门收费标准的公开化、具体化也使政务环境更廉洁。

各级政府部门通过对中央、省委省政府及上级领导部门相关政策的执行落实，山西政务环境已有明显改善。市场主体普遍反映政府的服务意识、办事效率在不断提升。政务大厅的办公环境在不断改善，如为方便群众办事，不少部门在政务大厅安装了电子显示屏，滚动播放相关审批内容及有关规定，还放置了办事指南查询电子触摸屏等，使办事流程一目了然。工作人员的办事态度不断好转，能够积极践行阳光服务、微笑服务、规范服务、廉洁服务，服务质量大幅度提升。2016 年 9 月，山西创建的“13710”工作制度，在山西引发了一场意义重大的效能革命。此外，山西省还开展优化营商环境 9 大专项行动等积极举措，极大降低了制度性交易成本、提高了政府办事效率。

（三）政策法律涉及范围更广，决策、执行、落实阶段趋向公开透明

为进一步落实党的十八届三中全会确定的投资审批制度改革精神，山西省出台了 2017 年开展优化营商环境专项行动方案，以推进九大专项行动为突破

口，加快复制推广自由贸易试验区改革试点经验，切实优化营商环境。为打造优良的营商环境，山西还出台了一系列相关的政策规范政府行为，同时引导企业生产运营。在金融领域、科技创新、产业扶持、人才发展、招商引资、推进营改增试点等方面都作出具体要求（如图 1－6 所示）。这样一来，政策涉及范围更广，各类工作也更有序、协调与规范。

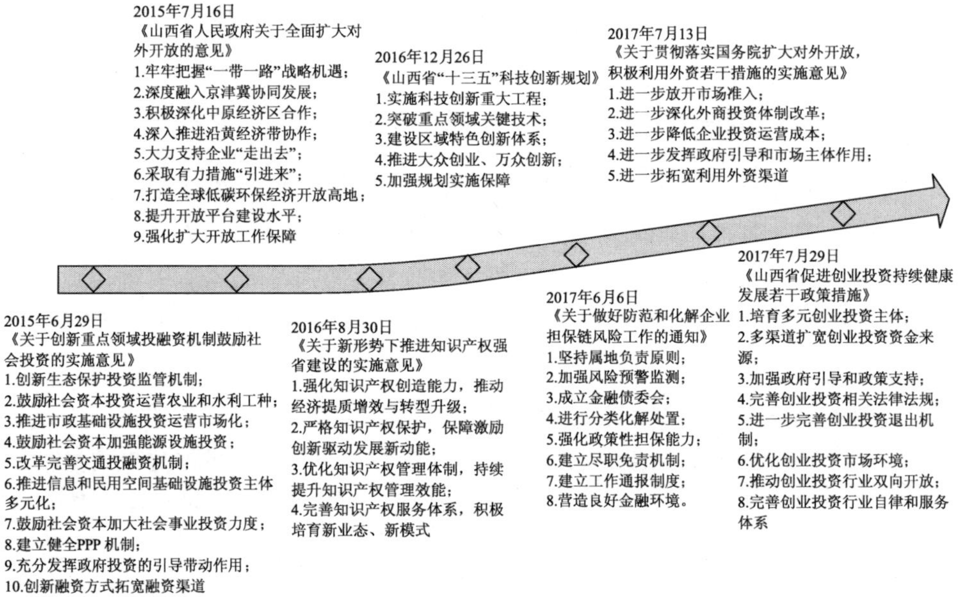

图 1－6　山西省打造良好营商环境相关政策及主要内容梳理

为确保各类政策为市场主体所知，山西省人民政府网以及各行政部门在官方网站上将政策、法律一律主动对外发布，还通过微博、公众号等当下流行的网络平台，将重点领域的重要政策向社会广泛宣传，确保更多的市场主体可通过各类渠道准确、及时地了解和掌握相关的利好政策。山西开展的干部入企服务也通过深入基层企业内部，对政策落实情况进行调研并提供相关服务，掌握有关政策的落实和执行情况，并将意见和问题汇总，为下一步政策制定提供依据和借鉴，使市场主体也可以参与到政策的制定中。

随着经济社会的快速发展，各类社会矛盾与经济纠纷逐渐增多，更多人选择用法律手段维护自身合法权利，全社会的法制意识不断加强。山西开展由省高院牵头的“涉企合同执行难”整治专项行动，为全省优化营商环境提供有力司法保障。省法院成立督导组并建立问责追责机制，定期对专项行动开展情况进行检查，确保专项行动各环节依法规范高效有序；同时要求各部门加强与工商、公安、银行等部门的联动与配合，通过网络查控系统和联合惩戒体系，以最快的速度查人找物，冻结或划扣款项。据山西省高院统计，2017 年 1—5 月，山西共使用网络查控系统查询案件 37487 件，涉及被执行人 48872 人，查询金额 629.37 亿元，冻结金额 6.19 亿元。通过在执行过程中依法惩处违法行为，加大打击拒执犯罪力度，保护企业权益及维护司法权威，保障企业的合法胜诉权益。

（四）开放型经济发展显著，开放包容的人文精神逐渐凸显

“十二五”以来，山西坚持以开放促改革促发展，“引进来”和“走出去”步伐进一步加快。国际交流和区域合作不断深化，努力推动外事资源向经济资源转变，全面深化同德国北威州的战略合作，推进与英、葡等国家的交流合作。通过央企山西行、世界晋商大会等系列招商推介活动推进山西与环渤海、长江三角洲、珠江三角洲等地的区域合作，与北京、天津、上海等 11 个省（区、市）签署省际合作协议，努力打造京津冀清洁能源供应基地，将山西省与发达地区的资源供需关系提升为产业互动关系。吸收外资、利用国外贷款成效显著，全省新批准外商投资 232 家，合同外资额 48.93 亿元，实际利用外资 132.06 亿元，较“十一五”时期增长 43.6%，世界 500 强中有 31 家企业投资山西。借用各类国外优惠贷款 17.37 亿元、赠款 5000 万美元支持重大项目建设，推进重点行业和领域的改革发展和体制机制创新，促进了传统产业升级和战略性新兴产业培育壮大。全省设立境外企业 141 家，累计实现对外投资 15 亿美元，较“十一五”增长 178%，对外贸易总额大幅提升，对“一带一路”沿线国家出口占比达 23.45%，服务贸易由 2010 年 13.2 亿元上升到 2015 年 30 亿元等等。

山西的开放包容还体现在对外来人口的关爱上。以往山西给人以封闭、保守的印象，对外来流动人口持有偏见。但近些年，逐渐以开放包容的姿态对待来晋生活、工作的人，为其提供公平的机会，形成了山西开放包容人文精神的深层次内涵。2017 年 7 月 1 日起，山西省开始实施《山西省流动人口服务管理办法》，对流动人口居住登记和居住证管理、权益保障和公共服务等都表现出更为接纳的态度，为流动人口提供劳动就业、社会保障、卫生计生、教育等公共服务，而且逐步推进基本公共服务均等化。同时，为解决随迁子女入学、考试等问题，2014 年起，山西放开异地高考，外来人员子女凡符合条件均可在本地报名参加高考；2017 年秋季起，随迁子女上小学也可接受统筹安排。

此外，相关的社会基础设施建设也更加完善。山西地处黄土高原，地形劣势成为困扰山西对外开放的长期障碍，交通条件的改善对山西发展对外经济有重大意义。2010 年以来，山西公路线路年末里程以及高速公路里程连年呈现上升趋势（如图 1－7 所示）。民用航空航线也从 2011 年的 100 条上升到 2016 年的 187 条。

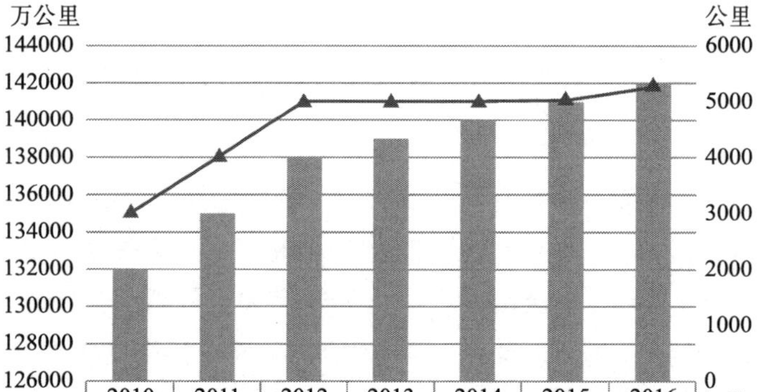

	2010	2011	2012	2013	2014	2015	2016
公路线路年末里程（万公里）	132000	135000	138000	139000	140000	141000	142000
高速公路（公里）	3002.5	4005.3	5011.1	5011.1	5011.1	5028	5262.5

图 1－7　2010—2016 年山西公路线路及高速公路年末里程

2015 年以来，以《关于全面扩大对外开放的意见》办法为起点，山西省颁布了《山西融合环渤海地区发展的实施意见》《关于促进跨境电子商务发展的实施意见》《山西省“十三五”开放型经济发展规划》等多个有助于构建开发包容的人文环境的实施意见或发展规划，进一步推进对外开放，构建开放型经济。尤其是《山西省鼓励投资政策（2017 年版）》，作为山西历史上力度最大、涉及面最广、梳理最细的鼓励投资政策，为投资者拿出 217 条政策上的利好消息，让他们愿意在山西投资、放心在山西发展。所有这些举措和成果，都表明山西在各方的共同努力下正在不断被打造成为一个发展开放型经济的地区，拥有更加开放和包容的文化与气度。

四、山西省营商环境有待改进的几个方面

客观地看，山西的营商环境仍然面临一系列制约与障碍，这些问题甚至已

经成为转型综改、创新驱动的瓶颈制约。

（一）要素保障问题突出

全省各类市场主体中，民营企业所占比重大。人、财、物等要素的支持对于民营经济的发展壮大至关重要。但随着市场竞争的不断加剧，用地难、用工难、融资难等成为制约民营经济壮大的关键问题。各类要素不足已成为山西营商环境进一步优化的瓶颈障碍。

第一，用地难是民营企业普遍反映的问题。山西省的工业用地指标往往优先供国有项目、重点项目和大型项目，而对于民营企业，特别是一些中小微企业，常常面对即使有项目、有资金，也会因为难以拿到土地指标而加大了项目落地的难度。

第二，用工难是民营企业面对的另一个重要问题。纵向看，从 2010 年到 2015 年山西城镇非私营单位和私营单位工资水平来看，非私营单位工资水平由 33544 元上升到 51803 元，私营单位则由 15640 上升到 30195 元，两者均呈现稳步上升的态势。虽然 2010 年至 2013 年城镇非私营单位人均工资水平比城镇私营单位人均工资水平的倍数基本呈现减小趋势（如图 1－8 所示），但由于存在收入差距，越来越多的劳动力涌向非私营单位，这就使很多私营的小微企业难以雇用到高素质的员工。横向看，2015 年城镇非私营单位就业人员工资山西在全国排名靠后，与中部其他 5 个省份相比（湖北 54367 元，江西 50932 元，湖南 52537 元，安徽 55139 元，河南 45403 元），仅略高于江西和河南。这在很大程度上阻碍了人才来晋工作的热情与意愿。

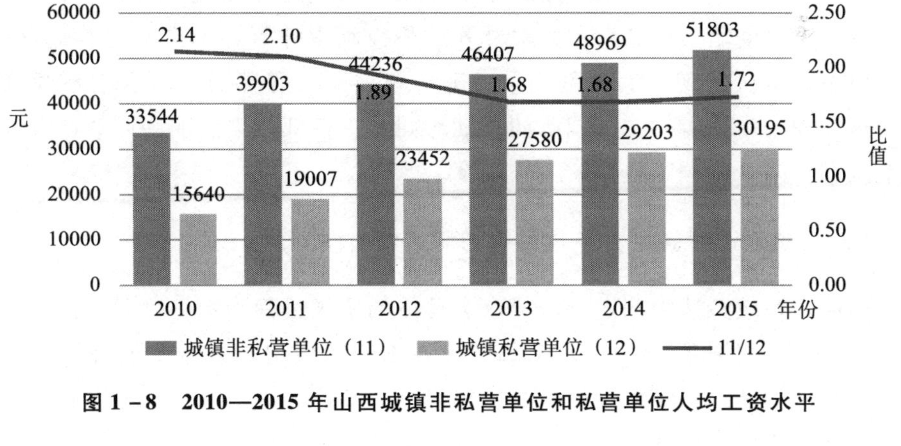

图 1－8　2010—2015 年山西城镇非私营单位和私营单位人均工资水平

第三，融资难也是优化营商环境的巨大“拦路虎”，民营企业面临着融资渠道窄、门槛高、担保难、负担重等主要问题。受偏见、市场、机制、服务、信用等多方面障碍制约，山西民营企业取得贷款只占全省贷款总额的10%左右，且贷款过程中还可能受到金融机构“重大轻小”的“规模歧视”和“重公轻私”的所有制歧视。随着“先开工后办手续”情况的增多，多数民营企业面临着土地手续不规范、又办不起合法手续的困境，既影响抵押贷款，又面临违规处罚。

（二）政府服务及行政审批问题尚未根除

随着改革的不断深化，政府取消、下放、调整省级行政审批事项力度和频率不断加大，政务环境已有明显改善。但在此过程中仍有一些顽疾需要重视。

首先，“六最”营商环境要求建设高效廉洁的政务环境，但仍有部门服务意识欠缺，在“互联网+政务服务”工作推进中，未做到部门间数据及时共享，企业“跑断腿”的现象依旧存在。

其次，个别政府部门或工作人员，在其工作过程中，存在一定的懒散慢拖、不作为、乱作为等行为，这降低了工作效率和质量，造成社会不良影响；一些部门间也因职权范围重叠在工作中相互推诿，加长了行政审批时间，个别企业可能因工商登记环节都无法进行等原因而被迫中止。这影响了私营经济的壮大。

最后，审批事项前置申请材料、证照等过多过杂以及办事难等问题尚未彻底根除，仍影响行政办事效率。行政审批前置申请材料有存在于法律法规、规章之外的情况，也有合法合规但影响运行效果的情况，甚至在像《山西省人民政府关于贯彻落实国务院扩大对外开放积极利用外资若干措施的实施意见》等文件中，多次出现“有关部门”“有关材料”“等部门”等含糊不清的表述，这在加大申请者对文件理解的难度的同时，使部门无法准确厘清自身的职责范围和权限，影响了政府的工作效率。

（三）政策法律制定、传导及实施环节仍有顽疾

当前，在政策法律制定、传导以及具体的实施过程当中仍存在多种问题。

1. 政策法律体系不健全。例如，山西不断积极引进外资、加大对外商的支持和承诺力度，但在对外资的具体利用上，却仅以国际通用或国家颁布的政策法律来作为规范，缺乏地方适用的相关政策法律做依据。在审批、监管、税

收等方面也由于政策法律的不健全使得内外资待遇存在差别，外资利用“肠梗阻”的现象依旧突出。

2. 政府行政思路滞后，政策普惠性不够。在投资驱动时代，投资思路侧重于“重点投资”，随着创新驱动时代的到来，营造“普惠投资”环境的重要性日益凸显。除对内外资待遇存在差别外，山西在政策上对市场主体是“公”是“私”，市场规模是“大”是“小”等，也有不同程度的差别对待，各类政策在针对具体市场主体或在实施过程中普惠性较差，这充分暴露了地方政府滞后的行政思路。

3. 政策传导受阻，落实有待提升。在政策传导过程中，存在政策传导时间长，到达基层时可能已不适用或适用度不高；也存在下级原文转发上级政策，使政策意图由于缺乏基层的精耕细作而难起作用；还存在一些机构或人员相对薄弱的基层地方，政策难以在最后环节落实的情况。

4. 配套措施不同步，“政策好看不好用”。好的政策离不开与之相匹配的配套政策的支持。但在政策推出时，却存在对配套政策不够重视的现象，或对配套政策不做具体要求，或无法依据现实环境变化更改配套政策相关内容，或者直接将配套政策省略。好的政策缺乏统筹协同和有机统一的相关配套政策的支持和保障，难以落实。

（四）资源型经济致使开放意识不强

长期以来，山西因资源型经济特色而产业链条短，与外界的产业关联度低，开放意识不强。吸引的外部资金多投向资源型产业门类，招商引资质量及整体水平偏低、招商引资载体承受能力不足。

“十二五”期间，山西在对外开放上取得了一些成绩，但整体上尚且薄弱，尤其在招商引资方面。“十二五”期间，山西外贸依存度远低于全国平均水平，在中部六省中也仅略高于湖南省（如表1－3所示）。利用外资总量小，吸引新兴产业的配套能力也较弱，尤其是高科技含量、高附加值的大项目并不多。“十二五”期间，在中部六省中，山西利用外资规模也长期处于末位（如表1－4所示），山西全省实际利用的132亿美元的外资水平也仅为省外投资总额的5%。2016年，全省招商引资签约项目到位资金6513.4亿元，外资到位198.2亿元，仅占3%。

表 1－3　2011—2015 年中部六省外贸依存度

省份	2011 年	2012 年	2013 年	2014 年	2015 年
河南	0.0786	0.1104	0.1156	0.1142	0.1238
山西	0.0852	0.0784	0.0774	0.0781	0.0714
湖北	0.1111	0.0907	0.0911	0.0966	0.0957
安徽	0.1328	0.1441	0.1469	0.1449	0.1350
湖南	0.0625	0.0626	0.0635	0.0701	0.0630
江西	0.1895	0.1629	0.1583	0.1670	0.1575
全国平均	0.3241	0.2958	0.3025	0.2896	0.2444

表 1－4　“十二五”期间中部六省实际利用外资额

省份	实际利用外资额（亿元）
河南	677
山西	132
安徽	519.2
湖北	340.48
湖南	432
江西	383.58

山西在招商引资载体方面面临着开发区数量少、规模小、层次低等突出的问题，招商项目落地较难。截至 2017 年 2 月，山西列入统计范围的省级以上开发区仅 25 家，而中部地区其他五省平均为 116 家，远低于中部其他省份的平均水平。而且，仅有的开发区也存在区内主导产业不明确、产业集聚度不高、产业链条较短等问题。

山西长期的封闭与其所处地理位置、自然环境等也有很大关系，对外交通不便成为其难以“走出去”的重要障碍。纵向来看，山西公路、航空有明显发展，但与同时期中部其他五省作对比看，2016 年年末，山西的公路通车里程在中部六省中排名最后，高速公路里程仅略高于安徽，在中部六省中排倒数第二位（如表 1－5 所示）。

表 1－5　　2016 年年末中部六省公路通车情况

省份	公路通车里程（万公里）	高速公路里程（万公里）
山西	14.20	0.53
湖北	26.02	0.62
江西	16.19	0.59
湖南	23.80	0.61
安徽	19.76	0.45
河南	26.70	0.65

五、进一步优化山西省营商环境的建议

应当充分肯定，随着山西政治生态的不断净化，全省干部及群众干事创业的良好氛围正在形成，营商环境已逐步得到改善。但也必须正视在营商环境改善过程中仍然存在的、未从根本上解决的各类问题，并逐步解决或进一步优化。

（一）抓紧解决要素保障问题，建立公平竞争的市场环境

在 2016 年开展的万名干部入企服务活动和省委统战部在 2017 年开展的民营企业走访调研活动中都反映出要素制约问题严峻，为建立公平竞争的市场环境，要抓紧解决要素保障问题。

1. 做好土地准备，保证市场主体公平用地。第一，保证民营企业项目用地与国有、集体及其他企业项目用地享受同等待遇。逐渐解除民营企业在申请土地使用权等方面的企业所有制、所处地域及投资者身份等限制。第二，将土地优惠政策与集约用地挂钩，引导提升土地利用率。可通过利用闲置房产、对现有厂区厂房改造或鼓励多层修建厂房等手段为中小微企业提供经营场所。第三，盘活闲置低效利用土地。通过回收土地使用权、收取闲置费、引进新项目等方式盘活闲置土地，对因使用权人自身原因造成的闲置，征收土地闲置费或者依法回收安排他用。

2. 完善人才保障机制，保证市场主体用人平等。第一，确保用人单位，尤其是民营企业为职工按时、按量缴纳社会保险，保证劳动者享有合法的社保权益。在相关主流媒体上曝光欠费金额大、时间长的市场主体，并将此与主体

自身信誉、资质申请、贷款等企业活动挂钩。第二，用政策手段不断提高工作人员最低工资水平，同时为民营企业提供更多优惠政策，使其有充足资金用于发放员工工资，促进劳动力资源在“公”“私”企业中合理流动。第三，完善人才引进机制，扩大政府支持力度。大力支持引进高精尖缺人才并逐渐加大科研经费、安家费及生活津贴补助等数额，财政支持力度逐渐同发达省市对标，对于稀缺人才可由用人单位自主决定，避免人才受指标限制。同时为人才提供更多对外交流的机会，既有助于提升人才自身水平，也是吸引人才来晋工作的一个方面。

3. 创新金融服务，破解融资难题。第一，引导银行等金融机构对企业，尤其是中小微企业提供更加灵活多样的融资服务。扩大专项资金的补助范围及额度，增强积极主动性，改善资金的配置效率，真正加大信贷投入与中小微企业。第二，完善金融体系，拓宽融资渠道。企业除传统的银行贷款外，也可利用风险投资以及资本市场的融资功能融资，还可鼓励民间资本参与融资担保公司、融资租赁公司等，多渠道融资缓解企业融资问题。第三，丰富金融产品，创新服务模式。针对市场主体的各种融资需求，不断创新金融产品，为小微企业推出更多融资门槛低、实用性高的金融产品。推进“互联网＋”服务模式，将金融机构的金融产品向企业详尽、及时推送，为企业提供全方位、无死角的金融服务。

（二）创新政府管理服务模式，建立廉洁高效的政务环境

政府要在审批上做“减法”，在服务上做“加法”，只有这样，才能有效提升政府的形象和办事效率。

1. 转变作风，加快建设服务型政府。第一，要强化政府的服务意识，关注各类市场的不同需求，打造最佳投资环境。不仅从行政流程上为市场主体提供便利，也要加强直接面对群众办事的基层工作人员素质和业务能力。第二，要强化部门间协调配合，形成合力，提高服务效率。各单位都应主动配合牵头单位的工作，从工作计划制定、执行到反馈都积极参与，缩短市场主体办事周期。第三，加强培训引导，提升干部自身素质修养和服务水平，对缺乏担当、不作为、有懒政、怠政的干部施以严惩。政府职能转变，要从以往拼资源、拼优惠转变到拼环境、拼服务，实现“聪明的监管”。

2. 形成规范、科学、便捷的办事流程。第一，做实“一窗通办”“一网通办”，方便群众办事。严格在执行上级要求下缩短办事流程，减少办事环

节，加快推进不同部门间的信息共享互认，为市场主体办事提供最大限度的便利。第二，避免由于部门间的相互推诿或职责的重叠而影响企业的正常运营。明确各部门的工作职权，厘清各部门的工作任务，对各部门应履行的职责做出确定表述，根除部门间职责重叠现象，对发现的部门相互推诿严惩不贷。第三，创新放管模式，提升投资办理时效。建立以备案制为主的企业投资准入管理体制，进一步放宽各类企业尤其是民营企业投资准入门槛。清理规范投资项目审批事项管理，大力推进审批标准化。

3. 加快推进“互联网 + 政务服务”。第一，要在政务人员中广泛树立以民为本、为民服务的基本理念，强调“为民办事”的服务观；第二，建立健全网上统一申办受理平台和政府服务综合窗口，优化办事流程，在互联网上为市场主体提供“一站式”服务，提高政府办事效率；第三，建设与国家投资项目在线监管平台相连接的省级平台，实现部门横向联通和省市县三级纵向贯通，形成投资项目大数据，也实现部门间及时信息共享，实现精细化管理服务模式。

4. 清理省级行政审批事项前置申请材料。原则上取消无相关法律法规、规章制度依据的行政审批前置材料，确有保留必要的要公开说明原因；对有法律法规、规章制度为依据但影响实际效果的，应及时提出取消建议，经有关程序确定是否取消；对申请材料中例如“相关材料”“等部门”这样含糊不清的表述要进行规范，逐项列举相关内容，让申请人和政府工作人员都一目了然。

（三）加大政策法律落实监管，建立公开透明的政策法律环境

好的政策只有切实地落实到基层，才能切实起到应有的作用。应以优良作风抓好政策法律从制定、传导到落实的每一环节，防止政策“空转”。

1. 建立健全政策法律体系。在政策法律尚未涉及的行业、领域加紧出台相关政策法律，积极对标国际，努力向发达地区看齐，保证市场主体所应享受的各项权利以及应当履行的各项义务都有政策法律依据，为构建公平竞争的市场环境、高效廉洁的政务环境以及开放包容的人文环境奠定基础，为优良的营商环境提供一个完善的政策法律框架。真正在各项经济活动中做到有法可依、有法必依。

2. 严把政策法律设计关，政策传导、执行要做到无缝衔接，确保政策真正落实到位。第一，设计政策法律，要切实增强其操作性、针对性和时效性。在政策制定时要科学周到、切实可行，明确责任主体，实施步骤要环环相扣、

分工协作，要考虑实际情况，有针对性地对通过调研等汇总的市场主体反映的具体问题制定出详细有效的解决办法，并在时间和进度的规定、节点以及时效上都要有明确的要求。第二，在政策法律执行中建立起良好的沟通联通机制和信息反馈制度。各政府部门不仅要在部门内部以及各部门间分别建立起横向和纵向的沟通联通机制，还要重点建立政府同市场的沟通联通机制，确保相关政策法律内容能够及时传递到相关市场主体，同时也要在决策系统内部及其同市场间建立起及时有效的信息反馈渠道，不仅可以对决策系统内部存在的问题及时调整，同时也能根据市场的反馈不断调整政策方向、内容，完善政策体系。第三，做好政策科学解读和分解。通过政策解读，让相关政策法律针对的主体更准确地理解政策内容，分个人、分单位落实好并明确各自承担的责任，将政策的每个细节都落实到位，加强政务公开，自觉接受来自内部和社会的监督，根除政策“踢皮球”“空转”等现象。第四，完善政策法律的相关配套措施。对保障政策法律实施的组织领导、考核机制、经费保障等相关方面都要有所涉及，内容尽可能全面、精确。

（四）推进开放型经济发展，建立开放包容的人文环境

山西发展的不足，除了受结构性矛盾和体制性障碍的影响外，主要还是由于其对外开放程度不足，全面提升山西开放型经济水平至关重要。

1. 提升引进外资的质量和效益。第一，打破地域限制，为外资提供便利的投资环境。积极探索推广“负面清单”管理方式，对市场主体基于自愿的行为，实行负面清单管理，依据相关政策法律规定，进一步下放外资项目的备案、审批权等。第二，提高外资利用效率。实施精准化招商，针对特定区域、特定领域实施有目的性的招商引资，注重招商引资时效。注重产业链招商，对政府难以扶持或市场难以调整的领域实施产业链招商，通过集群式引进等方式推进形成多个产业集群。鼓励外资以并购、参股、PPP 等多种方式参与山西各项经济活动，推动资本优势互补。

2. 大力实施“走出去”战略。第一，积极参与“一带一路”倡议，抓住这一重大历史机遇，鼓励企业参与沿线基础设施建设、发展服务贸易，充分利用沿线投资机构和资源，搭建山西同外部的合作平台。第二，培育一批优势企业，打造具有国内、国际竞争力的品牌。在山西的优势产业中着力选取适量的龙头企业作为培育对象，在财政支持、金融支持、国际交流等方面提供帮助，打造一批有特色、有竞争力的对外贸易品牌，培育成为山西经济新的增长点。

3. 建立健全基础设施建设。第一，加快开发区建设。加紧对开发区的整合、改制、扩区、调规，使开发区数量、面积逐渐加大，为山西招商引资提供平台支撑。第二，完善开放口岸平台，加快山西航空、铁路及高速公路建设，降低运输成本，实施陆路、空运与国内国际市场的直接连通。第三，加快会展场馆等规划建设，加快发展会展经济，提升山西举办高水平会展的能力，重点将太原打造成一个具有较强影响力和辐射带动能力的会展中心城市。

4. 厘清政府与市场的边界，变政府主导为引导，发挥市场这只“看不见的手”以及企业招商主体共同的作用，指导企业点对点精准招商，避免招商的盲目性。同时，要进一步完善政策法规及有关制度，明确政府职能边界，划定企业经营边界，明晰干部与商人的行为底线。

参考文献

[1] 世界银行. 在更透明的世界里营商. 2012.

[2] 杨绍政. 公平竞争市场环境的四个条件 [J]. 发展导报，2001 (28).

[3] 山西日报. 简政放权，激活一池春水——我省商事制度改革带来的新变化（上篇）[EB/OL]. http://news.163.com/16/1201/05/C7662T4R000187VE.html.

[4] 人民网. 品牌培养需要好的营商环境 [EB/OL]. http://politics.people.com.cn/n1/2015/1217/c70731-27938760.html.

[5] 中共中央、国务院印发. 国民经济和社会发展第十三个五年规划纲要. 2016.

[6] 江静，于明超，刘志彪. 生产者服务业发展与制造业效率提升：基于地区和行业面板数据的经验分析 [J]. 世界经济，2007 (8)：52-61.

[7] 裴广成. 京津冀先进制造业营商环境的构成与优化 [J]. 经营与管理，2017 (6)：73-76.

[8] 杨涛. 营商环境评价指标体系构建研究——基于鲁苏浙粤四省的比较分析 [J]. 商业经济研究，2015 (13)：28-31.

[9] 董志强，魏下海，汤灿晴. 制度软环境与经济发展——基于30个大城市营商环境的经验研究 [J]. 管理世界，2012 (4)：9—20.

[10] 楼阳生. 解放思想 深化改革 全力打造最优营商环境——在全省优化营商环境会议上的讲话 [EB/OL]. http://www.shanxigov.cn/xxgk/xwzx/sxyw/201705/t20170523_302810.shtml.

[11] 孙丽燕. 企业营商环境的研究现状及政策建议 [J]. 全球化，2015 (8)：106-135.

[12] 山西省人民政府官方网站. 加快清理审批申请材料大幅削减证照年检和培训省

直单位减证便民专项行动扎实推进［EB/OL］. http：//www. shanxi. gov. cn/xxgk/xwzx/sxyw/201706/t20170619_ 307494. shtml.

［13］武靖州．振兴东北应从优化营商环境做起［J］．经济纵横，2017（1）：31－35.

［14］山西省人民政府官方网站．“优化营商环境”系列新闻发布会——“减证便民”专项行动新闻发布会［EB/OL］. http：//www. shanxi. gov. cn/xxgk/xwfbt/szfxwfbh/201706/t20170628_ 310066. shtml.

［15］董彪，李仁玉．我国法制化国际化营商环境建设研究——基于《营商环境报告》的分析［J］．商业经济研究，2016（13）：141－143.

［16］中国财经．山西商事制度改革打组合拳 一改革两办法下月实施［EB/OL］. http：//finance. china. com. cn/roll/20170829/4370427. shtml.

［17］山西省人民政府．山西省“十三五”开放型经济发展规划［EB/OL］. http：//www. shanxigov. cn/sxszfxxgk/sxsrmzfzcbm/sxszfbgt/flfg_7203/szfgfxwj_7205/201608/t2016 0818_ 241058. shtml.

［18］山西省人民政府．山西省深化人才发展体制机制改革财政支持政策［EB/OL］. http：//www. shanxi. gov. cn/sxszfxxgk/sxsrmzfzcbm/sxszfbgt/flfg_7203/bgtgfxwj_7206/201706/t20170614_306777. shtml.

［19］山西日报．全力推进民营经济实现新突破：加大要素支持 推进民营经济发展壮大［EB/OL］. http：//news. sina. com. cn/o/2015－11－13/doc－ifxksqku2927368. shtml.

［20］山西晚报．我省市场主体信用信息公示系统上线试运行［EB/OL］. http：//news. 163. com/16/0512/02/BMR6448C00014AED. html.

第二章

资源型经济转型统计监测与评价研究

陈　治　景普秋

本章利用资源型经济转型统计监测指标体系，从经济增长质量与水平、产业转型与经济多样化、城乡协调与空间结构优化、民生工程与社会转型、资源集约利用与生态环境修复、科技进步六个方面指标对山西省及各地市的经济转型进行综合评价，涵盖经济、民生、社会、资源、生态、科技等领域，力求通过连续监测动态评价转型进程，把脉山西省在转型过程中遇到的问题和困境，也为各资源型区域经济转型评价提供参考。

一、指标体系及评价方法

（一）指标体系

本章沿用《山西资源型经济转型国家综合配套改革试验区发展报告2012》的指标体系（见表2-1），具体包含经济增长质量与水平、产业转型与经济多样化、城乡协调与空间结构优化、民生工程与社会转型、资源集约利用与生态环境修复、科技进步六个方面指标，涵盖经济、民生、社会、资源、生态、科技等领域。

表2-1　资源型经济转型统计监测指标体系表①

一级指标	序号	二级指标
经济增长质量与水平（0.16）	1	单位GDP能耗降低率（%）
	2	煤炭百万吨死亡率（人）[1]
	3	经济增长稳定性
	4	人均GDP（元/人）
产业转型与经济多样化[2]（0.20）	5	采矿业占比（%）
	6	资源依赖度（%）[1]
	7	高新技术企业占比（%）[1]
	8	第三产业从业人员占比（%）
	9	矿产品进出口额占比（%）[1]
	10	采矿业固定资产投资占比（%）
城乡协调与空间结构优化（0.12）	11	城乡收入比
	12	集中度（%）
	13	城镇化率（%）
	14	市区土地产出率（万元/公顷）
	15	市区劳动生产率（万元/人）

① 注：括号内为利用专家打分法得到的各一级指标权重，各二级指标为等权重。[1]表示该指标只在省级评价指标体系中有，地市级评价指标体系中没有。[2]表示由于该指数中所包括的指标地市级欠缺较多，所以在地市级评价体系中增加了“第二、三产业增加值占比”指标，用以补充对地市级产业结构的调整程度和经济多样化评价。另外，指标1、3、16、22所涉及的GDP和收入指标均按2005年不变价计算。

续表

一级指标	序号	二级指标
民生工程与社会转型（0.16）	16	GDP 与居民收入同步关联度（%）
	17	幸福度（%）
	18	财政对科技教育农业投入占比（%）
	19	城镇基本社会保障覆盖率（%）[1]
	20	新型农村合作医疗参保率（%）[1]
	21	新型农村养老参保率（%）[1]
资源集约利用与生态环境修复（0.16）	22	单位工业增加值用水量降低（%）[1]
	23	森林覆盖率（%）[1]
	24	建成区绿化覆盖率（%）
	25	全省二级以上天数占比（%）
	26	二氧化硫减排量（万吨）
	27	化学需氧量减排量（万吨）[1]
科技进步（0.20）	28	R&D 经费支出占 GDP 比（%）
	29	科技进步监测指数[1]
	30	每万人中的 R&D 人员数（人年/万人）[1]
	31	每十万人专利申请量（个/十万人）
	32	技术市场成交额（万元）[1]

（二）评价方法

根据每个评价指标的特点，综合运用线性插值法和功效系数法，利用上限或同时利用上、下限阈值来计算单个指标指数（即无量纲化），指数一般分布在 0 和 100 之间（地市级指标在 60—100 之间），再根据每个指标的权重最终合成转型发展综合评价指数。

对各指标进行无量纲化处理时，省级指标的上、下限阈值的确定主要依据指标的不同特征分别选择全国平均水平或全国最大值为标准值，或者利用相关领域的标准值、分布极值等。地市级指标的上、下限阈值主要是参考各地市相应指标当年最大值和最小值或相关领域的标准值。将第 i 个指标的实际值记为 X_i，权重为 W_i，下限阈值和上限阈值分别为 X_{min} 和 X_{max}，无量纲化后的值为 Z_i。线性插值法公式为：

$$Z_i = \frac{x_i}{x_{\max}} \text{ 或 } Z_i = \frac{x_i}{x_{标准值}} \tag{1}$$

功效系数法赋值公式为：

$$Z_i = \frac{x_i - x_{\min}}{x_{\max} - x_{\min}} \times 40 + 60 \tag{2}$$

逆指标赋值公式为：

$$Z_i = \frac{x_{\max} - x_i}{x_{\max} - x_{\min}} \times 40 + 60 \tag{3}$$

在此基础上利用权重将各级指标分值合成各级评价指数和转型发展综合评价指数，计算公式为：

$$I = \frac{\sum Z_i Wi}{\sum W_i} \tag{4}$$

本章中所用数据来自《中国统计年鉴》（2006—2016 年）、《山西统计年鉴》（2006—2016 年）、《中国城市统计年鉴》（2006—2016 年）、《中国科技统计年鉴》（2006—2016 年）、《中国高技术产业统计年鉴》（2006—2016 年）、山西省及各地市的统计公报以及山西省相关部门提供的数据。

二、山西省经济转型进展评价

依据各指标所得分值及权重赋值，得到山西省 2006—2015 年经济转型发展综合评价指数值如表 2－2 所示。

表 2－2　　山西省 2006—2015 年转型发展综合评价指数值表

序号	指标	2006 年	2007 年	2008 年	2009 年	2010 年	2011 年	2012 年	2013 年	2014 年	2015 年
	综合评价指数	47.1	50.3	52.0	52.7	51.6	49.7	53.9	55.3	55.4	56.0
	经济增长质量与水平指数	46.2	50.0	63.5	56.9	62.5	62.9	67.0	69.3	66.9	65.5
1	单位 GDP 能耗降低率（%）	46.0	63.0	83.0	72.0	69.0	61.0	65.0	62.0	62.0	75.0
2	煤炭百万吨死亡率（人）	15.0	27.4	53.0	66.5	81.2	91.5	90.9	92.2	96.4	92.1
3	经济增长稳定性	98.8	82.6	88.7	61.9	65.4	62.0	76.0	88.0	76.0	62.0

续表

序号	指标	2006 年	2007 年	2008 年	2009 年	2010 年	2011 年	2012 年	2013 年	2014 年	2015 年
4	人均 GDP（元/人）	25.1	26.8	29.4	27.2	34.5	37.0	36.1	35.0	33.0	33.0
	产业转型与经济多样化指数	36.3	36.8	33.4	36.5	35.3	33.2	35.8	35.3	39.3	38.8
5	采矿业占比（%）	27.5	25.2	23.1	20.0	19.0	18.0	18.2	17.5	22.2	21.9
6	资源依赖度（%）[1]	37.2	37.4	19.4	34.9	35.9	36.0	36.6	35.2	33.1	30.7
7	高新技术企业占比（%）	55.4	52.8	55.7	61.1	59.5	48.2	48.6	45.5	46.4	46.7
8	第三产业从业人员占比（%）	47.0	48.6	46.7	47.0	48.2	48.3	49.3	48.0	48.0	48.0
9	矿产品进出口额占比（%）	22.9	26.0	25.2	25.6	25.6	28.6	43.4	42.1	61.9	62.6
10	采矿业固定资产投资占比（%）	28.1	30.5	30.5	30.0	23.5	20.0	20.0	24.0	24.8	23.0
	城乡协调与空间结构优化指数	68.0	71.0	69.8	67.3	68.7	69.2	69.1	69.7	70.2	67.7
11	城乡收入比	71.7	73.8	72.4	69.5	66.4	67.5	64.3	64.8	67.8	67.5
12	集中度（%）	60.5	70.1	65.2	59.9	63.0	59.8	59.3	63.0	61.6	59.2
13	城镇化率（%）	98.0	98.0	98.8	98.7	96.2	96.9	97.5	97.8	98.2	98.1
14	市区土地产出率（万元/公顷）	58.7	61.0	59.8	57.4	60.0	61.8	64.0	60.8	59.3	55.3
15	市区劳动生产率（万元/人）	51.0	52.0	52.9	51.1	58.1	60.0	60.3	62.0	64.3	58.5

续表

序号	指标	2006 年	2007 年	2008 年	2009 年	2010 年	2011 年	2012 年	2013 年	2014 年	2015 年
	民生工程与社会转型指数[2]	64.7	68.8	67.4	72.3	68.9	69.6	72.1	72.4	73.2	78.6
16	GDP 与居民收入同步关联度	74.8	73.0	70.8	75.0	71.2	72.9	72.3	73.5	82.6	95.1
17	幸福度	51.8	52.4	51.7	50.6	51.7	51.0	52.7	54.5	52.7	53.6
18	财政对科技教育农业投入占比（%）	67.5	80.9	79.7	91.4	83.7	85.0	91	89.0	84..0	87.0
	资源集约利用与生态环境修复指数	54.3	62.2	61.3	62.6	57.3	45.0	61.7	65.5	63.6	68.9
19	单位工业增加值用水量降低（%）	55.5	76.7	64.7	80.3	46.4	55.0	47.8	67.8	57.1	49.9
20	森林覆盖率（%）	21.1	21.1	21.1	22.4	22.4	22.4	22.4	27.3	27.3	27.3
21	建成区绿化覆盖率（%）	71.9	76.1	82.6	76.5	81.5	81.8	83.5	88.7	81.7	82.9
22	全省二级以上天数占比（%）	35.6	44.3	48.4	49.8	50.3	50.3	50.3	63.3	63.3	70.4
23	二氧化硫减排量（万吨）	81.7	86.1	81.2	75.8	74.7	44.3	100.0	77.8	79.9	100.0
24	化学需氧量减排量（万吨）	59.8	69.1	69.8	71.0	68.6	16.4	66.3	68.2	72.3	82.7
	科技进步指数	26.3	27.5	30.7	33.1	30.7	31.5	31.3	33.6	32.6	29.9
25	R&D 经费支出占 GDP 比（%）	53.6	58.6	58.2	64.6	55.5	54.9	55.1	59.1	58.0	50.2
26	科技进步监测指数	33.7	35.6	40.0	41.9	44.0	44.6	42.9	44.5	49.5	52.2

续表

序号	指标	2006 年	2007 年	2008 年	2009 年	2010 年	2011 年	2012 年	2013 年	2014 年	2015 年
27	每万人中的 R&D 人员数（人年/万人）	10.8	10.0	11.5	12.8	13.1	12.2	11.4	11.8	11.7	10.3
28	每十万人专利申请量（个/十万人）	23.4	22.1	29.2	30.3	26.8	31.8	32.9	31.6	26.6	21.2
29	技术市场成交额（万元）	9.8	11.1	14.5	16.0	14.2	14.0	14.3	21.2	16.9	15.6

注：[1] 该指标有调整。[2] 该指标有调整。

（一）总体评价

表 2-2 中的数据显示，综合评价指数逐年提高，表明山西省社会经济转型在逐年取得成效。与 2014 年相比，2015 年民生工程与社会转型指数、资源集约利用与生态环境修复指数均有所上升；而经济增长质量与水平指数、产业转型与经济多样化指数、城乡协调与空间结构优化指数、科技进步指数均略有下降。以下对各类指数及指标的变化作逐一分析。

（二）分类评价

1. 经济增长质量与水平。2015 年该指数值相对于 2014 年略有下降，主要由于 2015 年山西省经济增长速度继续呈现明显低于全国平均水平的走势，比全国平均水平低 3.8 个百分点，增长稳定性指标得分较低。而煤炭百万吨死亡率由 2014 年的 0.036 上升到 2015 年的 0.079，得分下降。人均 GDP 虽逐年上升，但相对于全国人均 GDP 最高值的上升幅度较弱，共同导致该项指数在 2015 年仍然表现不佳。2015 年山西省单位 GDP 能耗降低率顺利完成目标任务，得分较高。几起几落，经济增长质量还需要进一步提高，经济增长稳定性需要进一步增强。

2. 产业转型与经济多样化。2015 年该指数值相对于 2014 年略有下降，各因素的具体变化如下：（1）采矿业占比包括山西省采矿业增加值占全国的比和山西省采矿业从业人员占全国的比两个指标，2015 年山西省采矿业增加值占比由 2014 年的 21.93% 下降到 15.72%，下降幅度较大。但 2015 年的山西省采矿业从业人员占比相对于2014年几乎持平。这种现象反映了山西产业结构调整还存在就业结构的问题。（2）资源依赖度指标计算中，由于2016年《中国统计年鉴》中没有公布“工业行业增值税”这一项，为保证数据的可持续性，重新调整为用“主营业务收入”指标进行测算。自2006年至2015年，山西省资源型产业的主营业务收入占工业主营业务收入的比一直高达75%以上，而全国则低于30%。虽然2014年开始，该值呈下降趋势，但山西省的下降幅度低于全国，导致分值下降。（3）2015年山西省高新技术企业占比略有上升，达到了3.61%，使得该指标分值略为上升，但与全国平均水平7.73%相比仍有较大差距。（4）2015年第三产业从业人员占比没有明显变化。（5）2015年山西省矿产品进出口总额占比和采矿业固定资产投资占比延续2013年下降的趋势，分别由2013年的29.02%和13.52%下降到13.32%和10.02%。但下降幅度与全国平均水平相比仍较低，所以指标的分数出现下降。这些现象说明，山西省的产业结构调整虽然取得了一定的成效，但相对全国的转型进程较慢，步伐与成效有待进一步提高。

3. 城乡协调与空间结构优化。2015年该指数略有下降，主要由以下因素决定：（1）2015年山西省城乡收入比为2.73，与2014年基本持平，全国收入比最小值为1.85，差距逐渐减小。（2）2015年山西省城镇化率继续以高于1个百分点的速度增长，已达55.03%，其与2014年相比增长了1.25个百分点，而全国平均城镇化率为56.1%，差距逐年缩小。（3）集中度为市区人口占总人口的比重，2015年山西省市区人口集中度为28.09%，与2014年基本持平。而第三产业从业人员占比基本不变，也反映了山西省城市建设对第三产业的推动力度仍然不够。城市建设速度慢，使得市区土地产出率和市区劳动生产率这两个指标虽然是稳中有升，但其数据仅达到全国平均水平的60%左右，进步并不明显，导致分值拉低。

4. 民生工程与社会转型。2015年该指数分值仍有上升的趋势，主要取决于以下因素：（1）GDP与居民收入同步关联度指标中，用居民平均收入取代了城镇居民和农村居民的收入划分，调整后山西省居民收入增速与GDP增速的比值提高明显，所以山西分值相对提高。（2）幸福度指标是一个合成指标，包括居民人均收入、人均居住面积、每万人拥有医疗机构数、每万人拥有公交车数，生师比，城镇登记失业率。从指标具体数值看，各项指标均有所上升。其中生师比、每万人拥有医疗机构数和每万人拥有公交车数得分均高于2014年，说明人均资源配置日趋合理。城镇居民和农村居民人均住房面积与全国最大值即浙江省的城乡居民人均居住面积差距仍然较大。2015 年城镇登记失业率略有上升为3.5%，比2014 年增加了0.1 个百分点，就业仍是山西省亟需解决的重要问题，这也为山西第三产业的发展提出了要求。（3）2015 年财政对科技教育农业投入占比为30.23%，是自2010 年以来首次达到30%以上，说明政府对科技教育的支持力度逐年增加。新型养老参保率由于数据无法获得而去掉，城镇基本社会保障覆盖率以及新型农村合作医疗参保率两个指标2014年已全覆盖，所以将其去掉。整体而言，2015 年山西省的民生工程取得了一定的成绩。

5. 资源集约利用和环境修复。2015 年该指数值相对于2014 年略有上升，主要原因在于：（1）依山西省环保统计公报数据，2015 年全省二级以上的达标天数比例达到70.4%，首次突破70%，环境修复措施明显见效。（2）二氧化硫排放量和化学需氧量排放量两个指标数值显示减排量均有提高。整体来看，水资源和环境质量保护有所成效。（3）2015 年山西省单位工业增加值用水量与2014 年相比下降1.75%，而全国单位工业增加值用水量下降了7.14%，与全国平均水平相比差距较大，导致山西省该分值下降。2015 年建成区绿化覆盖率和森林覆盖率仍保持在2014 年40%的水平，分值变化不大。总体分值上升表明山西省生态环境修复工作取得一定的成绩，环境得到明显改良。

6. 科技进步。2015 年该指数与2014 年相比有所下降，具体分析如下：（1）2015 年山西省R&D 经费占GDP 的百分比由2014 年的1.19%下降到1.04%，而全国R&D 经费占比上升为2.07%，山西仅达到全国平均水平的50%，整体呈下降趋势。（2）2015 年全国科技进步监测中，山西省科技进步综合指数值在全国名列第17 位，与2014 年持平，分值由49.53 上升到52.2。但其中科技进步环境指数和高新技术产业化指数山西省排名分别为第22 位和第26 位，说明高新技术发展仍然是山西经济转型的短板。而相应配套的科技进步环境仍然落后，无法支撑转型所需要的高新技术的发展。（3）2015 年山西省每万人中的R&D 人员全时当量下降，缘于其中R&D 人员全时当量总量下降幅度较大，由2014 年的48955 人年下降为2015 年的42873 人年。山西R&D人员投入的缺乏仍然是经济转型的瓶颈。正因为如此，科技活动的活跃程度较差。2015 年每十万人专利申请量仅占全国平均水平的21%，与2014 年的27%相比明显下降。由于缺乏人才支撑，科技可持续发展将无法保证，产业转型将受阻。（4）2015 年技术市场成交额虽然有所上升，但全国平均水平上升幅度大于山西，所以该指标仅占全国平均水平的 16%，相较 2014 年下降了近 1 个百分点，整体科技成果转化仍然需要进一步提高。科技对山西经济支撑作用持续较弱，在经济转型中起不到应有的推动作用。科技短板亟待被重视和解决。

总体来看，2015 年山西省整体经济增速减缓，科技发展短板始终制约着山西经济转型发展，由于科技发展不足，成果转化缺少支撑，导致产业结构调整、资源依赖、环境、民生等方面后劲不足，转型成效出现波动。

三、地市级层面经济转型进展评价

依据各指标分值及权重，对山西省各地市 2006—2015 年资源转型总的监测结果见表 2-3。

表 2-3　2006—2015 年山西省各地市转型发展综合评价指数值表

地区＼年份	2006 年	2007 年	2008 年	2009 年	2010 年	2011 年	2012 年	2013 年	2014 年	2015 年
太原	87.6	87.3	87.5	85.6	87.6	88.2	86.5	88.8	85.8	86.9
大同	74.4	75.6	74.9	73.6	74.5	73.0	74.3	75.2	76.5	76.0
阳泉	77.4	77.8	78.0	77.4	78.4	78.5	77.0	78.8	81.2	80.9
长治	77.6	79.3	79.0	78.6	77.7	78.2	77.4	77.9	80.2	76.7
晋城	78.5	78.2	77.2	78.0	79.3	78.7	77.4	77.8	78.9	77.3
朔州	75.7	77.5	78.2	77.5	79.7	78.6	78.7	80.6	83.2	76.1
晋中	73.5	76.7	76.7	76.7	74.8	76.3	74.6	75.2	77.2	75.6
运城	75.4	74.0	75.7	73.6	73.2	74.3	73.8	72.6	72.6	72.3
忻州	71.8	72.1	71.2	70.1	69.7	69.7	69.5	70.8	71.4	69.9
临汾	77.5	75.4	76.6	74.4	75.1	72.6	73.2	73.8	75.6	74.5
吕梁	72.9	72.3	74.7	73.1	72.1	74.2	75.4	71.8	71.5	70.6

（一）地市总评价

表 2-3 中各地市的总评价指数值显示，11 个地市的整体发展水平 2015 年与 2014 年相比，除太原外，多数地市的分值略有下降。为了解各地市经济转型进程中的优势与劣势，将各地市各指数的分值变化分别列于表 2-4 至表 2-9。

（二）分类评价

1. 经济增长质量与水平。如表 2 – 4 所示，该指数除晋中、运城和忻州外，其他地区得分均呈下降，具体原因如下：

（1）2015 年各市单位 GDP 能耗虽都达到预定目标，太原、朔州、临汾、吕梁等市能耗降低幅度明显，得分较高。太原和吕梁由于能耗下降幅度最小，所以分值较低。（2）2015 年由于山西省增速整体下降，除太原市、大同市和晋中市 GDP 增速高于全国平均水平外，其他各地区增速降缓，尤其是长治市、朔州市和吕梁市，GDP 指数（上年 = 100）分别为 91.1、97.7 和 95.3，经济增长稳定性在下降。（3）2015 年各地市人均 GDP 除太原、大同两市高于 2014 年，其他各地市的人均 GDP 均低于 2014 水平。整体经济增长现状不容乐观。

表 2 – 4　2006—2015 年山西省各地市经济增长质量与水平指数值表

地区＼年份	2006 年	2007 年	2008 年	2009 年	2010 年	2011 年	2012 年	2013 年	2014 年	2015 年
太原	97.7	95.5	97.1	86.7	96.5	94.7	93.5	97.4	90.1	96.7
大同	78.1	82.1	80.3	71.0	74.4	74.7	79.9	83.1	81.5	79.1
阳泉	85.1	79.4	85.8	85.0	80.3	83.2	87.5	87.2	85.6	78.5
长治	83.7	84.9	85.2	84.9	79.0	78.9	82.8	84.4	83.4	68.8
晋城	85.9	84.4	83.6	82.5	84.9	82.4	83.2	86.6	85.7	81.4
朔州	80.1	86.5	86.2	89.4	87.8	86.4	90.6	93.7	92.3	79.4
晋中	83.1	84.1	83.5	79.1	75.9	76.8	77.3	79.4	82.3	81.7
运城	78.6	78.0	78.5	76.3	71.7	73.2	79.5	75.5	76.5	69.9
忻州	77.8	75.8	76.6	63.5	62.9	67.1	70.4	74.0	75.4	71.7
临汾	85.1	75.3	72.9	72.2	73.2	72.1	77.1	79.6	77.8	71.4
吕梁	73.2	77.3	80.2	68.7	64.3	76.3	80.8	79.3	65.0	60.7

2. 产业转型与经济多样化。表 2 – 5 显示，2015 年产业转型与经济多样化得分各地区分值与 2014 年相比，多数地区均有上升，而大同和朔州略有下降，具体原因分析如下：（1）从各地市整体看，2015 年各地区采矿从业人员占比与 2014 年差别不大，无明显上升，各地区排名基本无变化。2015 年第三产业就业人口占比指标各地市均略有上升，尤其是吕梁、临汾、忻州三市该指标已达 70% 以上，上升幅度较大，所以整体分值呈上升趋势。说明产业结构调整

中，劳动力结构的调整已有成效。而从 2015 年的采矿业固定资产投资占全社会固定资产投资比重指标看，除阳泉、朔州、吕梁三市与 2014 年相比上升外，其他地市均下降。这三大指标的得分说明各地市政府投资对产业结构调整的作用已经显现。(2) 第二、第三产业比重指标显示 2006—2015 年各地市均有小幅上升，分数略有提高，但整体排名变化不大。运城地区农业为主的产业结构使得其得分仍然偏低。

表 2－5　2006—2015 年山西省各地市产业转型与经济多样化指数值表

年份 / 地区	2006 年	2007 年	2008 年	2009 年	2010 年	2011 年	2012 年	2013 年	2014 年	2015 年
太原	91.0	90.9	91.5	91.7	91.3	90.8	90.5	90.7	91.5	92.4
大同	80.1	83.7	83.9	84.5	84.5	83.2	83.2	84.6	83.5	82.5
阳泉	82.1	82.0	82.0	82.4	81.7	80.5	82.2	82.7	83.5	85.5
长治	83.1	83.6	84.7	85.3	84.9	85.6	84.7	84.6	85.2	86.7
晋城	81.2	82.1	81.5	80.2	81.5	78.4	79.2	81.2	81.3	81.3
朔州	77.4	78.4	80.1	82.8	80.1	81.2	83.6	83.4	84.5	83.8
晋中	77.8	79.1	80.1	79.2	78.7	78.9	79.5	79.3	80.5	82.8
运城	84.1	83.6	82.7	79.6	77.6	79.3	79.2	78.2	75.4	78.1
忻州	81.6	83.2	83.4	81.6	80.6	78.4	81.0	81.9	82.6	84.3
临汾	86.8	85.8	87.4	84.8	83.3	84.5	83.8	83.4	83.8	85.9
吕梁	83.5	85.0	84.7	84.5	83.1	84.1	84.5	83.6	85.9	86.2

3. 城乡协调和空间结构优化。表 2－6 显示 2015 年该指数各地市分值整体均有提高。90 分以上的有一个城市，80—89 分的有 4 个城市，70 分到 80 分的有 4 个城市，70 分以下的有 2 个城市，城市间差距有所改进，主要在于：(1) 2015 年城乡收入比均呈下降趋势，所以得分上升，但整体排名结构未发生变化。(2) 2015 年市区集中度指标各地区与 2014 年基本持平，城市建设步伐需要加快，现代化城市的建设和经济辐射作用还需要进一步加强。城镇化率各地市均有提高，提高幅度最大的是运城，达 1.68 个百分点；最小的是太原，仅上升 0.15 个百分点。运城、忻州、临汾和吕梁四个市的城镇化率低于且接近 50%，其他各地市均高于 50%。(3) 2015 年除长治、朔州和吕梁三个地市的市区土地产出率略有下降，其他地区均有提高，各地市的排名格局没有变化，太原最高，吕梁、忻州垫底，差距较大。除朔州、运城和吕梁外，其他地

市的市区劳动生产率均上升，最高的是临汾，最低的是吕梁，两者之间相差近2倍。山西省整体城乡协调发展和空间结构优化程度有待进一步提高，吕梁、忻州市应是重点。

表2-6 2006—2015年山西省各地市城乡协调与空间结构优化指数值表

地区＼年份	2006年	2007年	2008年	2009年	2010年	2011年	2012年	2013年	2014年	2015年
太原	93.3	92.9	92.2	91.6	90.0	90.4	91.9	91.3	91.8	93.2
大同	73.1	72.3	71.4	69.4	72.3	73.0	73.3	74.2	74.6	76.7
阳泉	81.8	81.3	80.4	80.3	79.2	79.8	80.8	80.2	80.0	80.7
长治	81.5	79.2	78.2	77.7	76.8	77.5	78.6	79.2	79.7	80.6
晋城	77.6	76.5	77.0	78.4	78.2	79.2	80.3	79.6	80.0	80.4
朔州	80.4	81.0	80.5	80.4	80.4	80.9	80.9	81.2	81.2	81.2
晋中	73.7	73.4	72.5	72.1	71.4	72.1	72.7	72.6	72.8	73.6
运城	71.3	69.6	69.9	70.3	70.0	70.9	71.9	71.9	72.5	72.3
忻州	64.2	64.2	64.3	65.2	64.6	65.1	65.6	65.4	65.5	66.1
临汾	76.8	75.7	74.4	73.1	72.7	72.9	72.6	72.7	73.6	75.3
吕梁	65.8	64.8	65.5	65.7	66.5	65.9	65.6	66.9	66.3	66.4

4. 民生工程与社会转型。表2-7显示，2015年该指数与2014年相比，除太原、大同、阳泉和长治外，其他多数地市略有下降，具体原因有：（1）2015年阳泉、长治、朔州、运城、临汾和吕梁五市居民平均收入的实际增速高于GDP增速，其他地区的居民平均收入的实际增速均低于GDP增速，区域间差异较大。（2）2015年幸福度指数中，从其他各指标的分值看，太原市人均资源享有率最高，每项指标都遥遥领先，得分高达93分。晋城市在80分以上，运城、忻州、临汾和吕梁得分低于70分，差距较大。其中居民人均收入、每万人拥有公交车数、城镇登记失业率忻州最低；生师比、每万人拥有卫生机构数和每万人拥有绿地面积吕梁最低。忻州和吕梁与其他地市的差距一直存在，亟待改进。在城市建设快速发展过程中，区域经济辐射效应以及资源空间配置的合理性值得关注。（3）2015年财政对科技、教育支出占比指标除太原、运城、阳泉外，各地市均上升，上升幅度最大的为忻州，由2014年17.66%上升到2015年的27.17%；太原反而从2014年的20.72%下降到16.91%。科技和教育是经济发展的根本动力和源泉，也是经济转型的重中之重，这种区域

变动值得关注。区域发展非均衡程度较为严重，也是制约山西整体经济发展的瓶颈。

表 2－7　2006—2015 年山西省各地市民生工程与社会转型指数值表

年份 地区	2006 年	2007 年	2008 年	2009 年	2010 年	2011 年	2012 年	2013 年	2014 年	2015 年
太原	80.2	79.6	80.2	79.9	80.7	88.2	83.4	82.5	79.9	87.3
大同	70.8	71.2	71.7	74.5	70.4	72.6	72.2	69.5	66.8	71.8
阳泉	75.3	77.4	76.2	74.3	81.7	79.4	74.3	77.8	77.7	78.9
长治	77.6	84.0	79.5	79.1	79.5	80.4	78.8	75.9	74.7	78.3
晋城	83.5	85.9	81.1	82.8	86.5	83.1	84.2	79.1	78.6	77.9
朔州	79.2	81.9	83.0	81.0	83.7	79.5	79.3	81.5	79.7	73.0
晋中	75.3	81.2	81.3	82.8	84.2	85.9	84.4	78.3	81.2	75.9
运城	79.5	77.1	81.8	80.4	80.2	82.1	81.3	79.4	75.6	70.6
忻州	69.5	70.3	73.3	72.2	69.5	65.9	65.1	64.6	65.5	64.5
临汾	75.8	79.3	78.6	76.7	74.8	71.6	70.8	70.9	70.7	70.4
吕梁	73.1	71.7	75.4	75.7	71.5	74.5	72.4	68.1	70.3	67.7

5. 资源集约利用与生态环境修复。表 2－8 显示，与 2014 年相比，2015 年资源集约利用与生态环境修复指数除阳泉、运城和临汾外，其他各地市分值均有所下降。从各因素具体来看：（1）2015 年建成区绿化面积除太原、朔州、晋城和吕梁略有下降外，其他地区均有所上升，上升幅度最大的是运城，由 2014 年的 34.19% 上升到 40.59%，上升了 6.4 个百分点。（2）全省二级以上天数按山西省环保厅公布数据，二级以上天数比例最高的是大同（80.4%），最低的是朔州（60.2%），太原仅为 63%，导致分数大幅下降。（3）从污染物排放减排程度看，2015 年除忻州外，其他地区排放量均有所减少。减排幅度与 2014 年相比均有较大提高，最大的是朔州，最小的是忻州，地市间差距较大导致得分差距也较大。各地市的环境污染治理工作有待进一步提高。

表 2－8　2006—2015 年山西省各地市资源集约利用与生态环境修复指数值表

年份 地区	2006 年	2007 年	2008 年	2009 年	2010 年	2011 年	2012 年	2013 年	2014 年	2015 年
太原	83.5	82.6	81.0	79.7	81.0	79.9	74.2	84.8	80.0	79.6
大同	81.1	80.5	78.8	78.8	83.9	73.8	75.1	77.8	85.3	81.9

续表

地区\年份	2006 年	2007 年	2008 年	2009 年	2010 年	2011 年	2012 年	2013 年	2014 年	2015 年
阳泉	79.8	82.8	80.5	79.1	80.4	85.4	74.2	77.7	78.0	79.9
长治	81.1	83.0	83.7	81.7	80.1	80.9	76.1	79.1	84.6	83.0
晋城	83.8	79.5	79.2	80.3	78.9	84.4	75.6	77.1	78.7	78.4
朔州	80.7	81.7	83.7	73.9	86.2	85.1	77.6	80.3	86.5	82.2
晋中	69.3	79.7	81.1	85.2	73.6	82.9	72.9	80.8	79.1	76.9
运城	76.2	73.5	80.6	75.5	79.0	80.4	72.2	70.5	69.4	78.4
忻州	76.0	76.9	67.3	76.3	77.4	79.8	72.3	75.9	72.4	70.1
临汾	80.7	75.1	84.0	78.6	84.8	73.3	74.3	75.4	77.8	81.0
吕梁	77.6	71.3	78.3	81.6	82.0	80.7	85.5	70.6	79.2	78.9

6. 科技进步。表 2-9 显示 2015 年各地市科技进步指数分值与 2014 年比均有明显下降，具体分析如下：（1）2015 年各地市 R&D 经费支出占 GDP 比除大同、忻州和吕梁外，各地市均有大幅下降。高于 1% 的有太原、大同两个城市，太原由 3.43% 下降到 2.68%，降幅最大。其中朔州由 0.26% 下降到 0.14%，直接成为占比最低的城市。（2）2015 年各地市每十万人申请专利数除朔州和忻州外，其他地市均呈上升趋势。其中上升幅度最大的是阳泉，从 2014 年的 77 项上升为 2015 年的 122 项；下降幅度最高的是朔州，从 2014 年的每十万人申请专利数 60 项，降为 2015 年的仅为 13 项。两项指标综合导致分数出现下降，但也可以看出山西省整体科技创新活动略有起色，有待进一步提高。

表 2-9　　2006—2015 年山西省各地市科技进步指数值表

地区\年份	2006 年	2007 年	2008 年	2009 年	2010 年	2011 年	2012 年	2013 年	2014 年	2015 年
太原	82.1	83.6	84.1	84.5	86.0	85.9	86.1	87.0	82.3	75.1
大同	64.1	63.7	63.0	62.3	61.8	61.2	62.7	62.5	67.1	65.1
阳泉	63.5	66.2	65.9	65.5	68.8	65.8	65.6	69.0	81.3	80.8
长治	62.2	63.7	64.6	64.7	66.6	66.6	64.9	65.6	73.8	64.4
晋城	62.1	63.2	63.0	66.4	67.9	67.5	65.4	66.0	70.9	66.7
朔州	61.1	60.6	60.4	60.9	63.9	62.4	63.6	66.5	76.0	60.3

续表

地区\年份	2006 年	2007 年	2008 年	2009 年	2010 年	2011 年	2012 年	2013 年	2014 年	2015 年
晋中	63.3	64.2	63.1	63.4	65.6	62.9	62.3	62.4	67.8	63.7
运城	62.9	61.7	61.0	60.6	61.7	61.1	60.5	61.3	66.7	64.9
忻州	60.2	60.5	60.3	60.4	61.6	61.0	60.8	61.4	64.5	60.4
临汾	61.4	62.1	62.5	61.1	62.3	61.1	60.8	61.5	69.1	63.3
吕梁	62.3	60.6	62.6	60.8	63.3	62.0	62.0	60.7	60.4	60.9

四、结论

综上，从评价结果总体来看，山西省转型进程的步伐还有待进一步加快，结构调整与资源配置还需探索合理路径，这需要多个环节协调发展。如何借助“一带一路”的发展背景，发展营商环境，大力吸引资金、人才和技术，在经济发展的同时，保证人民生活得到改善，社会发展和谐有序，需要山西省各级政府开拓思路，集思广益，创新思维，探索出一条适合山西实际的转型之路。找到最优资源配置状态，才能最大限度摆脱对资源型产业的依赖，增强经济的稳定性。

第三章

山西资源型经济转型发展效果评估与政策探析

钟顺昌　郭　伟　翟　君

资源型经济转型发展是山西省的重要任务。资源型经济转型本质是关于工业领域的资源型产业与非资源型产业之间的结构优化调整问题。工业发展的“反制造业化”倾向在山西依旧明显。近年来山西资源型经济转型指数是处于一个下降的状态，由2000年的1.498演变到2015年的0.992。从转型发展过程来看，可划分为3个阶段：2000—2005年转型严重失效阶段；2007—2013年转型波动式下降阶段；2014—2015年转型略有成效阶段。总的来讲，山西固定资产投资力度欠佳，外商投资山西的程度较弱，对外开放程度低，政府对经济的干预较多，市场化程度低，这些都将会影响山西产业结构尤其是制造业结构的多元化发展。山西资源型经济转型发展要依靠煤炭资源，又需要摆脱煤炭资源，重点推进部分制造产业领域发展，而坚持煤炭资源比较优势的经济发展方针在山西行不通；加强政策的延续性、一致性与连贯性；开发区是山西转型发展的重要突破口，加快山西开发区发展步伐是关键；把营商环境纳入地方领导考核机制，促进山西转型发展；在转型发展过程中需要走非平衡发展道路；强化资源型经济转型发展的政策支持。

2013年国务院印发了《全国资源型城市可持续发展规划（2013—2020）》，其中，山西省除太原市外的10个地级市均为资源型城市。山西作为煤炭产业“一业独大”的资源型区域，近年来煤炭价格跌宕起伏，使得山西经济发展的风险增强。其中，山西的GDP占全国GDP的比重由2005年的2.30%，逐步下降到2016年的1.74%。与此同时，经济增长率也由2013年的8.9%下降到2014年的4.9%，低于全国平均水平7.3%，增速排名倒数第一；2015年，山西省的GDP增速进一步下滑至3.1%，增速排名倒数第二。随着2016年煤炭资源价格回升，山西省经济发展由“疲”转“兴”，到2017年山西全省地区生产总值增长7%，比全国快0.1个百分点。与此同时，山西省转型发展取得一定成效，规模以上工业中，非煤产业增加值增长9.7%，快于煤炭产业6.1个百分点，对工业增长的贡献率达76.2%，非煤产业成为工业增长的主动力。然而从煤炭产业增加值与制造业增加值的比值来看，煤炭产业仍然处于主导地位，煤炭产业与制造业的结构依然不合理，制造业发展依旧不充分，山西资源型经济转型任务依然很重。如何调整山西资源型经济与非资源型经济之间的比例关系，使得山西摆脱对煤炭资源型经济的依赖，是山西发展面临的重要课题。本文将通过层次分析法，综合评价近年来山西转型发展水平，与此同时，本文将采取有关政策评估方法——合成控制方法（SCM），评估检验上述政策调整对山西转型发展的成效，以期待为后续的更为深入的转型发展提供政策启示。

一、山西资源型经济发展现状

山西资源型经济转型发展是山西发展的重要任务。《实施方案（2013—2015年）》明确提出了相关目标。基于此，本项目围绕实施方案的目标，来考察山西资源型经济转型发展现状。

（一）工业发展继续呈现出“反制造业化”倾向

从工业内部产值结构来看，1999年开始山西作出了一系列加快经济结构调整的重大战略部署，2006年以来国家对促进山西资源型经济转型制定了相应的政策。然而，在资源型经济转型的政策框架下，资源型经济仍然在强化，资源型产业的主体地位并没有改变。1999—2015年，山西资源型产业增加值占工业增加值的比重始终保持在 70% 以上，且 2012 年之前基本保持上升趋势。但转型综合改革试验区建设以来，资源型产业增加值占工业增加值的比重从 2012 年开始出现了明显的下降趋势，尤其是采矿业所占比重的下降趋势更为明显（图 3－1）。

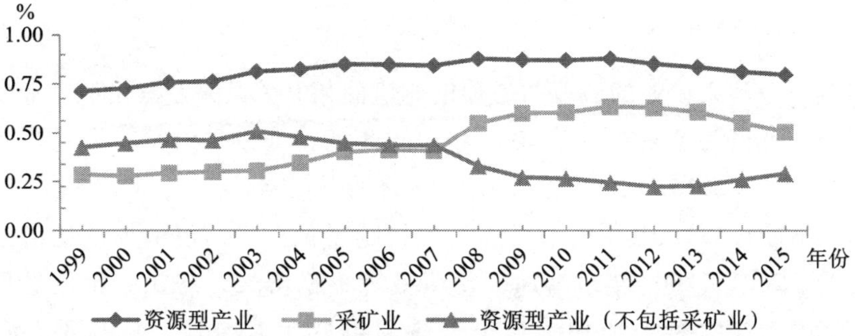

图 3－1　1999—2015 年山西省资源型产业[1] 增加值占工业增加值比重

注：[1] 资源型产业包括采矿业，石油加工、炼焦及核燃料加工业，非金属矿物制品业，黑色金属冶炼及压延加工业，有色金属冶炼及压延加工业，电力、热力的生产和供应业。

数据来源：根据相关年份《山西统计年鉴》整理。

从就业结构来看，就制造业与采矿业的绝对值来看，制造业就业从 2003 年的 76.1 万人持续下降到 2015 年的 65.42 万人。相反，采矿业从 2003 年的 56.93 万人持续上升到 2013 年的 103 万人，随后有所下降。从增加值的角度来看，2003—2007 年山西制造业的名义增加值略高于采矿业的名义增加值，然而 2008—2015 年这一关系发生逆转，而且两者的绝对差距拉大，2012 年这一差距达到最大为 1981 亿元。具体见表 3－1。

表 3－1　山西制造业就业人数与采矿业就业与增加值　单位：万人、亿元

行业＼年份	2003	2005	2007	2009	2011	2013	2015
制造业就业人数	76.10	72.17	75.79	69.79	70.19	73.14	65.42
采矿业就业人数	56.93	66.29	70.01	75.03	85.70	103.01	95.33
制造业增加值	505.58	868.70	1403.12	1112.22	1915.83	1886.11	1402.19

续表

行业＼年份	2003	2005	2007	2009	2011	2013	2015
采矿业增加值	277.27	708.37	1146.00	1991.91	3835.70	3648.00	2006.86

注：数据依据历年《中国城市统计年鉴》整理。

以制造业与采矿业的就业与增加值比值的相对关系来考察山西工业发展路径，就就业比值关系来看，自 2001 年以来山西工业发展对采矿业的依赖于不断增强。2001—2015 年这一比值从 0.58 不断上升到 1.46；增加值的比值从 0.542 上升为 1.431。其中就业之比呈现持续平稳上升，但增加值比值呈现波动式上升。2001—2007 年，增加值比值呈现平稳增长，与就业比值呈现协同变化；2007—2012 年，增加值比值呈现急剧式上升阶段，从 0.817 演变为 2.023。2012—2016 年比值下降阶段。2016 年由于煤炭价格回升，总体上使得采矿业与制造业的增加值比值较前 2015 年有所提高。总体来看，山西工业发展呈现持续的“反制造业化”倾向（图 3－2）。

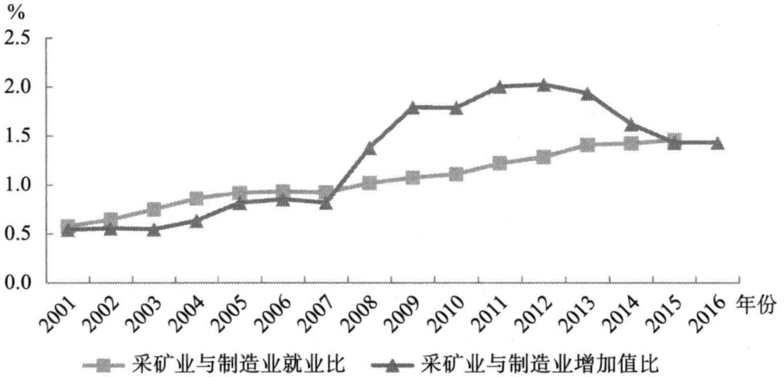

图 3－2 山西工业发展路径依赖度

注：数据依据历年《中国城市统计年鉴》整理。

图 3－3 刻画了山西煤炭行业在工业以及非农行业中地位，整体来看，2001 年来，煤炭在山西国民经济尤其是工业领域占据着绝对的主导地位。2001—2016 年期间，煤炭行业在山西发展可分为 3 个阶段。

第一阶段：2001—2007 年煤炭产业平稳较快发展阶段。2001 年煤炭行业增加值分别占非农产业和工业增加值的 8.7% 和 18.0%，到 2007 年比重分别达到 19.9% 和 34.6%。其中，2004 年作出的“把山西省建设成为新型能源和工业基地的战略决策”，使得 2004 年煤炭行业增加值占工业增加值比重的增长率比 2003 年高出 4.3 个百分点。

第二阶段：2007—2011 年煤炭产业爆发式发展阶段。在这一阶段，煤炭行业增加值占非农产业和工业增加值由 2007 年的 19.9% 和 34.6%，快速增长到 61.87% 和 34.80%，这一阶段，煤炭行业基本上主导了山西工业的发展。其中，2008 年山西的实施煤炭资源整合重组的重大战略决策，加速了煤炭行业的“垄断”市场特征，另一方面，煤炭资源价格上涨，综合两方面的因素，这可能使得山西煤炭产业增加值在国民经济中的比重得到提高。

第三阶段：2012—2016 年煤炭产业发展的收缩阶段。由于受到煤炭价格下降的影响，2012 年以后煤炭增加值在山西工业 GDP 的比重不断下降，到 2015 年为 43.2%。而 2016 年回升到 46.72%。与此同时，煤炭在非农产值的份额从 2011 年的 34.8% 不断下降到 2015 年的 15.73%，2016 年维持在 15.66%。在山西资源型经济转型的大背景下，尽管自 2012 年左右煤炭在国民经济中的比重呈现下降趋势，但难以说明山西资源型经济转型取得明显进展。

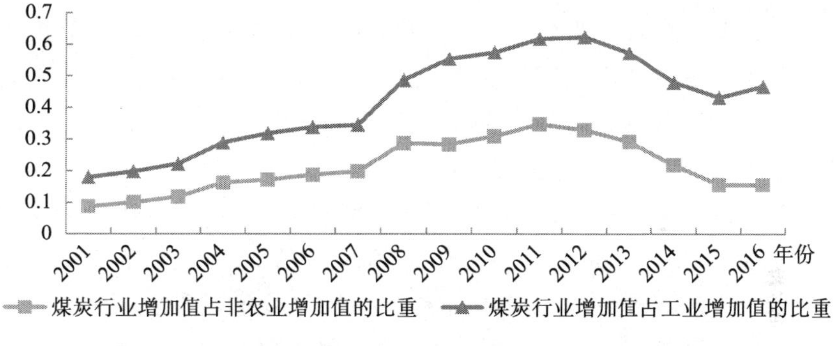

图 3－3　山西煤炭行业在工业与非煤产业中的地位

注：原始数据来自历年《山西统计年鉴》。

图 3－4 揭示了近年来山西工业企业入驻流出情况。从工业企业规模来看，山西省规模以上企业数量呈现递减趋势。由于我国的规模以上工业企业标准分别在 2007 年和 2011 年发生了两次调整。但总的来看，2004 年以来不同阶段山西的工业企业空间格局发生了较大的变化，规模以上企业呈现大幅度的下降。其中，2011—2015 年间，规模以上工业企业个数呈现先上升后下降的态势，相反的是，在制造业领域，2011—2013 年发生企业净外迁，2014 年净外

迁得以扭转，但此后又继续净外迁。这背后反映了山西国有经济氛围下的山西营商环境较差，导致了煤炭产业对制造业一定程度的挤出效应。

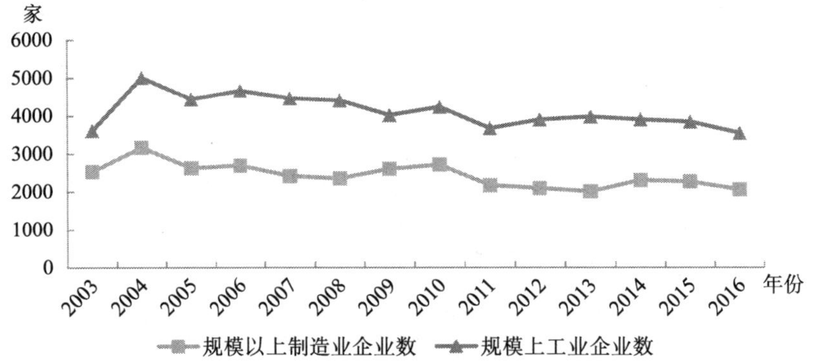

图 3－4　山西省规上企业数

注：数据依据历年《山西统计年鉴》和《中国工业企业数据库》整理。

（二）工业发展的重型化倾向突出

山西工业发展的“一煤独大”衍生出工业发展的重型化倾向突出。从行业企业入驻来看，煤炭行业企业在山西呈现也呈现“一股独大”，规模以上制造业企业集中呈现出“两高三低”的格局。与煤炭行业紧密相关且代表重工业的金属行业和设备制造业的企业集中度较高；而代表轻工业的纺织服装行业、木材家具行业和文教仪器工艺品的行业集中度最低。

从产值增加值来看，以 2009 年为界，1999—2009 年间山西重工业增加值占工业增加值的比重由 86% 持续上升到 2009 年的 96%，然后 2009—2016 年间，这一状况有所改善，从 96% 下降到 92%，尽管重工业在山西工业中占据主导地位，2004 年以后，山西重工业企业个数整体呈现减少的趋势，其中 2013－2016 年间，由 3393 家下降到 2953 家。此外，就轻工业企业入驻山西的数量来看，整体呈现下滑趋势，从 1999 年的 978 家降到 2016 年的 595 家，但 2011—2016 年间，由 546 家上升到 2015 年的 625 家，但是 2016 年又下降到 595 家。轻重工业增加值比值从 1999 年的 0.166 持续下降到 2008 年的 0.046，之后这一状况得到改善，到 2015 年这一比值为 0.092，2016 年在 2015 年的基础上略有下滑，具体见图 3－5 所示。

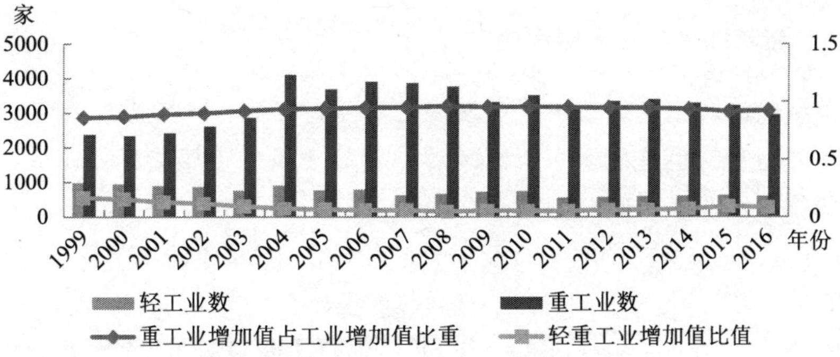

图 3-5　山西工业发展的重型化倾向

注：数据依据历年《山西统计年鉴》整理。

就制造业集中度指数来看，2001—2015 年期间，山西省制造业集中在黑色金属冶炼和压延加工业、石油加工、炼焦和核燃料加工业和化学原料和化学制品制造业，而通信设备、计算机和其他电子设备制造业逐步发展起来，进入了前五位行业（表 3-2）。除了通讯设备、计算机和其他电子设备制造业，其他均为重工业。

表 3-2　2001—2015 年山西制造业前五位行业就业集中度演变轨迹

2001 年	2005 年
◆ 有色金属冶炼和压延加工业（10.5%） ◆ 化学原料和化学制品制造业（7.6%） ◆ 黑色金属冶炼和压延加工业（6.4%） ◆ 石油加工、炼焦和核燃料加工业（4.9%） ◆ 金属制品业（4.1%）	◆ 黑色金属冶炼和压延加工业（18.4%） ◆ 石油加工、炼焦和核燃料加工业（16%） ◆ 化学原料和化学制品制造业（11.4%） ◆ 非金属矿物制品业（11.1%） ◆ 有色金属冶炼和压延加工业（7.8%）
2010 年	**2015 年**
◆ 黑色金属冶炼和压延加工业（16%） ◆ 石油加工、炼焦和核燃料加工业（15.7%） ◆ 化学原料和化学制品制造业（10.5%） ◆ 非金属矿制品（10.5%） ◆ 计算机、通信和其他电子设备制造业（7.6%）	◆ 黑色金属冶炼和压延加工业（18%） ◆ 石油加工、炼焦和核燃料加工业（12%） ◆ 计算机、通信和其他电子设备制造业（11.1%） ◆ 化学原料和化学制品制造业（9.9%） ◆ 非金属矿物制品业（9.3%）

注：数据依据历年《山西统计年鉴》整理。

（三）高新技术产业发展缓慢

资源型经济转型高新技术产业发展是重要内容之一。高新技术产业是地区发展的重要力量，也是衡量一个地区转型发展质量的重要指标。图 3－6 表明山西高新技术企业净入驻分为三个阶段：

第一阶段：2000—2006 年持续上升阶段。由 2000 年的 127 家上升到 2006 年的 146 家。

第二阶段：2006—2011 年整体下滑，到 2011 年只有 118 家。

第三阶段：2011—2015 年回升阶段。2011 年之后开始又逐步回升，到 2015 年达到 139 家。

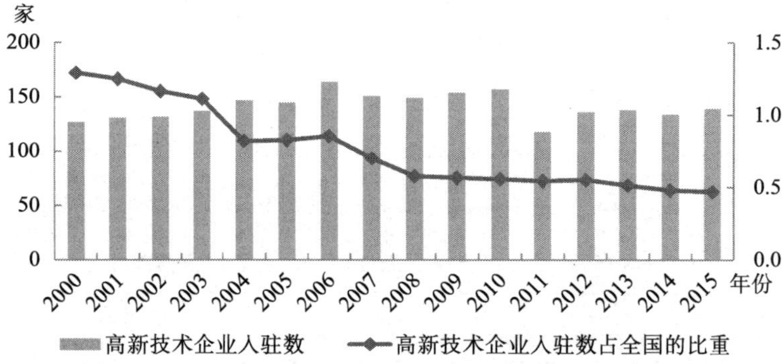

图 3－6　山西省高新技术企业个数及占全国的份额

注：数据依据历年《中国高新技术企业统计年鉴》整理。

然而，山西高新技术企业个数在全国的排位整体上由 2000 年的 21 位下降到 2015 年的 24 位，与此同时，高新技术企业个数在全国的比重由 1.29% 直线下降到 2015 年的 0.46%。从高新技术产业分行业来看，山西医药制造业企业数量基本上是山西高新技术企业的 60%，电子通讯设备制造业占了 20%，医疗设备及仪器仪表制造业在 11% 左右。从绝对数来看，2000—2010 年医药制造业个数不断增加，由 82 家增加到 108 家。而从 2011 年开始医药制造业发生净流出，当年仅为 75 家，2015 年 89 家。相对而言，电子通讯设备制造业与医药设备及仪器仪表制造业较为稳定。此外，2000—2015 年山西省的医药制造业、航天航空设备制造业、电子通讯设备制造业、计算机及其办公设备制造业和医疗设备及仪器仪表制造业等五大类高新技术产业的企业个数占全国的比例都呈现下滑的趋势。具体见图 3－7 和图 3－8。

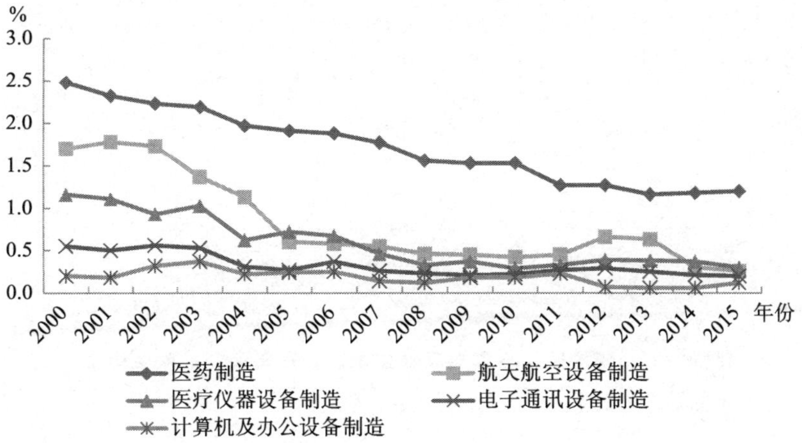

图 3－7　山西五大高新技术企业占全国的比重

注：数据依据历年《中国高新技术企业统计年鉴》整理。

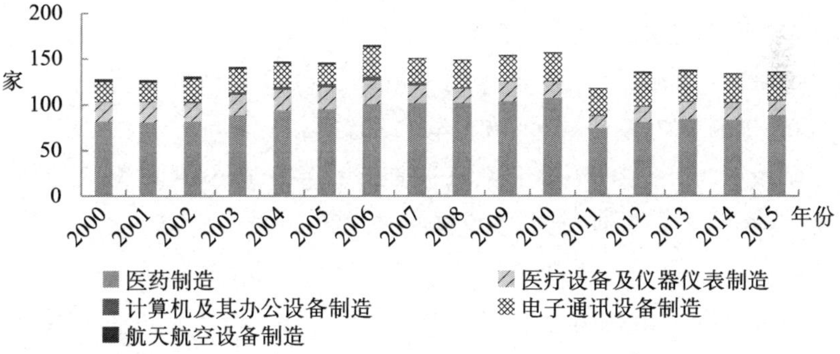

图 3－8　2000—2015 年山西五大高新技术企业个数演变

注：数据依据历年《中国高新技术企业统计年鉴》整理。

研发投入影响着高新技术产业发展及产业的转型升级，对资源型经济转型至关重要。图 3－9 显示 2003—2015 年间，研究与试验发展经费支出占地区生产总值比重由 0.55 上升到 2013 年的 1.22，然后又持续回落至 2015 年的 1.04。相比《实施方案》的目标要求 2.2% 还有一定的差距。近年来高新技术产业从业人员占制造业从业人员的比重不断增加，由 2003 年的 4.02% 上升到 2015 年的 15.17%。在一定程度上推进了山西传统制造业的逐步新型化程度，但并未实现“传统产业新型化率达到 75%”的预期目标。

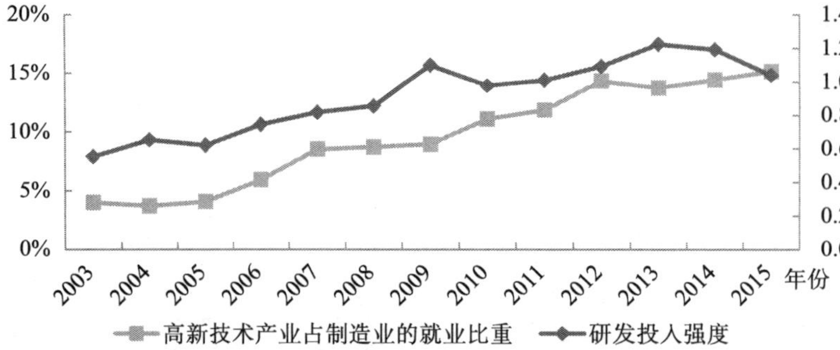

图 3－9　研发投入强度与高新技术产业占制造业的就业比重

注：数据依据历年《中国高新技术企业统计年鉴》整理。

（四）山西制造业结构多样化水平低

制造业是地区工业发展的关键，制造业发展水平从根本上反映了山西转型发展的状态，通过图 3－10 可以看出，从发展趋势来看，自 2000 年以来，山西制造业多样化呈现出三个发展阶段：

第一个阶段：2000—2005 年急剧下滑期，制造业结构多元化逐步下降阶段，由 2000 年的 1.797 下降到 2005 年 1.305。

第二阶段：2006—2009 年平稳过渡期。这一阶段制造业多元化结构波动较小，由 2006 年 1.277 演变为 2009 年的 1.289。

第三阶段：2010—2015 年波动上升阶段。这一阶段制造业多元化结构呈现波动式上升阶段，由 2010 年的 1.393 波动上升到 2015 年的 1.460。

但总体上，自 2010 年山西制造业结构多元化呈现逐步上升的趋势，但"以煤为基、多元发展"的现代产业体系尚未形成。

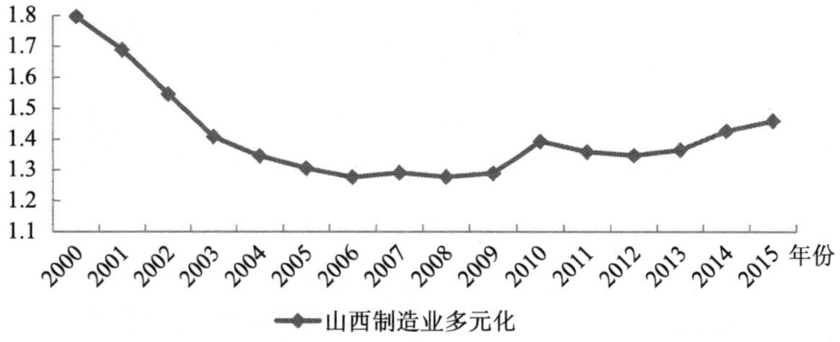

图 3－10　2000—2015 年山西制造业结构多样化指数

注：数据通过历年《中国工业经济年鉴》数据整理所得。

（五）服务业稳步发展

山西资源型经济转型，服务业发展是重要领域。从增加值的情况来看，2005 年以后服务业实际增加值呈现出不断上升的趋势，而服务业增加值占三次产业增加值的比重在 2003—2011 年期间波动起伏较大，2011 年以后这一比值快速提升。此外，从就业情况来看，2003 年以来，山西服务业占整个三次产业就业比重的 50% 以上，而生产性服务业就业占服务业的比重也维持在 50% 左右（图 3－11）。

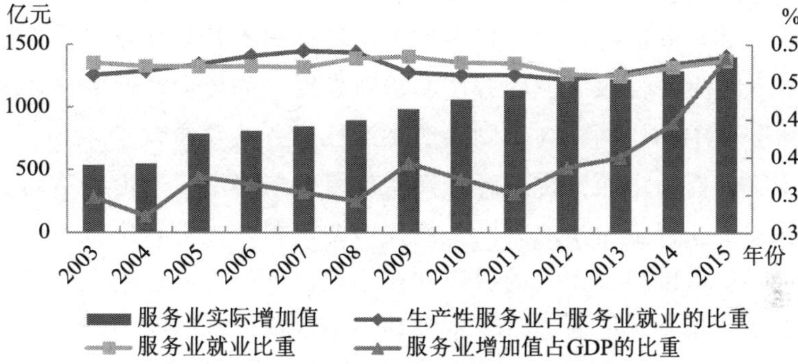

图 3－11　服务业的就业、产值比重及实际 GDP

注：数据来源于历年《中国城市统计年鉴》整理所得，生产性服务业包括：交通运输、仓储和邮政业、金融业、科学研究和技术服务业、水利、环境和公共设施管理业、信息传输、软件和信息技术服务业、租赁和商务服务业。

二、山西资源型经济转型发展效果评估

资源型型经济转型本质是关于工业领域的资源型产业与非资源型产业之间的结构优化调整问题。工业领域的“一煤独大”是山西发展实际，即工业发展过度依赖煤炭产业，而制造业对山西工业经济的贡献率较小。与此同时，与钢铁产业紧密相关的煤炭资源性价格的波荡起伏直接决定了山西国民经济呈现出较大的波动性和风险性。因此，山西资源型经济转型的根本目标就是降低山西工业经济对煤炭资源的依赖程度，提升制造业在工业经济中的比重。然而，在煤炭资源价格波动与制造业价格波动不一致的情况下，很难通过制造业在工业中的比例关系，看到制造业的真实变化。同时，美国汽车城底特律的破产背

后揭示了一个地区制造业的过度单一化也同样会带来的发展风险。综合上面两方面，说明产业结构单一是区域发展衰败风险增大的根本，因此，本文认为，山西制造业结构的多元化程度最直接也最能真实地反映山西资源型经济转型的成效好坏。

此外，从资源产业与非资源产业的就业关系角度来讲，如果制造业的就业逐步占据了主导地位，则表明山西产业转型发展取得了实质性成效，而且选择本指标的一个重要原因在于煤炭国有企业的属性使得就业波动小于产值波动，比如在煤炭价格下滑阶段，产值会降低，但就业不会大幅度减少。此外，进一步讲如果制造业内部高新技术产业发展比较好，则说明山西资源型经济转型实现了质的提高。与此同时，山西资源型经济转型离不开服务业的发展，尤其是生产性服务业，生产性服务业服务于制造业发展，如果生产性服务业的产值或者就业在服务业中的比例较高，则表明生产性服务业发展较好。

上述现状分析为山西资源型经济转型效果评估奠定了一定的基础，提供了一些感性认知，获得了初步的判断，然而山西资源型经济转型是否有明显的成效，需要进一步借助模型工具的手段加以论证，下面将通过层次分析法综合评价山西转型发展水平，同时通过政策评估方法评估山西的有关产业结构调整政策对山西转型发展的实质性效果。

（一）山西资源型经济转型发展指数测度

本文基于层次分析法，综合评估山西2000年以来的转型发展成效。在对山西“资源型经济转型”这一概念正确理解把握的基础上，本文基于数据的可得性，选择制造业多样化指数、制造业与采矿业的就业比值、高新技术产业占制造业的从业人员比例、生产性服务业占服务业的就业比重等四个指标来综合考察山西资源型经济转型效果。关于四大指标的重要性，根据层次分析法的规则，我们对其进行了排序，排序结果如表3－3所示。

表3－3　　四大指标相互的重要性排序

指标	制造业就业结构多元化	制造业与采矿业的就业比	高新技术产业占制造业就业比	生产性服务业占服务业比重
制造业就业结构多元化	1	2	5	6
制造业与矿业的就业比	1/2	1	4	5

续表

指标	制造业就业结构多元化	制造业与采矿业的就业比	高新技术产业占制造业就业比	生产性服务业占服务业比重
高新技术产业占制造业就业比	1/5	1/4	1	3
生产性服务业占服务业比重	1/6	1/5	1/3	1

基于层次分析法的算法，得出了四大指标的权重，具体见表3-4。最后通过加权求和得出2000—2015年山西资源型经济转型发展指数。整体来看，山西资源型经济转型指数是处于一个下降的状态，由2000年的1.4998演变到2015年的0.992，具体见图3-12。从转型发展过程来看，可划分为3个阶段。

表3-4　　四大指标的权重

指标	制造业就业结构多元化	制造业与采矿业的就业比	高新技术产业占制造业就业比	生产性服务业占服务业比重
权重	0.4998	0.3195	0.1192	0.0615

图3-12　2000—2015年山西资源型经济转型发展指数

第一阶段：2000—2005年转型严重失效阶段。基本上这一阶段山西资源型经济转型是越转越糟，从一定层面看出山西省1999年以来出台的诸多产业结构调整政策并没有较好地推动山西转型发展，其中2004年作出的“把山西省建设成为新型能源和工业基地”的战略决策，一定程度上加剧了山西工业经济的反制造业化。

第二阶段：2007—2013 年转型波动式下降阶段。2006 年扭转了 2005 年以前的山西资源型经济转型失控的局面，这可能跟 2006 年出台的《关于优化产业结构、培育优势产业的实施意见》有关。

第三阶段：2013—2015 年转型略有成效阶段。2014 年扭转了上一阶段转型失效，转型指数从 2013 年的 0.95 持续上升到 2015 的 0.99。这可能与《实施方案（2013—2015 年）》有关。

（二）山西资源型经济转型发展政策效果检验

山西资源型经济转型指数表明，在一定的时间段转型是不理想的，但并不能表明一定是政策没有效果，如果不实施一些转型政策，可能转型结果将更糟糕；或许政策确实没有效果，或者呈现负效果。基于此，在上面统计分析的基础上，本部分将通过计量经济学手段来考察几个重要节点的政策对山西转型发展的实质性影响。

合成控制法是当前检验区域政策实施效果的主要评估方法。基于引言的介绍，山西资源型经济转型发展，自 1999 年开始推进，可以将山西转型发展看做是对山西实施的一项自然实验，把提出政策年之后的山西省作为处理组，把其他地区作为潜在控制组，并从中选取控制组。合成控制法的重点是构造“反事实”事件，在现实中很难能找到一个符合处理组基本特征的经济体作为控制对象，但是几个经济体的组合却能够提高这种概率，组成一个能够较好符合处理组基本特征的对照组（即控制组）。阿巴迪（Abadie，2010）等提出使用数据驱动的方法来合成控制组，以克服处理组和控制组之间的差异问题，即合成控制法。

合成控制法模型的前提是“过去的趋势可以延续”，即山西没有推进某一政策时，用其他地区的经济发展数据可以近似地模拟山西省经济社会发展趋势，而且这一趋势可以延续。在山西政策颁布实施年份，这要求控制组在政策颁布实施年以后没有明显的政策干扰，以免给构建的“反事实”带来偏误，从而对最终测算的政策效应的准确性产生影响。合成控制法要求政策的实施不会对控制组的表现产生显著影响。换句话说，各项政策的影响应限于山西省，而不至于对其他省份也产生重大冲击。基于上述两点考虑，选择全国大陆其他 30 个省市自治区作为控制组。本文采用阿巴迪等开发的 Synth 程序来估计山西近年来提出的各项政策对山西转型发展的影响。

基于文献，本项目的预测变量如表 3 - 5 所示。

表 3－5　　预测变量列表

变量名称	控制变量含义	计算方法
FDI	外商直接投资水平	地区实际利用外资×当年汇率/地区 GDP
edu	教育水平	$\sum$ 各层次教育人数×基本就读年限/6 岁以上总人口
RD	研发投入强度	研究与科学实验经费支出/地区 GDP
cus	居民消费水平	地区居民消费能力
Gcus	政府消费支出	政府消费支出/地区 GDP
Fiv	全社会固定资产投资	全社会固定资产投资/地区 GDP
NOI	外贸进出口	外贸进出口总额/地区 GDP
SOE	经济国有化程度	国有工业企业从业人员人数/工业企业从业人员数

基于合成控制方法，首先评估了山西 2006 年的政策《关于优化产业结构、培育优势产业的实施意见》，得出了由其他省份合成的山西。表 3－6 是合成权重值，其中西藏的权重值最大，为 0.561。

表 3－6　　合成权重

地区	北京	天津	河北	内蒙古	辽宁	吉林	黑龙江	陕西
权重	0.01	0.01	0.016	0.018	0.012	0.016	0.014	0.007
地区	浙江	安徽	福建	江西	山东	河南	湖北	湖南
权重	0.013	0.005	0.008	0.009	0.01	0.013	0.046	0.017
地区	广西	海南	重庆	四川	贵州	云南	西藏	上海
权重	0.033	0.011	0.019	0.017	0.019	0.017	0.561	0.009
地区	江苏	青海	广东	甘肃	新疆	宁夏		
权重	0.007	0.014	0.014	0.018	0.017	0.023		

图 3－13 是 2006 年山西的产业结构调整对山西制造业多元化的政策响应，可以看出 2006 年以前，控制组与实验组基本上出于重合状态。2006 年之后，控制组和实验组的发生分离，在 2006—2011 年期间，处理组明显高于控制组，一定程度表明 2006 年山西的产业结构优化调整政策对山西制造业结构产生了利好的冲击。然而 2012 年以后，控制组高于处理组，表明随着时间的推移，前期山西的产业结构优化调整政策对山西制造业结构的影响消失了，政策不具有持续性。此外，考虑到 2009 年以后的“转型综合改革示范区”可能产生影响，因此，还需要进一步分析 2009 年的“转型综合改革示范区”的产业结构调整效应。

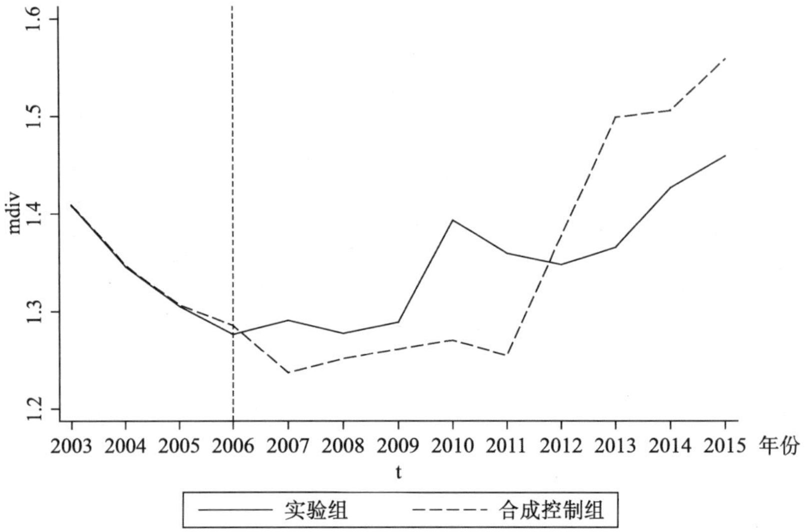

图 3－13　2006 年产业结构调整政策成效

表 3－7 基于合成控制发报告了各预测变量的合成值与实际值及其差额。可以看出，山西的经济国有化程度比合成组高出 0.0405。外商直接投资低于合成值 0.0088。固定资产投资低于控制组 0.1962，居民消费能力低于控制组 0.0234。表征对外开放程度的进出口低于控制组 0.0601。而反映政府对经济的干预程度的政府消费支出比控制组高于 0.1923。

表 3－7　　各预测变量合成值与实际值的差额

变量	处理组	合成组	差额
R_ RD	0.6098	0.4968	0.1130
edu	8.3996	5.7229	2.6767
cus	7.9611	7.9845	0.0234
fiv	0.4072	0.6034	0.1962
FDI	0.0046	0.0134	0.0088
NOI	0.1073	0.1673	0.0601
gcus	0.1319	0.3242	0.1923
edu	8.3996	5.7229	2.6767
soe	0.5586	0.5181	0.0405

基于合成控制方法，进一步考察“转型综合改革试验区”对山西制造业结构多元化的影响。得出了由其他省份合成的山西。表 3－8 是合成权重值，

其中西藏的权重值最大，为0.263。

表3-8　合成控制权重

地区	福建	广西	海南	西藏	甘肃	宁夏
权重	0.031	0.262	0.151	0.263	0.07	0.222

图3-14是2009年来山西"转型综合改革试验区"对山西制造业多元化的政策响应，可以看出2009年以前，控制组与实验组基本上出于重合状态。2009年之后，控制组和实验组的发生分离，在2009—2011年期间，控制组高于合成组。

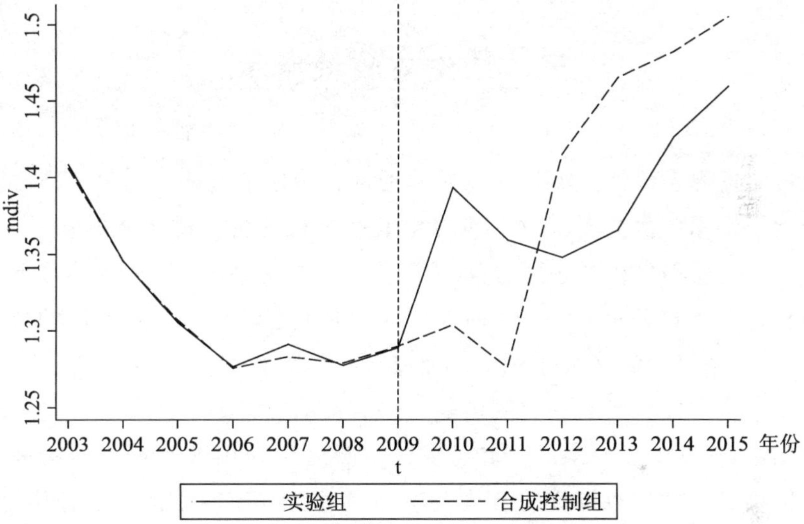

图3-14　2009年产业政策调整的制造业结构效应

表3-9基于合成控制发报告了各预测变量的合成值与实际值及其差额。其中，山西的经济国有化程度比合成组高出0.1035。外商直接投资低于合成值0.0071。固定资产投资低于控制组0.1342，居民消费能力低于控制组0.1006。表征对外开放程度的进出口低于控制组0.0433。而反映政府对经济的干预程度的政府消费支出比控制组高于0.1923。这些数据说明，相比2006年居民的消费力进一步下降，经济国有化的程度更为凸显，市场化水平有待提升。

表 3－9　各预测变量合成值与实际值的差额

变量	处理组	合成组	差额
R_ RD	0.7078	0.4164	0.2915
edu	8.5807	6.8691	1.7116
cus	8.0737	7.9731	0.1006
fiv	0.4403	0.5744	0.1342
FDI	0.0080	0.0151	0.0071
NOI	0.1188	0.1622	0.0433
gcus	0.1275	0.2357	0.1082
edu	8.5807	6.8691	1.7116
soe	0.5586	0.4551	0.1035

三、结论与政策启示

通过对资源型经济转型发展内涵的把握，构建了整体上能表征山西转型发展的指标，运用层次分析法对山西转型发展进行评价，结果表明：进入21世纪以来，山西转型发展大体可分为三个阶段，进一步通过合成控制法重点考察了山西转型发展政策对反映山西转型成效的制造业结构多元化发展的影响。结果表明2006年出台的《关于优化产业结构、培育优势产业的实施意见》对山西制造业结构多元化具有一定的影响，但政策的效果缺乏连续性。进一步运用合成控制法对2009年以来的“转型综改试验区”对山西制造业结构多元化的影响，结果显示并没有持续的政策效应。通过合成控制方法，实证研究发现，山西固定资产投资力度欠佳，外商投资山西的程度较弱，对外开放程度低，政府对经济的干预较多，市场化程度低，这些都将会影响着山西产业结构尤其是制造业结构的多元化发展。形成如下政策建议：

（一）坚持煤炭资源比较优势的经济发展方针在山西行不通

当资源型产业与专业化分工结合注定了地方经济发展的高风险与不稳定性。2004年8月召开的经济结构调整会议提出，把山西省建设成为新型能源和工业基地的战略决策，从某种意义上是地方经济发展关于“比较优势”理论的运用。山西这一战略提出之后，山西规上制造业企业个数由2004年的3179家下降到2005年的2631家，净流出548家。与此同时，制造业多元化指数由 1.409 下降到 1.346。

（二）加强政策的延续性、一致性与连贯性

政策是很容易出台的，但政策的实施效果未必如愿。近年来，在相对频繁的时间点，山西围绕“经济结构调整”出台了诸多政策，如 1999 年 10 月、2001 年 9 月、2003 年下半年、2004 年 8 月、2006 年、2008 年煤炭资源整合重组的重大战略决策。2009 年以来的“综合改革试验区”。这些政策有些可能是相互矛盾的，如 2004 年提出的“把山西省建设成为新型能源和工业基地的战略决策”与 2006 年出台的《关于优化产业结构、培育优势产业的实施意见》就可能存在前后相互打架不一致的情况，这必将影响转型发展成效。

（三）开发区是山西转型发展的重要突破口，加快山西开发区发展步伐是关键

资源型经济转型发展的本质在于优化工业内部制造业与采矿业之间的比例关系，山西以煤炭为主的采矿业在工业中“一业独大”的背后反映了山西制造业发展的落后。因此，山西转型发展的主导力量与关键在于强化制造业对工业经济的支撑作用。而开发区是制造业的重要平台，从全国来看，开发区是地方经济发展的重要引擎，是带动地方发展的重要产业功能增长极。而山西开发区发展滞后于全国多年，是转型发展过程中最为重要的短板，因此，山西转型发展并没有取得实质性成效，跟开发区发展滞后是紧密相关的，从某种意义上讲，开发区是山西转型发展的重要突破口。当前理顺开发区财税体制，剥离社会事务，下放开发区的管理权限，理顺开发区与属地的关系，减轻开发区的包袱，促进开发区轻装上阵，加强开发区的简政放权。与此同时，深化开发区人事和薪酬制度改革，激活开发区发展活力，进一步推进开发区专业化、市场化、国际化进程。

（四）山西资源型经济转型发展既要依靠煤炭资源，又需要摆脱煤炭资源，重点推进部分制造产业领域发展

山西资源型经济转型发展，一方面，要进一步延长煤炭产业链条，加快煤层气、煤化工、煤焦产业发展；另一方面，资源型产业与非资源型产业并非此消彼长、相互替代的关系，要借助煤炭产业所形成的资本积累加速非资源型产业的培育和发展，增强非煤资源产业发展体量，形成多元化的产业支撑格局。

区域生命周期背后是产业的生命周期，而产业的生命周期取决于产业所对应的产品的市场需求状况。市场需求一方面取决于产品本身的品质；另一方面，决定于实际的需要。在产业发展领域，大力发展计算机、通信和其他电子设备制造业；进一步做大包括石油化工、化学纤维、医药制造业、橡胶、塑料、黑色金属冶炼和压延加工业、化学原料和化学制品制造业、非金属矿物制品业等资源加工工业；进一步强化诸如机械、机床、专用设备、交通运输工具、机械设备、电子通讯设备、仪器等等有一定历史基础的装备制造业在全国的地位。

（五）把营商环境纳入地方领导考核机制，促进山西转型发展

优化营商环境是山西转型发展的基本要求，坚持政府引导与市场化运作，构建好山西转型发展平台，而营商环境的改善，需要将其纳入地方政府考核，以便增强地方政府加强营商环境改善的积极性。

1. 理顺政府与市场的关系。按照党的“十九大”关于“着力构建宏观调控有度、市场机制有效与微观主体有活力的经济体制”的要求，进一步转变政府职能，明确政府的行为边界，推进服务型政府建设，减少审批程序，提高行政审批效率，充分调动企业在市场经济中的积极性和参与度，形成新型政企契约关系。着力保护微观主体的产权，营造良好的法治生态环境，强化环境规制，制定实施独特切实有效的区域转型发展政策。

2. 形成投资的风险保障机制。投资是驱动经济增长的重要动力，资源型区域转型实质上是调整资源型产业与非资源型产业之间的结构比例不合理的关系。加快山西非煤产业的投资是促进山西转型发展的重要举措，而强化制度创新，减少政府对经济的过度干预，坚持“不欺商、不讹商”，着力形成降低投资者投资风险的保障机制。

3. 加强对外开放程度。通过对外发展战略冲击资源型地区转型发展，着力加快资源型区域内连外通的交通基础设施体系建设，促进山西省内快速交通网络的发展，同时强化与京津冀地区和东部其他区域的互联互通，促进与这些地区的产业对接，促进本地区制造业多元化格局的形成。

（六）山西资源型经济转型发展需要走非平衡发展道路

山西资源型经济转型，在实质上更多是关于发展不充分的问题，是因为过去发展不充分带来现在需要经济“转型”这一话语逻辑，因此，从某种意义讲，“山西资源型经济转型”回避了发展本身的问题。关于山西发展道路方

面，在空间层面，一方面，着力推动大城市发展，强化集聚效应。要素向大城市集聚是经济发展的基本规律，在山西，尽管太原在全省层面上存在一股独大的倾向，但跳出山西，放眼全国，太原市不管是人口经济规模还是空间规模依然较小，因此，其本身的集聚效应还有待提高，需要着力进一步加快太原向大城市建设的步伐，推动太原榆次的同城化建设步伐，做强做大转型综改示范区，增强其产业聚集效应，推动综合改革示范区逐步向新城方向发展，然后在此基础上形成对周边城市的辐射带动扩散效应，进而实现山西城市体系的多中心格局。另一方面，要一手集中力量抓具有转型潜力和基础的煤炭城市转型发展，为其他煤炭资源型城市转型发展提供经验；一手抓作为非资源依赖性城市运城市发展，进而提高山西非煤产业发展比重，做强山西整体经济发展的平稳性。

（七）强化资源型经济转型发展的政策支持

1. 资金支持。在山西转型发展过程中创新财税政策，加大煤炭产业的税收返还比例，以此作为转型发展的储备金，加强财政对产业发展的支撑力度；

2. 人才支持。在人才政策方面，培育本地化的企业家、注重知识产权保护，鼓励创新；加强激励机制的构建，促进开发区人才流动机制，通过人才流动机制，推动开发区发展。

3. 科技成果转化支撑。强化科技创新政策，推进关键领域的科技创新与技术进步，加强产品的区域品牌建设，强化产学研合作注重相关技术行业领域的人才培育和科技成果转化。

参考文献

［1］安树伟，郭文炯，安祥生等著．山西经济地理［M］．北京：经济管理出版社 2018.

［2］聂飞．中国—东盟自贸区战略的贸易创造效应研究——基于合成控制法的实证分析［J］．财贸研究，2017，28（07）：36－47.

［3］张生玲，李跃，酒二科，姬卿伟．路径依赖、市场进入与资源型城市转型［J］．经济理论与经济管理，2016（02）：14－27.

［4］杨继瑞，黄潇，张松．资源型城市转型：重生、困境与路径［J］．经济理论与经济管理，2011（12）：77－83.

［5］安树伟，闫程莉．山西经济发展的功能定位与战略思路［J］．经济问题，2017（10）：1－7.

专题篇

第四章 山西省财税营商环境的优化路径研究

单顺安

由于土地、环境、资源等要素的约束日益加剧，国家之间以及国家内部不同地区之间的竞争方式也发生了改变，即良好的营商环境已经成为提升竞争力的重要手段，基于此，山西省委、省政府提出通过相关改革，推动山西省营商环境进入全国第一方阵，吸引更多高端要素资源，为山西省赢得竞争优势，而财税营商环境是营商环境内容的主要方面之一，因此，优化山西省财税营商环境的研究对于实现山西省自身的崛起以及资源型经济转型任务的实现意义重大。本部分首先阐释了相关经典理论对于财税营商环境构建的内在逻辑要求。其次，以此内在逻辑要求作为指导，并结合山西省财税营商环境的现实状况，从税制体系、税收法治、纳税服务、税收服务营商环境、财政透明度等五个方面，分析了山西省财税营商环境所存在的问题。最后，针对上述五个方面的问题，提出了优化山西省财税营商环境的路线图与实施方略。

一、引　言

2010 年，山西被国家发展和改革委员会批复设立“国家资源型经济转型综合配套改革试验区”，但自综合改革区设立的七年来，山西也未能由此完全走出困境。山西的转型发展，已经不是山西一省的问题，而是事关国家产业在国土全域空间上沟通东西、衔接南北的大战略。基于此，2017 年 9 月 11 日的中国政府网，全文发布《国务院关于支持山西省进一步深化改革促进资源型经济转型发展的意见》，本次国务院发文的终极目标就是山西省的资源型经济转型任务的实现，其中多处条文的实施，需要依靠良好的营商环境，例如第十七条——促进民营经济健康发展：在山西省开展民营经济发展改革示范，重点培育有利于民营经济发展的政策环境、市场环境、金融环境、创新环境、法治环境等。着力构建“亲”“清”新型政商关系，打造良好营商环境，不断提振民营经济发展信心等等。

此外，值得关注的是，当今世界，土地、环境、资源等要素的约束日益加剧，国家以及地区经济竞争进入综合环境比拼时代，良好的营商环境已经成为提升竞争力的重要手段，而财税营商环境是营商环境内容的主要方面之一，如纳税就是世界银行的企业营商环境指标体系之一。就全国而言，许多省份已经纷纷采取行动，将营商环境建设作为提升地区软实力的重要手段而大张旗鼓地深入推进，财税营商环境是改善和优化的重点之一。基于这样的外部竞争背景，山西省委、省政府提出通过相关改革，推动山西省营商环境进入全国第一方阵，吸引更多高端要素资源，为山西省赢得竞争优势。当然，良好的营商环境也有助于山西省资源型经济转型任务的实现。综上所述，优化山西省财税营商环境的研究对于助力山西赢得竞争优势，进而实现山西省自身的崛起以及资源型经济转型任务的实现意义重大。

二、财税营商环境的理论基础

（一）财税营商环境的内涵与特征

1. 财税营商环境的内涵。财税营商环境是指伴随企业活动的整个过程（包括设立、运营以及结束的各个环节），影响企业遵守税收制度、合理纳税的相关税收环境条件以及影响企业资源配置效率的相关财政支出环境条件。

财税营商环境可以细分为税收营商环境和财政营商环境，两者对企业运营成本的影响方式存在差异。税收营商环境主要影响企业运营的市场环境，一方面，通过相关税收制度安排与纳税服务提升，降低企业的运营成本，如生产经营成本、制度性交易成本等等；另一方面，通过良好的税收执法，构建公平、竞争有序的市场竞争环境，增强对投资者的吸引力。财政营商环境主要直接影响企业运营的社会环境，如社会保障、人力资源服务与管理、创新环境、医疗服务、住房保障等等，进而间接降低企业的运营成本，增强对要素资源的吸引力。

2. 财税营商环境的特征。对于政府的财税主管部门而言，良好的财税营商环境具有以下特征：

（1）体现税收法治性，依法征税。为政府取得财政收入，是税收最基本的职能，这就要求，一方面，纳税人应依法纳税，保证应缴尽缴；另一方面，既然要求纳税人依法纳税，这也意味着税务机关应依法征税，坚决避免收“过头税”，杜绝“寅吃卯粮”，防止越权进行减免税，这样既有效维护了企业的合法利益，也营造了公平竞争的市场环境。

（2）体现税负公平，实际税负水平合理。税收负担（税费额/税前利润）是世界银行营商环境小组评估各国（地区）税务营商环境的指标之一，毕竟税负水平的高低，影响着企业投资或经营的意愿，也反映了营商环境的好坏。

首先，企业税负水平的高低主要取决于税收制度，因此，应从优化税收制度入手，通过税收制度改革降低企业的名义税负。具体而言，其一，2016 年 5 月 1 日，“营改增”试点在全国范围内的所有行业全面推开，今后应进一步完善增值税标准税率，制定进一步降低制造业增值税税负的办法①。其二，“营改增”试点在全国范围内的所有行业全面推开以后，地方政府财力处于“相对窘迫”的状态，需要积极推进地方税体系建设，加快培育地方主体税种，地方主体税种的税制要素应进行合理设置，使得企业的总体税负水平处于合理范围之内。

其次，税务机关应进一步完善相关配套措施，一方面，使纳税人能够及时了解、掌握和用好各项税收优惠政策；另一方面，及时解决各项税收优惠政策在落实过程中出现的新情况、新问题，保证各项税收优惠措施能够落实到位，真正降低企业税收负担水平。

(3) 体现低纳税成本，纳税服务高效便捷。纳税人的纳税成本是指纳税人在按照税法规定的纳税过程中所支出的费用，降低纳税成本的一个有效途径就是通过高效的纳税服务将纳税人的部分纳税成本转化为税务机关所支出的管理费用，比如对重点税源企业、中小企业、微型企业、个体工商户等不同纳税对象提供个性化、高效便捷的纳税服务。

(4) 体现公平税收环境，规范的税收执法。规范的税收执法可以有效打击各类涉税违法犯罪活动，规范税收秩序，提高全体纳税人的税法遵从度，使各类市场主体站在公平的起跑线上展开竞争，营造公平、公正的税收环境。

(5) 体现资源高效配置，高透明度预算与高效公共支出。政府通过公共财政为全社会提供公共产品，当然也包括企业所需的公共产品，这就涉及政府是否能够全面提供企业所需的公共产品，如果能够全面提供，那么，所提供的公共产品“质量”又是否能够使得企业“满意”，毕竟良好的公共产品能够促进企业之间以及企业内部能够高效、合理利用各种资源，而高透明度预算与高效公共支出就能够使得政府高效提供公共产品，进而促进企业高效配置资源，降低企业运营成本，增加了对企业投资的吸引力或增强了继续运营的意愿，也反映了营商环境的良好程度。

(二) 财税营商环境的理论基础

1. 公共产品理论。萨缪尔森在1954年发表的《公共支出的纯理论》中首次给出了公共品（他称之为“集体消费物品”）的概念，即增加一个人对该物

---

① 各方众议营改增，总理最关切什么？[EB/OL]. (2017-9-29) [2017-09-30], http://www.gov.cn/premier/2017-09/29/content_5228684.htm.

品的消费，并不同时减少其他人对该物品消费的那类物品。而每个人对该物品的消费并不同时减少其他人的消费量，这被称为“消费上的非竞争性”。在此之后，马斯格雷夫将消费的非排他性引入公共品的概念，同非竞争性并列，形成了公共品的当代经典定义，即公共品是指具有消费的非竞争性和非排他性特征的物品。

经济学研究的基本问题是在资源稀缺的条件下，生产什么，如何生产以及为谁生产。前两个问题针对的是社会使用资源的方式，也就是资源配置问题，为谁生产的问题，是解决生产成果的分配问题，即收入分配问题。在“政府是守夜人”的前提下，资源配置与收入分配问题由市场来解决，但基于市场失灵的存在，政府也应参与这两个问题的解决，对于资源配置问题的解决，政府参与的方式是通过公共财政来提供公共产品，但公共产品有各种类型，用以满足各种各样的公共需求，这其中也包括满足企业所需求的公共产品，就提升营商环境的角度而言，需要优化财政支出结构，以满足企业所需求的公共产品的提供，此外，在政府财政资金有限的情况下，应注重提高财政资金本身的配置效率，对每项财政支出需要进行成本—效益分析。进一步，就效率而言，税收作为财政收入的主要形式，也存在税收收入与税收成本的对比问题。

2. 可持续发展理论。可持续发展是指既满足当代人的需求，又不损害后代人满足需要的能力的发展。换句话说，就是指经济、社会、资源和环境保护协调发展，既要达到发展经济的目的，又要保护好人类赖以生存的自然资源和环境，使子孙后代能够永续发展和安居乐业。

可持续发展理论遵循公平性、持续性、共同性原则。公平性原则包括两个方面：一方面是本代人的公平，即满足当代所有人的基本需求，给他们机会以满足他们要求过美好生活的愿望；另一方面是指代际公平性，即世代之间的纵向公平性，因为人类赖以生存与发展的自然资源是有限的，所以，要实现当代人与未来各代人之间的公平。持续性原则强调资源的持续利用和生态系统的可持续性，这就要求人们根据可持续性的条件调整自己的生活方式，在生态可能的范围内确定自己的消耗标准，合理开发、合理利用自然资源。共同性原则强调可持续发展关系到所有人的发展。要实现可持续发展的总目标，必须争取所有人共同的配合行动。

经济、人口、资源、环境等内容的协调发展构成了可持续发展的目标体系，而管理、法制、政策、科技、教育、人力资源、公众参与等方面的能力建设就构成了可持续发展的支撑体系。可持续发展的能力建设是可持续发展的具体目标得以实现的必要保证。

就可持续发展理论而言，财税营商环境的研究要结合以下方面：

第一，可持续发展的能力建设对于可持续发展的具体目标的实现至关重要，而财税营商环境对于一些可持续发展的能力建设的内容可以产生影响，如科技、教育、人力资源等方面，因此，财税营商环境的优化要体现上述影响。

第二，财税营商环境的优化应体现可持续发展理论所遵循的公平性、持续性、共同性原则，如税制设计时应注重引导人们有效地调整自己的生产、生活方式，进而合理开发、合理利用自然资源，这不仅体现了持续性原则，也体现了代际公平性原则。

3. 最优税制结构理论。最优税制结构理论综合考虑了商品税和所得税在效率和公平方面的优势。

从西方税收理论的发展来看，标准的最优税收理论在很大程度上忽略了因税制的强制性所带来的政府税收征管成本和纳税人的服从成本问题。纳税人要耗费大量时间和金钱，用以保留会计记录，填写复杂的税收表格，聘请专业人士。高额税收征管成本和服从成本的存在，使得经济学家再也无法忽视成本对最优税制选择的影响。最优税制结构理论既包括最优税收理论发展的重要成果，又认真考虑了征税技术以及技术对税收政策的约束。这是一种试图在税收政策建议上提出更为实用主张的理论。从最优税制结构理论出发，财税营商环境必须考虑效率以及成本①。

税收效率包括经济效率和行政效率。税收经济效率强调税收对经济的影响应尽可能保持“中性”，使得对纳税人造成的除征税数额之外的超额负担最小，就提升营商环境的角度而言，需要对税收制度进行优化，将企业所承受的超额负担降到最小。税收行政效率包括征管成本和缴纳成本。就提升营商环境的角度而言，需要降低纳税人的缴纳成本，可以采用的方式包括，其一，合理简化税制，方便纳税人纳税；其二，通过高效的纳税服务将纳税人的部分纳税成本转化为税务机关所支出的管理费用。

4. 公平课税理论。从现代经济学理论来看，税收原则可以归纳为公平和效率两个主要方面。税收公平原则是指政府征税要使每个纳税人负担与其经济状况相适应，并使各纳税人的负担水平保持平衡。税收公平原则又可以归纳为

① 王绍乐．税务营商环境问题研究［M］．北京：中国税务出版社，2015.

受益原则与能力原则。由于对政府提供的公共产品或劳务，每个人的享用程度难以量化，受益原则难以普遍采用，因而公平原则主要体现为能力原则，能力原则包含两重递进的含义：第一，政府课税应以纳税人的支付能力为依据；第二，支付能力相同者同等纳税，支付能力不同者在课税上应有所区别。

公平原则在税制上所体现出的结果就是公平税负。公平税负能使各种类型的纳税人在同一起跑线上公平竞争，有利于创造公平竞争的经济发展环境，同时也能够促使纳税人加强管理、革新挖潜，推动技术进步，努力降低生产成本，提高产品质量和劳动生产效率。因此，财税营商环境的优化应注重体现公平税负。

三、山西省财税营商环境存在的问题

（一）山西省地方税收自给率偏低，对营商环境的培育产生了负面影响

1994 年，我国进行了分税制的财税体制改革，但随着经济体制改革的深入，现行分税制及其相应的地方税制度出现了诸多不适应，给财税营商环境带来了一些不良影响。现实中，随着山西省地方政府支出的增加以及“营改增”的深入推进，山西省地方税收自给率明显偏低①。

表 4－1　山西省地方税收自给率情况表

年份	2012 年	2013 年	2014 年	2015 年	2016 年
税收自给率(%)	37.88	37.48	36.62	30.68	30.12

资料来源：根据山西省财政厅网站数据计算得来。

如表 4－1 所示，山西省最近五年的地方税收自给率最高为 37.88%，最低为 30.12%，整体偏低，而且呈现出逐年下降的趋势。

在地方税收自给率偏低、现行的财政分配体制以及地方官员考核机制的背景下，各级地方政府作为一级利益主体，为追求自身利益最大化，从财税营商环境的角度而言，在财税营商环境的培育上的机会主义行为会越来越显著，进而带来的副作用会越来越大。具体而言，由于地方税收自给率偏低，地方政府

① 税收自给率是指地方税收收入占地方一般预算支出的比重。

对于土地财政和地方债务的依赖程度较高，地方政府会更“青睐”能够增加土地财政和地方债务收入的相关环境的培育，即土地财政和地方债务收入的相关环境的培育对良好财税营商环境的培育产生了一定程度的“挤出效应”。此外，基于自身利益最大化，地方政府往往会采取行政手段干预经济，违背了市场统一、公平竞争的原则，进而对地方财税营商环境产生了负面影响。

（二）税收法定原则落实存在不足，公平竞争的营商环境缺乏制度性保障

税收法定原则的基本内涵有三个方面：一是税收要素法定，即纳税人、征税对象、税率等税收基本要素应当由法律规定；二是税收要素确定，即税收法律的规定必须明确清晰，尽可能避免出现漏洞和歧义；三是征税程序合法，即征税机关必须严格按照税收法律规定的程序和权限征收税款，非经法定程序，不得随意加征、减征、停征或免征税收。前两个方面是从立法的角度所做的界定；后一个方面是从执法的角度所做的界定。而税收法定原则在立法和执法方面的落实存在不足，使得公平竞争的营商环境缺乏制度性保障①。

第一，2013 年，党的十八届三中全会通过的《中共中央关于全面深化改革若干重大问题的决定》，首次明确提出“落实税收法定原则”，表明了党中央对税收法定原则的高度重视。税收法定原则中的“法”，仅限于狭义的法律，即立法机关通过法定程序制定的法律文件。在我国，就是指全国人民代表大会及其常委会制定的税收法律，但目前，经全国人民代表大会及常委会制定的税收法律只有《中华人民共和国企业所得税法》《中华人民共和国个人所得税法》《中华人民共和国税收征收管理法》《中华人民共和国车船税法》和《中华人民共和国环境保护税法》，而增值税、消费税、资源税、土地增值税等的立法形式是通过全国人大及其常委会授权国务院立法，表现形式是暂行条例，属于准税收法律，为待条件成熟上升为税收法律做好准备。

第二，更为重要的是，《中华人民共和国宪法》作为国家的根本大法，税收法定原则在宪法里却没有得到充分反映。我国宪法仅明确“中华人民共和国公民有依照法律纳税的义务”，未对税收立法权进行明确，使得对税收法律关系各主体，特别是政府相关财税主管部门的行为缺乏宪法层面的约束，税收法定原则必然在一定程度上会受到“冷落”。

---

① 由于我国的税收立法权集中于中央，对各地区而言，税收法定原则存在的不足对于营商环境的影响属于共性问题，当然对山西省而言，这些共性问题也概莫能外。

第三，税收法律的执行状况不佳。税法的一些规定在现实中被打折扣、搞变通。这折射出税收执法领域“依法征税”意识有待加强，依法治税还需不断强调。近年来，在国务院领导下，“过头税”“按指标征税”和税收政策无序竞争等现象已经大幅收敛，但依然有必要加以防范①。

（三）税收服务于营商环境优化的意识和能力有待进一步提升

1. 税收服务于营商环境优化的意识不强。对山西省而言，一些税务机构工作人员对税务系统的“放管服”改革以及“放管服”改革对于优化营商环境的基础作用的认识模糊，往往就纳税服务谈纳税服务，就税务管理谈税务管理，没有真正立足于优化营商环境对税务工作提出的新要求，税务工作融入优化营商环境的主动性不强。特别是在税务工作谋“营商环境”布局方面，如机制运行的“优”上、办税渠道的“多”上、运行成本的“低”上、服务质量的“佳”上、受众体验的“好”上，通篇谋划、统筹推进的意识不强。

2. 面对影响营商环境优化的新情况、新问题应对能力存在不足。对山西省而言，在税务系统的“放管服”改革后，一些税务机关面对增值税专用发票虚开与虚抵、纳税人恶意攻击申报系统、税收发票政策的虚假备案、纳税人走逃等一系列影响营商环境优化的新问题，由于管理上存在预判不足、方式滞后、手段单一的情况，在一定程度上，对上述新问题不能有效应对。

3. 税收共治理念不强。良好的营商环境需要税收共治，即税务机关 + 社会 + 纳税人的模式，但目前，对山西省而言，基层税务机关单向性管理的理念烙印一时难以消除，对税收共治的模式还没有学会弄通，应用乏力，税收管理者向税收治理者的身份还没有转变。

（四）优化纳税服务，提升营商环境评价存在改进空间

良好的纳税服务是提升纳税人满意程度的重要方式之一，进而也影响到财税营商环境的评价。对山西省而言，纳税服务的形式、内容还有待进一步优化。

1. 差异性服务形式不够完善。税务系统“放管服”改革后，市场准入门槛下降，再加之大众创业、万众创新，市场新驱动因素不断呈现，使得纳税人层次、结构发生了明显变化，纳税人对税务机关提供的税务公共服务存在千差

---

① 韩声江．专访刘剑文：落实税收法定原则，要多立良法增强可执行性［EB/OL］．（2017－9－7）［2017－09－30］，http：//www.thepaper.cn/newsDetail_ forward_ 1784419.

万别的要求，税务机关也采取了相应措施予以回应，但现实中，回应与千差万别的税务公共服务要求之间存在“不相匹配”的状况。

2. 适时化服务的跟进不够及时。纳税人从办理“五证合一”“二证合一”开始，对税务机关办税流程、办税须知、税收政策的了解和掌握，目前只是通过税务官网、手机 APP、实体办税厅、扫二维码等渠道了解，这些信息是碎片式的，不完整。由于缺乏及时的适时化服务，使得很多业务虽是纳税人主动发起的，但还存在“怎么办”“下一步办什么”“到底通过什么样的方式和渠道办”等的问题。

3. “个性化”服务针对性不强。目前就纳税服务的方式而言，基层税务机关纳税工作存在“大一统”现象，即纳税服务工作停留在简政放权、优化办税流程，提供多渠道办税方式，降低制度性办理成本的层面，但对纳税人需求层级分析不够，对同一层级的纳税人不同类型、不同群体个性需求分析不够，对纳税人行为习惯分析不够，使得税务机关提供的公共纳税服务与纳税人个性化需求，对接程度不高。

（五）财政透明度不足，不利于提升营商环境

财政透明度是良好财政管理的一个方面，但财政透明本身不是目的，它是促进效率、保障政府和官员负起责任的一种方法，良好的财政透明度能够保证政府高效地提供公共产品和服务，这些公共产品和服务构成了影响企业运营的社会环境，如社会保障、人力资源服务与管理、创新环境、医疗服务、住房保障等，进而间接降低企业的运营成本，增强对要素资源的吸引力。因此，财政透明度能够影响对于营商环境的评价。

2016 年 11 月，上海财经大学公共政策研究中心发布了《2016 中国财政透明度报告》显示，2016 年，31 个省份财政透明度中仅有宁夏、湖南 2 个省份超过及格线。31 个省份财政透明度的平均得分为 42.25 分，最高分为 65.53 分，最低分为 23.71 分。山西省财政透明度得分为 55.39 分，未超过及格线，反映出山西省财政透明度不足，不利于营商环境的提升。

四、优化山西省财税营商环境的路线图与实施方略

展望未来，山西省良好财税营商环境的营造要想取得更大的成功，需要拿

出一份清晰的优化路线图，在这份路线图上，需要标绘出优化财税营商环境的“方向标”“关键节点”与“到站目标”。具体而言，优化山西省财税营商环境的路线图与实施方略，应重点聚焦于以下几个方面。

（一）提升税收效率与公平，促进营商环境培育：完善税制

1. 深化“营改增”改革，适当简化税率。“简税制、宽税基、低税率、严征管”是未来税制优化的发展方向，在深化“营改增”改革的过程中也应当遵循这一原则，此外，中央也提出降低宏观税负以及降低间接税（以增值税为主）比重，提高直接税比重，因此，增值税的税率优化应趋向于低税率和减少税率档次。国际上其他采用增值税的国家税率档次一般就一两档，而我国目前增值税税率和征收率加起来有六档，除了三档增值税税率，还有适用于小规模纳税人的三档增值税征收率，不利于公平竞争，不利于充分发挥增值税中性作用。建议未来增值税税率应该是两档税率，基本税率由17%降为10%，低税率由6%降为5%。山西省作为综合改革试验区，可以先行先试，即作为试点，先行适用10%和5%的税率，降低企业税负，提升税收营商环境。

2. 完善山西省地方税体系。

（1）山西省地方税主体税种的现实选择——财产税和消费税。首先，财产税具备成为地方税主体税种的良好品质，主要体现在以下几个方面：一是财产税税基具有非流动性、地域性和普遍性的特点；二是财产税所负担的公共品具有明显的受益区域和受益对象，符合受益原则；三是财产税的课税对象比较分散、计税依据的确定相对复杂，其征收难度大，同中央政府相比，地方政府更了解征税对象的具体情况，地方税务人员获取信息相对容易，计税依据的评估更加客观准确，财产税由地方政府征管，效率更高。

其次，消费税的课税对象为商品和服务，因此，消费税被归为商品税，一些学者认为商品税不能作为地方税，其理论依据在于：税负存在地区输出、阻碍统一市场的形成、由地方政府管理的成本高。不过，通过改进商品税制设计，商品税仍可成为地方税。具体来说，将消费税税制的课税对象——商品和服务，分别划分为生产环节商品和消费环节商品、生产性服务和消费性服务。对消费环节商品和消费性服务课征消费税，一般来说，针对消费环节商品和消费性服务征税通常采用消费地原则，纳税人一般是辖区居民，不会产生税负输出、阻碍市场流通等问题，也就是说，满足一定条件，消费税可以作为地方税。

（2）改革房产税，以其作为财产税的基本税种。将现行房产税、城镇土地使用税以及有关房地产的各种收费，如其属于税收性质的，简并成房地产税，以其作为财产税的基本税种。在此基础上进行如下具体改革：

①纳税人。房地产税纳税人可以具体设计为：在中华人民共和国境内拥有土地使用权、房屋所有权的所有单位和个人，为房地产税的纳税义务人。

②征收范围。房地产税的征收范围应突出完整性和规范性，因此，房地产税应对我国境内所有不动产征税，具体包括：生产经营用不动产、非生产经营用不动产、闲置不动产。

③计税依据。参照国际惯例，房地产税可以不动产的评估值作为计税依据，同时，根据房地产的不同类型，其计税依据也应有所不同。对农村土地，其计税依据应以规定的标准单位，考虑土地面积、土地位置等因素来分类确定；对其他不动产，则可以其评估值作为计税依据。

④税率。为了简明税制，可由中央政府统一立法，按照生产经营用房和居住用房实行不同的税率，规定税率幅度，山西省地方政府可在统一规定的税率幅度内，确定具体适用税率。

（3）推进消费税作为山西省地方税主体税种。可将现有的特别消费税改造为地方税层面的一般消费税。具体而言，一方面在适当降低增值税税率的前提下，将消费税税目扩大到一般商品，将一般商品降低的增值税税负转化为在零售环节征收的消费税；另一方面，对原有既征收消费税又征收增值税的商品，将其改革后降低的增值税税负和原有的消费税税负合并计算，但应改生产环节征收为消费环节征收。具体设计构想如下：

①征收范围。为稳妥推进消费税的改革，应逐步、渐进地扩大消费税的征收范围。首先，应将资源供给缺乏并有可能对环境造成污染且不宜大量消费的产品以及部分高污染、高能耗的产品纳入消费税的征收范围。其次，由于我国对奢侈品的消费增长很快，未来其会成为地方税收的一个新的增长点，应将奢侈品纳入征收范围。再次，随着我国服务业不断发展，一些生活性服务业趋向高档化、奢侈化，如高档娱乐消费、高级家政服务等，需要将此类服务纳入消费税的征收范围。最后，进一步扩大消费税范围，将一般商品也纳入消费税的征收范围。

②税率。中央政府统一立法，规定税率幅度，山西省地方政府可根据本区域内实际情况，在一定税率幅度范围内确定税率标准。

③纳税环节。由生产环节征收改为消费环节征收。将部分税负转移到消费

环节征收，山西省在消费外来产品的时候能够得到相应的税收，可以在一定程度上缩小与发达地区的区域发展差距，提高山西省地方政府的公共服务能力。

④计税方式。改价内税为价外税。将消费税由价内税改为价外税，可以增加税收的透明度，使消费者明确自己的纳税人身份，增强纳税意识，而且它突出了间接税性质，有利于调节消费结构，正确引导消费需求。

（二）保障公平竞争的营商环境：切实落实税收法定原则

1. 将税收法定原则纳入宪法。税收法定原则要真正落实，关键在于宪法中要确立税收法定原则。因此，全国人民代表大会应修订完善现行宪法的涉税条款，将税收法定主义以及税权划分的重大原则和规定写入宪法，为税收法治提供坚实的宪法基础。

2. 尽快制定税收基本法。将税收法定原则纳入宪法，所有税收法律关系也不可能都由宪法来规范，而税收基本法恰恰可以对税法中的共同性问题加以规范，对具体税法具有约束力，即税收基本法可以统领、约束、指导、协调各单行税法，具有仅次于宪法的法律地位和法律效力，是税收领域的母法。因此，全国人民代表大会应尽快制定税收基本法，使其对上与宪法相衔接，对下统领和指导其他税收法律和法规。

3. 坚持法治思维，改进税收执法。

（1）规范税务行政处罚。国家税务局、地方税务局应联合制定并实施税务行政处罚裁量基准，实行重大税务行政处罚集体审议，减少税务行政处罚裁量空间。完善简易处罚流程，简化办理环节，合并执法文书，提高执法效率。

（2）加强税收执法监督。扩大税务行政执法公示制度、执法全过程记录制度、重大执法决定法制审核制度，保障和监督税务机关有效履行职责。深入推行税收执法责任制，依托信息化手段，实现对执法过错行为的事后追责。进一步加强和改进税务行政应诉工作，积极预防和化解税务行政争议。

（三）促进税收服务于营商环境优化：管理者理念的转变和执行者行动转型

1. 税务机关基层领导干部要树立税收服务于营商环境优化的理念，即结合税务机关的“放管服”改革，树立“放管服”改革对于优化营商环境的基础作用的清晰认识。真正立足于优化营商环境对税务工作提出的新要求，将税务工作融入优化营商环境中去，在税务工作谋“营商环境”布局方面，能够通篇谋划、统筹推进。

2. 基层税务工作要切实落实税收服务于营商环境优化的各项举措，具体而言，在明确税务机关的“放管服”改革对于优化营商环境基础作用的前提下，基层税务工作要主动适应“放管服”的内在要求，在“放”字上做足“加法”，对保留行政许可、行政审批的业务类型进一步做细，最大限度方便纳税人；在“管”上做足“减法”，充分应用系统集成、税种联动、大数据分析、以风险管理为导向，精准启动税务管理手段，提高管理质量，实现纳税人和税务部门“双减负”；在“服”上做足“乘法”，在做好网上办税、自助办税、实体办税的同时积极推广社会办税，利用社会资源，与金融机构和社区合作，扩大网上办税体验点和自助办税设备，扩大办税服务圈，为广大纳税人在办税方式、办税网点上提供更多选择；此外，基层税务工作在服务和管理上也要形成一套落实相关举措的制度，建立反馈制、考核制、提醒制、问责制，从而不断优化营商环境。

（四）降低纳税成本，提升营商环境评价：优化纳税服务

1. 突出针对性、阶段性、差异性。建议在纳税人从“五证合一”、信息补录、优惠备案、发票申领、申报缴税等各个环节，利用短信形式主动推送服务内容，同时结合网站、微信、二维码等服务源，实现个性选择的效果。此外，从大型企业提高遵从度，中型企业提高满意度，小型企业提高便捷度入手，进行差异化服务。

2. 进一步完善网上申报的功能。针对目前在纳税服务工作上最突出的问题，即中小企业对税收政策、管理制度等道认知程度不高，可以把税收政策有效植入申报系统之中，增加提示信息和强制监控手段。

3. 管理服务相融合。把管理内容嵌入服务形式之中，如当前实名办税，可以增加脸部识别身份功能，将权利和义务告知纳税人后再确认程序。

4. 完善自助设备使用功能，进行功能的集成，逐步推出实名认证、发行、申报、认证、发票代开、发票发售全功能一体机，避免办税场所空间和资源浪费，同时完善自助设备，实现地税、附加税的代收等功能。

（五）促进资源高效配置，提升营商环境：阳光财政体系建设

公共预算管理可以总揽政府收支行为，因此，推动政府财政行为的阳光化进程的关键在于政府预算管理的规范化。基于此，阳光财政体系的建设路径

如下：

首先，全面推广政府预算解读在山西省人民代表大会代表间的知识普及，提升立法监督机构的财政管理权威。

其次，在山西省人民代表大会系统内部，建立预算审议专家咨询机构，由具有丰富经验的预算管理专家和学者协助人民代表大会代表审查政府预算。

最后，推行政府预算报告的结构化审议与分部门表决制度，全面提升政府财政管理的规范化和法治化水平。

参考文献

[1] 郭庆旺，吕冰洋．地方税系建设论纲：兼论零售税的开征［J］．税务研究，2013(11)：9－14.

[2] 王绍乐．税务营商环境问题研究［M］．北京：中国税务出版社，2015.

[3] 孙丽燕．外贸中小企业面临的国内营商环境研究［M］．北京：中国商业出版社，2016.

[4] 闫坤，于树一，等．中国的市场化改革与公共财政职能转换［M］．北京：社会科学文献出版社，2016.

[5] 姚莲芳．地方税体系研究［M］．武汉：武汉出版社，2012.

[6] 高亚军．中国地方税研究［M］．北京：中国社会科学出版社，2012.

[7] 谭建立，昝志宏．财政学［M］．北京：中国财政经济出版社，2016.

[8] 国家税务总局．国家税务总局关于进一步深化税务系统“放管服”改革优化税收环境的若干意见（税总发〔2017〕101号）［EB/OL］．(2017－9－14)［2017－09－15］，http：//www.tax.sx.cn/web/detail/sx－11400－522－138509.

[9] 山西省国家税务局网站．

[10] 朔州市国家税务局网站．

第五章 优化营商环境降低山西民营企业融资成本的策略分析

张丽华　李晓芳　卜　晨　赵富礼

民营经济占据山西经济总量的半壁江山。当前山西经济下行压力较大，为实践新型发展理念，促进山西经济转型，注重民营经济的发展壮大显得尤为重要。但一直以来阻碍民营企业发展的主要障碍是民营企业的融资难、融资贵的问题，因此民营企业发展壮大的关键在于降低民营企业的融资成本。本文采取问卷调查与访谈的方式对山西省23个市辖区进行调查，选取不同规模，不同行业的230家民营企业开展专题调研，调研过程中主要从民营企业融资成本结构的角度收集与之相关的融资成本的数据，从民营企业的规模、贷款的类型以及历年贷款成本趋势的角度对其数据整理与分析，了解山西民营企业的融资成本现状。根据相关数据，从信用环境、金融环境、政策环境以及法律环境等角度分析导致山西民营企业融资成本过高的原因，并基于上述营商环境，提出降低山西民营企业融资成本的若干建议。

一、民营企业融资成本结构

企业规模小、贷款频率高、企业信用度不佳特点是当前民营企业具有的共性特点，作为资金的需求方，其单笔贷款额度小，财务信息不标准不规范，缺乏合格的抵押物，而资金的提供方会考虑贷款本金的安全性与收益性，最终导致供需不匹配，民营企业融资难、融资成本高。民营企业的融资成本结构主要有：银行利息成本、抵押担保成本、抵押物评估费、审计费以及其他隐性支出等，具体的分析如下：

（一）银行利息支出

银行融资仍然是山西民营企业主要的资金来源，银行对民营企业融资的政策一般采用基准利率上浮利息。一般来说，不同银行对利率测算的标准不尽相同，但其基本因素均为：企业收入情况（包括企业销售收入、中间业务收入及其他收入）、抵押物是否充足、企业的经营管理与信用水平是否良好等因素组成，根据相关因素的权重确定民营企业的贷款成本。若企业的综合经营状况良好会获得较低的融资成本；反之综合经营状况不佳的民营企业则面临巨额的融资成本，进一步加剧了相关民营企业的经营风险等。近年来，随着中国资本市场的完善，市场为民营企业提供更为多样化的融资渠道；加之政府对民营企业支持政策导向更为突出，在双重因素的作用下，银行利息支出在民营企业的融资成本中的比重不断下降。

（二）抵押担保费

由于民营企业自身存在的弱点，在企业融资的过程中，一方面由于不能提供有效的抵押物；另一方面由于银行的抵押率较低而担保公司的抵押率较高，导致民营企业银行融资规模偏小，一定程度上依赖于担保公司的担保，导致企业在担保过程中会产生大量的担保费用。当前担保公司主要以商业性担保公司为主，收取费用较政府性担保公司高，由于民营企业自身规模小，实力有限，在担保费用上的议价能力有限。

（三）抵押物评估费

民营企业从银行等金融机构获取贷款，通常需要提供能够覆盖贷款金额的抵押物，所提供的抵押物条件满足银行等机构的申请条件下才能获得相应的款项，目前，企业进行抵押贷款的主要抵押物为不动产抵押，如房地产抵押，抵押物最后的估值金额大小可以决定企业最终能够从银行取得的融资规模的大小，但普遍情况下，民营企业存在的问题是抵押物不足的现象。民营企业在提供抵押物价值评估书时，需要在相关部门认可的机构进行评价，在这个过程中，评价机构等中间机构会向企业收取一定的估值费用，该费用通常与企业提供的抵押物的价值成正比，价值越大，评估费用越高，反之亦然，进一步加剧了抵押物不足的民营企业的融资难度与融资成本。

（四）审计费

民营企业在从银行、保险公司等金融机构获取贷款的同时，需要提供由专业的会计事务所提供的审计报告，在获取审计报告的同时，企业往往需要支付一定额度的审计费用；其他未能提供审计报告的民营企业则面临融资成本高甚至融不到资等更为严峻的情形。

（五）其他隐性支出

尽管近年来银行针对于民营企业的贷款利率在不断下降，但由于民营企业资质较差，在获取银行等金融机构的融资中往往需要支付额外的隐形成本支出，如被迫接受银行等机构的捆绑搭售账户管理、配套返存衍生成本、还贷资金拆借成本贷款咨询费等。民营企业为维持自身生存，往往只能接受这部分成本。

二、山西民营企业融资成本状况调研及分析

民营企业融资市场具有一定的自发性，其规范性较差，民营企业的融资多为外部借贷融资，因此，本文着重对其贷款成本进行调研与分析。对贷款成本的结构数据收集主要围绕银行利息成本、抵押担保费以及其他费用展开，将本文第一部分提到的其他成本结构费用统一归类为其他费用。为了解山西民营企业融资成本构成及影响民营企业融资成本偏高的相关因素，文章数据由调研获

取，调研过程涵盖山西省全范围内具有代表性的不同规模民营企业的融资成本数据、山西省各大金融机构对待大型企业以及中小规模民营企业的借款成本数据、各类贷款（如抵押、质押等）对融资成本的区别和近年来民营企业融资成本的变化三个方面展开调研，调研采取问卷调查与访谈相结合的方式，搜集山西民营企业融资成本状况的一手资料，并在此基础上对相关的数据资料做出分析。

（一）调研目的

调研主要通过对山西民营企业融资状况的数据进行调查收集，分析目前山西民营企业融资的主要渠道及民营企业融资成本情况，通过对相关资料了解影响山西民营企业融资成本高的因素及原因，最终根据分析结果提出降低山西民营企业融资成本的若干建议，进而改善山西民营企业的营商环境，充分发挥民营企业对山西经济的贡献。

（二）样本区域与样本企业的选择

1. 样本区域选择。调研覆盖山西省23个市辖区的民营企业，既包括了经济发展较好的小店区、迎泽区等以及经济发展较差的忻州市忻府区、阳泉市矿区和太原市晋源区等，不同发展水平的数据基本可以代表山西省民营企业的融资现状，样本区域的选择具有完整性（23个市辖区见表5-1）。

表5-1　调研覆盖的山西省23个市辖区

地级市	市辖区	地级市	市辖区
太原市	杏花岭区	大同市	城区
	小店区		矿区
	迎泽区		南郊区
	尖草坪区		新荣区
	万柏林区	阳泉市	城区
	晋源区		矿区
长治市	城区		郊区
	矿区	运城市	盐湖区
朔州市	朔城区	忻州市	忻府区
	平鲁区	临汾市	尧都区
晋城市	城区	吕梁市	离石区
晋中市	榆次区		

注：每个市辖区各选取了10家有信贷记录的不同规模的民营企业。

2. 样本企业类型选择。民营企业的样本选择：从山西省23个市辖区，各选取 10 家具有贷款记录的 230 家民营企业作为调研对象。对民营企业样本选择上考虑了不同的因素，从企业的规模上看，涵盖了大、中、小不同类型的企业，分别占比为 31%、37% 和 32%；从企业参与行业上看，样本企业覆盖了山西民营企业经营范围的大部分行业，包括资源开发、化工、建材、电子、零售批发等领域。

金融机构的样本选择：为了解金融机构对民营企业贷款定价情况，课题组对山西省 23 个市辖区部分政策性银行、商业银行、农信社、村镇银行、保险公司、网上 P2P 平台机构以及民间借贷机构等机构发放了调查问卷，了解对民营企业的贷款定价与费用等的有关情况。

（三）调研数据搜集

本文数据来源于课题小组于 2017 年 8 月至 9 月组织的《山西民营企业融资成本调查》课题组所做的调查，通过对 230 家民营企业以及各类金融机构发放问卷调查与访谈相结合的方式进行数据搜集。对山西省 23 个市辖区各发放 50 份调查问卷，共发放 1150 份问卷，最终收回问卷 1135 份，剔除掉融资成本数据缺失的 5 份问卷，有效问卷共 1130 份，样本有效率为 98.26%。将搜集的问卷数据运用统计分析的方法进行汇总，并按照企业的规模、贷款的类别等进行分类、加工与整理，得出山西民营企业融资成本的一手资料。所收集的数据如下：

1. 不同规模民营企业的贷款成本。目前，可以为企业融资提供渠道的金融机构主要有各类商业银行、保险机构、网上 P2P 平台以及各大民间借贷机构。在分析民营企业融资成本的调研数据时发现，影响融资成本的最重要的因素之一是企业的规模。民营企业银行贷款、保险公司贷款、P2P 借贷平台贷款以及民间借贷的成本结构分别见表 5－2 至表 5－5。

表 5－2　　民营企业银行贷款的成本结构

	贷款利息成本	抵押担保费用	银行收费[①]	汇总
大型企业	4.54%	1.37%	2.1%	年化 8.01%
中型民营企业	4.94%	2.44%	2.1%	年化 9.48%
小型民营企业	5.58%	4.68%	2.1%	年化 11.36%

① 银行收费指：银行收取的除利息费以外的其他费用，包括咨询费、管理费、理财费等。

表 5-3 民营企业保险公司贷款的成本结构

	贷款利息成本①	抵押担保费用	其他收费②	汇总
大型企业	4.92%	2.01%	1.27%	年化 8.20%
中型民营企业	4.92%	4.31%	1.45%	年化 10.68%
小型民营企业	4.92%	6.25%	1.63%	年化 12.80%

表 5-4 民营企业 P2P 借贷平台贷款的成本结构

	贷款利息成本	抵押担保费用	其他收费	汇总
大型企业	9.08%	4.13%	2.13%	年化 15.34%
中型民营企业	9.88%	7.79%	2.57%	年化 20.24%
小型民营企业	11.16%	10.6%	2.89%	年化 24.65%

表 5-5 民营企业民间借贷的成本结构

	贷款利息成本	抵押担保费用	其他收费	汇总
大型企业	12.12%	7.96%	4.26%	年化 24.34%
中型民营企业	15.64%	10.06%	5.13%	年化 30.83%
小型民营企业	18.53%	12.45%	5.77%	年化 36.75%

对民营企业贷款成本的现状总结如下：

（1）从民营企业的规模来看，大型企业贷款成本较中小型民营企业偏低，平均贷款综合成本为 17.64%，小型企业贷款成本较高，达到 22.83%。大、中、小型民营企业贷款综合成本依次递升。

（2）从民营企业融资成本的具体构成情况看，贷款利息成本是民营企业融资成本的主要构成，并随着企业规模与借贷机构的不同而不同；抵押担保费用次之，其他费用支出最后。其中，民营企业在不同融资机构中的各类融资成本与企业规模呈反比，企业规模越小，融资成本越大。

2. 不同种类贷款的融资成本。通过对 230 家民营企业以及金融机构调研与访谈所搜集到的数据按照贷款种类进行归类整理，得出的不同贷款方式的贷款成本数据见表 5-6。

① 保险公司的贷款利息成本是在中央银行规定的基准利率基础上上浮一定的百分比。

② 其他收费指的是保险公司作为企业从银行取得贷款的中介担保公司而收取的保费及其他费用。

表 5-6 不同贷款方式贷款成本对比

贷款方式	贷款利息成本	抵押担保费用	其他费用	贷款综合成本
信用	3.76%	3.03%	2.1%	8.89%
质押	4.17%	3.16%	2.1%	9.43%
抵押	4.81%	3.15%	2.1%	10.06%
担保	5.13%	4.21%	2.1%	11.44%

分析企业不同种类贷款的融资成本可以发现，不同贷款方式下的贷款成本存在显著差别，其中信用贷款成本最低，担保成本最高，质押与抵押居中，分别为 8.89%、11.44% 和 9.43%、10.06%。

3. 不同时期民营企业的融资成本不同。不同时期面临的宏观经济环境不同，不同的货币政策对民营企业融资成本的影响更为显著。银行业对民营机构的贷款数据很大程度上代表了国家经济宏观变化，因此在分析宏观形势对民营企业融资成本的变化时，着重分析银行的贷款成本变化。同时由于银行业对民营企业的贷款利息成本为央行基准利率的基础上上下浮动 10% 左右，贷款利息成本的变化与基准利率变一致，因此可以用贷款基准利率代替银行利息成本。金融机构从 2008 年至 2017 年近 10 年以来央行基准利率的变化所导致的贷款成本的变化见表 5-7。

表 5-7 银行贷款成本表（以一年期的为例）

年份	贷款基准利率①	抵押担保费②	其他费用	贷款综合成本
2017	4.75%	2.01%	2.1%	8.86%
2016	4.35%	2.19%	2.1%	8.64%
2015	4.85%	2.13%	2.1%	9.08%
2014	5.60%	2.14%	2.1%	9.84%
2013	5.60%	2.51%	2.1%	10.21%
2012	5.85%	2.14%	2.1%	10.09%
2011	5.85%	2.56%	2.1%	10.51%
2010	5.35%	2.23%	2.1%	9.68%
2009	5.04%	2.61%	2.1%	9.75%
2008	6.03%	2.13%	2.1%	10.26%

① 数据来源：中国人民银行历年贷款利率表 http://www.sohu.com/a/29556168_159774。

② 抵押担保费的计算详见《中小企业信用担保费率探讨》担保风险补偿定价法。

由表 5 - 7 中的数据可以得出银行贷款成本近 10 年的变化趋势如图 5 - 1 所示。

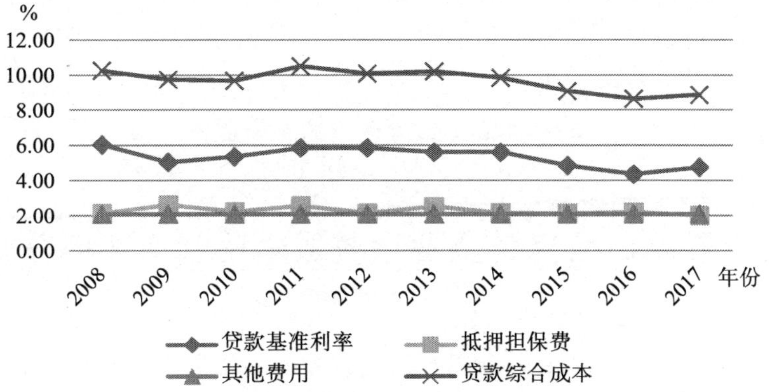

图 5 - 1　贷款成本结构及变化趋势

从成本结构的变化趋势来看，最近几年的贷款综合成本略有下降，贷款综合成本的变化趋势与贷款利息成本的变化趋势基本一致。

（四）调研数据分析

从调研数据结果来看，大型企业较中小型民营企业更容易取得贷款，贷款总成本较低。且近年来贷款成本总体呈下降趋势，对此可以从营商环境（金融环境、信用环境、政策环境、法律环境）中的几个角度做出分析。

首先，从金融环境的角度分析，出现融资难、融资贵困境的主要是中小型民营企业，山西中小型民营企业较大型企业融资渠道较为狭窄，使得中小型民营企业只能在现有的金融环境中进行较高成本的贷款融资，但是随着近年资本市场的不断完善，中小型民营企业的融资渠道不断拓展，中小型民营企业可以从更多的融资渠道取得资金，大大提高了中小型民营企业在利率议价上的能力，使得民营企业的融资成本有所下降。其次，从信用环境的角度分析，大型企业相对于中小型民营企业更容易从银行、保险这些金融机构以较低的利息取得贷款，而中小型民营企业则倾向于从民间机构取得借款，这种现象主要是由于大型企业的经营稳定，资金雄厚，信用状况良好，良好的信用环境使得大型企业还款有保证，因此银行等机构偏向于将资金发放于大型企业。同时，由于大型企业信用等级高，抵押质押物充足，技术优势的原因，也使得企业在融资过程中有较强的议价能力，因此更容易取得贷款。然后，从政策环境角度来看，近年来，民营企业的融资成本有所下降，其原因主要是，随着近年来政府不断的扶持民营企业的发展，多数金融机构为民营企业增加了资金投放的规模，并对利率的浮动空间有所放宽，相应降低了民营企业的利息成本。最后，从法律环境来分析，中小型民营企业存在较为严重的贷款不良现象，也是其贷款成本比大型企业高的原因之一。因此，从上述总体分析来看，营造良好的营商环境可以很大程度上有效的降低民营企业的融资成本。

三、影响山西民营企业融资成本的营商环境分析

通过对山西省民营企业融资成本的比较分析，融资成本居高不下可从内部营商环境和外部营商的角度来分析成因。其中内部因素主要由于民营企业自身经营不完善，信用等级较低引起；外部因素则包含了民营企业的金融环境与政策环境等。

（一）信用环境不佳，导致民营企业融资成本过高

1. 民营企业逃废债务现象严重，致使审核费等中间费用增加。产生民营企业贷款难的原因之一是民营企业自身经营能力有限，信用环境不佳，导致规模越小的民营企业越难以获得贷款，或者取得贷款的成本较高。对山西民营企业的融资成本结构数据分析中，成本组成结构的其他费用部分，除了从银行贷款保持 2.1% 的比率不变，保险公司对大型企业以及中小型民营企业贷款的其他收费分别为 1.27%、1.45%、1.63%，P2P 平台贷款的其他费用部分对大型企业以及中小型民营企业的收费分别为 2.13%、2.57%、2.89%，民间借贷对大型企业以及中小型民营企业的其他费用部分的收费分别为 4.26%、5.13%、5.77%，其结果为规模越小的民营企业，其他费用等中间费用成本越高。其原因为：有相当一部分民营企业由于主客观因素没有建立起完整的财务制度，会计核算不健全，缺乏足够的审计部门承认的财务报表和良好连续的经营业绩，使民营企业贷款难度大，借款渠道窄，抗风险能力弱，融资成本高。金融机构鉴于风险的增加而不愿为民营企业提供资金或要求其提供担保来覆盖借款金额，同时金融机构在提供资金前会对民营企业的财务状况做严格的调查、审计和风险分析等，在确定放款资金回收有保障之后才会对民营企业给予借款帮助，而调查、审计与风险分析等中间环节的增加在很大程度上增加借款

民营企业的融资成本。

2. 民营企业自身信用不佳，增加了贷款担保成本。民营企业受其经营限制，信用条件难以达到银行的标准，银行通常会要求民营企业做出贷款担保。根据调查，企业在选择担保贷款时，不仅要承担利率上浮的利息支出，还要有相应的担保费及保证金存款，山西民营企业融资成本结构的数据中，银行贷款、保险公司贷款、P2P平台贷款以及民间借贷机构的贷款成本中，对民营企业的担保成本都呈现出相同的趋势，即规模越小的民营企业，要求的担保成本越高。其原因为：固定资产是当前金融机构所普遍认可的抵押物，民营企业很难满足传统抵押借款的要求，面临申请贷款的抵押物不足的困境，通常企业会借助商业担保机构为其借款做出担保，商业担保机构较高的担保收费水平推高了民营企业的贷款成本。此外，由于整个抵押贷款手续繁琐，各类费用较高，又在一定程度上加重了民营企业的贷款成本。

（二）现行金融环境融资门槛高，增加了民营企业融资成本

1. 对民营企业借款标准高，要求较高的借款利率。虽然各类金融借款机构及民间借贷平台层出不穷，但商业银行仍是民营企业融资的主要渠道。为了保证贷款资金的安全性、流动性、盈利性，商业银行对民营企业普遍采取歧视态度，使金融机构对民营企业的信贷限制多、门槛高、信贷品种少以及对担保人的要求较高。具体体现为对民营企业贷款利率高，进而增加了民营企业的融资成本。

2. 金融机构额外收费，增加了民营企业中介融资成本。金融市场上金融机会在借出资金过程中，在正常收费标准如利息费与担保费用之外，还收取额外的中间费用等，例如资产公证费、资产评估费、资产抵押登记费等，甚至还有第三方仓储费（若担保物为存货或者原材料）、在贷款发放前银行会收取担保公司的客户保证金，该部分资金一般有担保公司转嫁给贷款企业；担保公司贷前会收取贷前担保费用；另外，企业贷前需要请专门的机构进行完善相关财务、税收报表等资料，需要付出相关的财务咨询服务费用。尽管中国银行业监督管理委员会对这些中间费用的收取早已明令禁止，但在实际操作过程中，这些费用的收取仍是难以避免的，中介费用是民营企业融资成本上升的重要组成部分。

3. 还贷续贷过程中存在不规范行为，使得民营企业隐形费用增加。民营企业在经营情况良好的情况下，通常会进行续贷资金，续贷的前提是要先还清

企业已有的贷款。企业在筹资偿还已有贷款过程与再次获得新的贷款之间存在一定空档期，部分民营企业的做法是：通过民间短期融资的方式进行过桥周转，而且民营企业为了与银行等金融机构保持良好的借贷关系，方便借新还旧的继续，民营企业会在私下以较为隐蔽的方式支付一定的公务费，这无疑又增加了民营企业的贷款负担。

（三）政策环境保障不足，民营企业被动接受高成本贷款

1. 政府性专门贷款机构匮乏，民营企业被动接受高利率商业贷款。政府对民营企业融资体系和资金扶持政策尚不完善，缺少为民营企业发展服务的专门金融机构，造成企业融资困难。政府政策多变导致融资渠道和政策体系建设缺乏完整性和系统性，造成扶持对象的针对性比较模糊。山西省民营企业受困于融资瓶颈，僧多粥少的现状依旧没有改善，对资金的需求大于供给，使其只得忍受较高的贷款利率，承受较高的贷款成本，导致负担较重。

2. 政府信用担保体系对民营企业融资支持力度小。由于民营企业规模小，自由资金有限，没有足够的自由资产进行抵押贷款。因此，担保性贷款成为解决民营企业资金的重要途径，但目前专门为民营企业提供融资担保的机构少，为民营企业服务的政策性担保机构服务严重不足。财政资金参与民营企业贷款的风险补偿机制尚未建立，缺乏针对民营企业贷款方面的财政扶持。银行与保险公司和担保公司合作不足，缺少统筹合作，民营企业贷款业务开展面临难度很大。政府担保工作难以满足目前民营企业的担保需求，因此大多民营企业仍然选择商业担保机构，而其高收费标准使民营企业的担保成本居高不下。

3. 政府相关部门收费较高，加重了企业的融资负担。企业在融资过程中需要行政审批、房产变更、注册变更等行政环节，目前政府行政服务机构存在的问题是：在与民营企业融资相关的信息使用和行政许可环境方面，政府部分收费较高，企业需承担较高成本，行政服务环境有待改善。

（四）法律环境不健全，金融机构要求更高的担保覆盖借款

由于民营企业在管理上组织结构简单、制度体系不健全，因此自身抗风险能力较弱，经营失败现象时有发生，而目前民营企业诚信还款意识相对薄弱，导致企业逃废债务的现象时有发生，常造成贷款企业很大的损失，增大了金融机构提供贷款的风险度。然而目前中国在法律制度上对该类民营企业逃债现象只有在企业的征信系统中有所体现，没有更为明确的法律规范，违法成本低，

造成企业欠债逃离的现象屡禁不止。银行为降低借款收回的风险，对民营企业通常会要求较高的利率或者要求提供更多的担保来覆盖借款，从而导致了银行对民营企业借款成本的居高不下。

四、完善营商环境　降低山西民营企业融资成本

针对上述山西民营企业融资现状以及融资成本结构的分析，结合国外降低融资成本的先进经验，为解决山西民营企业融资成本高的问题，从民营企业营商环境的角度，对降低山西民营企业融资成本的问题提出以下政策建议：

（一）完善信用环境，降低贷前审核与担保力度

1. 民营企业增强自身经营还款实力，简化金融机构的审核程序。银行和投资方等在对企业借款时首先考虑的第一条件是企业的经营实力，良好的财务制度、规范的经营管理和合理的资产结构比较容易获得资金支持，并能有效降低成本。首先，企业需加强财务管理。良好的财务管理制度可提高金融机构对企业的认可，提升金融机构出借资金的意愿。其次，企业需优化资本结构。企业应合理控制资产负债率，根据自身能力、发展需求借贷，立足当前，又着眼长远，防止因规模扩大而使资产负债率过高、资金链紧张，从而增加企业的偿债风险。最后，提高企业还款意识。树立良好的信用形象，严格按照相关要求利用资金，做到“专款专用”避免资金挪用，按时偿还债务本息。金融机构在对借款企业进行财务审计与调查时，基于民命企业良好的经营状况、财务状况以及信用状况，在审计调查环节上对企业放宽限制，减少调查的深度，从而降低民营企业筹资前的一系列审计调查费用及担保费用等，降低了民营企业的融资成本。

2. 提高民营企业信用形象，降低贷款所需的担保标准。民营企业要增强企业的风险管理意识，贷款难的主要原因是“信用差”，有不良贷款的记录。民营企业维护自身良好的信用记录，保持良好的口碑，树立良好形象。企业要把信用理念制度化，贯穿到生产经营和企业文化的各个层面，在经营中强化内部风控水平，通过建立完善的全面风险管理机构，引进专业风控人才，完善风险防范机制，降低企业的信用风险。此外，民营企业要不断提升自身实力，通过结构升级、技术创新等方式，提升业务的可持续发展能力，增强企业的经济

实力，树立良好的企业信用形象，增加金融机构对其借款回收的信心，放宽对其贷款担保的条件，降低民营企业的融资成本。

（二）完善金融环境，提供更多低成本贷款选择

1. 推进互联网金融新模式，积极引导闲置资金流向需要的地方。移动支付、云计算以及相关网络工具如社交网络和搜索工具等是互联网金融体系的重要平台，并且其不受地域限制，使资金的流动更加便捷。这种新型经营模式突破了时间和空间的限制，同时节省了一切网点经营模式所需的各项开支以及成本费用，将更多的资金投放到客户维护中，提高存贷款价格的竞争力以及下调中间业务收取的费用。同时满足了不同主体的投资于融资需求，资金供给增加，降低了各方相关业务的各类成本。由于缺失使用性较高的理财产品，在企业融资业务中，对民间资本的利用率较低。虚拟经济与实体经济的不对称配置，导致货币投放结构性问题明显，可以通过各类新型融资与投资方式，完善民营资本的管理模式，盘活民间经济资源，规范引导、合理配置民间资本，增加其使用率与收益率，降低资金闲置所带来的机会成本同时降低小微企业的融资成本。

2. 拓宽融资渠道，提供更多低成本贷款选择。一是持续发展地方银行。长久以来，国有大型银行将目光放在大型企业上，而中小型企业的各项业务其余银行生存发展的重要依靠。其中尤以地方性银行为甚。近年来，山西境内各地方银行，如晋商银行、晋城银行以及大同与晋中银行等立足于小微企业的贷款融资业务，业绩可观，其仍可通过合并重组引入优秀战略合作等方式，扩充银行资本规模，使地方性银行立足山西、面向全国，发展为服务民营企业的商业银行。

二是贯彻落实农信社改革。有机结合机构改制工作和风险控制工作，支持各区县农信社的改制以及整合工作，推进农村信用社改制为农村商业银行的工作进程，吸引市场资本，扩大资产规模。同时，重点扶持发展一批经营状况优质的农村商业银行，保障民营企业融资问题得以解决。

三是合理配置及调用民间资本。民间资本规模庞大却较为分散，难以成规模的利用，若是能吸引民间资本的注入，就能为解决民营企业的融资问题注入新的活力。只要进行正确合法的引导和规范，就能避免非法集资的风险，解决企业融资问题，提高资金使用率，因而，要积极引导民间资本支持地方银行的发展以及农信社的改制工作，支持民间资本建立各类金融机构以及各类基金，

进一步完善其向金融资本转化的机制。

3. 金融机构放宽对民营企业的风险容忍度，减少利率上浮幅度。在可以控制风险的条件下，适当放宽民营企业金融服务市场准入门槛；对风险管理能力较强、资本与拨备充足、民营企业金融服务良好的商业银行，相关监管指标实行差异化考核；对民营企业不良贷款比率实行差异化考核，适当提高小企业不良贷款比率容忍度。国有商业银行在考虑经济收益的前提下，应兼顾考虑民营企业的承受能力，适度放宽对民营企业的风险容忍度，适当降低贷款利率。其他类型银行也应采取相应措施，适度降低民营企业贷款利率浮动水平，降低各类费用，切实减轻民营企业负担。

（三）完善政策环境，增加政府对民营企业的成本补助

1. 政府设立专项贷款服务，降低民营企业对商业贷款的依赖度。民营企业势单力薄的弱小地位决定了它的发展离不开国家政策扶持和法律保护，政府对民营企业的融资扶持实际上是为企业营造一个良好外部融资环境。政府应不断完善对民营企业的政策扶持体系，将中央财政拨款、地方政府部分收益社会捐助等作为资金池，成立民营企业专项资金并有专门部门进行资金的监管使用。从贷款利息以及担保体系上对符合国家支持标准的民营企业（如高新技术产业、新能源产业、节能环保产业等）给予低收费扶持，使民营企业减少对商业贷款的依赖性，同时改善当前民营企业贷款需求大于供给的现象，缩小融资需求与供给的差距，减低商业银行的贷款利率。

2. 完善政府担保，降低民营企业对商业担保的依赖度。政府应该加大对民营企业的融资扶持，提高财政补贴、税收优惠比例以及逐步建立完善的政府融资担保体系，降低民营企业融资难度与融资成本。进一步整合区域内的小型担保公司，兼并重组为大型担保公司，提高公司的担保能力。同时，加强担保公司的规范化管理，打击融资过程中的寻租现象，为民营企业提供便捷的担保，降低融资成本。此外，政府可以建立相关的信息管理部门，为担保公司提供充足的信息，提高担保公司参与民营企业融资的积极性。减少民营企业对高收费的商业担保的依赖性，降低民营企业融资过程的担保费用支出。

3. 加快政府部门职能转变，降低相关部门收费标准。针对民营企业融资的政府服务部门，应该简化相关的行政审批，注册变更等操作流程，简化操作程序，不仅要专门向民营企业设立“绿色服务”窗口，而且各部门要降低各部门与融资相关的行政许可和信息使用费等的收费标准，真正降低民营企业的

实际融资成本，促进民营企业经济发展，涵养财源。

（四）完善法律环境，降低民营企业承担的贷前风控成本费

山西的民间金融发展较快，但相应的金融风险也随之明显。因此，在大力发展民间金融的同时，要完善管理体制，对内加强自身的调节和控制，对外加强相关机构的监督与管理，加强对各类地方性金融机构、准金融机构以及相关机构的归口管理，规范民间资本金融化的管理，加大对非法集资，违法经营活动的打击，提高风险预防和控制能力，稳定金融市场的秩序。对民营企业逃废债务时有发生屡禁不止的现象，政府应出台严苛的法律规范，增加对民营企业还款意识薄弱、借款逾期以及借款出逃等现象的惩处力度，使民营企业意识到借款违约的严重后果，从法律层次上制约借款违约，减少金融机构提供贷款的风险，从法律上为民营企业的借款进行担保，增强金融机构对民营企业还款的信心，营造山西民营企业诚信还款的融资环境。减少借款前金融机构所进行的审计与风控成本，从而减少对民营企业借款前的中间费用，降低最终的借款成本，形成以诚信还款为基础的低成本融资环境。

参考文献

［1］吴行铭．关于如何降低中小企业融资成本的举措和办法［J］．2015. 厦门力祺环境工程有限公司．

［2］南京市农村金融学会课题组．关于有效降低企业溶质成本的政策建议［J］．2016.

［3］宋文祥，宋哲．国外降低小微企业融资成本的经验及对我国的启示［J］．2014.

［4］逯新红．降低企业融资成本的路径［J］．2016.

［5］陈曦，卞靖．降低融资交易成本　破解中小企业融资难题［J］．2016.

［6］李彦儒，王永富．降低县域中小企业融资成本的思考与建议［J］．2007.

［7］逯新红．降低中小企业融资成本的思考与建议［J］．2016.

［8］崔霞．破解山西民营企业“融资难”的对策建议［J］．2017.

［9］郑新成．中小企业融资成本分析［J］．2008.

［10］顿卉．当前形势下如何降低小微企业的融资成本［J］．2014.

［11］巴本原，徐爽，唐晓乐．降低中小企业融资成本研究——基于中小企业自身视角［J］．2015.

［12］姚桂红．浅谈民营企业如何拓宽融资渠道，降低融资成本［J］．2014.

第六章 山西经济发展的电力服务可获得性提升路径研究

张华明 张竞超 范映君

对一个地区的经济发展来说，营商环境就像生态系统，生态系统优良，则万物生长；生态系统恶劣，则草木凋零。一定意义上说，地区之间的发展差距，表面上看是经济数字的差距、企业数量和质量的差距，实则是营商环境的差距。而优良营商环境的构建需要优质电力服务产业提供支撑保障。但长期以来，传统电力服务产业的发、输、配、售环节均存在一定的问题，导致我国电力服务产业对构建优质营商环境以及促进经济发展的作用有限。在电力市场化改革大背景下，传统电力产业的发输、配售环节均出现变革，其中发电侧与售电侧变化最为显著，对经济发展造成的影响也最为直接。由于电力服务产业的特殊性和重要性，加快山西电力服务产业体制改革研究和实践，提高行业生产效率，是政府必须高度重视的问题。在此基础上，根据山西电力服务产业的现状以及存在的问题，对山西经济发展中电力服务可获得性路径提升提出一定的对策建议。

一、山西经济发展与电力产业现状

（一）山西经济发展总体状况分析

1. 山西经济发展概况。近年来，山西在复杂的宏观环境下，坚持科学发展观，积极转变经济增长方式，促进产业结构优化调整，经济实力不断提高。

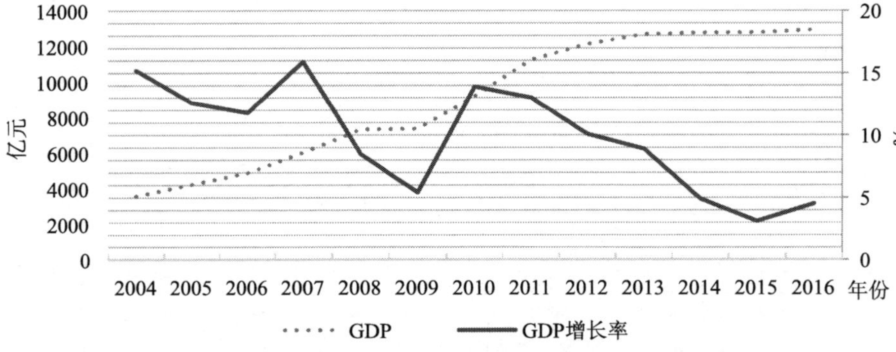

图 6－1　山西 2004—2016 年 GDP 及 GDP 增长率

从图 6－1 可以看出，自“中部崛起”战略提出以来，山西 GDP 一直保持较快的发展趋势，从 2004 年的 3571.37 亿元，增长至 2016 年的 12928.34 亿元，年均增长率达 9.83%。但 GDP 增长率波动幅度很大，2004 年和 2007 年增长速度达 15% 以上，而 2014—2016 年增长率不足 5%。

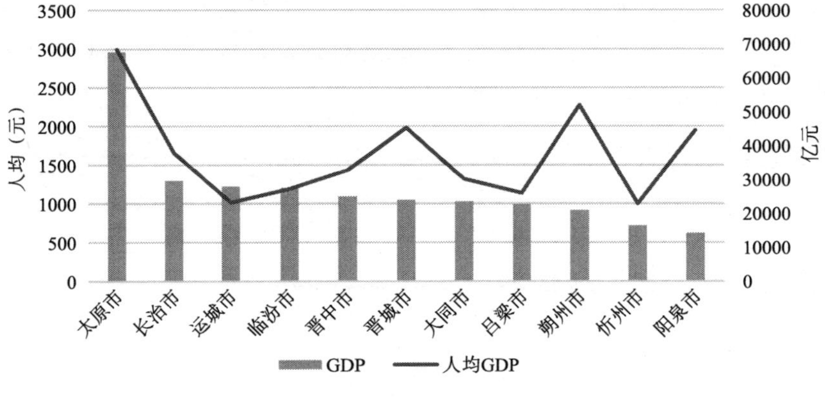

图 6－2　山西 2016 年各市 GDP 及人均 GDP

图 6 - 2 所示为山西 2016 年各市 GDP 及人均 GDP 情况，其中，太原市 GDP 为 2955.6 亿元，居全省第一，第二是长治市为 1296.2 亿元，第三是运城市为 1222.3 亿元。人均 GDP 前三分别是太原市、朔州市及晋城市，人均 GDP 分别为 68438 元/人、51980 元/人、45327 元/人。全省人均 GDP 最低的忻州市为 21731 元/人，仅为太原人均 GDP 的 33.31%。由此可见山西省区域经济存在发展不平衡的问题。

2. 山西产业结构现状分析

2016 年山西实现地区生产总值 12766.49 亿元，三次产业对经济增长的贡献率分别为 6.07%、38.11%、55.82%，呈现“三、二、一”的产业格局。第三产业在山西产业格局中占重要地位。如图 6 - 3 所示。

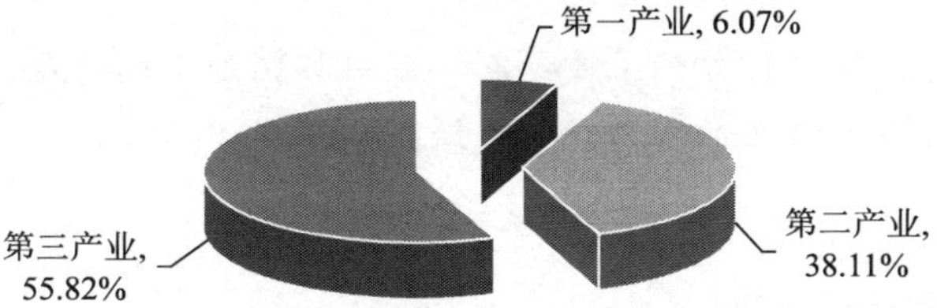

图 6 - 3　2016 年山西三次产业对经济增长贡献率

（1）第一产业内部结构现状。随着经济的发展和工业化水平的提高，山西省城镇化进程加快，第一产业生产规模逐渐减小，产值占 GDP 比重不断降低。从表 6 - 1 可以看出，第一产业产值逐年增加，内部农、林、牧、渔业所占比重相对稳定，农业和牧业占有重要地位。由于山西地处内陆地区，气候干旱，缺乏发展林业和渔业的自然条件，增长速度缓慢。

表 6 - 1　2004—2015 年山西第一产业总产值及构成　单位：亿元，%

年份	总产值	农业	比重	林业	比重	牧业	比重	渔业	比重
2004	481.81	290.53	60.30	19.13	3.97	141.17	29.30	2.45	0.51
2005	483.79	281.73	58.23	16.51	3.41	148.58	30.71	2.69	0.56
2006	512.39	303.97	59.32	15.34	2.99	150.39	29.35	3.54	0.69
2007	498.38	322.64	64.74	17.59	3.53	140.18	28.13	3.49	0.70
2008	595.92	366.16	61.44	20.24	3.40	185.36	31.11	4.23	0.71
2009	908.74	556.33	61.22	66.70	7.34	230.94	25.41	5.26	0.58
2010	1047.84	668.99	63.84	65.01	6.20	250.83	23.94	6.11	0.58
2011	1207.56	767.14	63.53	73.46	6.08	295.69	24.49	7.51	0.62

续表

年份	总产值	农业	比重	林业	比重	牧业	比重	渔业	比重
2012	1304.25	847.41	64.97	79.06	6.06	298.83	22.91	8.42	0.65
2013	1447.00	932.14	64.42	90.06	6.22	338.81	23.41	9.48	0.65
2014	1530.47	984.02	64.30	98.47	6.43	354.57	23.17	9.82	0.64
2015	1522.63	969.51	63.67	97.42	6.40	359.04	23.58	9.94	0.65

资料来源：《山西统计年鉴2016》。

（2）工业内部结构现状。工业是山西经济发展的支撑。2015年，全省工业增加值3964亿元，其中重工业增加值为3630亿元，占91.6%；轻工业增加值335亿元，仅占8.4%，轻重工业比例严重失调。从图6－4可以看出，山西工业内部行业细分中所占比重较大的都是资源型行业，尤其是煤炭开采和洗选业。除此之外，农副食品加工业，酒、饮料和精制茶制造业，通讯设备、计算机及其他电子设备制造业所占比重也较高。

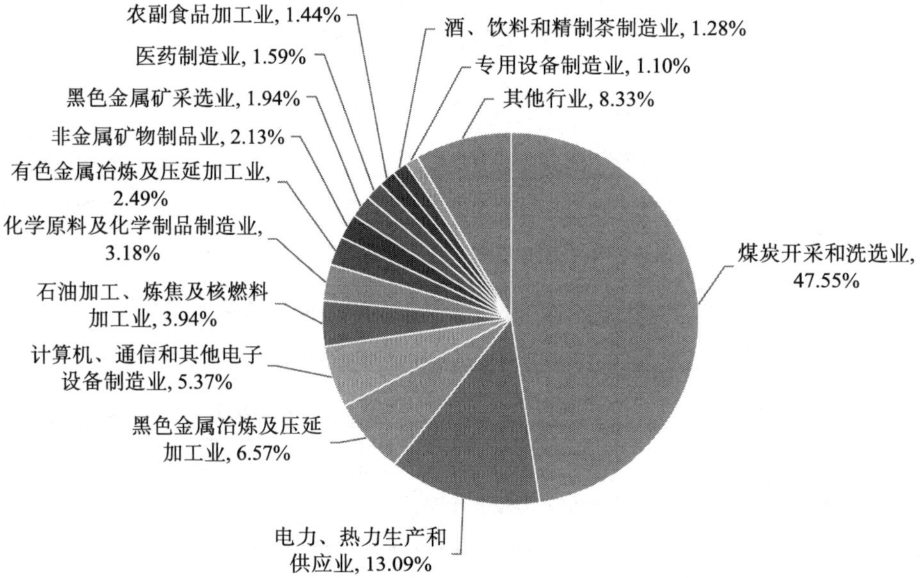

图6－4 2015年山西省工业内部各行业增加比例

（3）第三产业内部结构现状。改革开放以来，山西的金融、保险、旅游等第三产业得到迅速发展，占经济总量的份额逐年增长，成为产业结构演进的方向，为平衡农业现代化和工业化所带来的劳动力过剩起到重要作用。2015年，第三产业实现地区生产总值6789.1亿元，占总产值的53.2%，为山西经济增长作出重要贡献。从图 6－5 可以看出，第三产业中金融业、批发和零售业、交通运输业、仓储和邮政业、公共管理、社会保障和社会组织起支柱作用，但教育、卫生、科技等所占比重较低，产业结构较低级。

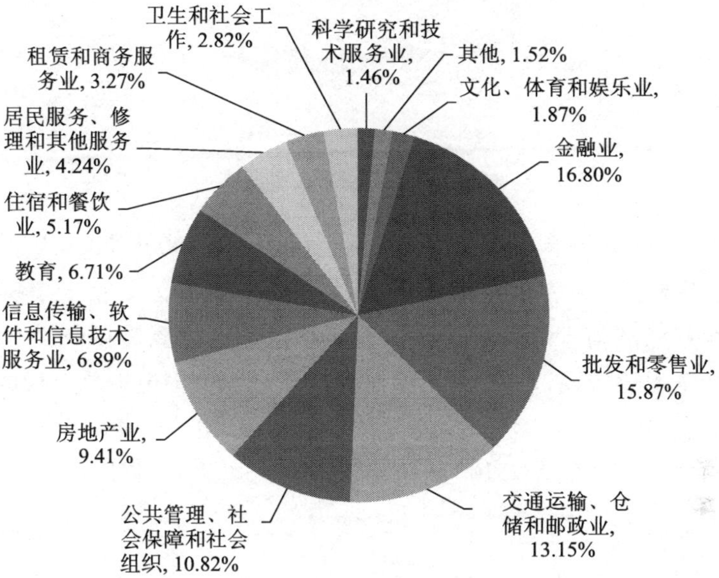

图 6－5　2015 年山西第三产业内部构成

以上结构分析表明，山西三次产业之间以及三次产业内部结构都发生了很大变化，产业结构和布局趋于合理化，第一产业比重逐年降低，内部结构得到优化；第二产业在全省经济发展中的显著地位逐渐下降，尤其是以煤炭为主导的行业，亟需实现结构调整和优化，同时可见，电力产业对第二产业的贡献率也较大；第三产业在长足发展的基础上开始全面发展，总体水平显著提高，并超过第二产业，在国民经济中的份额日益增加，且远远超过第一产业。

（二）山西电力产业的发展现状

1. 山西电力产业供给现状。改革开放至今，山西电力产业迅猛发展。2016 年全省发电量完成 2510.51 亿千瓦时，同比增长 2.16%。其中，火电 2309.29 亿千瓦时，占比 91.98%，同比降低 0.40%；风电 135.31 亿千瓦时，占比 5.39%，同比增长 35.19%；水电 38.75 亿千瓦时，占比 1.54%，同比增长 25.03%；太阳能发电 27.16 亿千瓦时，占比 1.09%，同比增长 249.14%。目前，火电在山西电力产业中仍占有绝对性主导优势，详见图 6－6。

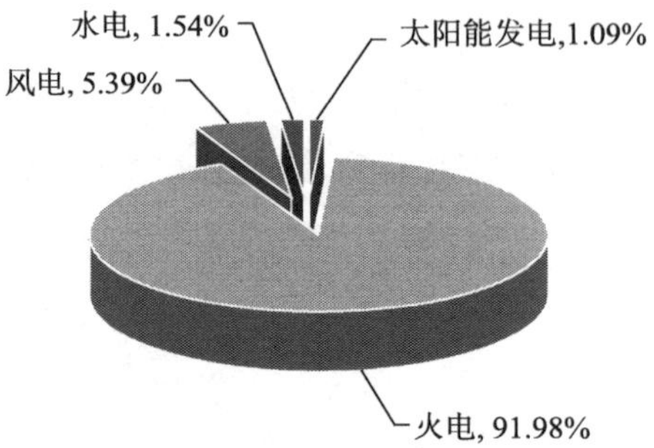

图 6-6　山西的电源结构

从进入 21 世纪开始，山西电力产量迅速增长，2000—2016 年山西电力产量平均增长率超过 9%，最高达到 22%，如图 6-7 所示。由于美国次贷危机的影响，全球经济陷入危机，导致国内经济减速，能源消耗减少，2007 年后山西电力产量增速放缓，但是，山西电力的产量占我国电力总产量的比重并没有很大波动，始终维持在 5% 左右。2016 年，我国电力产量累计达到 59900 亿千瓦时，山西电力产量为 2510.51 亿千瓦时，占比达 4.19%。

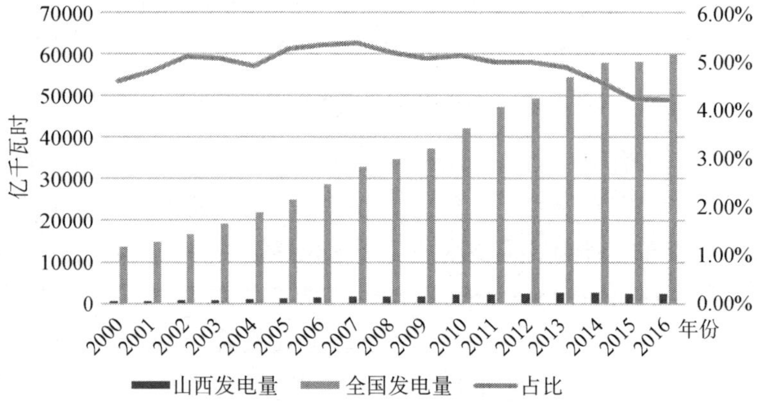

图 6-7　山西电力产量

2. 山西电力产业需求现状。2016 年，全省外送电量累计完成 713.33 亿千瓦时，同比降低 0.96%。外送电交易初步形成市场竞价机制，全年市场化交易电量达 110.90 亿千瓦时。山西省已完成交易电量 386 亿千瓦时，是 2015 年全年交易规模的 2.16 倍，共有 64 户发电企业与 165 户电力用户签订交易合同，交易主体户数为 2015 年的两倍。

全省全社会用电量完成 1797.2 亿千瓦时，同比增长 3.5%。其中，第一产业38.45亿千瓦时，同比降低6.15%；第二产业1410.33亿千瓦时，同比增长2.69%；第三产业178.04亿千瓦时，同比增长9.20%；城乡居民生活170.36亿千瓦时，同比增长6.56%。尤其是工业用电量，同比增长2.60%。

3. 山西电力产业市场结构现状。从电力产业市场结构来看，山西电力市场主要由五大电力集团及地方电力集团构成。这五大电力集团分别是大唐、华能、华电、国电及中电投，总占全省总装机容量的29%左右。其中，大唐集团装机容量占全省总装机容量的12%、地方电力集团与大型煤炭集团坑口电厂的装机容量之和占全省总装机容量的71%。不难发现，电力产业"主体少、竞争低"的特点还是比较明显。

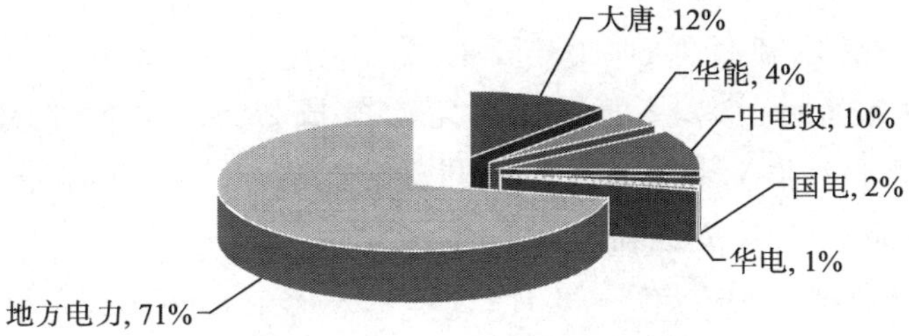

图6-8 山西电力产业市场结构

二、山西经济发展中电力服务可获得性现状及问题

（一）山西电力市场化改革进展

2015年3月，《中央国务院关于进一步深化电力体制改革的若干意见》（即9号文）的发布打响了电力体制改革的枪声。翌年1月，国家发展和改革委员会、国家能源局关于同意山西省开展电力体制改革综合试点的复函《山西省电力体制改革综合试点实施方案》确立山西作为电力体制改革综合试点的地位。据此复函，山西省政府制定了输配电价改革、电力市场建设、交易机构组建、售电侧改革等专项试点方案。截至2017年10月9日，已出台相关政策法规27例。其中，2016年7月29日山西省人民政府办公厅印发的《山西省售电侧改革实施方案》作为改革的最大亮点之一，放开售电业务点燃了社会资本的热情，民营售电公司如雨后春笋般涌现。2016年9月30日，山西省人民政府印发《关于电力供给侧结构性改革的实施意见》，该意见确定了山西

省构建电力市场化体制的办法，为推动电力市场化改革增添了新的动力。

（二）山西经济发展中电力服务获得性现状

1. 发电侧现状。发电企业是电力产业的源头，无论是电企与用户签订的直供电合同还是给予售电公司的电价降幅都基于电企自身的运营状况。当发电企业自身经营亏损尚且依赖政府扶持补贴时，其很难为经济发展提供优质廉价的电力服务。

因此，从利润、资产负债、单位售电成本、供电煤耗等几个方面对 2017 年 1—8 月发电侧电厂的现状进行描述分析。

（1）利润。2017 年 1—8 月，136 家发电企业完成利润 -14.43 亿元，其中：火电 63 家完成利润总额 -33.31 亿元；其中：6 家国调、网调完成利润 4.84 亿元，4 家盈利，2 家亏损；省调 57 家完成利润 -38.15 亿元，7 家企业盈利，50 家企业亏损。水电 3 家完成利润 -0.91 亿元、风电 43 家完成利润 15.49 亿元、光伏 27 家完成利润 4.3 亿元。

（2）资产负债。2017 年 1—8 月，136 家发电企业资产总额 2259.82 亿元，负债总额 1749.12 亿元，资产负债率平均为 77.4%。其中：火电 63 家资产总额 1648.93 亿元，负债总额 1351.29 亿元，资产负债率平均为 81.95%；国、网调机组资产总额为 198.18 亿元，负债总额为 94.88 亿元，资产负债率平均为 47.88%；省调机组资产总额为 1847.10 亿元，负债总额为 1446.17 亿元，资产负债率平均为 78.29%。水电 3 家资产总额 82.95 亿元，负债总额 49.93 亿元，资产负债率平均为 60.19%。风电 43 家资产总额 373.74 亿元，负债总额 233.27 亿元，资产负债率平均为 62%。光伏 27 家资产总额 154.2 亿元，负债总额 114.63 亿元，资产负债率平均为 74.34%。

（3）单位售电成本。2017 年 1—8 月，部分省调燃煤电厂平均售电成本为 270 元/千千瓦时，其中：燃料费 160.56 元/千千瓦时、水费 2.28 元/千千瓦时、材料费 5.89 元/千千瓦时、职工薪酬 24.59 元/千千瓦时、折旧 48.95 元/千千瓦时、修理费 8.74 元/千千瓦时、购电费 1.55 元/千千瓦时、其他费用 17.99 元/千千瓦时。发电成本中占比较大的分别是燃料费 58.09%、折旧 17.70%、其他费用 6.51%。

（4）供电煤耗。2017 年 1—8 月全省部分主力燃煤发电机组平均供电煤耗 333.75 克/千瓦时，较 2016 年全省燃煤机组平均供电煤耗 321.04 克/千瓦时，上升 12.71 克/千瓦时。总装机容量在一百万千瓦时以上的燃煤机组平均供电煤耗 321.33 克/千瓦时，总装机容量一百万千瓦时以下的燃煤机组平均供电煤耗 341.48 克/千瓦时。

通过对这四个方面进行分析，不难发现进入 2017 年以来电厂企业普遍亏损，一方面从 2017 年年初开始的煤炭价格持续上涨推高了成本；另一方面售电公司的崛起需要电厂让利，导致下游电价下降，从而使电厂企业出现亏损。

2. 售电侧现状。自 2016 年 7 月 29 日《山西省售电侧改革实施方案》颁布至 2017 年 9 月 3 日，分三个批次，共有 127 家售电公司通过公示期被列入山西售电公司目录。

售电公司在发、输、配、售环节所处位置如图 6－9 所示。

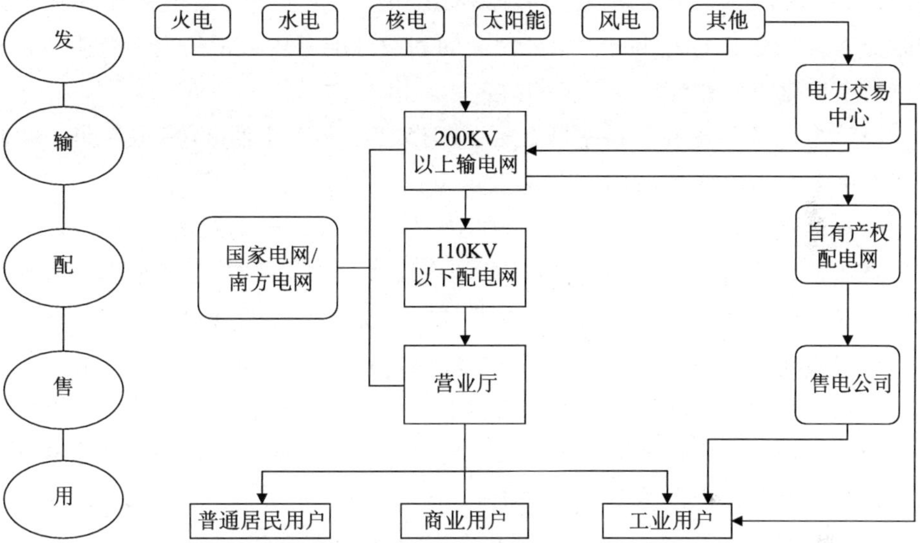

图 6－9 售电公司在电力产业中所处位置

2017 年 3 月 23 日，山西省首次采用撮合竞价模式组织 2017 年 4 月月度电力直接交易，70 家用户、30 家售电公司、106 家电厂参与了这次交易，交易总规模为 26.26 亿千瓦时。依据 4 月 6 日发布的交易校核报告，最终的总成交量为 23.13 亿千瓦时，最终的成交均价为 303.9 元/千千瓦时，在火电标杆上网电价 320.5 元/千千瓦时的基础上降价约 16.6 元/千千瓦时。

根据市场反馈整理得：

（1）4 月用户侧总申报电量为 27.57 亿千瓦时，最终成交 23.13 亿千瓦时，市场平均成交比例约 83.9%，有 4.44 亿千瓦时电量未成交。

（2）山西 4 月参与交易的电量 50% 以上份额是由售电公司代理，最终成交的电量中，售电公司份额也占到50%以上，从价格方面来看，售电公司代理交易平均成交价格比用户自己交易平均成交价格低约2—3厘，基本体现出售电公司激活市场，降低企业成本的作用。

（3）需求侧用户自己参与交易的报价普遍偏于保守，为了能获得电量，报价较高。且用户独立参与交易电力成交量小于售电公司。

综合来看，售电公司的参与一定程度上增强了市场竞争，激发了市场活力，为企业降低用电成本起到了促进作用。

（三）山西经济发展中电力服务获得性问题

1. 发电侧。发电侧的问题主要体现在三个方面：一是发电集团存在价格垄断行为；二是发电企业与售电公司间的利益分配矛盾；三是发电企业的目标与电力市场化改革相悖。

（1）发电集团存在价格垄断行为。2016年1月，山西23家电企集团共同协商直供电交易价格形成国内首次发电集团垄断案例。2017年8月3日国家发展和改革委员会指导山西省发展和改革委员会依法作出处理决定，对23家涉案企业合计罚款7288万元。但是在处罚后，电力集团“抱团取暖”的现象并没有获得实质性缓解。在山西省9月的直接交易中，部分发电厂与发电侧售电公司被质疑存在“严重暗箱操作行为，意图操纵市场价格”等行为。根据山西省电力交易中心的结果，此次交易有超过10家售电公司的20多个交易项目均给出了322.2元每兆瓦时的报价，抱团操作价格将直接导致所有购电方无法正常按照市场化交易策略研究报价。

（2）发电企业与售电企业间利益分配矛盾。2016年，煤电企业利润出现断崖式下跌，五大发电集团煤电利润同比下降68.6%；2017年第一季度，在38家上市电企中，有16家第一季度净利润亏损，19家净利润同比下滑，只有3家净利润同比有所增加。这样的行情下，发电企业已失去继续让利的空间。在放开售电侧的改革中，售电公司数量剧增，而盈利模式相对单一，大多依靠价差从发电企业身上割肉。这样的情况下，发电和售电方难以避免的出现矛盾，已出现电力企业拒绝向售电公司售电的情况。最后承担后果的不仅是难以获利的售电公司，用户侧企业同样面临电价高，电量供给不足的窘境。

（3）电企目标与电力市场化改革相悖。国内五大电力央企和四小发电集团都是国有企业，按照国企监管思路，管理者面临最大的难题首先是防止国有资产流失。可以说新电改一开始，发电企业就面临着如何避免国有资产流失的难题。当市场决定的价格对电企造成较大不利影响时，企业管理层不得不以防止国有资产流失为第一目标，为实现这一目标国企可能利用其与政府有关部门的密切联系影响市场或进行合谋。从而导致售电企业出现亏损、用户侧企业无法充分享受改革红利。

2. 售电侧。

(1) 第三方售电公司缺乏竞争力。2015 年，新电改方案出炉后，最为开放的售电环节，吸引了大批参与者。面对前景广阔的售电市场，社会资本竞相涌入。然而，对于省内中小售电公司来说，赚取买卖差价的盈利模式，在实际操作时利润并不高。此外，第三方售电公司信息渠道相对闭塞，上下游都不占优势，在夹缝中难以盈利。在与拥有配电网运营权的售电公司和电网企业的售电公司进行竞争时处于极为不利的地位。如果无法培养出自己的核心竞争力，则很难生存下去。当第三方售电公司在市场上失去竞争力时，售电侧将处于与上游发、输、配存在密切联系的售电公司的掌控之下。此时用户想分享改革红利将更为艰难。

(2) 安全校核存在不确定性。安全校核范围较广且缺乏对售电公司充分的解释以帮助其规避风险。山西 2017 年 4 月竞价交易先后有两个安全校核报告，最后一版校核报告中提到"4 月份进入供热末期，机组调峰能力增强，接纳风电能力增加，按照负荷预测和电网设备检修情况，预计限风概率不大"，但报告对风电交易电量 0.101 亿千瓦时全部未通过校核。被校核掉的电量虽然可以滚动到后期交易，但因 2017 年普通交易从 4 月才开始，并且这次交易风电大都和高新企业配对成功，这些企业都面临全年电力交易电量额度无法用完的情况，造成结果的不公平和企业的潜在损失。

在山西 9 月的电力交易中，实际成交 26.38 亿千瓦时，最终却有 8 亿千瓦时没能通过电网的安全校核。此次交易中售电公司面临违约风险，无法按时按量为用户提供电力，可能造成用户生产经营上的损失，并可能造成售电公司与用户之间的纠纷，增加了社会成本。

3. 用户侧。电力本身就是一种基础生产资料，尤其在当今社会几乎生产任何商品都离不开电，电价的高企必将会传导给最终产品，进而导致最终产品价格居高不下。山西的电力价格比相邻省份高出 1/3 左右，省内高载能行业内企业在与外省企业竞争时承担着更高的成本，因此，在与外省企业竞争时缺乏竞争力，最终只能在激烈的市场竞争中节节败退直至倒闭。最终导致山西省高载能行业的急剧萎缩，这又反过来使省内电力需求进一步下降，电力产能进一步过剩。

以铁合金产业的主要产品硅锰为例：2016 年铁合金企业拿到的直供电价格为 0.48 元/度，2016 年 1 月硅锰销售价格为 4200 元/吨，生产 1 吨硅锰约需要 4000 度电，电价成本如表 6－2 所示。

表 6－2　　山西、内蒙古电价成本对比

项目	电价（元/度电）	用电量（度）	总电价（元）
山西	0.48	4000	1920
内蒙古	0.32	4000	1280
成本差距	0.16	4000	640

4200 元售价的硅锰仅电价成本差距就高达 640 元，占销售总价的 15%。这样的电价下，山西省铁合金企业根本不具备与外省企业竞争的最基本条件。

将高载能行业面临的窘境进行外推，山西省实体企业或多或少也面临着类似的困境，电价的高企使实体企业成本居高不下，在维持自身发展方面都面临困境，更难带动相关产业的发展。

三、国内外电力产业服务经济发展比较研究

从全球范围来看，发达国家推进电力服务产业体制改革的重点任务主要集中在厂网分离、电力企业重组、竞价上网等方面。从我国来看，电力产业服务经过了四个阶段的改革。第一阶段（1985—1997 年）：政企分开，发电市场逐渐开放。即政企合一的管制体制，垂直一体化经营的方式，在发电市场引入新的投资者，结束了发电市场独家经营的局面。第二阶段（1998—2002 年）：政企分开，市场化改革试点。即管制改革的主要任务是解决政企不分的问题，同时，开始在五省一市进行以“厂网分开，竞价上网”为主要内容的电力市场化改革试点。第三阶段（2002—2007 年）：厂网分开，竞价上网。即以打破电力产业垄断、引入竞争、建立电力市场为主要内容的改革阶段。第四阶段（2007 年至今）：主辅分离的改革阶段。2007 年 5 月 31 日，国电“647 项目”资产通过协议，由国家电网公司向国电集团公司等进行转让。从某种意义上说，这意味着发电侧市场化改革的市场结构基本成形，中国电力服务即将进入第二个环节——输配分离、售配分离的阶段。

（一）国内电力服务产业发展现状

2016 年，全国净增发电装机容量 1.2 亿千瓦、比上年减少 2186 万千瓦，其中净增非化石能源发电装机 7200 万千瓦、接近上年水平，而煤电净增规模同比减少 1154 万千瓦，电力服务行业控制投资节奏、优化投资结构的效果开始显现。截至 2016 年年底，全国全口径发电装机容量 16.5 亿千瓦，同比增长 8.2%，其中非化石能源 6.0 亿千瓦，占总发电装机容量的比重较上年提高 1.7 个百分点。电源结构继续优化，绿色电力比例上升（表 6－3）。

表 6－3　2010—2016 年我国各类型发电装机容量占总装机容量比重

类别	2010 年	2011 年	2012 年	2013 年	2014 年	2015 年	2016 年
水电	22.36%	21.93%	21.75%	22.30%	22.25%	21.20%	20.18%
火电	73.43%	72.31%	71.48%	69.18%	67.41%	65.72%	64.04%
核电	1.12%	1.18%	1.10%	1.17%	1.47%	1.80%	2.04%
风电	3.06%	4.35%	5.36%	6.08%	7.05%	8.52%	9.03%
太阳能	0.02%	0.21%	0.30%	1.26%	1.81%	2.76%	4.70%
合计	99.99%	99.98%	99.99%	99.99%	99.99%	100.00%	99.99%
总装机容量（万千瓦）	96.641	106.253	114.76	125.768	137.018	150.673	164.575

2016 年全国全口径发电量 59897 亿千瓦时，同比增长 5.2%。其中，水电 11807 亿千瓦时，同比增长 6.2%，占全国发电量的 19.7%，比上年降低 2%；火电 42886 亿千瓦时，同比增长 2.4%，占全国发电量的 71.6%，比上年降低 1.5%；核电、并网风电和并网太阳能发电量分别是 2132 亿千瓦时、2410 亿千瓦时和 662 亿千瓦时，同比分别增长 24.4%、30.1% 和 72.7%，占全国发电量的比重分别比上年提高 0.5、0.7 和 0.4 个百分点（表 6－4）。

表 6－4　2010—2016 年我国各类型发电量占总发电量比重

类别	2010 年	2011 年	2012 年	2013 年	2014 年	2015 年	2016 年
水电	16.24%	14.12%	17.16%	16.61%	18.91%	19.88%	19.71%
火电	80.81%	82.45%	78.72%	78.58%	75.43%	73.11%	71.60%
核电	1.77%	1.84%	1.97%	2.08%	2.38%	3.02%	3.56%
风电	1.17%	1.57%	2.07%	2.57%	2.85%	3.30%	4.02%

续表

类别	2010 年	2011 年	2012 年	2013 年	2014 年	2015 年	2016 年
太阳能	0.00%	0.01%	0.07%	0.16%	0.42%	0.68%	1.11%
合计	99.99%	99.99%	99.99%	99.99%	99.99%	99.99%	100%
总发电量（亿千瓦时）	42.278	47.306	49.865	53.721	56.045	56.045	59.897

2015 年全国 6000 千瓦时及以上电厂供电标准煤耗为 315 克/千瓦时，同比降低 4 克/千瓦时，煤电机组供电煤耗继续保持世界先进水平。全国输电线路损失率为 6.62%，同比上升 0.28 个百分点。2016 年，全国 6000 千瓦时及以上电厂供电标准煤耗 312 克/千瓦时，同比降低 3 克/千瓦时；全国电网输电线路损失率为 6.47%，同比降低 0.2 个百分点。

（二）国外电力服务产业发展现状

1. 英国电力服务产业发展现状。英国的电力服务产业在社会、环境、经济等因素的影响下不断地改革，逐步成熟。英国最初的 pool 模式旨在建立竞争性市场，供应商通过自由竞争“抢夺”终端用户，并将输配环节与发、售电分离。这虽然成功降低了电价，但复杂的定价机制、过于集权的市场结构，都促使新交易体系的成立。NETA 模式则着重强调电力的商品属性，通过双边合同和平衡机制完善电力服务市场改革。将发、输、配、售 4 个环节独立开来，统一调度，价格清晰，监管明确。BETTA 模式则是 NETA 模式的推广，使英格兰和苏格兰地区拥有统一的电力服务交易和调度机制。

英国现行的电力服务市场、价格机制和供应机制如图 6－10 所示。

发电厂通过竞价上网，在批发市场和期货市场上向大用户和售电企业售电，并通过输、配电网向售电公司的下一级用户群供电。输配电公司向发电企业收取相应的过、并网费，批发电价由发电方和售电方合议产生，其中短期现货交易价格以 30 分钟为单位报价。而英国的电能交易 90% 发生在批发市场中，通过中长期合约与日前集中交易两种形式，形成日前发电曲线上报调度机构。当气候变化成为能源消费的掣肘后，英国正迈向探索低碳化电力服务市场的第三次革命，拟通过引入容量市场引导低碳投资，建立可靠性标准，即用电高峰期系统的平均停电时长。政府与售电方通过集中竞价、双边交易等形式自由竞标备用容量，缓解由于电力改革引发的新旧电厂交替导致的电力供应风险，提高了产业供给的伸缩性。同时，对符合清洁标准的电源制定基于差价合

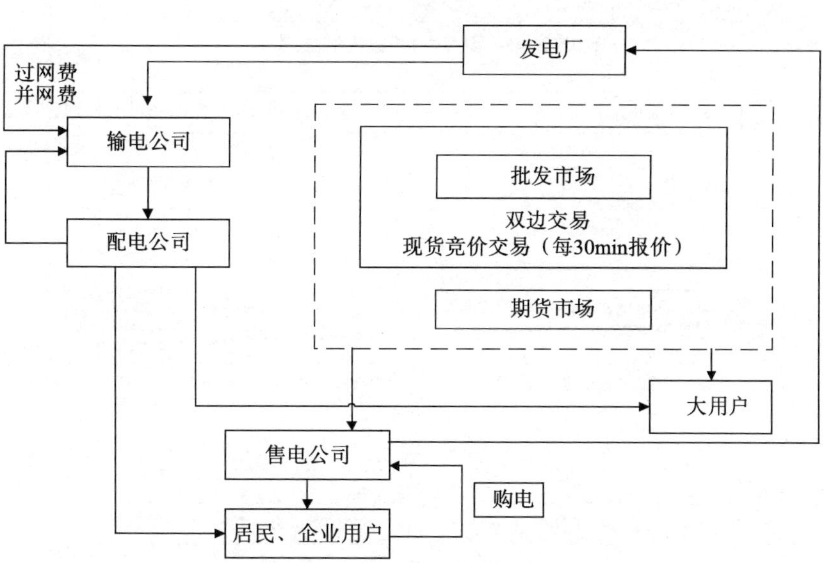

图 6-10 英国电力市场运行机制

约的上网电价机制，当市场批发电价低于合同的合约电价时，政府补贴差价；反之，高出部分需上交政府。即上网电价相对固定，电力服务价格的不稳定性只作用于用户侧，激励低碳发电及相关投资热情。

2. 美国电力服务产业发展现状。通过不断摸索电力服务市场的基本模式和市场化设计的选择，美国对电力服务产业发展的复杂性和长期性形成了独到的认识和体会。从美国电力服务市场的改革历程上来看，其整体方向是：以自由市场为前提，开放发、配、供电和电力零售端的相关市场，为供需双方提供公平的议价平台，建立区域性的电力批发市场；对于输电环节则充分考虑其自然垄断的属性，将输电网络独立出来。迄今为止，美国以州为单位搭建了 7 大区域性电力服务市场，包括 PJM、加州、纽约、德州、中西部、新英格兰和西南部。

由于美国没有建立全国统一的电力服务市场，产业结构较为松散，每个区域电力服务市场各有不同。对美国整体的电力服务产业结构及特点加以归纳总结，如图 6-11 所示。

在美国的 7 个区域电力服务市场模式中，较为经典的是加州和 PJM 模式。加州市场在 1996 年率先举起“电改”大旗，改革的主要方向是重组电力服务产业，建立电力交易所，打破垄断，降低电力零售价格，电力公司只保留电网的使用权，电价完全由市场竞价决定。但这种“分散调度、分散交易”的结

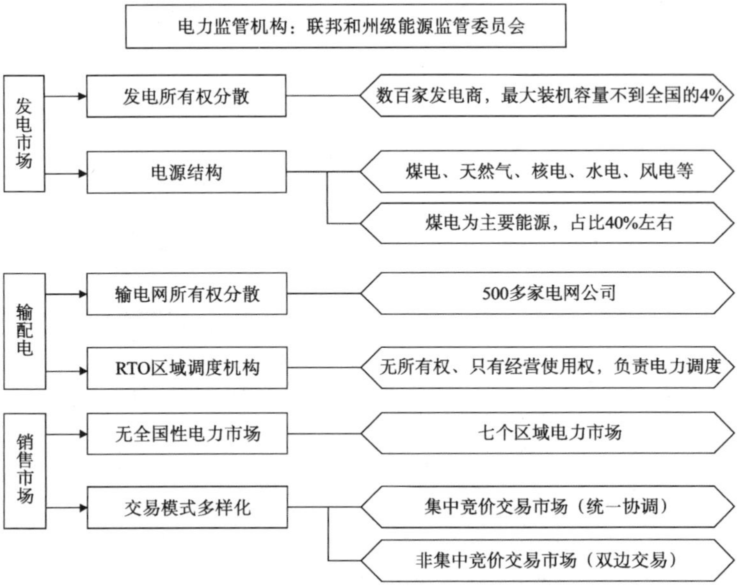

图6－11　美国电力产业结构的特点

构使市场监管松散，且呈现出以“电厂权力过大”为特点的卖方市场结构。在加州电力危机后，加州提出了由双边合同、日前综合期货、金融输电权、实时市场和余量机组组成的市场模式，并逐步转换为集中交易模式。而PJM模式拥有众多优点，建立了合理的电力服务零售市场，打破了垄断供电的格局，促使销售电价大幅减少，受益终端用户。

四、山西经济发展中电力服务可获得性路径提升研究

（一）设置发电厂商间的协调障碍，完善监管机制

电企合谋的达成必有其特殊的协调过程，有效的协调机制是合谋达成的必要条件。厂商协调主要通过价格领先、基准定价体系等途径实现。因此，应实行更加开放的产业政策，鼓励多种一次能源发电方式，鼓励不同技术流派和各类发电技术进入市场竞争，促使发电厂商有不同的成本结构，增加协商难度。

充分发挥国家能源局派出机构的监管作用，进一步强化地方电力监管职责，完善电力监管体系，逐步形成国家、省、市、县分层次电力监管体系和协

调机制，明确责任主体，提高电力监管水平，并且在市场监督中引入反垄断的调查机制，通过强有力的监督和惩罚机制增加发电厂商合谋的组织成本，这样以较小管制成本加大合谋组织的机会成本，从而取得较大的管制收益。

（二）进一步促进发、售电企业双边协商，实现共同发展

政府主管部门是市场规则的制定者、监管者，同时也是改革的对象（发展和改革委员会、经济信息委员会等），制定政策和规则要兼顾各方利益和市场化原则。面对发、售电企业间的冲突，要有效促进发、售电企业进行双边协商，确保双方依法合规的进行谈判，平衡兼顾各方利益。目前正在进行的电力市场化改革的核心目的并不是降电价，而是在发、售两侧的竞争中优化资源配置。在双边协商中，政府可以适当降低售电侧对电力市场交易的降价期望，当前的降价主要靠燃煤发电厂让利，而燃煤发电厂目前经营困难，再让电厂挤出让利空间几无可能。对于发电侧可促进电力产业技术进步与电力企业改革，提升发电侧供给能力。只有发、售双方共同让步才能逐渐化解争端实现共同发展。

（三）鼓励电企领导层开展创新性探索，允许大胆试错

新一轮电改推行已有两年，电力体制改革已经进入深水区和攻坚阶段，一些容易的、皆大欢喜的改革已经完成，剩下的都是难啃的“硬骨头”。由于现阶段改革遇到的情况和问题比过去更复杂，在改革中就不能再采用循规蹈矩的老办法，必须允许并鼓励广大领导干部开展创新性探索，更大胆地尝试。在改革中，也必须对犯错给予必要的宽容和理解。探索可能会犯错，尝试可能会失败。只有允许改革者“试错”、宽容失败，才能真正调动起领导干部的积极性，避免改革者畏首畏尾、故步自封乃至半途而废。只有这样才能提高改革的热情和积极性，解决一些地方和个别部门“不敢改、不愿改、不会改”的问题，才能早日建立健全的电力行业市场体制。

（四）鼓励售电公司打造多元服务，提升自身竞争力

未来售电公司应定位于用电需求侧的多元化能源服务商，打造智能化用电终端，售电与用电服务融合发展将是未来售电公司的经营之道。建议售电公司一是积极参与市场，进一步激活市场，同时，加强行业自律，加强营销人员专业培训，避免误解政策，误导电力用户；二是防止恶性竞争，随意承诺，避免

出现违约事件；三是售电公司作为中间服务商，要做好上下游的桥梁作用，既要考虑发电企业的利益，也要考虑广大用电企业的期望，使改革能够稳步推进；四是加强用电负荷预测，减少用电偏差，使发电、用电计划更加准确；由于电力本身的无差别性，所以售电公司还可以提供一些增值服务来提升自身的核心竞争力。具体如下：

（1）提供节能优质的供电服务，如合同能源管理、综合节能和用电咨询等。

（2）提供绿色环保的供电服务，如鼓励用户分布式清洁能源上网，主动参与电动汽车充电桩投资建设等。

（3）积极参与能源互联网。售电公司与互联网公司合作共同走向能源互联网是电力系统将来的发展趋势。

（五）制定科学的信息发布规则，提升信息透明度

信息在现代经济生活中的作用越来越大，已经成为市场竞争的重要手段。对于售电企业来说，信息的重要性更是不言而喻。建议充分利用互联网信息技术，建立涵盖电力市场主体基本信息、交易信息、运营信息、信用信息等的电力市场信息平台，对与各类市场主体利益相关的信息确保及时准确发布，保证电力市场参与者获得信息的公平性。对安全校核这类专业性较强的信息更要向市场主体充分介绍说明，对以往交易中未能通过安全校核的售电公司给予合理的解释，帮助其在日后的交易中规避风险。提前发布会影响安全校核的政策信息，引导售电公司选择可通过安全校核的电企购电。对可能影响到安全校核的重大电力调度，确保及时通知到市场主体，以促进行业健康发展。

（六）继续增进电力行业竞争，推动循环发展

新的电改坚持社会主义市场经济改革方向，目标是在发电和售电两端引入更多的市场竞争，优化资源配置效率。山西有非常丰富优质低价的煤炭资源，并且电力产业有充足的装机容量。只有继续放开电力行业竞争，使工业企业可以以电力的真实价格用电，降低企业的生产成本，才能有效解决高载能企业在山西省面临的困境，才能使企业产品在市场上有更强的竞争力，才能在激烈的市场竞争中存活下来并取得发展。同时，工业企业产量的增加，用电量的相应增大，将对改善电力需求侧环境，化解电力过剩产能带来极大的促进作用。只有这样才能增强山西省各行各业的竞争力，形成一种循环发展模式。

（七）充分协调市场与计划的关系，打造中国模式

电力改革没有统一成熟的模式，深化我国电力体制改革必须立足国情，因地制宜探索改革路径。在电力市场设计中的非商业性环节，应充分重视计划方式（包括政府干预和电网的计划管理）的作用，让计划这只“看得见的手”和市场这只“看不见的手”分工协作，取长补短，充分发挥我国电力行业以公有制为主体和社会主义市场经济体制的优越性，充分认识到我国与英美等追求经济高度自由化的国家的区别，避免对他国市场模式的生搬硬套。具体来说，在安全性占主导的场合、自然垄断和公共服务环节，如实时电力平衡、调频、调度操作、输配电服务等，适合引入计划管理；在经济性占主导（效率优先）的场合，如中长期交易、发电容量投资等，适合采用市场调节；而有些环节则处于两者之间，应依具体情况而定，例如备用、调峰、需求侧响应等。应区分电网调度的决策权和执行权，市场改革要放开的是调度计划的决策权，而执行权仍应沿用多年来已证明为有效的统一管理模式。政府与电网应尽量避免干预市场，而是确定各自合理的界限，泾渭分明。只有让计划管理做好公共服务、确保电网安全，才能让市场交易更加自由和流畅，在资源配置中起决定性作用。

参考文献

［1］郑新业，张阳阳，胡竞秋．市场势力的度量、识别及防范与治理——基于对中国电力改革应用的思考［J］．价格理论与实践，2016（06）：23－27.

［2］迈克尔·G. 波利特，杨宗翰，陈浩．电力改革：国际经验与中国选择［J］．财经智库，2017，2（04）：5－83＋140.

［3］胡济洲，奚江惠，侯远潮，王骏，蔡小勇．英、美新一轮电力改革制度及借鉴［J］．经济纵横，2005（10）：53－56.

［4］S. Prabhakar Karthikeyan，I. Jacob Raglend，D. P. Kothari. A review on market power in deregulated electricity market［J］. *International Journal of Electrical Power and Energy Systems.* 2013

第七章 山西省基本公共服务质量时空演化分析与提升对策

马慧强　刘雁蔚　吴文婷　刘嘉乐

区域基本公共服务的质量水平深刻影响着区域的综合发展，与区域绿色、健康、和谐、可持续发展息息相关。自改革开放以来，山西省经济社会发展良好，取得了巨大的成就。但是随着发展的不断深入，区域基本公共服务发展不同步、区域非均质化的问题日益凸显，而不同区域间基本公共服务非均质化势必会不利于区域协调发展与和谐社会的建设，影响山西省整体营商环境和区域发展。本文依照基本公共服务的概念体系和内涵，综合考虑科学性、区域性、完整性原则，以基础设施服务、信息化服务、生态环境服务、教育文化服务和医疗卫生服务等一级指标和21个二级指标构建了基本公共服务质量水平评价体系，并利用多指标客观权重处理法（主成分分析）确定指标权重，对近5年来山西省11个地级市的基本公共服务质量水平进行测度分析，得到以下几点主要结论：山西省基本公共服务总体质量水平呈上升趋势，均质化程度先减后增，公共服务质量综合得分在时间序列上具有阶段性特征；空间总体演变特征为基本公共服务质量等级空间分布格局呈现由质量较差及以下向质量中等及以上演变；在东西方向上南北方向均存在有明显的差异；山西省基本公共服务质量发展的位序演变趋势总体呈向好趋势。最后，本文根据测度结果，结合山西省实际情况，提出促进区域基本公共服务质量提升和均质化推进的建议和对策，以期为山西省促进区域发展和建设良好营商环境提供决策参考。

一、引　言

自新中国成立以来，山西省经济社会总体发展势态良好，取得了巨大的成就。但是随着社会的发展，区域基本公共服务发展不同步、区域非均质化的问题日益凸显，而不同区域间基本公共服务非均质化势必会不利于区域协调发展和和谐社会的建设，影响山西省整体营商环境和区域发展。我国《“十一五”规划纲要》就正式提出了大力发展基本公共服务，促进基本公共服务均质化的思想，到《国家基本公共服务体系“十二五”规划》国家又提出了基本公共服务的项目及其质量标准，再到“十三五”期间《“十三五”推进基本公共服务均等化规划》的推出，明确列举了基本公共服务各领域及服务项目。山西省委、省政府也多次发文，提出大力发展基本公共服务，促进公共服务均等化，促进区域快速和谐发展，努力营造良好的发展环境。由此可见，山西省政府层面对基本公共服务质量及其均质化的重视程度日益加深，促进区域基本公共服务快速、协调、均质化发展对于促进我国以及山西省社会主义公平正义、维护社会和谐安定、实现区域协调发展具有重要意义。

公共服务发展水平及其均质化发展对区域经济和社会发展有重要影响，是国内外学界研究的热点。在国外学术界，对基本公共服务的研究起步较早，研究涉及面较广。“公共产品”这一概念早在 1954 年就被萨缪尔森（Samuelson）首次明确界定，作者对于基本公共服务提供的原则进行探究，得到公平与效率兼顾原则是公共服务提供首要遵守原则的结果；在基本公共服务内涵方面，里卡多等创新性地将政府公共服务分为“公共产品”和“价值产品”，把私人供给与政府供给并列为公共服务供给的主体；对于基本公共服务的提供方面，如詹姆斯等发现主体不同会导致提供公共服务的竞争效率不同，而由公共部门提供具有效率较高、成本较低的特点；丹尼斯等认为，应该增加公民对基本公共服务的参与度，提供方式应由人民投票评定；瑞内等从“利他主义”角度出发认为，政府能够更高效率地为人们提供公共服务。对于基本公共服务单项服务进行的研究，如茱莉亚在医疗卫生服务方面，强调社区卫生是公共服务的一部分；如凯伦等以西班牙和瑞典为例，对基本信息化服务的影响进行探究，发现基本信息服务的优质供给可以起到稳固新政权、促进社会稳定的作用。我国学者对公共服务研究起步较晚，但发展迅速。在基本公共服务的提供方面，如滕世华对比营利性组织和非营利性组织，发现非营利性组织可以更好地结合市场机制和政府机制，发挥效率与公平的作用；张桢等提出，政府应引入竞争机制，使供给单中心模式转变为政府、社会、市场多维供给模式。在基本公共服务的评价体系方面，孟春等从“什么是公共服务及其范围”“需要建立什么样的机制来实现公平与效率”等四个层次构建了一个较为完善的基本公共服务评价体系；彭菁等学者通过梳理不同研究对象的可达性评价因子，利用潜能模型等多种方法，对基本公共服务可达性进行评价；在基本公共服务定量分析方面，柳劲松使用 Topsis 法，收集了中国 2006 年的卫生、医疗及农村教育等方面的数据，对我国农村基本公共服务能力进行评价和排序；2010 年，李敏纳等采取指数法和基于协方差的主成分分析法对 1990 年以来中国社会性公共服务空间分异状况进行评价，探讨其形成机制，试图从中获得促进区域间社会性公共服务均衡发展的政策启示。

本文根据前者研究，构建基本公共服务的评价指标体系，使用多指标权重降维处理的方法，确定主要成分和指标权重，对山西省 11 个地级市近 5 年的基本公共服务质量进行定量分析研究，探索其影响因素，并针对性地提出山西省提升基本公共服务质量和均等化的建议和对策，以促进山西省区域经济和社会健康、和谐、可持续发展。

二、研究方法与数据收集

（一）基本公共服务评价体系建立

本文对基本公共服务评价指标体系的构建主要基于以下考虑：

本文认为，基本公共服务及其均等化都是一个动态的范畴，随着经济社会发展，其内涵和外延都会有变化。目前我们的基本公共服务必须首先要强调“服务的底线均等”，应该首先将八大项公共服务纳入基本公共服务的范畴，最起码应该满足基本公民生存发展的基本需求。本文认为，评价指标体系的构建，必须以贯穿公民一生的最基本的生存发展需求为基础出发点，综合指标要体现和照顾到公民人身不同阶段，即要“生有所保、学有所教、住有所居、劳有所得、病有所医、老有所养”的要求，把基本公共服务的范围定义为：教育服务、文化服务、医疗卫生服务、基础设施服务、社会保障服务、生态环境服务以及信息化服务。

依上所述，同时本文在参考前面众多学者研究和国家基本公共服务体系"十三五"规划研究的基础上，依据基本公共服务的内涵，同时考虑评价指标体系系统性、科学性、完整性、交叉数据的取舍选取、统计资料的可获得性，以及评价体系目的性、可操作性、可推广性等原则的情况下，设计了一个如表7－1所示的基本公共服务水平测度指标体系来测度评价山西省的基本公共服务质量水平时空演化特点。

指标说明：该指标体系一共设立了教育文化服务、医疗卫生服务、基础设施服务、信息化服务、生态环境服务5个一级指标。教育文化服务内涵极大，教育服务应该包括政府和社会对基础教育、高等教育、职业教育和其他形式的教育的财政支持，公共教育资源的时空配置，教育环境的建设等，考虑交叉数据的取舍选取等问题，本文以万人财政教育支出、万人普通中小学数、万人高校数、万人中小学专任教师4个二级指标来衡量；考虑到我国现今的社会文化发展情况，公共图书馆、影剧院和科学投入较能代表当前民众的社会文化需求，故文化服务用每百人公共图书馆藏书、万人影剧院数来衡量；我国目前的医疗卫生服务也相对落后，本文认为当前阶段应先满足卫生医疗基础服务，主要还是用公共医院的建设和专业医生的培养来衡量，本文以人均医院数、人均医师数、人均医院床位数来衡量，其中的人均医师数包含职业医师和助理医师；基础设施服务的指标选取主要考虑关系民生基本生活的基础设施，考虑到关系区域发展和公民发展需求的现状、基础设施服务以人均实有公共汽（电）车营运车辆数、人均实有城市道路面积、人均居民生活用水量以及人均城乡居民生活用电量4项二级指标来衡量；关系基本生存和发展的环境质量的考虑，生态环境服务以固体废物综合利用率、污水处理厂集中处理率、生活垃圾无害化处理率、建成区绿化覆盖率以及人均绿地面积5项二级指标来衡量；考虑到满足区域发展和公民信息沟通需求，信息化服务以人均移动电话用户数、人均固定电话用户数以及人均国际互联网用户数3项二级指标来衡量。

（二）数据收集

本文所用数据全部来源于2012—2016年的《中国城市统计年鉴》《山西省统计年鉴》（由于最新的2017年的《山西统计年鉴》和《中国城市统计年鉴》尚未公开出版，故最新数据依据2016年的年鉴，里面统计的为2015年的各项数据）。

表 7-1　　基本公共服务均质化水平测度指标体系

	一级指标	二级指标	单位
基本公共服务质量测度指标体系	教育文化服务	人均财政教育支出	万元
		人均财政科学技术支出	万元
		人均中等职业教育学校数	所
		人均普通高等学校数	所
		人均剧场、影剧院数	个
		人均公共图书馆总藏量	册
	医疗卫生服务	人均医院、卫生院数	所
		人均医院、卫生院床位数	张
		人均医师数（执业医师+执业助理医师）	人
	基础设施服务	人均实有公共汽（电）车营运车辆数	辆
		人均实有城市道路面积	m^2
		人均居民生活用水量	t
		人均城乡居民生活用电量	kW. h
	生态环境服务	一般固体废物综合利用率	%
		污水处理厂集中处理率	%
		生活垃圾无害化处理率	%
		建成区绿化覆盖率	%
		人均绿地面积	m^2
	信息化服务	人均移动电话用户数	户
		人均固定电话用户数	户
		人均国际互联网用户数	户

（三）多指标降维和权重确定处理

1. 数据预处理。设指标样本集为$(x_{ij})_{m\times n}$，x_{ij}为样本 i 的第 j 个指标的数值，m、n 分别为样本的数目和指标的个数，i＝（1，2，…，m），j＝（1，2，…，n）。由于各指标的量纲、数量级均有差异，所以为消除因量纲不同对评价结果的影响，采用极差法对数据进行如下标准化处理：

对于正向指标：

$$X'_{ij}=\frac{X_{ij}-X_{\min}}{X_{\max}-X_{\min}}$$

对于负向指标：

$$X'_{ij} = \frac{X_{max} - X_{ij}}{X_{max} - X_{min}}$$

式中，X_{max}、X_{min}分别为第 j 个指标的最大值、最小值，X'_{ij}为标准化值。

2. 主成分分析。本文使用主成分分析法，依据上面公式标准化原始数据，将山西省基本公共服务均质化 21 项指标的 5 年数据进行标准化处理后，得到的成分矩阵。根据成分矩阵，计算得特征值，各个主成分的贡献率和累计贡献率。按照特征值大于 1 的原则，以 2015 年为例，共提取 5 个成分（表 7－2），累计贡献率高于 85%，能够充分反映 21 个原始指标所代表的绝大多数信息。

表 7－2　　2015 年特征值及主要贡献率

主成分	特征值	贡献率（%）	累计贡献率（%）
F1	12.159	57.900	57.900
F2	2.988	14.228	72.128
F3	1.396	6.646	78.774
F4	1.242	5.916	84.691
F5	1.048	4.991	89.681

主成分 F1 在人均移动电话用户数，人均国际互联网接入用户数等指标的载荷较高，可以看出主成分 F1 是基本公共服务对信息化服务的综合评价；主成分 F2 在人均中等职业教育学校等指标的载荷较高，可以将主成分 F2 看做是基本公共服务对教育文化服务的综合评价；主成分 F3 在人均医院、卫生院数等指标的载荷较高，可以看做是基本公共服务对医疗卫生服务的综合评价；主成分 F4 在一般工业固体废物综合利用率，污水处理厂集中处理率等指标的载荷较高，可以看做是基本公共服务对生态环境服务的综合评价；主成分 F5 在人均实有公共汽（电）车营运车辆数等指标的载荷较高，可以看做是基本公共服务对基础设施服务的综合评价。

三、结果分析

首先计算各城市每个主成分的得分，其次用各主成分的方差贡献率占它们的累积方差贡献率的百分比作为各主成分的权重，最后乘以各自的得分求和，公式为：

$$F = \sum_{i=1}^{n} F_i \times W_i / \sum_{i=1}^{n} W_i \quad (3.1)$$

公式中 F_i 表示各城市对应每个主成分上的得分，W_i 表示每个主成分的所占权重。计算得出每个城市基本公共服务发展水平的综合得分，结果见表7－3。

表 7－3　　山西省基本公共服务质量水平综合得分

城市	2011 年	2012 年	2013 年	2014 年	2015 年
太原市	5.33	6.50	6.60	6.76	6.53
大同市	0.05	0.39	0.39	－0.27	－0.48
阳泉市	1.04	1.58	1.54	0.79	0.90
长治市	－0.34	－0.25	－0.21	－0.81	－0.75
晋城市	－0.41	－0.57	－0.40	－0.38	－0.14
朔州市	－0.79	－0.11	－0.16	－0.95	－0.78
晋中市	－0.40	－1.04	－0.98	－0.68	－0.61
运城市	－0.83	－1.23	－1.12	－1.29	－1.26
忻州市	－1.29	－1.98	－2.11	－0.20	－0.40
临汾市	－1.00	－1.25	－1.39	－1.19	－1.13
吕梁市	－1.34	－2.04	－2.17	－1.72	－1.87

基于 ArcGIS 软件的空间分析功能，采用自然间断点法，对山西省基本公共服务质量水平分级划分为 5 种类型（图 7－1）：基本公共服务优秀地区、基本公共服务良好地区、基本公共服务中等地区、基本公共服务较差地区和基本公共服务最差地区。

（一）山西省基本公共服务质量时间演变特征分析

1. 公共服务总体质量呈上升趋势，均质化程度先减后增。根据上述测度，可以发现，自 2011 年以来山西省基本公共服务质量水平总体上呈现不断上升的趋势。就基本公共服务质量等级的城市所占比例（图 7－2）而言，2011 年到 2015 年，基本公共服务质量较差的城市数量先增加后减少，所占比例由 27.3% 先升至 45.5% 而后降至 18.2%，对比质量中等的城市数量先减少后增加，所占比例由 27.3% 先降至 18.2% 而后升至 54.4%。此外，山西省基本公共服务质量具有非均质化的特点，就山西省基本公共服务质量综合得分的极差而言，2011 年到 2015 年，由 6.67 分先增至 8.54 分后减至 8.4 分，可见，山

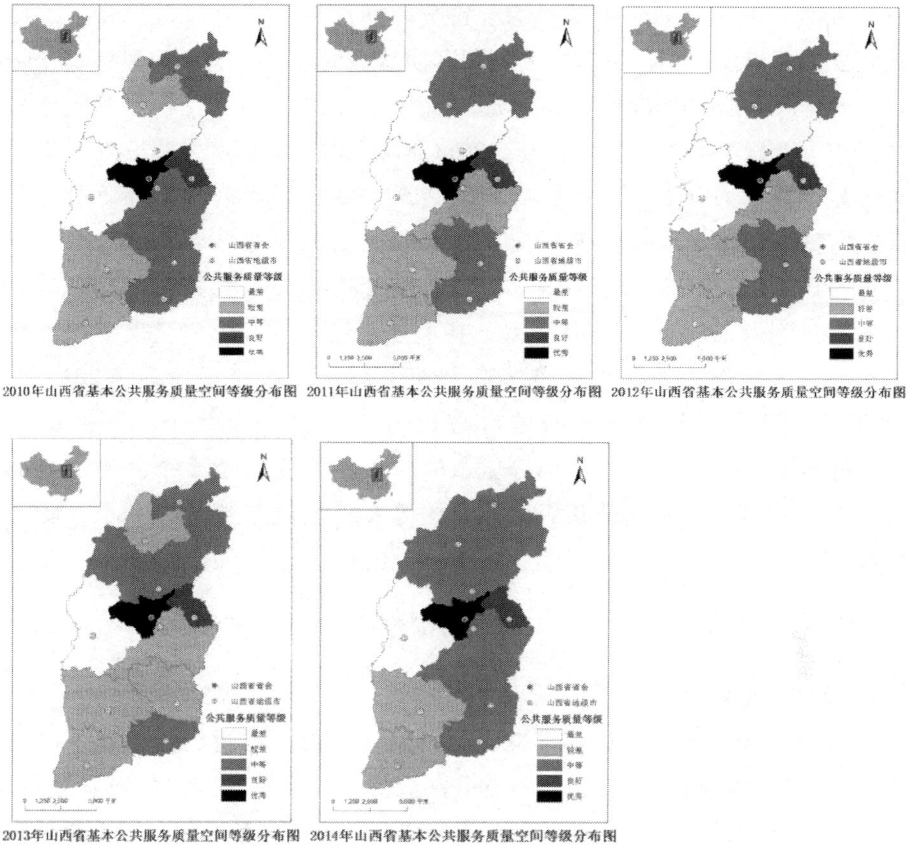

图 7-1　山西省基本公共服务质量空间分布图（2011—2015 年）

西省基本公共服务质量均质化程度先减后增，其中，太原、大同、阳泉等城市相对比临汾、忻州、吕梁等城市基本公共服务质量偏高。

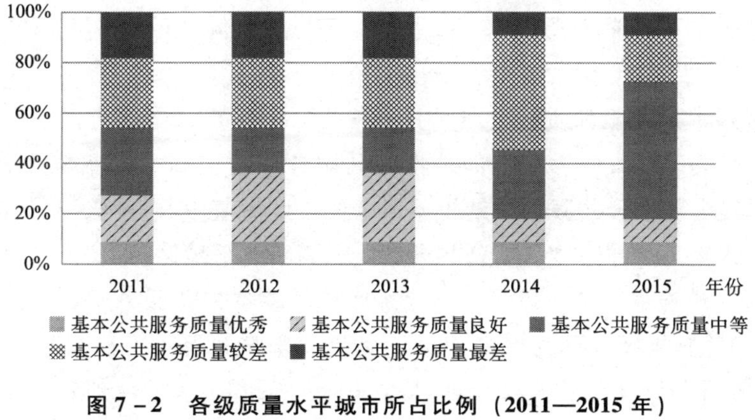

图 7-2　各级质量水平城市所占比例（2011—2015 年）

2. 山西省基本公共服务质量综合得分时间序列上具有阶段性特征。根据上述测度，可以发现山西省基本公共服务质量在时间序列上的阶段性演化特征明显。基本公共服务质量中等主导阶段（2011—2015 年），山西省基本公共服务质量中等及以上城市所占比例高，2011 年到 2015 年基本公共服务质量中等及以上城市数量均共 6 个，所占比例均为 54.5%；基本公共服务质量较差主导阶段（2014 年），2014 年基本公共服务质量良好城市数量由 3 个骤降至 1 个，所占比例由 27.3% 减至 9.1%，对比质量较差城市数量由 3 个骤增至 5 个，所占比例由 27.3% 增至 45.5%，基本公共服务质量较差及以下城市数量共 6 个，所占比例为 54.5%；基本公共服务质量中等主导阶段（2015 年），2015 年基本公共服务质量较差城市数量由 5 个骤减至 2 个，所占比例由 45.5% 减至 18.2%，对比质量中等城市数量由 3 个骤增至 6 个，所占比例由 27.3% 增至 54.5%，基本公共服务质量中等及以上城市数量共 8 个，所占比例为 72.7%。

（二）基本公共服务质量空间演变特征分析

1. 总体演变特征。

（1）基本公共服务质量等级空间分布格局呈现由质量较差及以下向质量中等及以上演变的趋势。2011 年基本公共服务质量中等和较差区域联合主导，此后，基本公共服务较差及以下区域分布减少，取代之基本公共服务质量中等区域分布不断扩大，逐渐变化为由基本公共服务质量中等及以上主导，空间格局向质量中等及以上逐渐演进。

（2）基本公共服务质量的空间格局在东西方向上有明显的差异。以太原市为中轴线，大致分为东西两个部分，基本公共服务质量等级也基本符合此分布，东部基本公共服务质量较高，西部则质量较低，但有向均质化演进的态势。

（3）基本公共服务质量呈现“扎堆聚集”的特点，南北方向也存在差异。中部地区形成了以太原为中心的基本公共服务质量较高（除吕梁市外）的高值中心，其余基本公共服务质量较差地区位于此高值中心外围，且扩散效应开始显现。此外，南部整体基本公共服务质量高于北部地区。

2. 次区域演变特征。以易于研究次区域间基本公共服务质量差异的目的，把山西省 11 个地级市分为晋中地区（太原、阳泉、晋中、吕梁）、晋北地区（大同、朔州、忻州）、晋东南地区（长治、晋城）、晋南地区（运城、临份）。

（1）次区域之间。根据次区域基本公共服务质量综合得分的平均值显示（表7－4），2011年，晋中地区＞晋东南地区＞晋北地区＞晋南地区；2015年，依然是晋中地区＞晋东南地区＞晋北地区＞晋南地区，基本公共服务质量综合得分的平均值上升区域为晋中地区和晋北地区，其余两个地区得分有所下降。

（2）次级区域内部。根据基本公共服务综合得分的极差显示（表7－5），2011年，晋中地区＞晋北地区＞晋南地区＞晋东南地区；2015年，晋中地区＞晋东南地区＞晋北地区＞晋南地区；可见晋中地区和晋东南地区的内部差异有逐渐扩大的趋势，非均质化情况尚未得到明显改善；晋南地区和晋北地区的内部差异先增后减，非均质化状况总体得到改善。

表7－4　　各个次级区域基本公共服务综合分得分均值

地区	2011年	2012年	2013年	2014年	2015年
晋中地区	1.16	1.25	1.25	1.29	1.24
晋北地区	－0.68	－0.57	－0.63	－0.47	－0.55
晋东南地区	－0.38	－0.41	－0.31	－0.60	－0.45
晋南地区	－0.92	－1.24	－1.26	－1.24	－1.20

表7－5　　各个次级区域基本公共服务质量综合得分极差

地区	2011年	2012年	2013年	2014年	2015年
晋中地区	6.67	8.54	8.77	8.48	8.4
晋北地区	1.34	2.37	2.5	0.75	0.38
晋东南地区	0.07	0.32	0.19	0.43	0.61
晋南地区	0.17	0.02	0.27	0.10	0.13

（三）基本公共服务质量发展的位序演变趋势

为了反映山西省11个地级市的位序关系，制作出对应的位序关系时间演变趋势（图7－3）。

除第一位的太原市、第二位的阳泉市和第十一位的吕梁市没有发生变化外，其余八个地级市的基本公共服务质量排名均发生了不同变化。对变化趋势和幅度进行总结，可分为以下三类，分别是逐步衰退型、波动变化型、逐步进步型。其中，大同市、长治市、运城市（除2012年）属于逐步衰退型地区，

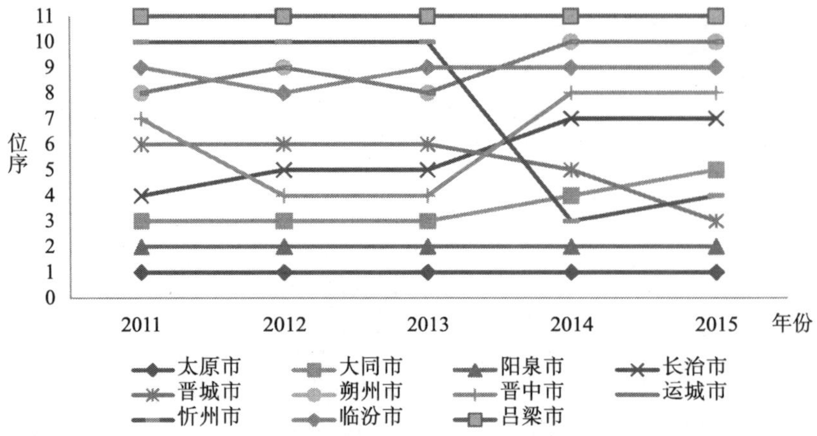

图 7-3 各市基本公共服务发展位序变化图（2011—2015 年）

此类地区特点是排名随着时间的推移由前逐渐靠后，基本公共服务质量总体呈较差趋势；朔州市、晋中市和临汾市属于波动变化型，此类地区的变化幅度不大，总体趋势未定；晋城市和忻州市属于逐步进步型，此类地区的特点是排名在后随时间推移逐渐靠前，基本公共服务质量总体呈向好趋势。

四、山西省基本公共服务质量水平和空间分异的影响因素

（一）影响因素识别

为了定量识别影响因素与基本公共服务质量综合得分之间的关系，本文选取建成区绿化覆盖率（x1）、人均实际利用外资金额（x2）、人均固定资产投资（x3）、城镇化率（x4）、工业产值占 GDP 的比重（x5）、人均财政支出（x6）、人均城市道路面积（x7）为解释变量，同期的基本公共服务质量综合得分（y）为被解释变量，采用多元逐步回归模型，利用 SPSS 软件分析平台，对 2010—2014 年之间的影响因素与基本公共服务质量综合得分进行多元逐步回归得到结果如表 7-6 所示。

由逐步回归分析结果（表 7-6）可知，除建成区绿化覆盖率（x1）、人均固定资产投资（x3）、人均财政支出（x6）与基本公共服务质量综合得分被解释关系相对比不够显著外，其余 4 项因素与基本公共服务质量综合得分呈较为

表 7-6 山西省基本公共服务质量综合得分影响因素多元逐步回归分析（2011—2015 年）

年份	模型因子	标准误差	标准系数	T 统计量	双尾显著性概率（Sig）
2011	x7	0.000	0.885	5.692	0.000
2012	x2	0.659	0.601	10.015	0.000
	x4	0.000	0.492	8.204	0.000
2013	x2	0.000	0.480	5.317	0.001
	x4	1.010	0.602	6.663	0.000
2014	x2	0.000	0.835	9.231	0.000
	x5	0.024	-0.420	-4.639	0.992
2015	x2	0.000	0.936	8.003	0.000

显著的相关关系。年际之间各影响因素与被解释变量的关系不同，2011 年与基本公共服务质量综合得分显著相关的因素为人均城市道路面积（x7）；2012 年、2013 年与基本公共服务质量综合得分显著相关的因素为人均实际利用外资金额（x2）和城镇化率（x4）；2014 年与基本公共服务质量综合得分显著相关的因素是人均利用外资金额（x2）和工业产值占 GDP 的比重（x5）；2015 年与基本公共服务质量综合得分显著相关的因素是人均实际利用外资金额（x2）。结合历年回归结果得知，人均实际利用外资金额（x2）、城镇化率（x4）、工业产值占 GDP 的比重（x5）和人均城市道路面积（x7）与基本公共服务质量综合得分均呈正相关关系，说明区域经济对外开放程度、城镇化率、工业化水平以及交通质量等越高，基本公共服务质量综合得分越高。

（二）主要影响因素

山西省基本公共服务时空演化的形成机理是通过微观层面的作用机制进而传递到宏观层面实现的。由多元逐步分析结果可知，在微观层面上，城镇化水平、工业化水平、对外开放程度等是导致基本公共服务质量程度差异的主要因素。区域之间经济发展程度的不同以及城镇化发展水平的差异等造成了包含教育文化服务、医疗卫生服务、基础设施服务、生态环境服务以及信息化服务五个子系统的基本公共服务质量的差异。通过微观机制形成的基本公共服务质量的差异，传递到宏观层面的时空演变格局，在基本因素（经济发展水平）和直接因素（城镇化水平）两种作用力相互渗透、相互贯通之中，共同作用于基本公共服务供给能力，共同影响着基本公共服务质量的时空演化。

五、山西省基本公共服务质量提升和均等化推进建议对策

（一）协调各区域的经济发展，促进营商环境改善

基本公共服务质量非均质化的基础因素是经济发展水平差异。区域经济发展水平是提供基本公共服务的物质基础，区域经济实力差异及营商环境的不同对各地级市基本公共服务质量等级时空演变产生重要影响。目前，山西省内的主要公共服务建设是依靠省市的政府财政支出，山西各个区域经济体量的大小决定性地影响各省市的财政，营商环境的好坏在很大程度影响着不同区域财政状况，进而影响对基本公共服务投资的财政支出。区域经济对地区基本公共服务有着很强的影响力，要从根本上提升山西省基本公共服务水平和推动均等化，首先也是最重要的是要增强山西省的区域经济活力，协调山西省经济发展，这是基本公共服务提升和实现均等化的物质基础。而协调各省市的营商环境成为其重要的环境基础，两者同时是使山西省公共服务均等化推进的必备条件。

（二）逐步构建公共服务型政府，改善整体营商环境

政府管制环境对营商环境影响较大，政府的越位、缺位与错位都会影响到营商环境。逐步构建公共服务型政府，推进政府职能转变，建立与市场经济体制相适应的行政管理体制，是优化营商环境的长期治本之道。山西省在全面构建服务型政府的过程中，应逐步探索行政权三分制改革，通过打破机构设置的条块模式，提高行政效率，减少和优化行政审批，深化并拓展商事制度改革；大力推行清单管理，使企业对未来有较明确的预期，减少信息搜寻成本和不确定性风险；规范政府有关行为，加快建设统一开放、竞争有序的市场秩序；整合信息资源、链接服务资源、集聚管理资源、拓展社会资源，加快构建资源共享、高效配置的公共服务平台体系。

以公共服务型政府建设为准绳，充分借鉴西方新公共管理运动的理念，构建一个效率与公平兼顾、效益与成本兼顾的公共服务新体系，推动省内营商环境的整体改善和发展。

（三）建立基本公共服务统筹协调机制和动态调整机制

整合山西省内的各类资源，统筹基本公共服务设施建设，加强基本公共服务资源供给共享，建立健全基本公共服务机制，推进城市群基本公共设施管理一体化、服务均等化。

加强城市群内城市之间的互动合作，促进教育、医疗、卫生、住房保障等基本公共服务资源有效整合，协同发展，形成合力。健全城市群基本公共服务协调机制，率先在养老保险关系转移接续、基本医疗保险异地就医联网结算、进城务工人员随迁子女就学、文化体育等公共设施共享等方面实现突破，以点带面，加快推进基本公共服务一体化进程。推进基本公共服务一体化的财力保障机制，拓宽资金来源，推进政府购买，并推广 PPP 模式。

加大对农业转移人口市民化的财政支持力度并建立动态调整机制、建立基本医疗保险稳定可持续的筹资和报销比例调整机制、建立低保标准动态调整机制、优抚政策和优抚对象抚恤优待标准调整机制等机制，不断调整和优化公共资源的供给结构，主动适应人民群众对教育、卫生、文化、体育等基本公共服务的需求。提高专业设置与产业发展的契合度、人才培养结构与产业结构的匹配度，逐步建立科学的专业结构体系。

（四）以推动新型城镇化为抓手，促进区域、城乡公共服务提升和协调

以新型城镇化为抓手，推动区域、城乡基本公共服务提升。按照“五位一体”的总体布局和“四个全面”的战略布局，加快构建以太原都市区为核心，以大运、太中银—太石、太长三条轴线为带动，促进同朔、忻定原、阳平盂、离柳中方、孝汾平介灵、临侯、上党、晋运等城镇组群加快发展，加快构建的网络化空间格局，带动省域全面发展，联动辐射全省域、周边城市群和经济区，全面提升城市功能，具体如加快城市综合交通网络的建设、实施城市地下管网改造工程以及推进新型城市建设等具体措施，加快建设绿色城市、智慧城市、人文城市的建设。与此对应，辐射带动新农村建设，积极推动基础设施和公共服务向农村延伸，带动农村第一、第二、第三产业融合发展以及农村电子商务发展等，健全新型城镇化工作推进机制，全面推动区域基本公共服务提质增效，推动城乡基本公共服务实现均质化。

（五）结合主体功能区化，推动人口迁移，促进公共服务均等化

虽然经济发达地区人口远比欠发达地区稠密，但是从资源环境的承载力和经济的发展需求来讲，发达地区可以容纳欠发达地区的人口迁移，从而缩小区域间的人均公共服务资源配置差。因此，要结合主体功能区规划推动跨区域的人口迁移。

首先是制定人口迁移的制度。逐步取消城乡户籍壁垒，建立全省统一的社会保障体系。现今我国以及山西省各地的社会保障体系都是根据各地具体实际确定的，社会保障水平和覆盖的区域都参差不齐，对劳动力市场的建立和人口的跨区域流动产生很大的影响。这就需要根据具体国情省情，建立新的社会保障体系。实施人口跨区域迁移政策，将流动的人口纳入到基本公共服务均等化的范围，是协调区域经济发展的重要途径。

其次是依据主体功能区规划定位提供差异化的基本公共服务内容。对于限制开发和禁止开发的区域，应当重点提供公共卫生、基础教育和社会保障等的基本公共服务，改善生活环境，提高人口素质，并制定导向性的政策引导人口向重点开发的区域迁移，以减少限制开发和禁止开发区域的公共服务需求量压力。对于优化开发区域和重点开发区域，在不断提高基本公共服务水平的同时，逐步增加基本公共服务人群范围，将流动人口也纳入基本公共服务的范围。

参考文献

［1］Riccardo Fiorito，Tryphon Kollintzas，Public goods，merit goods，and the relation between private and government consumption［J］. *European Economic Rewiew* 48（2004）1367－1398.

［2］James M. Ferris and Elizabeth Graddy，Organizational Choices for Public Service Supply［J］. *Journal of Law*，*Economics & Organization*，1994（1）126－141.

［3］Dennis Epple，Richard E. Romano · Ends against themiddle：Determining public service provisionwhen there are private alternatives［J］. *Journal of public economics.* 1996（62）297－325.

［4］Rainey，H. G，Steinbauer，P，Galloping elephants：Developing elements of a theory of effective government organizations［J］. *Journal of Public Administration Research and Theory.* 1999（1）19－32.

［5］ Julia A. Heath. The Financing and Provisioning of Education and Health Services in Developing Countries：Review Article ［J］. *Economics of Education Review*, 1998 (3) 359 – 362.

［6］ Karen Arriaza Ibarra, Lars W. Nord. Public Service Media Under Pressure：Comparing Government Policies in Spain and Sweden 2006 – 2012 ［J］. *Javnost – The Public*, 2014, 21 (1).

［7］滕世华. 公共物品非营利组织提供的可行性研究［J］. 北京行政学院学报, 2003, (01)：22 – 26.

［8］张桢, 刘荣愫. 公共服务领域中的竞争与合作［J］. 华东经济管理, 2005 (10)：73 – 75.

［9］孟春, 陈昌盛, 王婉飞. 在结构性改革中优化公共服务［J］. 国家行政学院学报, 2004, (04)：21 – 25.

［10］彭菁, 罗静, 熊娟, 郑文升. 国内外基本公共服务可达性研究进展［J］. 地域研究与开发, 2012, 02：20 – 25.

［11］柳劲松. 基于 Topsis 法的农村基本公共服务能力地区差异评价——来自 31 个省市农村地区的实证［J］. 安徽农业科学, 2009, 37 (10)：4685 – 4686.

［12］李敏纳, 贾成林. 中国社会性公共服务空间分异研究［J］. 人文地理, 2010, 25 (1)：26 – 30.

第八章 山西法治化营商环境建设的现状及优化对策研究

任 娇 王俞琴

良好的营商环境是衡量一个地区核心竞争力和潜在发展能力的重要指标。党的十八届五中全会指出，要完善法治化、国际化、便利化的营商环境。其中，法治化的营商环境建设是第一要求，这既是落实“依法治国”方略的具体体现，也是实现经济转型升级的关键所在。当前，各级政府都将营造公平正义、透明高效的法治化营商环境作为加快经济社会发展、提高经济软实力的重要抓手，而山西省正处于转型发展的攻坚期。在此背景下，开展山西省法治化营商环境的研究，对于制定改善营商环境的对策、助力山西省经济转型升级具有重要的现实意义。本章在论述法治化营商环境建设的必要性基础上，剖析了山西省法治化营商环境建设的现状和面临的问题，进而从法律法规完善、政府职能转变、司法能力提高、法治社会氛围建设等方面提出了政策建议。

营商环境是一个地区有效开展交流与合作、参与区域竞争的重要依托，也是区域经济软实力的重要体现。2013 年 11 月 12 日，党的十八届三中全会通过了《中共中央关于全面深化改革若干重大问题的决定》，明确提出“建设法治化营商环境，建立公平开放透明的市场规则”的目标。2015 年 1 月，李克强总理在出席世界经济论坛达沃斯年会的致辞中再次强调了“打造国际化、市场化、法治化的营商环境”。2015 年 5 月国务院发布的《关于加快培育外贸竞争新优势的若干意见》以及 2016 年 7 月商务部印发的《商务发展第十三个五年规划纲要》都提出把营商环境建设作为制度建设的主要内容。

良好的营商环境能够使各类市场主体依法平等地开展经济活动。然而营商环境并不是不受限制的，只有在法治化的保障下，它的开放性和稳定性才能有效协调起来。所谓法治化营商环境，是指有关营商的法律、法规和监管程序健全完备，且得到有效实施的一整套制度性安排，它强调法治对营造公平正义的社会经济发展环境的重要意义。健全的法治化营商环境首先应该有法治化的政策管理体系，做到稳定市场主体的预期；其次，法治化的营商环境可以使市场活动中的潜规则变为明规则，大幅度降低市场主体的交易成本；最后，法治化的营商环境可以根据规则实施优胜劣汰，提高企业市场竞争力和社会经济效益。

当前，山西省正处于发展动力深度转换、经济结构全面升级的新阶段，全省干事创业的氛围日益浓厚，能否抢占发展先机、赢得发展主动权，营商环境至关重要。在此背景下，探讨山西省法治化营商环境建设问题，对于激发市场活力、提高区域竞争力，推动全省经济转型与经济增长具有重要意义。

一、建设法治化营商环境的现实需要

（一）法治化营商环境是依法治国的客观要求

依法治国是我国治国理政的基本方略，也是促进社会和谐稳定、维护公平正义的重要途径。全面建设社会主义法治国家，要求经济社会发展中的各项工作都做到法治化、规范化，合理配置各种要素，统筹安排各项工作，真正从制度上、程序上实现依法执政，提高社会治理法治化水平。在我国全面深化改革的重要时刻，大力推进依法治国，坚持法治国家、法治政府、法治社会一体建设，就必然要求将法治理念贯穿到政治、经济、文化、社会等各个领域。

经济建设作为党和国家工作的中心，在依法治国的方针下，做到有法可依、有法必依、执法必严、违法必究，建设法治化的市场营商环境，是做好经济工作的基础和前提。市场主体的确立及其活动、财产权的界定和财产关系的有效保护、市场交易的正常进行和市场秩序的有效维护、政府对市场的调控、监管和服务、市场竞争下的社会保障等均需要有完备的法治环境。正确处理经济活动中的各种矛盾，要求我们善于运用法治的手段规范政府、企业、社会组织和个人的行为，科学合理地调整和规范各种利益关系、社会关系，在法治框架内、在法治轨道上解决各种经济问题，使各类市场主体既依法充分享有权利、行使权利、维护权利，又依法切实履行义务、承担责任，做到权利和义务、权力和责任相统一。

（二）法治化营商环境是市场经济的重要保障

市场经济是自由交易经济，而市场交易有效有序进行的一个基本条件就是法治。法治可以约束经济人的行为，包括产权界定和保护、合同和法律的执行、维护市场竞争等。倘若没有法制的保障，产权就是不安全的，市场主体就不可能致力于通过提供产品和服务获取利益，无法形成高效有序的市场竞争环境，从而难以实现经济健康发展。只有实行法治，才能充分发挥市场配置资源的基础性作用。因此，市场经济在本质上是法治经济，经济活动对法治化营商环境存在极大的依赖性。

在经济学意义上，法治运行状态是构成企业交易成本的重要组成部分。这种交易成本的高低，往往是区分经济发展的中心地带、“增长极”区域与不发达地区的重要标准。一般来说，在法治化市场营商环境比较完善的国家和地区，尤其是现代化的大城市中，往往直接生产成本高，但是交易成本低，因而会成为吸收外来投资、吸引高级人才的密集地区。只有营商环境受到法治化的保障，市场交易活动才会更加繁荣，企业和个人才会有信心进行长期的物质资本和人力资本投资，促进技术进步和创新，经济发展才会更健康、更具有可持续性。

以法治保障经济发展，这就要求政府、企业、社会和个人的活动必须在法治的框架下进行，倡导用法治思维和法律手段解决市场经济发展中的问题，通过立法、执法和司法以及法律服务调整经济关系、规范经济行为、指导经济运行、维护经济秩序、推动经济发展，使市场经济在法治的轨道上健康有序地发展。可见，完善的法治化营商环境是促进市场经济又好又快发展的重要基础和保障。

（三）法治化营商环境是实现经济转型升级的关键所在

营商环境是一种软环境，完善的法治化环境能够成为促进经济转型发展的重要突破口。尤其是当前我国处于经济转型的关键时期，构建营商环境的司法保障体系极为重要。习近平总书记指出："改革和法治如鸟之两翼、车之两轮"。这充分说明了改革中法治的重要性。一个经济体的发展，取决于微观主体的发展环境；而微观主体的发展环境，根本上取决于法治的保障程度。过去几十年来，我国经济发展取得长足进展的一个重要因素，在于企业面临的制度环境不断稳定化。目前，我国仍处于改革和经济转型的重要关头，只有完善法治化营商环境建设，才能确保经济社会发展在改革中既生机勃勃又井然有序。

从不同区域来看，目前全国的营商环境存在明显的地区差异。我国东南地区沿海城市的营商环境最佳，例如广州、南京、上海、杭州等，而中西部地区的营商环境较差。经济转型是中西部地区缩小区域经济增长差异的必经之路，其关键在于产业转型和结构优化，这其中必定会涉及企业的开办和市场交易。只有加强营商环境建设，推动资金、技术、劳动力、知识、信息等各类生产要素的积累与聚集，才能吸引更多的企业来中西部投资，提升其产业发展层次和水平。营商环境能不能得到法治化的保护，企业家的制度预期能不能得到有效的稳定，将直接影响到区域的转型能力。此外，完善的法治化营商环境有利于提高企业经营的安全系数，减少投资风险，降低经济运行成本；有利于增加投资者的信心，为招商引资保驾护航；有利于政府加快职能转变，进一步提高公共服务的质量和效率，降低公共服务成本。因此，改善营商环境、提高其法治化程度是加快实现转型升级、提高区域竞争力的重要途径。

二、山西法治化营商环境建设的现状

当前，山西省正处于转型综合改革创新驱动的关键时期，完善法治化的营商环境对进一步巩固经济逐渐向好的态势至关重要。为了优化营商环境，进一步推进法治政府建设，营造公平有序的发展环境，全省紧紧围绕打造"审批最少、流程最优、体制最顺、机制最活、效率最高、服务最优"的"六最"

营商环境开展了一系列富有成效的工作。

(一) 顶层设计新高度，多项政策作保障

1. 多项政策齐出台，为法治化营商环境提供制度保障。山西省委省政府高度认识优化营商环境对塑造美好形象、实现山西振兴崛起的重大意义，从完善政策体系方面为法治化营商环境的建设奠定了坚实的基础。在省委、省政府的领导下，省工商行政管理局、省高等法院和省检察院等紧紧围绕优化营商环境相继出台了多项政策，为进一步推进法治政府建设，营造公平有序的发展环境，促进山西绿色崛起提供了法治保障。尤其是 2017 年以来，山西省掀起了一场改善营商环境的行动高潮。表 8 -1 中列出了省里出台的与法治化营商环境建设相关的政策。可以看出，这些政策从招商引资、企业落地，到“放管服效”“多证合一”、工商登记改革，再到合同执行、知识产权保护、社会诚信体系建立等，涉及了营商环境的方方面面。这些制度的出台势必将为优化山西省营商环境提供强有力的法治化保障，推进市场交易朝着更加规范化的方向发展。

总体而言，上述政策从四个方面对山西的营商环境进行了法治化保障：一是对市场，要求减少干预，简化办事程序。二是对政府自身，严格要求，规范政府招商行为，要求政府认真履行依法作出的政策承诺和签订的各类合同、协议，不得以换届、相关责任人更替等理由毁约。三是建设统一信息平台，实现政务服务“一号申请、一窗受理、一网通办”，优化流程提升效率。四是成立省、市、县三级服务企业办公室，分级负责，统筹推进服务企业的各项工作。这些好政策、好服务、好福利，一方面能够做好“加法”，为企业强身壮腰；另一方面能够做好“减法”，降低制度性交易成本，让企业轻装前行，充分激发各类市场主体的活力。

表 8 -1　　2017 年山西省为法治化营商环境出台的文件

序号	时间	文件名称	发文单位
1	2017 年 3 月	《关于建立全省服务企业常态化机制的通知》	山西省人民政府办公厅
2	2017 年 5 月	《山西省 2017 年开展优化营商环境专项行动的工作方案》	中共山西省委办公厅 山西省人民政府办公厅
3	2017 年 5 月	《关于山西省企业投资项目试行承诺制实行无审批管理的决定》	中共山西省委 山西省人民政府

续表

序号	时间	文件名称	发文单位
4	2017 年 5 月	《“涉企合同执行难”整治专项行动方案》	山西省最高人民法院
5	2017 年 6 月	《山西省政府核准的投资项目目录（2017 年本）》	山西省人民政府
6	2017 年 6 月	《山西省鼓励投资政策（2017 年版）》	山西省人民政府办公厅
7	2017 年 6 月	《关于充分发挥检察职能服务保障优化营商环境的实施意见》	山西省检察院
8	2017 年 6 月	《工商（市场监管）登记窗口咨询帮办工作制度》	山西省工商行政管理局
9	2017 年 6 月	《关于加强工商登记窗口岗位廉政风险点防控管理和规范权力运行的指导意见》	山西省工商行政管理局
10	2017 年 7 月	《山西省人民政府关于贯彻落实国务院扩大对外开放积极利用外资若干措施的实施意见》	山西省人民政府
11	2017 年 7 月	《2017 年山西省工商系统打击侵犯知识产权和制售假冒伪劣商品重点工作任务及责任划分》	山西省工商行政管理局
12	2017 年 8 月	《国家企业信用信息公示系统（山西）管理暂行办法》	山西省人民政府办公厅
13	2017 年 8 月	《关于印发山西省深化“放管服效”改革重点任务分工方案的通知》	山西省人民政府办公厅
14	2017 年 8 月	《关于加快推进“多证合一”改革的实施意见》	山西省人民政府办公厅
15	2017 年 9 月	《企业经营异常名录管理实施细则（试行）》	山西省工商行政管理局

2. “1+9”专项行动齐发力，打造山西“六最”营商环境。2017 年 5 月山西省召开了优化营商环境会议，强调要坚持改革创新，攻坚克难，对标一流，奋力争先，推动山西营商环境进入全国第一方阵，在唱响“人说山西好风光”的同时，再唱好一曲“人说山西好环境”。这为全省上下树立了真做实干、改善营商环境的信心。2017 年上半年全省各部门瞄准当前山西营商环境的痛点、堵点，开展了优化营商环境的“1+9”专项行动。其中，“1”指的是《山西省企业投资项目试行承诺制实行无审批管理试点工作方案》；“9”是指 9 项优化营商环境的专项行动，如表 8-2 中所示。

表8-2　　山西省优化营商环境专项行动的主要内容

序号	九项专项行动	工作重点和亮点
1	加快招商引资项目落地	①建立招商引资项目审批绿色通道； ②建立领导联系制度。
2	开展入企服务常态化	①干部深入企业，到基层精准服务、解决难题； ②构建“亲”“清”新型政商关系。
3	在建重点工程项目无障碍施工	①重点解决因房屋拆迁、土地征收引发的纠纷问题； ②加强协商和调解，着力解决劳资纠纷。
4	涉企合同“执行难”整治	①加大“老赖”曝光力度，冻结失信被执行人账户； ②构建全方位、全领域的联合惩戒网络体系。
5	打击恶意逃废金融企业债务	①加大对金融犯罪案件的侦破力度； ②加大金融企业债务追收力度。
6	化解企业担保链风险	①建立企业担保链风险预警监测机制、成立金融债务委员会； ②多部门联动合力化解企业担保链风险。
7	企业周边治安环境治理	①开展全方位调查摸底，掌握企业周边治安问题； ②针对干扰阻碍企业经营的行为重拳打击。
8	减证便民	①取缔各种无谓的证明和手续，为企业减负； ②推动部门协同，实现“一证行天下”。
9	仿制药质量和疗效一致性评价	①鼓励和帮助企业遴选优势药品参评； ②及时公布评价结果，给予政策支持优先采购。

以“1+9”专项行动为突破口，山西省大力实施企业审批流程再造、机制再构，创新工作思路、加强跟踪服务、促进项目落地投产，有效解决了一批制约营商环境的突出问题。针对各专项行动的进展，省政府新闻办举办了“优化营商环境”系列新闻发布会，向社会大众公开政策落实情况。据统计，2017年1—6月份山西省招商引资签约项目累计901个，计划总投资金额为6975.03亿元，其中1—6月份当年签约当年开工项目数达327个，占签约项目总数的36.29%。这表明，省里出台的诸多政策已经颇见成效，这些制度保障和专项行动切实推动了法治化营商环境的建设，提高了企业开办的便利性，充分地将企业投资发展的活力激发了出来。

（二）以商事制度改革为引领，建设服务型政府

1. 深化商事制度改革，解决“审批难”问题。降低创设企业的制度性交易成本，是营造法治化营商环境的重要一环。山西省在解决“审批难”问题上做出了创新，率先出台了《山西省企业投资项目试行承诺制实行无审批管理的决定》。该决定是将改革创新与依法办事结合起来，在法治的轨道上探索无审批管理的一项重大突破性举措。企业按照设定的准入条件和标准，作出具有法律效力的书面承诺，相关部门对法律明确要求的事项预审公示后，企业即可开工建设，试点工作在全省10个开发区内率先开展。试行企业投资项目承诺制，将“事前审批”转变为“事中事后监管”，“先批后建”转变为“先建后验”，“严进宽管”转变为“宽进严管”，在山西打开了创新型审批管理模式。

在太原，山西转型综合改革示范区和不锈钢园区作为先行先试的典型，实行承诺制无审批管理，并初步构建了本部门一个方案、一个清单、一个标准、一个流程的“四个一”工作体系。在山西转型综合改革示范区晋中开发区，山西环海集团等7家企业成为晋中市首批项目承诺制试点单位。通过试行无审批管理，这些项目开工时间至少提前3个月以上，大大增强了市场主体的投资信心。这些企业享受改革红利，是山西以硬措施打造开放发展软环境的缩影。到2018年1月1日企业投资项目承诺制将在全省范围内推广，届时将有更多的企业受惠。

2. 创新工作制度，工商注册更规范。商事登记制度改革是改善营商环境的突破口。山西省工商行政管理局于2017年出台了《工商（市场监管）登记窗口咨询帮办工作制度》，详细规定了窗口工作人员的工作制度。例如，安排专门人员免费解答名称查询、申报、开业、变更、注销等方面的相关问题；辅导申请人正确填写各类表格、准确运用各类材料示范样本，协助申请人完成业务申办；引导申请人快速完成名称申报、登记申请等材料提交，提高办照效率；通过预审，指出材料不齐全、表格填写不规范、签名盖章遗漏等简单问题，避免群众无效排队等。这些规定确立了企业投资主体地位，为提升服务水平提供了良好的制度保障，对提高行政效率有着重要作用。

值得一提的是，全省工商登记窗口全面推行了“无否决权”工作制度。制度规定，工作人员对不属于受理范围的情况，不能简单说“不知道、不清楚”，应明确告知办理的方法和路径，给予具体指导，把有关政策讲明白，让

申请人清楚知晓；对不符合申请条件的情况，不能简单拒绝，应向申请人讲清楚补充内容和改进办法，切实解决申请人往返跑的问题；对属于模糊地带、空白领域的情况，不能未经请示就直接回绝，而应建立快速便捷的沟通请示机制，逐级申报、快速批复，使申请人在最短时间内获得服务和支持。这一系列制度对于切实加强工商登记窗口规范权力、强化依法行政，进一步提高我省工商注册准入环境的法治化水平，激发山西市场活力发挥了积极的作用。

3. 深入企业内部，解决实际问题。山西省大力推行机关干部入企服务工作，变被动受理为主动服务，有针对性地为企业提供各类专业化服务，使服务更接地气、效果凸显。第一，分不同行业、领域建立困难企业帮扶联络员制度，完善重点项目分包责任制，确定困难企业和重点项目名单，充分发挥综合协调作用，帮助解决企业问题，推进项目建设。第二，建立完善服务企业平台。通过网上平台、入企服务等线上线下相结合的多种形式，及时推送宣传惠企政策，常年受理本行业、本领域企业问题诉求，有针对性地协调解决问题诉求，推进服务企业常态化。第三，兑现政府对民营企业的承诺。组织开展民营企业政策落实“回头看”专项督查调研活动，汇集梳理存在的问题，找准症结、打通梗阻，确保政策措施落实不走样、不掺水。目前，全省服务企业常态化机制基本确立，主动服务企业浓厚氛围渐趋形成。从 2016 年 9 月份以来，山西省、市、县三级共选派 14477 名干部，入驻 4580 户企业，共收集企业反映问题 8812 个，问题解决率高达 99%，在全省产生积极影响，已经成为山西服务企业、优化营商环境的一张名片。

（三）法律保障程度提高，司法执行能力加强

1. 法律专业市场发育程度提高。法律专业市场中介组织的发育程度，常用律师数量占当地总人口的比重表示，比重越大则表示市场中介组织的发育越完善，企业和市场交易的司法保障就越有保障（张莉，2017）。

由图 8－1 可以看出，从 2005 年到 2015 年，山西省人均拥有的法律专业人员和机构数量逐渐增多，尤其是在 2010 年之后增加的幅度较大，法律市场中介组织发育得到了显著改善。到 2015 年，全省共有律师事务所 634 个，注册律师工作人员 7197 人。2017 年上半年，由司法局牵头协调，山西省已经实现每家企业都聘用一名专业律师，为企业提供更有力的司法服务和保障。

2. 解决涉企合同“执行难”，完善联合惩戒系统。涉企合同案件是经济纠纷中较为棘手的案件，常存在法院判决后“执行难”的问题。为解决这一问

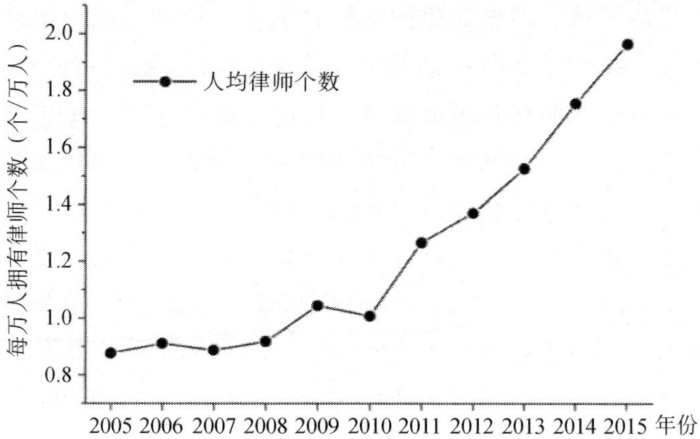

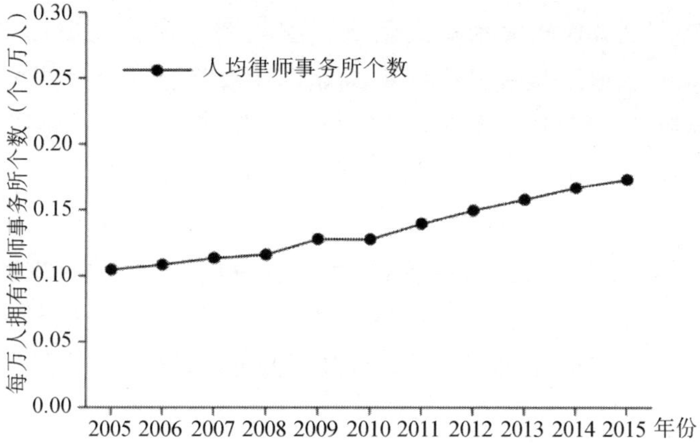

图 8－1　2005—2015 年山西省人均律师和律师事务所的数量

题，兑现企业利益，优化法治化营商环境，山西省高院法院牵头近年来开展了解决“涉企合同执行难”行动，要求有财产可供执行的案件在法定期限内基本执行完毕，及时兑现权益。为达到这一目标，山西省各级法院执行部门都已加强了与工商、公安、银行、国土、住建等部门的协调联动和工作配合，通过网络查控系统和联合惩戒系统，以最快速度查人找物，冻结划扣款项，构建“一处失信，处处受限”的信用惩戒大格局，让“老赖”无处藏身。截至 2017 年第一季度，全省共有 75137 名失信被执行人被纳入全国法院失信被执行人名单库，仅 2017 年就新录入失信被执行人 14442 人。通过网络查控系统对被执行人的财产进行有效查控加强惩治，使抗拒执行的犯罪行为得到有效遏制，用法治的权威维护和优化了营商环境。

同时，山西省在“执行转破产”工作和引导保护企业良性发展方面也做了大量工作。法院运用了多种法律措施综合施策，比如对执行转破产程序中大量资不抵债、符合破产条件的“僵尸企业”依法通过破产清算彻底退出执行程序，消化一批涉企合同执行难的案件。同时，法院也加强了对企业的法律指导，帮助引导企业依法应对处理有关法律问题，对能进行破产重组的企业尽量不进行破产清算，帮助涉执企业渡过难关，规范和引导企业预防因互联互保而引发相关企业相继破产的问题，保障了全省健康有序的市场秩序。

3. 经济纠纷处理更好，司法水平有所提高。商事审判能力逐渐加强，依法调节经济关系，积极营造良好法治环境。2016 年山西省法院共受理商事一审案件 115897 件，审结 95089 件，同比分别上升 19. 96% 和 20. 75% 。在具体的司法工作中，山西也进行了一系列富有成效的改革和创新。一是针对经济下行、企业生产经营出现较大困难的情况，省高院专门成立破产案件审判庭，2016 年依法妥善审理涉及吕梁联盛集团等企业清算、破产案件 195 件。二是有效应对增速放缓、结构调整新常态，处理纠纷案件，2016 年依法审结买卖合同、建设工程、房地产、金融借款、股权转让等各类纠纷案件 64205 件，诉讼标的额达 328. 98 亿元，为企业投资营造了良好的法治环境。三是运用司法手段，保护知识产权，积极支持金融振兴、科技创新，助力创新驱动发展。2016 年山西省高等法院依法审结各类金融纠纷案件 23758 件，同比分别增长 74. 02% ；审结知识产权案件 438 件，同比增长 80. 25% 。

三、山西法治化营商环境建设存在的主要问题

当前山西省营商环境法治化建设稳步推进，在出台政策、审批制度改革、提升企业开办效率等方面都取得了显著成效，但对比广东、江苏、山东等先进省份的投资环境，仍然存在不少问题，存在较大提升空间，主要表现在以下几个方面。

（一）政策和理念落实不到位

尽管省里出台了多项改善营商环境的好政策，但部分市、县对出台的政策认识和落实不到位，存在政策仅仅停留在“纸面上”的问题。“简政放权”虽在省级政府层面已进展迅速，但在地方政府层面仍然存在明放暗不放，执行打折扣等现象，导致法治化的营商环境建设进展缓慢。究其原因是法治政府和服

务型政府的理念在基层仍有待进一步落实。“简政放权”实际上是将更多的事项下放到了基层，但部分官员由于害怕承担责任，存在不求有功但求无过的不作为现象。政府办事部门仍然存在办事效率不高和相互推诿的情况，特别是一些无谓的证明和手续亟待改革和取缔，以人为本、服务型政府的理念有待加强。

（二）政府干预过多而监管不足

近年来，通过简政放权和行政审批制度改革等在一定程度上规范了政府这只“有形之手”，放活了市场这只“无形之手”，但在一些地方仍然存在政府职能错位、越位，政府干预过多，而监管不到位的现象。在我国，大量的资源分配掌握在政府手中，过分依赖政府表现出的是对市场调节与社会自我管理的不信任。地方政府通过越位、调用手中职权，提高财政收入与个人利益，做政绩工程的情况屡有发生。与事前干预过多相对应的，是事中、事后监管不足。对于招商引资的项目，不仅要能引得来，而管得好、留得住则更为重要。然而，目前政府针对企业落地后的监管和帮扶机制并不健全。

（三）司法效率和司法能力有待提高

随着经济发展，合同纠纷、知识产权纠纷等商事纠纷案件的数量大幅增长，“案多人少”的矛盾日益突出，市、县法院普遍存在案件堆积、案件审判和执行效率不高、诉讼周期长的问题。这一方面与基层司法队伍的建设有关，法院中正规的法律专业科班生所占比重较低，司法人员的专业水平有限，难以提高执法水平。另一方面，面对经济社会不断发展、审判领域不断拓展，司法的专业化也越来越明显。处于转型新时期的中国，大量新法规及司法解释的出台也加快了法官知识老化的频率，这都对法官的业务水平提出新的挑战。如何优化配置各种资源，创新机制、做到繁简分流，提高商事纠纷的审判质量和执行效率是亟待解决的问题。

（四）深化改革方面与其他省份还有差距

尽管山西省在打造法治化营商环境方面做了很多工作，也初见成效，但与其他先进省份进行横向对比，不难发现，山西在全国仍处于相对落后的水平。在深化改革方面，广州、深圳、天津等地作为我国改革开放的前沿阵地和试验田，其对营商环境的探索是极富有借鉴价值的。比较而言，山西仍然不够解放思想，制约法治化营商环境建设的思想障碍和体制障碍依然存在，在深化改革和创新工作制度方面与这些城市仍存在较大差距。

（五）社会整体法治意识薄弱，营商法治氛围不足

当前，山西省营商环境存在问题，很大程度上与过去长期以来形成的政治生态和社会风气有关，官僚主义盛行，公民的法制意识普遍薄弱，营商的法治氛围不足。部分群众和企业“信访不信法、信上不信下、信利不信理”，导致缠访、闹访现象时有发生，影响了政府的法治权威和营商环境；部分企业依法经营、诚信守约的意识还不够强；各种制假贩假、仿制他人产品的情况仍然存在，一些恶意欺诈、合同诈骗的案件，对社会诚信体系的破坏很大。

四、推进山西法治化营商环境建设的对策建议

将来一方面应该巩固山西法治化营商环境的现有成果，深入推进“1+9”专项行动，将其打造为长效机制；另一方面，应该以创新开放的理念，针对实践过程中存在的问题继续深化改革，夯实推进营商环境的法治化建设。

（一）完善法律法规，强化法制保障

良法是善治的前提和基础。没有权利保护的营商环境，必定是没有吸引力的营商环境；而没有健全的产权制度、交易制度，也就没有企业赖以健康发展的制度环境基础。因此，建设法治化的营商环境首先需要在完善法律法规上下功夫。

1. 学习先进地方的做法，制定法治化营商环境建设的行动纲领。2012 年，广东省率先出台了《建设法治化国际化营商环境五年行动计划》，明确提出要保护企业规范经营，监督政府服务管理，而且落实到地方、行业的方方面面，甚至落实到街道办事处、居委会层面（沈云樵，2017）。这种勇于探索的务实精神，值得山西借鉴。

2. 建议出台山西省关于加强市场监管体系建设的相关规范，强调监管的重要性，保障公平竞争，维护市场秩序。

3. 关于知识产权保护、金融调控与安全、经贸流通体系建设、中小企业贷款、企业破产及员工安置等方面的法律法规需要进一步健全，以保障规则公

平、机会公平和权利公平。

4. 在互联网时代，网络交易已经成为经济发展的新趋势，其具有即时性、快捷性、无纸化等特殊性，应构建完善的网络交易规则，防范系统性风险的发生。

（二）深化简政放权，强化监管执行力

在新的发展阶段改善营商环境，关键要让政府真正转变职能、转变理念，重新合理定位政府、市场与社会的关系。针对当前政府干预过多，而监管不到位的问题，应该进一步推进简政放权、放管结合，强化监督职能。这就要求坚持便捷准入与严格监管相结合的改革思路，既要引得来，还要留得住、管得好。第一，要把行政审批与市场监管分离出来，前者负责事前审批，后者负责事中、事后监管，避免审批影响监管的独立性，进而影响营商环境。第二，全面推行“双随机、一公开”监管，按照“谁审批、谁监管，谁分管、谁负责”的原则，强化主动监管、认真履职意识，明确监管责任。第三，建立以信用为核心的新型监管机制，依托山西省协同监管平台和山西省信用信息共享平台，不断完善政府部门之间信息共享与联合惩戒机制，充分发挥“信用山西”网站和国家企业信用信息公示系统（山西）的作用，强化企业自我约束功能，降低市场交易风险，减少政府监管成本，提高经济运行效率。

（三）健全考核监督机制，提高政府服务效能

如何保证各项政策能在各级政府和部门落到实处，推动政府树立服务理念，真正为企业保驾护航？首先，需要引导干部和工作人员树立“不履职、不尽责、不作为就是消极腐败”“在岗要尽责，不负责就问责”的理念。为达到这个目标，可采取两个方面的激励措施：一是将营商环境建设成效作为衡量各级领导班子和领导干部工作实绩重要内容，纳入政绩考核指标体系，规范首问责任制、限时办结制、责任追究制，切实提高规范管理、自我约束、执行落实、依法治企的能力。二是健全对行政服务的监察和评价机制，确立科学的统一的绩效管理指标体系，接受群众监督，将群众满意度作为评价标准，着力提高基层政府的行政效率和公共服务水平。

（四）阳光使用权力，使法治成为“透明之治”

阳光是最好的防腐剂，实行公开是对权力的最好监督。阳光使用权力的要

求，就是要确保权力在阳光下透明运行，杜绝权力的“暗箱操作”，这是当前实现弊革风清、重塑山西形象的迫切需求。为此，我们要大力推动公开，以公开促公正、以透明保廉洁、以公开提升执法司法活动的权威和公信力。一是要强化公开意识。以公开为原则，不公开为例外，让权力在阳光下接受监督，让群众对我们该干什么、干了什么、干得怎么样等情况都清清楚楚、明明白白，努力树立山西党政机关民主法治、公平正义和诚信自律的新形象。二是要细化公开内容。对每一个行政行为和行政权力都应明确具体内容、权责范围、负责人员、完成时限和具体标准，公开考核监督的方法和途径，主动接受社会各界监督。对重点工作开进展落实情况应在事前、事中、事后一起公开，努力提高监督效果。三是要畅通公开渠道。优化政府部门网站的公开栏目设置，广泛运用电话热线、广播电视、报刊杂志、新闻发布会、行政服务中心、手机短信、市民论坛等多样化的方式推进信息公开，提高政务公开水平。

（五）推进司法体制改革，提高商事案件司法效率

司法是公平正义的最后一道防线，一个地区营商环境好不好，离不开司法的保障。通过司法渠道，对投资者权益进行保护，一是要严厉打击经济犯罪；二是高效解决经贸投资纠纷。针对当前司法效率低、司法能力有待提高的现状，首先应该加强司法队伍建设，深挖法院内部资源、优化审判资源配置，组建专业化的商事审判团队。在法官的教育和培训上投入更多的精力和资源，提升其法学理论水平，尤其是法律知识和司法观念的更新。其次，通过司法体制改革，创新审判管理机制，完善案件繁简分流制度，只有在办案数量、质量及效果上有改观，确保更高效解决经济纠纷，才能有效保护投资者和经营者的合法权益。对于简易案件，设立立、审、执快速通道是提高商事案件司法效率的有效方式。最后，推进法院与政府诉调对接中心、律师协会、商事仲裁机构密切配合，构建调解、仲裁、诉讼等多元商事纠纷解决机制，及时有效化解矛盾纠纷。

（六）加强法律宣传，营造法治社会环境

要实现营商环境的法治化，建立法治化的社会环境十分重要。在山西的历史文化传统中，法治思想的传统源远流长、生生不息，要继承和弘扬三晋优秀法治文化，把其中崇尚法治、重诺守信、追求公平正义的精神融入山西法治化营商环境建设之中，推动形成依法办事、遇事找法、解决问题用法、化解矛盾

靠法的社会氛围。一方面，利用报纸、电视、网络等媒体搞好法治宣传活动，弘扬法治精神，不断提高公民的法律意识和法律素质，坚决抵制有法不依、执法不严、刑罚不公的现象，使法治精神成为每个公民心灵深处的文化积淀。另一方面，要坚持公正司法，发挥司法断案惩恶扬善功能，在处理每一个司法案件中体现出公平正义，强化法律在维护群众利益和化解社会矛盾中的权威地位。大力推进"互联网+诉讼服务"，建设"智慧法院、阳光法院"，创新便民措施，积极回应群众关切，主动提供更加优质、高效、便捷的司法服务，使人民群众真切地感受到公平正义就在身边。

参考文献

[1] 李新刚．完善法治化营商环境面临的问题与对策［J］．新西部（理论版），2016，(26)：46－77.

[2] 董彪，李仁玉．我国法治化国际化营商环境建设研究——基于《营商环境报告》的分析［J］．商业经济研究，2016，(13)：141－143.

[3] 宋则．推进国内贸易流通体制改革建设法治化营商环境［J］．中国流通经济，2014，28（1）：15－23.

[4] 李克强．深化商事制度改革，推动营商环境法治化［J］．企业研究，2015，(10)，7－17.

[5] 赵旭东．贯彻落实十八届四中全会精神，用法治思维推进商事制度改革［J］．中国工商管理研究，2015（1）：13－14.

[6] 张莉．中国营商环境的地区差异研究——基于合约实施制度质量的测度［J］．湖北师范大学学报，2017，3（37）：93－99.

[7] 沈云樵．营商环境法治化之理念与路径［J］．南海法学，2017（1）：38－46.

[8] 山西省高级人民法院．2017 年山西省高级人民法院工作报告［R］．2017－1－16.

第九章 山西营商环境国际化与深化开放研究

李荣杰 王晓霞 董屹宇

山西由于资源型经济主导以及区位优势不足，进一步扩大开放、深化改革是营商环境建设和优化的关键。这是建设开放型经济新体制的内在要求，也是山西资源型经济结构性转型的必然选择，同时，打造开放和国际化的营商环境是推动创新创业的关键前提和基础性条件。本文考虑国际化与对外开放、对内开放两个视角，构建包含 10 项指标共计 14 个变量的指标集。近十年来山西开放发展总体趋势向好，外商投资获得较大规模提升，开发区对内和对外开放水平快速提高，人才和资金吸引力不断提升。但与全国开放水平相比，山西仍有多个方面需要进一步加快追赶。营商环境建设与优化是山西资源型经济转型发展的切入点和突破口，也是提升区域发展质量的主要抓手和有力依托。山西应深化开发区改革，降低企业经营成本；培育贸易新优势，推动贸易转型升级；推进技术与研发国际合作，构建创新开放生态；扩大国内外金融合作，打造区域金融中心。总体而言，山西省在建立国际化营商环境和进一步深化开放的过程中，需要进行系统性的制度创新。

自1978年以来，中国改革开放已经走过40年历程，经济取得辉煌成就。1984年10月，邓小平指出，“对内经济搞活，对外经济开放，这不是短期的政策，是个长期的政策，最少五十年到七十年不会变”。2017年7月，中共中央总书记、国家主席、中央军委主席、中央财经领导小组组长习近平主持召开中央财经领导小组第十六次会议，研究改善投资和市场环境、扩大对外开放问题。习近平发表重要讲话强调，要改善投资和市场环境，加快对外开放步伐，降低市场运行成本，营造稳定公平透明、可预期的营商环境，加快建设开放型经济新体制，推动我国经济持续健康发展。2017年6月，李克强总理在全国深化放管服改革电视电话会议上强调“营商环境就是生产力”。

进一步扩大开放、深化改革是营商环境建设和优化的关键。2015年3月，国家发展和改革委员会、外交部、商务部联合发布《推动共建丝绸之路经济带和21世纪海上丝绸之路的愿景与行动》，关于内陆地区，提出利用内陆纵深广阔、人力资源丰富、产业基础较好优势，推动区域互动合作和产业集聚发展。2016年8月1日，《山西省“十三五”开放型经济发展规划》，提出到2020年，全省开放型经济规模和质量明显提升，基本形成全方位、宽领域、多层次、高水平的全面开放新格局。2017年5月，全省优化营商环境会议召开，部署开展优化营商环境九大专项行动，打造“审批最少、流程最优、体制最顺、机制最活、效率最高、服务最好”的“六最”营商环境，提出推动山西营商环境进入全国第一方阵。

董志强等（2012）以世界银行集团提供的我国30个大城市的营商环境数据，检验了营商的制度软环境与经济发展的关系，研究结果支持了“制度至关重要”假说。史长宽和梁会君（2013）认为，中西部省份的营商环境优化至关重要。“一带一路”倡议的实施为山西扩大开放、深化转型综合改革提供了历史性机遇。李向阳（2015）认为，“一带一路”倡议需要理顺政府与企业、历史与现实、利用现有比较优势与开发新优势、经济合作与非经济合作等多方面关系。山西作为先天开放优势不足的内陆省份，营商环境国际化和深化开放更是一场攻坚战。王骏（2014）指出，内陆开放模式创新应立足于内陆客观实际和发展要求，在调整经济结构、承接国际产业转移的分工组合、整合全球要素等方面进行探索实践，努力为内陆地区经济持续、快速、健康发展提供不竭动力。国际化是营商环境建设的三大改革方向之一，进一步扩大对内对外开放，构建国际化营商环境是山西资源型经济转型升级的迫切要求。

一、山西省打造国际化营商环境及深化开放的重要意义

山西近年来经历经济增速的断崖式下跌，营商环境优化不足是其重要原因之一，山西由于资源型经济主导以及区位优势不足，亟需进一步扩大对内和对外开放。“一带一路”倡议的实施，为位于中部省份的山西提供了再一次深化开放的历史机遇。山西的资源型经济，通过进一步深化对外和对内开放，转型综合改革进程将步入更为深入的新阶段。山西打造开放和国际化的营商环境的重要价值和意义，主要体现在以下几个方面：

首先，打造国际化营商环境是完善山西经济机制、建设开放型经济新体制的内在要求。优化营商环境是促进长期以来山西资源型经济积累的体制机制性问题以及结构性问题的重要突破口和切入点。只有全面打造具备开放格局和国际化的营商环境，进一步加快体制机制创新和改革，破除资源型经济主导带来的体制机制障碍，才能打破增长动力锁定的困境，建立充分开放的市场规则，实现市场在优化资源配置中的决定性作用，进而建立融入“一带一路”倡议的基础，积极参与区域经济合作和国际竞争。

其次，通过优化营商环境，进一步扩大对内对外开放，加快集聚高端要素，是山西资源型经济结构性转型的必然选择。营商环境可以成为山西资源型经济综合改革的重要着力点和抓手。只有不断扩大开放，建设国际化营商环境才能促进资源型产业转型，从“市场好时无暇转型，市场坏时无力转型”的困境中突围，实现产业的多元化发展，建立具有竞争力的、市场化的高端产业链。同时，营商环境建设通过集聚高端要素，可以更好地促进地区治理体系和治理能力的提升，为山西经济长期可持续发展提供充足的发展动力和制度保障。

最后，打造开放和国际化的营商环境是推动创新创业的关键前提和基础性条件。营商环境是山西从资源型经济转向创新驱动发展的重要依托。创新发展需要引进吸收国内外的先进技术，创业活力有赖于国家化的资金和人才支撑。只有不断优化营商环境，充分开放和国际化发展，才能充分激发地区经济活力，建立具有国际竞争力的人才高地，推动科技与经济的深度融合，才能真正使得创新成为发展的驱动力，抓住新旧动能转换的历史机遇。

二、开放经济体制顶层设计与山西营商环境国际化举措

2015 年 9 月，中共中央、国务院印发《关于构建开放型经济新体制的若干意见》，提出要统筹开放型经济顶层设计，加快构建开放型经济新体制，进一步破除体制机制障碍，使对内对外开放相互促进，“引进来”与“走出去”更好结合，以对外开放的主动赢得经济发展和国际竞争的主动。同时提出，要加强对外开放的法治建设，坚持依法开放，大力培育开放主体，充分发挥行业协会商会作用，着力构建稳定、公平、透明、可预期的营商环境（见表 9 - 1）。

表 9 - 1 国务院《关于构建开放型经济新体制的若干意见》中营商环境相关内容

加强开放型经济法治建设	适应对外开放不断深化形势，完善涉外法律法规体系，重大开放举措要于法有据，营造规范的法治环境。发挥法治的引领和推动作用，加快形成高标准的贸易投资规则体系。以保护产权、维护契约、统一市场、平等交换、公平竞争、有效监管为基本导向，推进对内对外开放的立法、执法与司法建设。积极参与国际经贸法律交流。强化涉外法律服务，维护我国公民、法人在海外及外国公民、法人在我国的正当经济权益。
大力培育开放主体	完善国有资本对外开放的监管体系，积极发展混合所有制经济，鼓励各类所有制企业发挥自身优势，深度参与国际产业分工协作。支持国内企业吸纳先进生产要素，培育国际知名品牌，增强参与全球价值链的广度和深度，形成一批具有国际知名度和影响力的跨国公司。鼓励国内优势企业建立海外生产加工和综合服务体系，在全球范围内配置资源、开拓市场，拓展企业发展新空间。
优化市场竞争环境	建立统一开放、竞争有序的市场体系和监管规则。加快转变政府职能，完善经济管理体制和运行机制，逐步建立权力清单制度，加强知识产权保护和反垄断制度建设，健全全社会诚信体系，清理妨碍全国统一市场和公平竞争的各种规定和做法，保证各类所有制企业依法平等使用生产要素、公开公平公正参与市场竞争、同等受到法律保护。
改善科技创新环境	加快实施创新驱动发展战略，积极融入全球创新网络，全面提高我国科技创新的国际合作水平，更多更好地利用全球创新资源。着力构建以企业为主体、市场为导向、产学研相结合的技术创新体系，健全技术创新激励机制，支持企业参与全球创新资源配置，在开放合作中提高自主创新能力。完善引进消化吸收再创新的机制，鼓励企业加强技术研发国际合作，加快新技术新产品新工艺研发应用。积极参与国际大科学计划和工程，开展多层次、多领域、多形式的国际科技合作。

续表

发挥行业协会商会作用	充分发挥行业协会商会在制定技术标准、规范行业秩序、开拓国际市场、应对贸易摩擦等方面的积极作用，提高协会商会组织协调、行业自律管理能力。坚持行业协会商会社会化、市场化改革方向，推进行业协会商会工作重心转向为企业、行业、市场服务。支持协会商会加强与国际行业组织的交流合作，建设国际化服务平台，改革内部管理体制和激励机制，增强可持续发展能力。加强境外中资企业协会商会建设。

2016年8月，省政府印发《山西省“十三五”开放型经济发展规划》，指出开放发展是推动山西省产业转型升级、破解资源型经济困局的迫切要求，更是山西省全面深化改革、实现富民强省的现实选择。自2015年以来，山西推出一系列新规划、方案和举措，大力推动经济开放发展与营商环境国际化建设（见表9-2）。

表9-2　近三年山西营商环境国际化及深化开放举措

时间	政策/举措	目标/内容
2017年9月	《山西省人民政府办公厅关于进一步复制推广自由贸易试验区改革试点经验的实施意见》	积极复制推广上海、天津、广东、福建自贸试验区改革试点经验，为全省开放型经济发展和自贸试验区申报建设奠定坚实基础
2017年7月	《山西省人民政府关于贯彻落实国务院扩大对外开放积极利用外资若干措施的实施意见》	提出实施全面开放战略，引资、引智、引技相结合，着力优化投资营商环境，创新招商引资方式
2017年6月	《山西省鼓励投资政策（2017年版）》	提出14个方面，总计217项优惠政策，目标打造“六最”投资营商环境，创新一流招商引资政策
2017年5月	《关于山西省企业投资项目试行承诺制实行无审批管理的决定》	打造审批最少、流程最优、体制最顺、机制最活、效率最高、服务最优的营商环境
2017年4月	《山西省招商引资重点产业指导目录》	列出当前山西省重点培育和引进的产业发展方向
2017年4月	成立山西省复制推广自由贸易试验区改革试点经验工作领导小组	审定复制推广自由贸易试验区改革试点经验的实施方案、推进措施等，安排部署推进复制推广工作

续表

时间	政策/举措	目标/内容
2017 年 4 月	成立山西省招商引资工作领导小组	统筹领导全省招商引资和对外合作工作，解决我省招商工作中的关键问题，研究确定重大事项和有关政策
2017 年 4 月	《山西省人民政府办公厅关于改革和创新招商引资工作的若干意见》	进一步深化全省招商引资体制机制改革，做好招商引资工作
2017 年 4 月	《关于深化开发区人事和薪酬制度改革实行“三化三制”的指导意见》	加快建设专业化、市场化、国际化的管理团队
2017 年 3 月	“晋商晋才回乡创业创新工程启动大会”	推介山西良好的投资环境和优越的创业创新平台，邀请海内外晋商晋才回乡创业创新
2016 年 11 月	《山西省“十三五”文化强省规划》	三晋文化“走出去”
2016 年 11 月	《山西省人民政府关于促进会展经济发展的若干意见》	培育具有国际影响力的品牌展会，将太原市打造成中部地区重要的会展城市
2016 年 8 月	《山西省“十三五”开放型经济发展规划》	到 2020 年，全省开放型经济规模和质量明显提升，基本形成全方位、宽领域、多层次、高水平的全面开放新格局
2016 年 6 月	《山西省人民政府关于推进内贸流通现代化建设法治化营商环境的实施意见》	形成开放统一的内贸流通网络，打造中西部现代商贸流通中心
2015 年 7 月	《山西省人民政府关于全面扩大开放的意见》	融入京津冀协同发展，深化中原经济区合作，推进沿黄经济带协作，打造全球低碳环保经济开放高地，提升开放平台建设水平

三、山西省营商环境国际化与经济开放现状及问题分析

国际化是营商环境建设的重要方向，但是国际化水平或程度较难通过量化指标反映。一般研究较多建立地区经济国际化（对外开放）的指标体系（如

韩立民，1999；卢丹，2007；仲晓东，2009、2011），而开放型经济体制则要求充分利用两种资源、两个市场，近年来关于经济开放度的研究开始重视对内开放和对外开放两个视角（如肖俊夫和林勇，2009；张应武，2011、2017），本章借鉴既有研究、山西经济特征及数据可得性尝试建立一组对外开放和对内开放指标集，考察山西营商环境国际化和开放发展情况①。

（一）山西营商环境国际化与经济开放度指标集

本文考虑国际化与对外开放、对内开放两个视角，构建包含10项指标共计14个变量的指标集。2017年山西省实施开发区整合改制扩区调规，推行“三化三制”改革，将开发区试点改革作为营商环境建设的重要部署，开发区已成为山西全面深化改革新高地，因此本研究在对外开放和对内开放中均增加开发区相关指标，详见表9－3。

表9－3　营商环境国际化与经济开放度指标集

	指标	变量
国际化与对外开放	贸易对外依存度	地区进出口总额/地区生产总值
	投资对外开放度	外商直接投资/地区生产总值
	生产对外开放度	港澳台及外商投资企业数量/工业企业总数
		港澳台及外商投资企业工业销售产值/工业销售总产值
	技术与研发对外开放度	高技术产品进出口总额/地区生产总值
		R&D经费国外资金/R&D经费经济内部支出总额
	金融对外开放度	对外借款/地区生产总值
	人才与劳务对外开放度	年末在外人员/地区常住人口
	开发区对外开放度	开发区进出口总额/开发区工业生产总值
对内开放	金融对内开放度	地区存贷比/全国存贷比
		股票筹资额（A股）/地区生产总值
		地区上市公司数量/全国上市公司数量
	开发区对内开放度	开发区到位境内省外资金额/开发区工业生产总值
	人才与劳务对内开放度	地区常住人口/地区户籍人口

① 本章数据主要来源于历年《中国统计年鉴》《山西统计年鉴》《中国科技统计年鉴》及《中国人口和就业统计年鉴》，后文不再单独注明。

（二）山西国际化与对外开放现状分析

1. 贸易对外依存度。山西近十年来进出口规模有较大提升，2015 年相较于2005 年增长超过两倍，但存在较为明显的波动，2015 年开始略微有所降低，如图 9－1 所示。

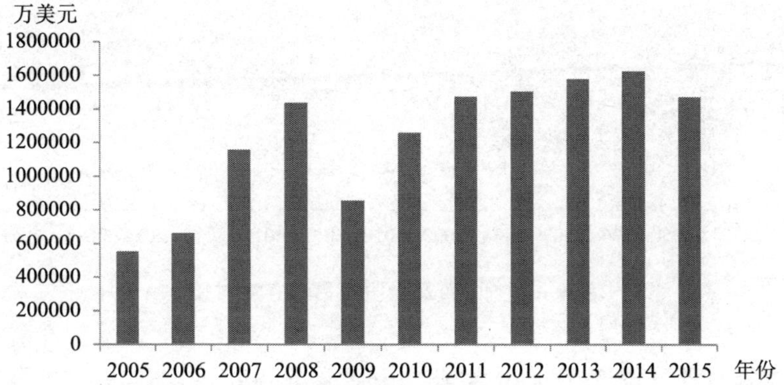

图 9－1　山西进出口总额变化情况

山西进出口总额占全国比重在 2006—2008 年有较为明显的提升，但在2009 年快速回落，近年来稳定在 0.4% 左右，如图 9－2 所示。

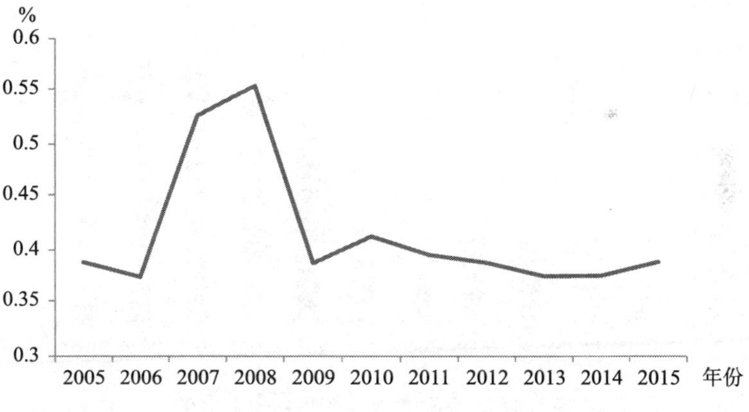

图 9－2　山西进出口总额占全国比重

自 2006 年，我国贸易依存度达到顶峰，近十年来由于国内消费需求、汇率等原因，总体呈下降趋势。山西省贸易依存度的变化趋势则较为平稳，当然，这并非表明山西省的对外贸易情况好于全国，原因在于山西省的进出口总额占 GDP 的比重始终处于较低水平，2009 年以来则一直低于 0.1，见图 9－3。

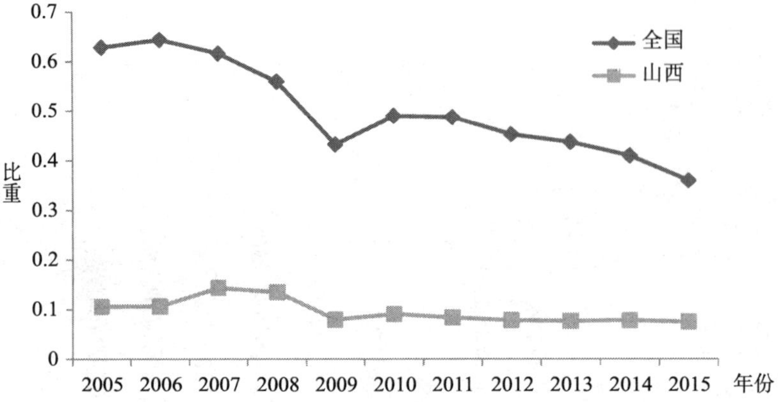

图 9－3　山西及全国贸易依存度对比

2. 投资对外开放度。近 10 年来，山西省外商直接投资在 2008 年和 2009 年经历短暂回落，之后快速增长，2015 年较 2005 年增长超过 10 倍，对外资的吸引力不断提升，见图 9－4。

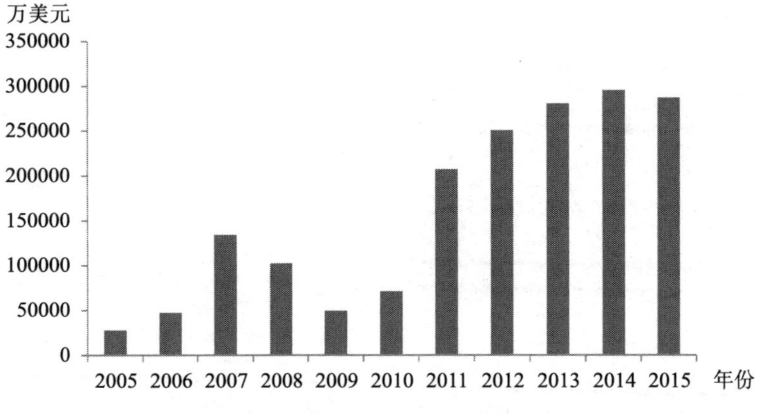

图 9－4　山西外商直接投资增长情况

自 2005 年以来，全国外商直接投资占 GDP 的比重呈现持续下降的趋势，而山西省虽然经历较大波动，但总体呈上升趋势，因此，自 2012 年开始，山西省外商直接投资占 GDP 比重开始超过全国平均水平，如图 9－5 所示。

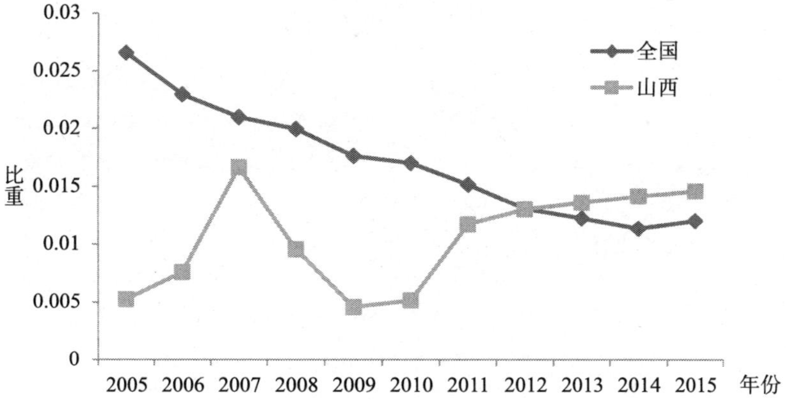

图 9-5　山西及全国外商直接投资占 GDP 比重变化

3. 生产对外开放度。

（1）港澳台及外商投资企业数量。山西省 2005 年港澳台及外商投资企业数量总和为 119 家，其中港澳台投资企业 50 家，外商投资企业 69 家。港澳台投资企业数量在 2008 年最高达到 64 家，外商投资企业数量在 2009 年最高达到 117 家，之后双双回落。截至 2015 年，港澳台投资企业数量为 49 家，外商投资企业数量为 92 家。港澳台及外商投资企业数量变化情况如图 9-6 所示。

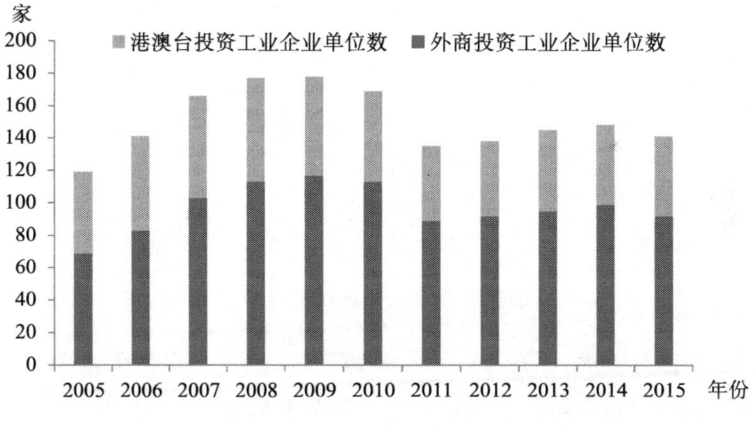

图 9-6　山西港澳台及外商投资工业企业数量变化

在山西省工业企业中，港澳台及外商投资企业数量占比在 2005—2009 年间持续上升，在 2010—2012 年 3 年间则出现较大程度的回落，2015 年港澳台及外商投资企业数量占比在 3.7% 左右，见图 9-7。

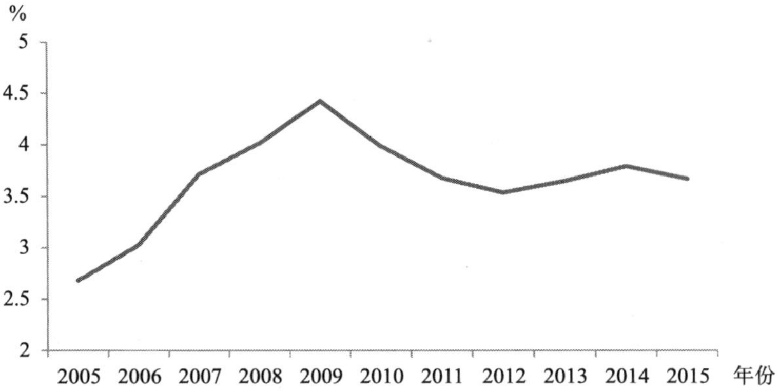

图 9－7　山西港澳台及外商投资工业企业数量占比变化

2005 年，港澳台及外商投资工业企业总数 119 家，亏损企业 41 家，亏损率为 34.5%。期间亏损率有所波动，但是到 2015 年，港澳台及外商投资工业企业总数 141 家中有 59 家亏损，亏损率达到历史最高的 41.8%。港澳台及外商投资工业企业亏损率变化情况见图 9－8。

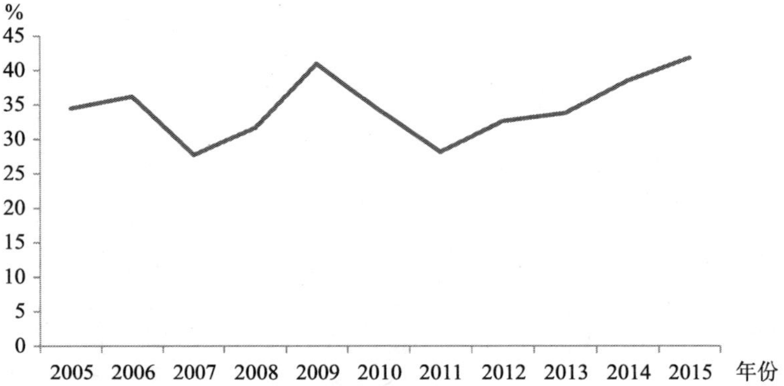

图 9－8　山西港澳台及外商投资工业企业亏损率

（2）港澳台及外商投资企业工业销售产值占比。2005 年港澳台及外商投资企业工业销售产值为 227 亿元，到 2015 年增长超过 5 倍，达到 1142 亿元。不同于数量占比先快速提升后回落的变化趋势，港澳台及外商投资企业工业销售产值占比近十年来快速攀升，已经从 2005 年的不足 5%，到 2015 年超过 9%（见图 9－9）。可见，港澳台及外商投资企业工业的规模在近十年有较大的提升。

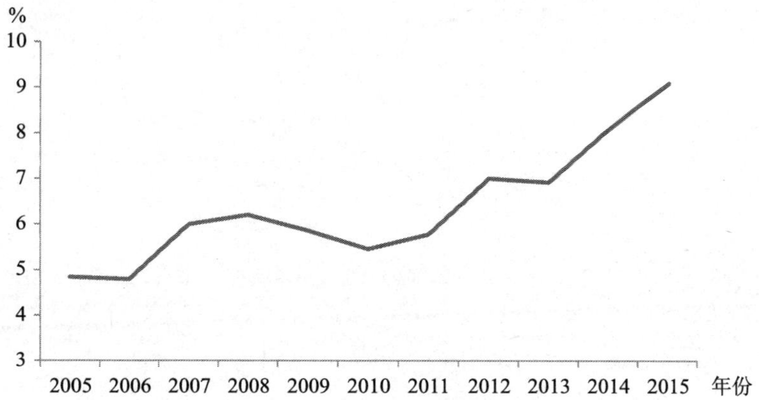

图 9-9 山西港澳台及外商投资企业工业销售产值占比

4. 技术与研发对外开放度。

（1）高技术产品进出口情况。2005 年山西省高技术产品进出口规模为 490 百万美元，自 2010 年起开始步入快速上升通道，2015 年高技术产品进出口总额达到 6321 百万美元（见图 9-10）。

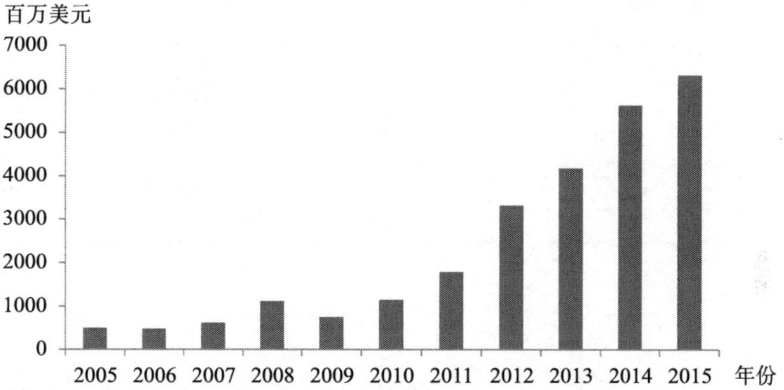

图 9-10 山西高技术产品进出口总额

虽然山西高技术产品进出口总额近年来快速增长，但是其占 GDP 的比重仍然较低，相较于全国平均处于 10%—20%，山西虽然增长趋势良好，但到 2015 年高技术产品进出口占 GDP 比重仍仅为 3.2%，如图 9-11 所示。

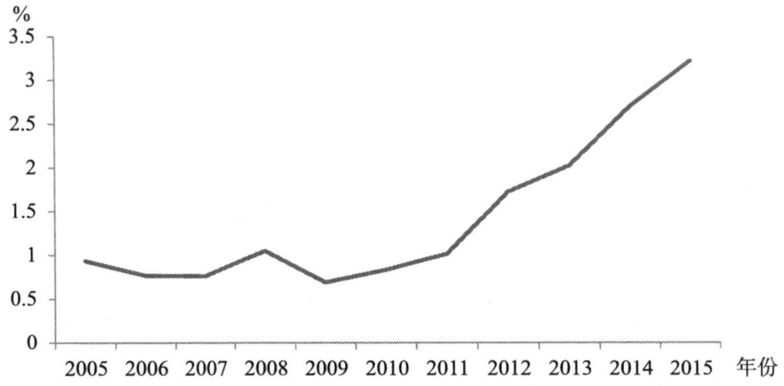

图 9－11　山西高技术产品进出口总额占 GDP 比重

（2）研发（R&D）国外资金利用情况。山西研发经费内部支出资金来源中，国外资金利用一直处于较低水平（表 9－4）。从国外资金来源利用总额来看，历年的波动幅度也较大，2009—2011 年 3 年快速提升，2012—2013 年又急速滑落，2014—2015 年则恢复增长态势（见图 9－12）。

表 9－4　山西 R&D 经费内部支出资金来源

年份	政府资金	企业资金	国外资金	其他资金
2009	137282	651885	622	18774
2010	131631	748695	857	17656
2011	156524	934630	1138	41640
2012	181572	1101797	683	39405
2013	248049	1263702	111	37936
2014	203264	1288606	469	29531
2015	242921	1042796	1766	37758

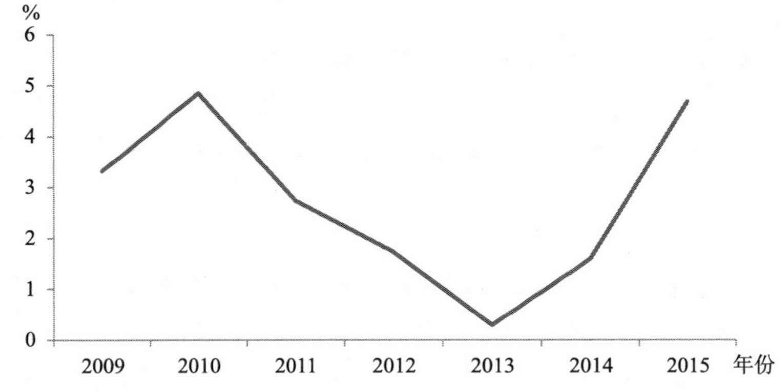

图 9－12　山西研发（R&D）经费内部支出中国外资金占比

5. 金融对外开放度。

金融对外开放度并不易度量，本文采用实际利用外资额中的对外借款与GDP的比重来侧面考察山西的国外金融资本吸引力和金融开放水平。2005年山西对外借款为78853万美元，到2015年则滑落至仅38855万美元（见图9－13），其占GDP的比重近10年来则呈现快速滑落的趋势（见图9－15）。

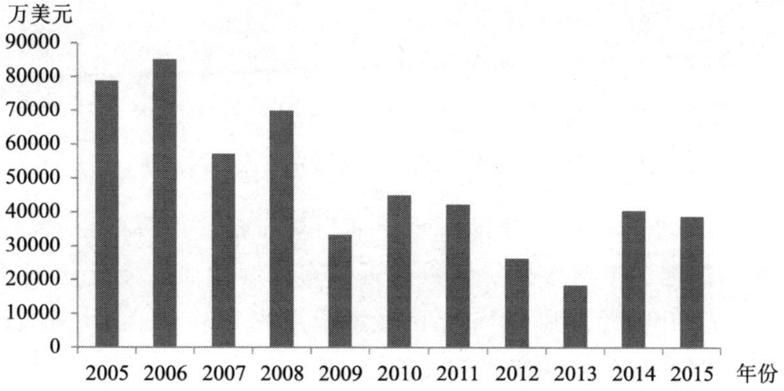

图9－13　山西省对外借款

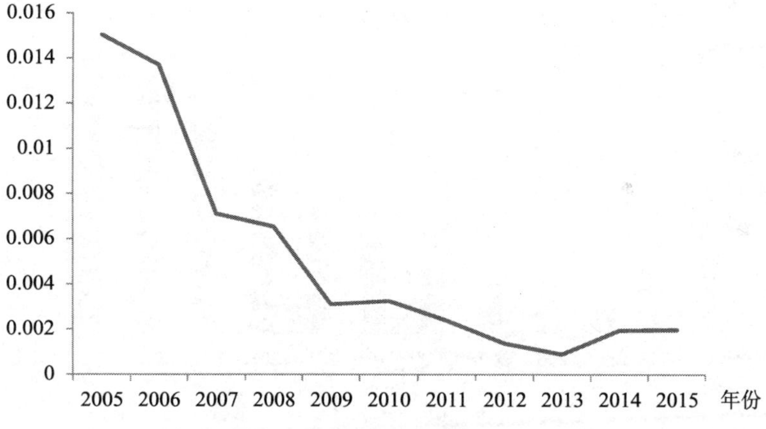

图9－14　山西对外借款占GDP比重变化

6. 人才与劳务对外开放度。人才与劳务对外开放度由于相关统计数据不完善，并不易测量，本文采用山西年末在外人员占常住人口的比重，考察山西人才和劳务“走出去”情况，总体来看，山西年末在外人员呈现波动上升的趋势（见图9－15）。

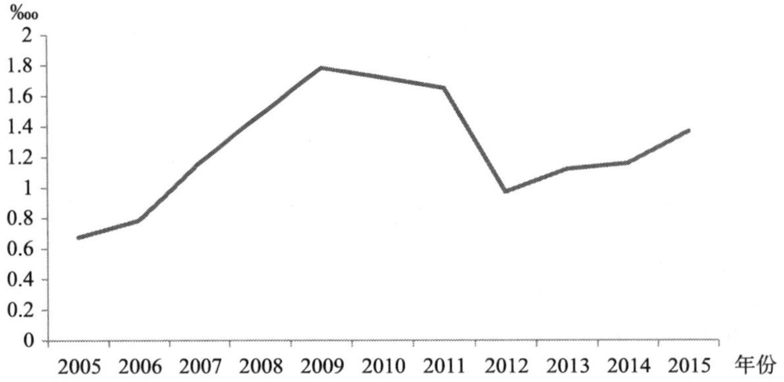

图 9－15 山西年末在外人员占常住人口的比重

7. 开发区对外开放度。开发区是招商引资、招才引智的主要空间载体，是深化开放的高地。山西省开发区数量近年来持续增加，2005 年开发区进出口总额从 52477 万美元，到 2015 年已经增长至 823538 万美元，增长超过 15 倍（见图 9－16）。开发区进出口总额占工业生产总值的比重变化在经历 2005—2012 年期间较为平稳，自 2013 年开始快速增长（见图 9－17）。

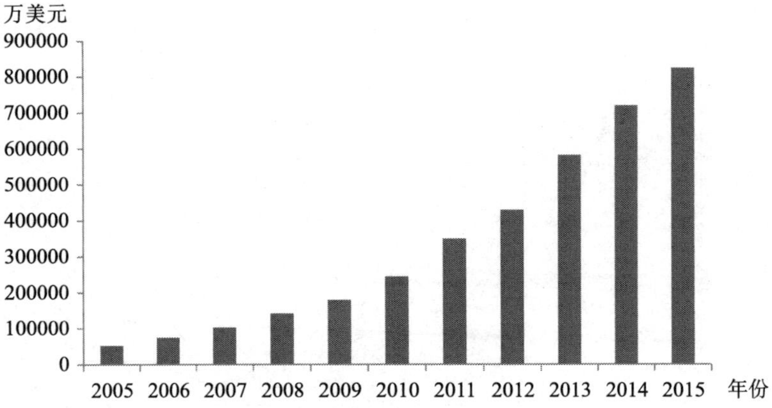

图 9－16 山西开发区进出口总额

（三）山西对内开放现状分析

1. 金融对内开放度。

（1）存贷款比率。全国存贷款比率近年来一直稳定在 0.66－0.71，而山西存贷款比率历年来均低于全国水平，2008 年更是低至 0.46。自 2009 以来，山西存贷款比率持续上升，到 2015 年已经逼近全国平均水平（图 9－18）。存

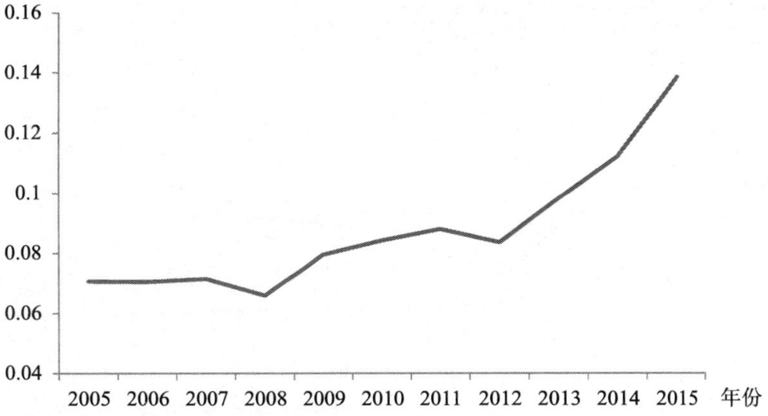

图 9－17　山西开发区进出口总额与 GDP 之比

贷比较低说明本地资金利用率较低，换言之，本地贷款难以利用外地资金，反而本地存款可能流向外地。如果用一个有关存贷比的指标反映金融对内开放水平，本研究认为可以采用地区存贷比与全国存贷比的比值，这项指标的数值大于 1，则表明本地较多地利用了外地资金，而山西这一指标始终低于 1，自 2009 年以来则表现出不断提升的发展趋势，见图 9－19。

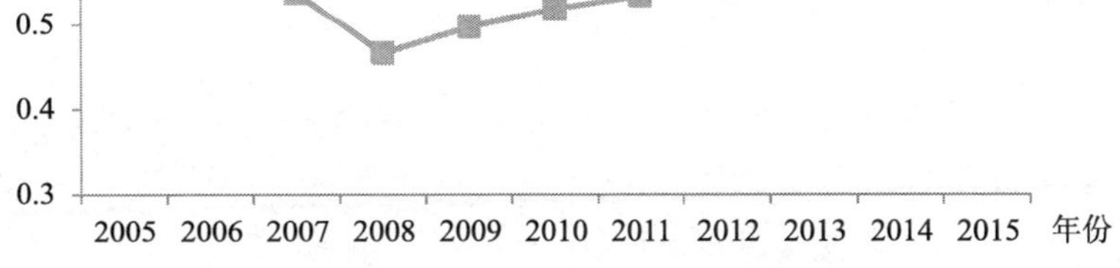

图 9－18　山西及全国存贷款比率变化

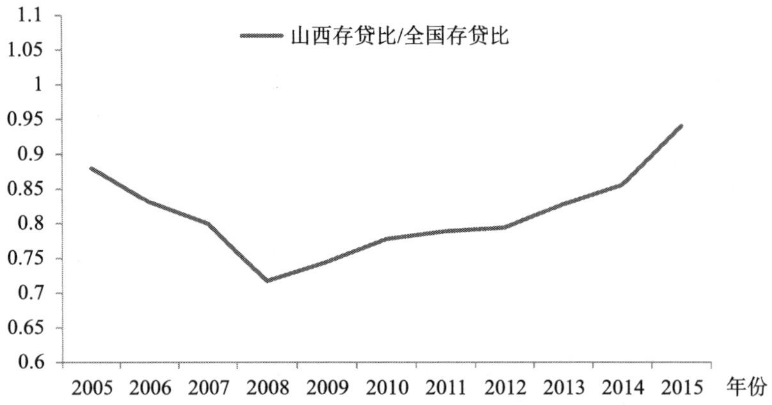

图 9－19　山西存贷比与全国存贷比值变化

（2）股票筹资额。山西上市企业 2005 年股票筹资额为 151 亿元，到 2015 年增长到 1211 亿元，10 年间增长超过 8 倍，见图 9－20。

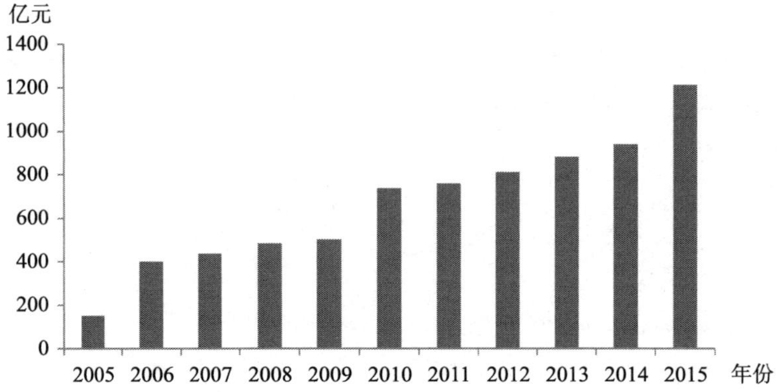

图 9－20　山西股票筹资额（A 股）

如果从证券市场来看，地区上市公司股票筹资额与地区经济规模的比重，一定程度上可以反映地区金融发展与开放水平的变化，山西企业 A 股筹资额总体呈现波动上升的趋势（见图 9－21）。

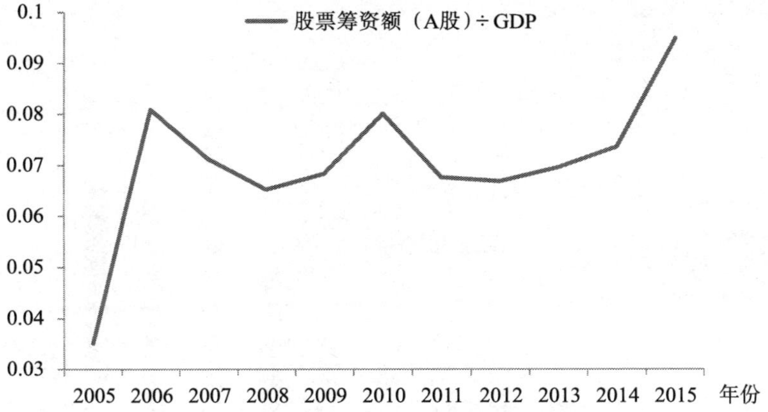

图 9－21　山西股票筹资额（A 股）与 GDP 之比

（2）上市公司数量。山西省境内上市公司数量从 2005 年的 22 家，增长到 2015 年的 37 家，10 年间数量增长 68%。同时期，全国境内上市公司数量则从 1381 家增长至 2827 家，数量增长 105%。总体来看，山西的上市公司数量增长速度低于全国，地区上市公司数量占全国的比重持续下滑（图 9－22）。从上市公司看山西企业开放融资能力与全国平均水平存在较大差距。

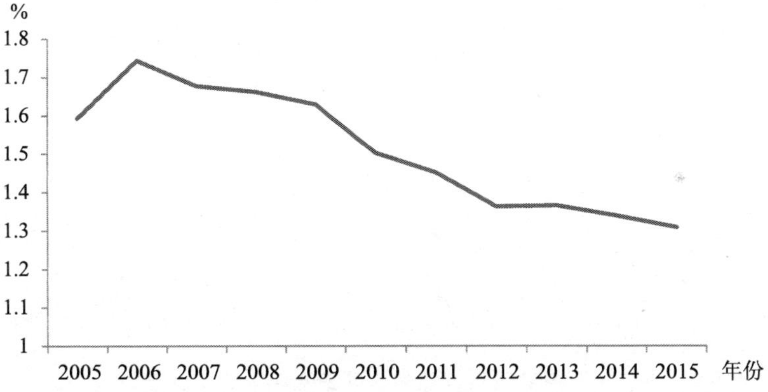

图 9－22　山西境内上市公司数量占全国比重

2. 开发区对内开放度。从全国趋势（图 9－5）来看，外商直接投资占 GDP 的比重已经经历较长时期的下降趋势，扩大对内开放、提升境内省外资金的利用水平在未来一段时期内就尤为重要，开发区作为承载省外投资的主要载体，其省外资金利用情况体现了开发区的对内开放水平。山西省开发区到位境内省外资金额近年来快速提升（图 9－23），开发区对内开放式水平走上新台阶。

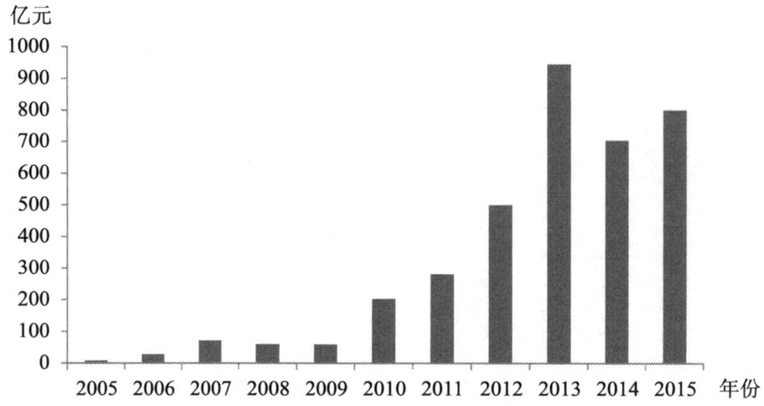

图 9－23 山西开发区到位境内省外资金额

进一步从山西开发区到位境内省外资金额与工业生产总值的比重变化来看，虽有所波动，但仍表现出快速提升的变化趋势（见图 9－24）。

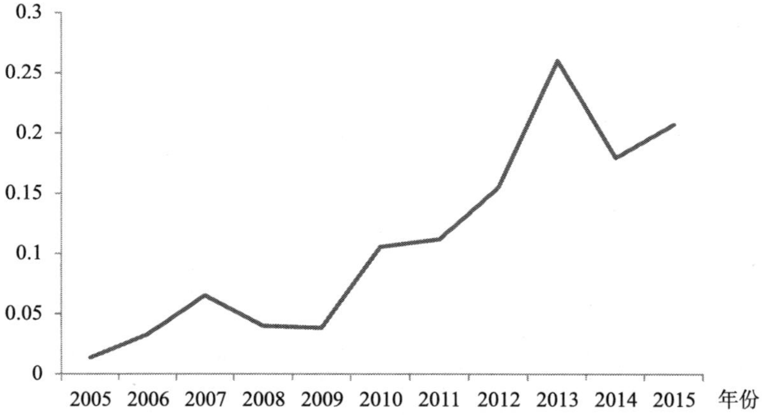

图 9－24 山西开发区到位境内省外资金额与工业生产总值之比

3. 人才与劳务对内开放度。人才与劳务对内开放关键在于人才引进鼓励政策和社会保障体系质量，本报告其他章节对此有较为详尽的探讨。从结果来看，人才与劳务对内开放的结果表现为人口的净流入。本文选取常住人口与户籍人口的比率作为人才与劳务对内开放度指标，该指标大于 1 则表明存在人口净流入。山西近年来，除 2008 年和 2009 年以外，常住人口总体多于户籍人口，且 2013 年以来人口净流入趋势开始加快（图 9－25），人才吸引力不断加强。

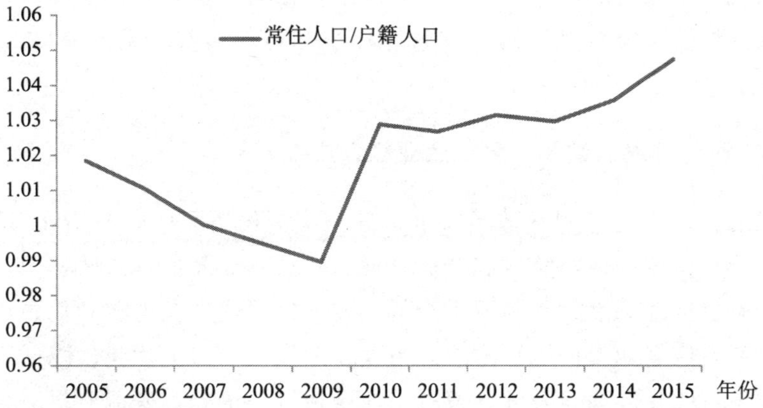

图 9－25 山西常住人口与户籍人口比率

（四）山西营商环境国际化与经济开放存在的问题

通过前文分析可以看出，近 10 年来山西开放发展存在一定波动，总体趋势向好，外商投资获得较大规模提升，港澳台及外商投资企业平均规模不断扩大，高技术产品进出口规模开始步入快速增长通道，外商投资占 GDP 比重开始超越全国平均水平，开发区对内和对外开放水平快速提高，人才和资金吸引力不断提升。

但与全国开放水平相比，山西仍有多个方面需要进一步加快追赶。总体来看表现出以下几方面问题：（1）进出口总额占 GDP 比重始终处于低位，且与全国平均水平存在较大差距，经济对外开放度总体较低；（2）近 5 年港澳台及外商投资企业数量有所下降，且亏损率高，企业经营成本偏高；（3）R&D 经费国外资金来源匮乏，研发合作机会不足，研发开放度低；（4）对外借款数量快速下滑，省内企业上市占全国比重持续走低，金融对外开和对内放进展缓慢。

四、山西营商环境国际化与进一步扩大开放的发展对策

营商环境建设与优化是山西资源型经济转型发展的切入点和突破口，也是提升区域发展质量的主要抓手和有力依托。扩大开放与国际化是营商环境优化

发展最为重要的方向，需要以先进国家和地区为标杆，对接国际国内先进理念和通行规则，开展系统性制度创新。针对本章营商环境国际化与经济开放度系列指标的分析，对山西打造国际化营商环境和进一步深化开放提出以下发展对策。

（一）深化开发区改革，降低企业经营成本

加快落实“三化三制”改革要求，进一步深化招商引资、招才引智工作，打造山西开发区成为政策特区和开放高地；建立企业降成本长效机制，确保企业税费、融资以及制度性交易成本降低；建立完善优先发电权和优先购电权制度，加大开发区企业发用电计划放开力度，发挥山西煤电优势，降低开发区企业用电成本；关注港澳台及外商投资工业企业亏损情况，开展亏损原因摸底调研，全面改革排除导致港澳台及外商投资企业亏损的原因，不断提升山西开发区的吸引力。

（二）培育贸易新优势，推动贸易转型升级

积极融入“一带一路”发展战略，发挥山西文化资源和建筑服务业优势，大力发展文化和服务贸易；积极承接沿海地区电子信息、装备制造、纺织、食品加工等领域的产业转移力，培育提升本地企业跨国经营能力；优化进出口结构，面向“一带一路”和新兴市场，挖掘新的贸易增长点；学习、复制和推广上海自贸区经验，完善山西自贸实验区规划，进一步推进山西自贸区申请工作，不断提升贸易便利化程度；重点扶持外贸优势行业相关协会发展，提升贸易摩擦应对能力，加强省内外贸企业的权益保护。

（三）推进技术与研发国际合作，构建创新开放生态

推动高校和科研院所加强对外科研合作，强化科技人才和科研资金引进来工作；建立国际化的产学研合作机制，推动成立国际化企业技术联盟；扩大国际科技合作计划规模，建立国际科技合作的常态化机制；鼓励企业开展开放式创新，开展开放式创新理念教育，打破创新资源边界，构建创新开放生态。

（四）扩大国内外金融合作，打造区域金融中心

加强国际金融合作交流，依托节能减排、生态环保等绿色新兴产业，提升对外借款的规模和资金利用水平；学习引进国内外现金技术和理念，建立于国

际规则相容且与资源型经济转型相适应的金融体系和制度，推进金融业事中事后监管创新；大力发展普惠金融，强化国内外贷款对扶贫开发、社会民生等领域的支持力度；支持企业境内和境外上市，加强优势企业境内外上市指导工作；推动金融机构和多元化金融业态集聚，促进金融服务产品创新，打造太原为区域性金融中心城市。

当然，以上发展建议的提出仅基于本章营商环境国际化和经济开放度指标集的问题分析，山西省在建立国际化营商环境和进一步深化开放的过程中，还需要不断优化诸多非量化的因素，进行系统性的制度创新。

参考文献

[1] 董志强，魏下海，汤灿晴．制度软环境与经济发展——基于30个大城市营商环境的经验研究［J］．管理世界，2012（04）：9－20.

[2] 史长宽，梁会君．营商环境省际差异与扩大进口——基于30个省级横截面数据的经验研究［J］．山西财经大学学报，2013，35（05）：12－23.

[3] 李向阳．构建“一带一路”需要优先处理的关系［J］．国际经济评论，2015（01）：54－63＋5.

[4] 王骏．论内陆开放模式创新的指向［J］．西南大学学报（社会科学版），2014，40（02）：68－76＋182.

[5] 韩立民．经济国际化的涵义及其衡量指标［J］．齐鲁学刊，1999（02）：114－117.

[6] 卢丹．经济国际化指标体系研究［D］．南京师范大学，2007.

[7] 仲晓东．地区经济国际化指标体系的建立及实证分析［J］．企业经济，2011，30（04）：52－55.

[8] 仲晓东．建立我国经济国际化衡量指标体系再思考［J］．生产力研究，2009（18）：101－103＋211.

[9] 肖俊夫，林勇．内陆开放型经济指标评价体系的构建［J］．统计与决策，2009（09）：46－48.

[10] 张应武．中国省区市场开放：测度、特征及其政策含义［J］．首都经济贸易大学学报，2011，13（05）：12－18.

[11] 张应武，李董林．基于动态因子分析法的区域开放型经济发展水平测度研究［J］．工业技术经济，2017，36（03）：123－130.

第十章 基于营商环境优化的山西省开发区改革创新发展研究

赵康杰　王瑞瑜　张一帆

开发区是中国经济增长的重要引擎，山西在开发区建设中也取得了明显成效，但山西受资源型经济特点的影响，开发区建设存在数量少、规模小、质量弱、环境差、开放度低的问题。2016年以来，山西省委、省政府高度重视开发区改革创新发展，“三化三制”改革、“六最”营商环境营造成为开发区改革创新发展的主要动力，各地围绕开发区改革创新开展了生动丰富的实践。下一步山西需要通过深化改革创新开发区的运营模式、提升开发区发展的创新驱动力、完善开发区基础设施建设、扩大开发区与其他地区的合作交流，以“放管服”改革创优营商环境。

开发区是中国经济增长的重要引擎。2017 年 2 月，国务院办公厅出台了《关于促进开发区改革和创新发展的若干意见》（国办发〔2017〕7 号），提出要进一步发挥开发区作为改革开放排头兵的作用，推进开发区改革和创新发展，其中要将优化营商环境作为首要任务。山西早于全国在 2016 年 12 月出台了《关于开发区改革创新发展的若干意见》，要求全省各市积极编制开发区改革创新发展实施方案，并要求以“三化三制”为突破口优化开发区营商环境，为山西改变开发区建设落后局面，加快将开发区建成山西深化转型综合改革主战场提供了有力抓手。

一、山西开发区发展现状分析

山西省开发区始建于 1992 年，经过近几十年的发展，已经有省级以上开发区 30 家，其中国家级开发区 5 家，分别是：太原高新技术产业开发区、太原经济技术开发区、大同经济技术开发区、晋中经济技术开发区和晋城经济技术开发区。开发区内已经初步形成了一批产业集聚，一批高科技产业项目也在各高新区落地。开发区建设在一定程度上推动了山西资源型经济转型。

（一）山西开发区发展水平逐渐提高

截至 2016 年年底，山西省纳入统计的 25 个开发区批准规划面积 241.56 平方公里，占全省国土面积的 1.54‰，全省 13.9% 的规模以上工业企业、22% 的外商投资企业、18.2% 的有实绩的进出口企业、50% 的高新技术企业集聚在开发区。2014 年和 2015 年，山西省开发区创造了约占全省 13% 的地区生产总值，9% 的固定资产投资，8% 的税金收入，50% 的进出口总额，40% 的实际利用外资①，对山西省的经济贡献很大。

“十二五”期间，山西省开发区经济得到了持续发展，主要经济指标每年增速高于全省平均水平，占全省经济比重不断提高，对山西经济发展的贡献也不断增大。“十二五”期间，山西省开发区地区生产总值年均增速达到 15%，固定资产投资年均增速达到 36.8%，税金收入年均增速达到 17.4%，工业总产值年均增速达到 14.9%，入区企业主营业务收入年均增速达到 17.8%，进

① 山西省开发区总体发展规划．

出口总额年均增速达到27.4%，实际利用外资年均增速达到10.1%[①]。

2015年，山西省开发区企业主营业务收入6184.4亿元。全省开发区地区生产总值占全省比重为13.3%。开发区税收收入193.6亿元，比上年增长0.8%，税金收入占全省比重9.6%[②]。固定资产投资占全省比重8.4%，进出口总额占全省比重56%。2015年山西省开发区工业总产值3862亿元[③]。2015年全省开发区地区生产总值、固定资产投资（不含农户）、税收收入、工业总产值、主营业务收入、进出口总额、实际利用外资分别是2010年的2.05倍、4.8倍、2.23倍、2.02倍、2.27倍、3.36倍、1.62倍[④]。2016年，山西省开发区税收收入192.6亿元，基本与2015年持平，企业主营业务收入6370.0亿元，增长3.0%[⑤]（见表10－1）。

表10－1　与“十一五”末相比，开发区经济水平发展情况

指标名称	“十二五”年均增速	2015年占全省比重	2015年是“十一五”的倍数
地区生产总值	15%	13.30%	2.05倍
固定资产投资	36.80%	8.40%	4.8倍
税金收入	17.40%	9.60%	2.23倍
工业总产值	14.90%	—	2.02倍
主营业务收入	17.80%	—	2.27倍
进出口总额	27.40%	56%	3.36倍
实际利用外资	10.10%	32.60%	1.62倍

数据来源：《山西开发区总体发展规划》。

截至2015年年末，山西省开发区入区企业20495家。其中，规模以上工业企业518家，外商投资企业143家，有进出口实绩的企业285家，高新技术企业355家，分别占全省的13.9%、22%、23%、49%。世界500强企业（含国内企业）中有44家在山西省开发区投资企业共112家。

（二）发展质量逐渐改善

1. 产业结构得到调整优化。山西省开发区经过几年的发展，基本形成了

① 山西省开发区总体发展规划.

② 2015年山西省国民经济和社会发展统计公报.

③ 山西省统计年鉴2016.

④ 山西省开发区总体发展规划.

⑤ 2016年山西省国民经济和社会发展统计公报.

装备制造、电子信息、生物医药、新材料、食品及农产品加工和现代服务业六大产业集群。到2015年年底，山西省开发区518家规模以上工业企业中，有223家企业的主营产品属于国家确定的7类战略性新兴产业门类和我省新增的2类战略性新兴产业门类。

2. 创新能力持续增强。2015年山西省开发区研发机构和高新技术企业数603家，入区企业研发人员数39996人；山西省开发区共有科技孵化器80个，建筑面积224万平方米，孵化企业1885个；山西省开发区入区企业获得专利授权2113项；高新技术企业数占全省的49.3%，高新技术领域工业总产值占开发区工业总产值的46.6%①。

3. 绿色集约发展水平显著提高。到2015年年底，山西省开发区规划工业用地率49.7%，已开发工业用地率53%，基础设施实际用地率24.6%，生产生活配套设施用地结构基本合理。2015年，山西省投入产出比为1.48，累计投资强度3441万元/公顷，固定资产投资强度604万元/公顷，单位面积GDP产出强度892万元/公顷，单位面积税收强度101万元/公顷，单位面积就业人数30人/公顷②。开发区环境的保护和治理对开发区的发展也尤为重要。在近几年的发展中，山西省开发区积极建设治理环境污染的基础设施，包括污水处理厂、垃圾处理场和废气粉尘处理等，各种废料污染物排放基本达标。截至2015年，山西省共有6家开发区通过ISO14001认证，其中太原经济技术开发区创建国家生态工业示范园区效果显著。

4. 山西省开发区批准规划的范围已经建成了新城区，而且开发区与城市的基础设施实现了互联互通。随着开发区的不断发展，区域的商贸物流、总部经济、专业服务等现代服务业也得到了飞快地发展。开发区有效转移了农业劳动力，创造就业岗位使得山西省失业率降低，此外，还极大地推动了农村人口转化为城市人口，有效带动了周边农村和小城镇的经济发展和区域建设。2015年，山西省开发区人口城镇化率达到了58.9%③。

① 山西省开发区总体发展规划.

② 山西省开发区总体发展规划.

③ 山西省统计年鉴2016.

二、山西开发区发展中存在的问题

山西开发区相比起全国其他开发区而言，发展水平还比较落后，山西省开发区的数量较少，而且发展规模普遍较小。由于山西是资源型省份，开发区内企业受整体发展环境影响，资源型产业较多，产业结构不优，而且开发区的核心竞争力也不强。虽然近几年开发区经济的发展对山西经济发展有一定的贡献，但总体而言，对山西发展的辐射带动作用并不强。

（一）产业结构单一，没有形成核心竞争力

1. 产业低水平同质化发展。山西省在建设开发区初期没有进行科学规划，在产业建设和企业引进方面遵循“见到篮子里都是菜”的原则，导致了开发区内没有明确的主导产业的结果。也造成开发区内产业发展水平低且同质化现象严重的局面。与此同时，更没有形成具有区域特色的产业集聚。由于山西是资源型地区，一些资源依赖型企业进入山西省开发区，不仅造成开发区内产业同质化的现象，同时也使得开发区整体发展水平对资源价格周期性波动较为敏感。

2. 产业结构比较单一。由于在开发区建设初期没有对开发区产业发展进行科学规划和引导，导致山西省开发区内产业的集聚度较低，同时也没有形成具有特色和强大带动力的主导产业，产业结构也相对单一，对资源依赖型的企业较多。产业集聚度低导致产业集聚度的优势得不到发挥，产业间无法很好地进行信息和资源共享。此外，开发区内产业链条普遍较短，由于种种因素的限制，还没有形成比较完整的产业链。同时，开发区内企业之间相对独立，联系和信息交换较少。例如，太原经济技术开发区、晋城经济技术开发区内常见一企独大的现象，导致对抗风险的能力较低。开发区整体上创新能力较为薄弱，资源依赖型传统产业低端发展，新兴产业的培育速度较慢，开发区内企业整体竞争力不强。

3. 高新技术产业化程度低。在过去几年对开发区的建设过程中，忽略了对产业发展的投入，产业的自主创新能力也较弱。此外，由于对高科技人才的引进力度不大导致开发区内人才队伍建设落后。开发区内的产业多数处于产业链的中低端，高新技术产业化和规模化的程度还不够，关键技术依赖从先进的

地区引进，引进技术后对技术的转化能力不足。

（二）开发区数量少规模小

相比较中国东中部一些发达省份的开发区，山西省开发区的数量和规模都要远远落后。东中部省份开发区平均数量有80—100家，有些省份的开发区数量甚至达到近200家，开发区面积大约占各省国土面积的0.7‰—2%，经济总量平均占全省的40%—60%。由此可以看出，东中部省份开发区在该地区经济发展中占的重要位置，对于该地产业承载能力较强，对全省的经济发展起到很好的辐射带动作用。

至2016年年底，山西省各类省级以上开发区共30家，其中纳入统计的25家开发区规划工业用地面积120平方公里，实际工业项目用地面积101平方公里，基础设施实际用地面积47.09平方公里，其他商贸物流等实际用地约为42.86平方公里[①]。目前开发区面临的一大难题是，经过多年的开发，能够进行建设的土地基本开发完毕。因此，扩区成为亟待解决的问题，由于土地限制导致开发区内产业发展壮大的空间有限。此外，山西省开发区还面临着融资难的问题。由于硬件软件建设相对落后，山西省开发区较难引进新的大型项目。

（三）开发区建设滞后严重制约山西对外开放程度

2015年山西25个省级开发区占全省GDP的比重仅为13.3%，而像江苏、山东、河北等许多省份开发区占GDP的比重都超过50%，山西开发区经济总量是开发区建设滞后的最突出体现。2015年在国家统计的146家国家级高新技术开发区中，山西太原高新技术开发区排在第43位，长治高新区排在第134位；与周边河北、内蒙古比较，高新区单个企业的总收入河北省为2.8亿元，内蒙古为3.1亿元，山西为1.6亿元，山西国家级高新区企业效益明显偏低。

（四）开发区发展环境不优

1. 体制机制不顺严重制约山西开发区建设步伐。山西开发区建设的滞后，与体制机制不顺关系密切，2016年在对全省各地开发区的调研中发现，体制

① 山西省开发区总体发展规划.

不顺在全省各地都有体现。比如：华阳无水港本应是推动大同市开放发展的重大平台项目，但却进展缓慢，华阳无水港是大同市经济开发区的招商项目，用的却是装备园区的土地，而装备园区建设手续又不齐全，土地用的又是大同县的土地，管理体制不顺、交叉打结问题突出；长治市各类开发区众多，但是国家级高新区引领地位不明显、各类开发区手续不齐全问题突出，长治市统计资料显示至少有20家开发区，但是只有1家国家级、1家省级开发区，其他都是长治市或各县建立的园区，手续不全问题普遍存在，长治市城南工业园区是全省第一家也是唯一一家国家级军民产业融合基地，但是却没有国家级、省级开发区的支撑。

2. 基础设施建设还不完善。山西长期对开发区发展不够重视，导致现有的开发区基础设施建设滞后，新建的开发区基础设施尚处于起步阶段，基础设施硬环境是制约山西开发区改革创新发展的重大掣肘。山西省有些开发区的基础设施如水电气热供应、污水处理等设施还不够完善。对开发区内产业聚集和企业聚集提供服务的平台建设不足。产业配套聚集和承载能力不足。

开发区在一省的经济发展中有着很重要的辐射带动作用，想要使开发区对山西的经济发展发挥更大的辐射带动作用，需要不断解决目前开发区发展过程中存在的问题，不断扫清开发区发展道路上遇到的阻碍，其中，最重要的是要改善开发区发展的制度软环境和基础设施硬环境——优化营商环境。

三、山西推进开发区改革创新发展的思路与实践

山西省委、省政府为了推进开发区的改革创新，出台了一系列政策措施支持开发区的发展，同时，经常召开会议讨论并推进开发区的改革，并且省委、省政府到各地去深入调研督查，确保制度的落实和改革的有序推进。

（一）山西推进开发区改革创新发展思路

1. 省委省政府召开全省开发区改革创新发展会议。山西省委、省政府十分重视开发区的改革创新发展。2016年12月1日，省委、省政府在太原召开全省开发区改革创新发展会议。会议主要讨论了如何推进开发区的改革创新方向和今后工作的方针和重点。推进开发区改革创新建设有助于转变山西经济发展的动力结构、产业结构和要素结构，能够帮助山西落实新发展理念，更好地

推进供给侧结构性改革。

此次会议提出了山西转型综改示范区要以太原、晋中两市的太原都市区为依托，主要在产业转型、创新驱动、体制改革、绿色发展、投资环境等方面进行改革和创新。在开发区建设过程中，首先要对开发区作出科学的整体规划。山西省委、省政府提出计划用5—10年的时间形成“一市一国家级开发区、一县一省级开发区”的格局。会议要求加快开发区的整合改制，以国家级和发展较好的省级开发区为主体，通过整合、共建，形成一区多园的发展空间。此外，开发区园区内部要实现产业版图的优化，园区内部的企业要逐步由资源依赖转变为创新驱动，变传统的“小、散、低”企业状况为规模、集中、中高端的情况。园区内产业也要由同质化竞争向差异化竞争转变。在开发区内部要对新兴产业进行战略性布局，重点布局数字经济、高端装备制造业、新材料、新能源、新能源汽车、节能环保、生物产业、现代医药、现代物流、文化旅游、会展创意等新兴产业项目①。

在对开发区的管理方面，可以借鉴全国各类开发区的成功典范，用全新的理念机制和市场化的办法管理开发区，由以往的政府主导向市场主导转变。理顺开发区与市县级政府之间的关系，落实开发区简政放权，深化开发区内部改革。在基础设施建设方面，要把原来单一地由政府投资开发建设转变为引进社会资本共同建设。改变传统的招商引资为选商引资，还要建立项目跟踪服务机制。实施一流的人才政策。在财政金融、项目安排、基础设施、公共服务等方面都要加大政策倾斜力度。

2. 省委省政府印发《关于开发区改革创新发展的若干意见》。2016年12月17日，山西省委、省政府印发《关于开发区改革创新发展的若干意见》中指出，要进一步提高开发区在山西省转型综合改革中的地位和作用，转变传统观念，用改革创新的思想和市场化的办法解决开发区发展过程中遇到的问题，加强对开发区的统一归口管理。一是做好顶层设计和规划，对开发区进行统筹布局，在城镇规划和开发区总体规划上为开发区留足发展空间，推动开发区的整体扩区，科学谋划开发区内的产业布局，分类引导开发区的产业布局。二是理顺所在地政府和开发区管理体制和利益关系。建立科学的用人机制和人才引进机制。创立开发区投融资和运行体制。三是切实向开发区简政放权。精简行

① 杨文．山西省开发区改革创新发展会议在太原召开．人民网，http：//sx. people. com. cn/n2/2016/1202/c189130—29400807. html，2017 -10 -30.

政机构，实现扁平化管理，提高行政管理效率。四是加快开发区创新驱动和绿色发展，建设一些新兴产业孵化器，推进企业与科研机构的合作。五是要推行“三化三制”改革，优化营商环境。加快建立专业化、市场化、国际化的开发区管理运行机制和领导班子任期制、全员岗位聘任制和绩效工资制等制度[①]。

3. 山西出台制度改革的指导意见。2017 年 4 月 5 日山西出台《关于深化开发区人事和薪酬制度改革实行“三化三制”的指导意见》就“三化三制”改革作出具体部署：一是实行“三制”改革，对领导班子的任期、责任、工作目标以及考核标准都作出了明确的规定；在人员的聘用上实行全员聘用制，面向社会招聘选拔优秀人才；改革薪酬制度，实行绩效工资制。二是实行灵活的人员任用制度，鼓励事业编人员到开发区去创业；建立开发区之间的人才交流机制。三是积极建设一支专业化、市场化和国际化的管理团队。建设专业化的管理团队可以在一定程度上破解招商引资的难题；鼓励开发区引进国内外的战略投资者和专业化的园区运营商；鼓励开发区加强与国外开发区的交流和合作。四是实行属地保障机制，对开发区内的社会保险保障、劳动监察保障和职工权益保障都做了详细的规定。

4. 打造“六最”营商环境推进开发区改革创新。2017 年 5 月底，山西省召开优化营商环境会议，开启了“人说山西好环境”的战略部署。围绕营商环境优化，山西提出实施九大专项行动，包括：一是开展加快招商引资项目落地专项行动；二是开展入企服务常态化专项行动；三是开展在建重点工程项目无障碍施工专项行动；四是开展涉企合同“执行难”整治专项行动；五是开展打击恶意逃废金融企业债务专项行动；六是开展化解企业担保链风险专项行动；七是开展企业周边治安环境治理专项行动；八是开展减证便民专项行动；九是开展仿制药质量和疗效一致性评价专项行动。以实际行动努力营造“审批最少、流程最优、体制最顺、机制最活、效率最高、服务最好”的“六最”营商环境。开发区作为打造“六最”营商环境的平台，提出以山西转型综改示范区为开展营商环境优化试点，并率先在全国推动试行企业承诺制、探索无审批管理。

5. 有序推进新批复扩区省级开发区。山西加快批复新建一批省级经济技术开发区，2017 年 5 月 4 日批复了襄垣经济技术开发区，重点发展煤化工、

① 山西省委省政府．山西关于开发区改革创新发展的若干意见，2016－12－17.

新材料等产业。2017 年 9 月 16 日山西省人民政府办公厅同意设立永济经济技术开发区。

山西省政府同意一批原有经济技术开发区整合扩区。一是山西省人民政府以晋政函〔2017〕78 号下达《关于同意运城经济开发区和空港经济开发区整合并扩区的批复》。运城经济开发区、空港经济开发区整合后名称为运城经济技术开发区，规划面积 105.63 平方公里。二是 2017 年 6 月 30 日，山西省人民政府同意阳泉经济开发区整合阳泉东区工业园、郊区白泉工业园、郊区荫营工业园，实现扩区。三是 2017 年 6 月 30 日，批准临汾经济开发区在尧都区乔李镇和洪洞县甘亭镇、曲亭镇、淹底乡扩区，扩区范围面积 125.46 平方公里。扩区后临汾经济开发区规划面积 133.26 平方公里。四是初步通过长治市高新区扩区、经开区设立、壶关开发区扩区的方案。

此外，山西省政府新设立三个省级生态旅游文化开发区。2017 年 5 月 4 日，同意设立右玉生态文化旅游开发区，2017 年 6 月 19 日山西省人民政府同意设立太原西山生态文化旅游开发区，2017 年 12 月批复设立左权生态文化旅游开发区。

（二）山西各地开发区改革创新发展的具体做法

山西各地开发区积极响应山西省委、省政府关于开发区改革创新发展的思路政策，采取各项政策措施、制定各项制度落实山西省委省政府提出的“三化三制”改革。各开发区进行扩区整合，对原有机构进行精简，制定科学的用人制度以及薪酬考核制度，推进创新驱动，并取得了一定的成效。

1. 太原与晋中：联合打造山西转型综合改革示范区。2017 年 2 月 25 日，中国共产党山西转型综合改革示范区工作委员会、山西转型综合改革示范区管理委员会揭牌仪式在太原举行。示范区位于太原都市区的核心区域，横跨太原、晋中两市，由太原高新技术产业开发区、太原经济技术开发区、太原武宿综合保税区、晋中经济技术开发区等 4 个国家级开发区，以及太原工业园区、山西榆次工业园区（含山西中鼎物流园、新能源汽车园）、山西科技创新城等 3 个省级开发区和山西大学城，共 8 个园区整合而成，并向南、向北建立扩展区，总规划面积约 600 平方公里①。2017 年 4 月 27 日，山西转型综改示范区

① 陈俊琦，杨彧．省委书记为山西转型综改示范区党工委管委会揭牌［EB/OL］．山西日报，2017－2－25.

晋中开发区正式挂牌，标志着示范区正式进入实质性建设阶段。示范区晋中开发区整合拓展了市城区范围内晋中经济技术开发区、榆次工业园区、山西高校新校区等园区，并向晋中城区西南部扩区，总面积由原来的55.6平方公里扩展到223.8平方公里①。

山西转型综合改革示范区在破除体制机制障碍方面，按照“三化三制”的原则进行改革，主要在以下几方面进行革新：一是示范区认真研究拟订了一系列政策。《山西转型综合改革示范区晋中开发区领导干部任期试行办法》等5项制度，制定了《山西转型综合改革示范区晋中开发区中层管理岗位选聘工作方案》《山西转型综合改革示范区晋中开发区七级至九级职员竞聘工作方案》，起草了《山西转型综合改革示范区晋中开发区人才及团队引进培育扶持试行办法》。二是在内设机构上推进大部制和扁平化管理机制。各工作部门不设副职，建立管委会领导—部门正职—内设科级正职—主办职员架构模式。开发区管委会将园区的内设机构和园区所属的事业单位都进行了精简。此外，对编制人员也进行了精简。在机构设置上强化招商合作部、经济运行部的配置，服务于经济发展的内设机构占到70%，组建行政审批局，企业投资项目试行承诺制实行无审批管理，实行一个部门、一个窗口、一个公章对外、“一站式”服务②。三是对领导班子成员进行了调整，实行全员竞聘、择优任用的用人机制，并配套改革相应的薪酬制度和考核制度。四是创新人才引入制度，实现人事管理由身份管理向岗位管理的转变。根据工作需要，允许开发区的干部职工保留身份到下属国有及国有控股企业任职。开发区的优秀干部可在全市范围内优先交流提拔使用，鼓励市内优秀干部到开发区挂职锻炼。

2. 大同：全面推进开发区第二次创新创业。大同市在开发区的改革上主要采取了以下措施：一是大同市出台了《大同经济技术开发区改革创新发展实施方案》，对大同经济技术开发区第二次创新创业做了整体规划和具体实施的规定。改革的重点集中在扩区整合、园区体制管理、内部机制改革、运行机制改革、授权到位、人才激励机制改革、开发区统计制度改革。二是大同市市委、市政府将原有的39个内设机构精简为11个，精简率达72%。区招商局作为全区的试点，于2017年7月11日正式启动了“三化三制”改革，经过近

① 申薇．晋中开发区推进“三化三制”改革取得阶段性成果［EB/OL］．山西晋中新闻网，http：//www.sxjzxww.com/news/232124129.html，2017-11-1.

② 申薇．晋中开发区推进“三化三制”改革取得阶段性成果［EB/OL］．山西晋中新闻网，http：//www.sxjzxww.com/news/232124129.html，2017-11-1.

20天的报名竞聘、面试测评，最终有12名优秀人才走上新的岗位①。三是大同市开发区借鉴宁波、镇江、苏州等先进开发区的成功经验，组建了一批专业化、市场化、国际化的招商队伍，通过飞地经济招商、定位招商、产业链招商、以商招商、新媒体招商、委托招商等模式招商引资、招才引智，这些新的招商模式极大地打破招商人员身份和薪酬的限制。四是以企业投资项目试行承诺制实行无审批管理为重点，积极研究实行财政、税收、科技、土地、金融、人才等支持政策以及健全水、电、气、暖等基础设施。

3. 朔州发布方案对开发区重大任务做了规定。朔州市于2017年6月23日发布了《开发区改革创新发展实施方案》，计划用3年时间，将朔州经济开发区打造成国家级开发区，在怀仁县、应县、平鲁区各建设1个省级开发区，力争把山阴县经济技术开发区建设成为省级开发区，并争取成为以现代高端煤化工为主的国家级经济技术开发区。《开发区改革创新发展实施方案》对重大改革任务作了规定：一是对开发区进行整合扩区调规，将朔州市现有园区整合设立6个开发区。二是对体制机制进行改革，核定朔州经济开发区管委会领导职数1个正职5个副职，精简机构，设立11个内设工作机构，开发区管委会除领导班子成员外，全面实行岗位聘用制。三是加强对开发区的领导，进行专项分工，明确责任。四是在多方面进行政策支持，简政放权，制定开发区科学的发展规划，依法强化用地保障，创新投融资体制，高效精准招商引资，完善考核制度，制定出台“三制”改革方案，完善收入分配制度，制定人才引进制度。五是增强科技创新驱动能力，支持在开发区设立研发中心和孵化器等。六是实行开发区在地统计。七是全面加强对开发区的监督管理。

4. 长治对产业布局和项目引进做了规划。一是在园区建设上，长治市按照整改扩区调规的要求，已整合了13个开发区，规划新设一批开发区，根据城镇总体规划和主体功能区规划，立足县域优势产业和现有园区，在全市规划建设14个经济技术开发区和4个生态旅游文化开发区，力争每个县市区有一个省级开发区，新增1个国家级开发区。二是在产业布局方面，坚持差异化、特色化、品牌化的工作方针和全市一盘棋的工作思路，根据各县市区资源禀赋、产业基础和区位特点，定位和布局各开发区主导产业，尽量做到不交叉、不重叠。三是建立项目引进协调机制，对全市招商引资和新上项目实行统筹安

① 开发区三化三制改革取得突破性进展［EB/OL］. 大同人才网，http：//m. dtrcw. net/news/newsdetail - 10074. html，2017 - 10 - 31.

排，进行综合协调布局，不符合产业定位要求的项目原则上不得落到开发区。避免项目同质化竞争，把开发区培育成产业特色鲜明的集聚区①。

5. 阳泉坚决落实“三化三制”改革。2016 年 12 月 16 日、17 日，阳泉市进行开发区改革创新发展调研并召开推进会。一是对机构进行精简，简政放权，实现大部门制、事业部制，实现扁平化管理。二是建立科学的用人机制和人才引进机制，实行领导任期制、全员聘用制和绩效工资制。三是构建创新驱动产业体系，省重点考核的新兴产业占比率已有较大提升，全市开发区地区生产总值占全市比重达到 25% 以上。四是积极进行招商引资、招才引智这个重点，吸引更多更好的项目和人才。五是要抓好创优环境这个保障，加强软硬环境建设，为项目落地创造便利条件②。

6. 忻州完善开发区规划并改革体制机制。一是忻州市对开发区的规划逐步完善，确立了忻州市“1724”总体建设布局。二是对体制机制进行改革，成立了领导小组和全市开发区体系规划编制联席会议制度，并确立了开发区各岗位人员数和人员职责。拟订了岗位工资绩效办法。三是忻州经济开发区扩区和繁峙经济技术开发区设立有力推进。四是规范了承诺制无审批的办事程序及流程，制定了企业投资项目承诺制无审批流程图、企业投资项目承诺制无审批试点两大标准和前置审批承诺 + 备案制度、项目集中预审公示制度等十项制度，有序推进企业投资实行承诺制无审批管理试点工作③。

四、优化营商环境推进山西开发区“二次创业”的建议

以开放发展理念推进山西开发区二次创新创业，要在把握当前世界、国内产业转移开放格局，抓好“整合、改制、扩区、调规”工作的基础上，做好招商引资、招才引智、园区合作共建等工作，加快资本、人才等要素流入、项目、平台等落地步伐，营商环境的打造是根本、是动力、是保障。

① 长治市大力推进开发区改革创新．山西省政府门户网站，http：//www.shanxigov.cn/xxgk/xwzx/gsdt/201702/t20170227_ 284307.shtml，2017 - 11 - 1.

② 郑铭经．阳泉市政府召开开发区改革创新发展专题会．搜狐网，http：//www.sohu.com/a/147441066_ 121391，2017 - 10 - 30.

③ 贾晓蓉．忻州多举措推进开发区改革创新发展工作．黄河新闻网，http：//xinzhou.sxgov.cn/content/2017 - 07/17/content_ 8192580.htm，2017 - 10 - 31.

（一）深化改革开发区的运营模式和制度

1. 深化运营模式改革。一些体制的回流倒退是使得开发区不能很好地实行“先行先试”政策的障碍，因此，应科学设置开发区内的机构，并且对现有的不合理和效率低下的机构进行精简以及整合。为了提高行政办事的效率，要做到科学合理地制定各职能部门的权力和责任清单。此外，还要进一步健全财政管理制度，严格控制债务风险。逐步转变以往由政府主导建设开发区的局面，要以市场为导向引进企业和产业，使得开发区的建设运行更具有效率并且更加符合市场经济运行的规律。

2. 对人事和薪酬制度进行改革。提倡开发区根据园区发展的实际情况制定人才引进和用人管理制度以及薪酬制度，坚决落实“三化三制”的要求，实行人员聘任制和绩效工资制，以岗定薪、实行绩效考核。

（二）积极推进开发区实施创新驱动

1. 建设创新服务平台。山西各地的开发区要在各方面积极推进创新驱动战略，促进开发区内企业产业的科技创新以及在管理方面的制度创新。采取措施吸引并集聚各种创新资源，不断提高开发区创新水平。一是要积极和国内外先进企业进行科技创新的合作，推进自身的科技创新和产业创新。利用资源型省份的优势培育国际科技合作基地，引进国内外先进煤基低碳领域高端研发机构，此外，可以建设国家煤炭清洁利用研发基地和低碳技术创新集群，形成规模效应，充分发挥开发区的功能。二是采取措施鼓励大众创业万众创新，搭建一些诸如重创空间、大学科技园和科技企业孵化器等的创业服务平台。还可以建设科技创新园以拓展高新技术企业发展的空间。三是不断完善开发区的研发、转化、交易以及服务的各项功能，将传统的产业服务平台转变为创新发展平台。此外，要建立起开发区对技术创新的知识产权保护。

2. 积极培育开发区创新主体。在开发区的发展建设中，要以企业为科技创新的主体。一是建设孵化基地和平台以提高企业技术创新能力。鼓励发展众创、众包、众扶、众筹等服务，构建一条完整的孵化链条，包括孵化器、加速器到产业化基地。二是以重点企业为基础，建设国家级、省级重点实验室，工程技术研发中心和博士后流动站以促进产学研相结合。积极开展开发区和重点院校、科研机构的合作，建立创业实习基地，吸引高科技人才到开发区创业就业。三是鼓励企业引进国外先进的工艺技术装备，推动传统产业和高新技术的结合，加快山西的传统资源型产业与信息技术相结合，延伸产业链。

3. 吸引高新技术人才。鼓励开发区设置制度引进国内外高层次创新创业人才，建立起完善的高端人才引进机制，重点解决好高端人才的户籍、住房、子女上学、家属就业、社会保障等一系列民生问题，为高端人才到开发区工作创造有利的外部条件。

（三）完善开发区基础设施建设

1. 加快完善基础设施建设。科学规划开发区的电力、燃气、供热、供水、通讯、道路、消防、防汛、人治、治污等基础设施建设，进一步实施既有路面的城市电网、通讯网络入地工程。不断推进海绵型开发区的建设，增加开发区的防洪能力。采用政府投资、企业投资、PPP 融资等多种方式，在民营企业集中的开发区、工业园区、创新园区、孵化器当中，加大水电路网、污水处理等方面的“设施”建设，改善硬件设施，为中小微企业、民营企业创新创业提供基础条件。

2. 强化公共服务能力。在开发区建设规划过程中，要把为开发区内产业服务的配套项目规划进去，诸如必要的教育、医疗、文化体育等社会服务领域。促进研发平台、融资平台、交易平台等“平台”建设。一些必要的服务网点，如超市、银行、电信、邮政、加油（气）站等也要纳入开发区发展规划中。增强开发区提供公共服务的能力。

（四）扩大开发区与其他地区的交流合作

1. 鼓励开发区融入区域合作。在创新驱动开发区发展的第一阶段，可以制定政策先鼓励开发区承接发展较好地区的产业转移，并制定好一系列支持产业转移的金融、土地和人才政策，将京津冀、长江三角洲和珠江三角洲等发达地区的优势产业进行转移，探索“飞地经济”的合作模式，以促进开发区甚至区域的协调发展。

2. 鼓励开发区参与到“一带一路”建设中。引进或发展一些大型项目融入新丝绸之路经济带，参与“一带一路”的国际合作中。鼓励一些有区位优势或一些资源的开发区参与境外产业集聚区、经贸合作区、工业园区、经济特区等合作园区的建设。鼓励开发区内企业利用自身优势建立境外生产基地和研发中心，搭建营销网络的平台，拓宽营销市场。

（五）推进“放管服”优化营商环境

1. 优化政务服务环境。开发区要不断在实践中优化行政管理流程，推行并联审批和网上办理业务的新模式，形成规范透明、精简高效的政务环境。抓好经济管理以及投资服务，构建完善的电子政务信息管理系统，尽快实现业务在线受理，政务大厅实现“一站式”服务。借鉴先进地区开发区管理经验，形成权责明确、公平公正、透明高效、法制保障的监管服务环境。严格贯彻落实依法治区，形成一个规范公平的市场环境。

2. 健全企业服务体系。在推进开发区制造业发展的过程中要注重服务业的协同发展，建设完善的金融、物流、科技研发、商务服务以及信息服务等生产性服务业。研究激励政策，使得开发区形成科技创新和人才集聚的良好创新环境。统筹开发区的发展，使得开发区形成产城融合、产业业态融合的区域环境。

3. 健全安全生产监管。健全开发区内安全生产监管和应急救援机制，完善开发区内安全生产责任体系，坚决做到“预防为主，安全第一”。切实落实安全生产责任制，严格安全执法，对出现安全事故进行责任追究。此外，要加强经常性突击性的安全生产大检查以及专项整治，防范重大安全生产事故，建设绿色安全的生态园区。

4. 通过制度建设优化山西营商软环境。山西营商软环境差主要是因为缺乏产业转型、民营企业发展的“氛围”，要以制度建设为核心，优化企业开设、退出流程，降低交易成本，推进“放管服”改革，促进营商便利化。实施“优惠政策 + 营商环境”双吸引战略，在资本、人才流入、企业进入的同时，建立留住企业、资本、人才的长效机制。同时，实施山西营商软环境“氛围”营造战略，利用互联网、电视、报纸、推介会、博览会等各种平台对山西软环境的真实改善进行宣传引导，让外界感受到山西创新创业“氛围”的改善。

参考文献

[1] 国务院办公厅．关于促进开发区改革和创新发展的若干意见．2017－2－6.

[2] 山西省委、省政府．山西关于开发区改革创新发展的若干意见．2016－12－17.

[3] 山西省委、省政府．关于深化开发区人事和薪酬制度改革实行“三化三制”的指

导意见.2017－4－5.

［4］大同市政府.大同经济技术开发区改革创新发展实施方案.2017－3－30.

［5］朔州市政府.开发区改革创新发展实施方案.2017－6－23.

［6］山西省开发区总体发展规划.

［7］2015年山西省国民经济和社会发展统计公报.

［8］2016年山西省国民经济和社会发展统计公报.

［9］山西省统计年鉴2016.

［10］杨文.山西省开发区改革创新发展会议在太原召开［N］.人民网，http：//sx. people. com. cn/n2/2016/1202/c189130－29400807. html，2017－10－30.

［11］申薇.晋中开发区推进“三化三制”改革取得阶段性成果.山西晋中新闻网，http：//www. sxjzxww. com/news/232124129. html，2017－11－1.

［12］开发区三化三制改革取得突破性进展.大同人才网，http：//m. dtrcw. net/news/newsdetail－10074. html，2017－10－31.

［13］长治市大力推进开发区改革创新.山西省政府门户网站，http：//www. shanxigov. cn/xxgk/xwzx/gsdt/201702/t20170227_ 284307. shtml，2017－11－1.

［14］郑铭经.阳泉市政府召开开发区改革创新发展专题会.搜狐网，http：//www. sohu. com/a/147441066_ 121391，2017－10－30.

［15］贾晓蓉.忻州多举措推进开发区改革创新发展工作.黄河新闻网，http：//xinzhou. sxgov. cn/content/2017－07/17/content_ 8192580. htm，2017－10－31.

［16］陈俊琦，杨彧.省委书记为山西转型综改示范区党工委管委会揭牌［N］.山西日报，2017－2－25.

［17］赵凝，张慧.汇才智 献良策 以大举措推进山西开发区二次创业［J］.前进，2017（8）.

［18］赵伟.山西布局三大生态文化旅游开发区［N］.山西青年报，2017－7－17（002）.

［19］白续宏.山西转型综合改革示范区晋中开发区党工委管委会成立［N］.山西日报，2017－4－28（001）.

［20］刘冬冬，申薇.又一大项目落户山西转型综改示范区晋中开发区［N］.晋中日报，2017－8－31（001）.

第十一章 山西人才政策演变历程、现状特征及优化对策

阎 晓

人才政策是影响人才集聚状况和能力发挥，进而影响营商环境和区域创新发展的重要因素，研究山西人才政策的演变历程、现存问题及优化对策，对该省优化营商环境、实施创新发展战略、实现资源型经济转型具有重要现实意义。本文回顾了2000年以来山西人才政策的演变历程，厘清了各阶段的战略重点和主要政策；对当前政策进行细致梳理，发现山西人才政策具有内容较全面、对标国内先进、激励奖励强化、合作交流扩大、灵活自主性强、基础建设加强等特征。根据人才政策现存问题，建议山西增强人才培育力度，打破当前重引进、轻自主培育的局面；深度整合现有政策，解决当前政策协调性差的问题；激活市场主体活力，转变政府职能庞杂、专业性弱的状况；增强政策执行监管，切实将人才政策转化为人才环境。

一、引　言

人才是构成营商环境的核心要素，亦是区域创新发展的关键动因。所谓营商环境，是指企业从开办、营运到结束各环节所处的经济、政治、社会与法律环境和条件的总和（武靖州，2017），人才是其重要构成要素之一。区域创新发展是区域提升竞争力、缩小差距、实现转型的重要途径，而人才是区域创新之关键、转型之根基、活力之源泉（浙江省委组织部，2014）。总而言之，人才是优质营商环境和区域创新发展的重要支撑。

人才政策是影响人才集聚状况和能力发挥，进而影响营商环境和区域创新发展的重要因素。所谓人才政策，是指政府为了发挥人才作用而对人才培养、开发、利用等活动作出的规定和采取的措施（萧鸣政和韩溪，2009；刘媛和吴凤兵，2012），具体包括人才引进、培育、留用、激励奖励、职称晋升、合作交流以及户籍等方面的制度、政策和法规条例等（郑代良和钟书华，2012；宁甜甜和张再生，2014）。人才政策最原始的出发点是为了满足人才的多方面需求（陈莎利和李铭禄，2009），因此要想使人才政策效应最大化，就必须充分了解人才的需求。通常人才的需求包括福利性需求和发展性需求，其中福利性需求包括对住房、户口、子女就学就业等基本生活方面和工资薪酬、一次性补贴等工作待遇方面的需求，发展性需求包括对项目资助、职业培训、成果转化奖励、职称职务评定、晋升等有利于充分发挥才能和潜力的条件或政策的需求（Peter Holland，2007）。事实上单个人才政策的作用十分有限，科学完备的人才政策体系对人才的吸引、培育及能力发挥更为有效，即要包括人才预测与规划、人才环境检测体系、人才评价体系、人才安全体系等内容（陈锡安，2004）。在当前人才政策成为吸引、利用、保留优秀人才的重要工具的背景下，建立健全科学完备的人才政策体系尤为必要。

山西作为典型资源型省份，要破除资源茧缚、实现经济转型，必须实行良好人才政策，以集聚人才、激活人才活力。近年来，受国内外经济增速放缓、煤炭产业下行等因素影响，山西经济陷入困境，转变经济发展方式势在必行。要通过优化营商环境、创新发展途径实现经济转型，人才要素至关重要。然而，受地理气候、生态环境及薪酬待遇等基本省情及人才流动马太效应影响，山西人才集聚能力较低，且存在较严重的人才流失问题（翟肖锋，2006）。即山西人才的供给与需求之间存在矛盾。此时唯有以一流人才政策示人，营造良好人才环境，才能广聚天下英才而用之。正如省委书记骆惠宁所言："山西第一位的最可宝贵的资源是人才资源，山西要实现转型创新发展必须树立新的资源观。只有激活人才资源，其他所有资源才能转化为发展优势"。在此背景下，本文对2000年以来山西人才政策的演变历程进行回顾，分析当前山西人才政策的特点及主要问题，提出山西人才政策的优化对策。这对于山西优化营商环境，实行创新驱动发展战略，最终实现转型发展具有重要意义。

二、新世纪以来山西人才政策演变历程

进入21世纪以来，山西对人才的重视程度日渐增强。2000年山西省人民政府印发《〈山西省引进人才工作证〉试行办法》，以吸引各类优秀人才来晋工作。2004年山西明确提出人才强省战略，进入人才政策出台高频期。此后，山西制定并颁布了诸多实施办法、意见和行动方案等，以督促并确保人才战略落实。根据人才战略重点和人才政策内容，2004年以后山西人才政策演变历程大致可以划分为四个阶段。

第一阶段（2004—2007年）：明确提出人才强省战略，主要关注高层次学术和技术人才。2004年，山西省人民政府颁布《关于进一步加强人才工作实施人才强省战略的意见》，正式提出实施人才强省战略。山西拉开声势浩大的招才引智序幕，积极引进各类高层次人才和急需紧缺人才。此阶段，山西重点关注高校优秀科研人才和其他领域技术带头人的选拔、培养和奖励，先后颁布了《山西省高等学校中青年拔尖创新人才和优秀创新团队遴选办法》、《山西省高等学校青年学术带头人遴选办法》、《山西省人事厅关于深化职称改革的若干意见》《山西省特殊人才高级专业技术职务任职资格评审暂行办法》、《山西省突出贡献人才奖励暂行办法》、《山西省学术技术带头人选拔培养实施方案》、《山西省新世纪百千万工程学术技术带头人选拔培养实施方案》，还颁布了《山西省2006—2010年人才开发工作规划》、《山西省引进优秀人才暂行办法》、《山西省人才市场管理条例》、《山西省鼓励海外留学人才来晋创业和工作的暂行规定》等一系列配套政策，从而为人才强省战略的实施提供保障。

第二阶段（2008—2011年）：继续实施人才强省战略，在重视高层次学术技术人才的同时，着重引进海外优秀人才。此阶段，山西继续推动实施人才强

省战略，制定全省第一个中长期人才发展规划《山西省中长期人才发展规划纲要（2010—2020年）》。同时，仍重视高校优秀科研人才，继续实施“中青年拔尖创新人才”“优秀创新团队”和“优秀青年学术带头人”计划，并颁布修订版《高等学校优秀创新团队支持计划实施办法》《高等学校中青年拔尖创新人才支持计划实施办法》和《高等学校优秀青年学术带头人支持计划实施办法》。此外，2008年国际金融危机爆发，欧美国家的企业和机构减少了科研投入，发展前景黯淡，引发大量海外高层次人才回国创新创业。山西瞄准这一契机，制定了吸引海外高层次人才来晋创新创业的“百人计划”。2009年，山西出台《海外高层次人才引进计划实施意见》，“百人计划”正式开始实施。随后，相关厅局印发《山西省引进海外高层次人才办法（试行）》以及《山西省重点创新项目引进海外高层次人才工作暂行办法》《山西省重点学科引进海外高层次人才工作暂行办法》《山西省重点实验室引进海外高层次人才工作暂行办法》《山西省省属企业引进海外高层次人才工作暂行办法》《山西省省属商业金融机构引进海外高层次人才工作暂行办法》《山西省引进海外高层次创业人才工作暂行办法》《山西省关于为引进海外高层次人才提供相应工作条件的暂行办法》《山西省关于引进海外高层次人才享受特定生活待遇的暂行办法》等八个配套办法，确保海外高层次人才“百人计划”顺利实施。

第四阶段（2012—2016年）：重视各领域、各层面人才，着力推动重大人才工程实施。2012年，山西正式启动实施“十项重大人才工程”，涵盖高端创新型人才引进和培养、海外高层次人才引进、新兴产业领军人才培养和引进、优秀企业家培育、名师名家培育、全民健康卫生人才保障、人才继续教育培训、高技能人才开发、现代农业人才开发、贫困地区和革命老区人才支持等十项子工程，旨在统筹各个领域、不同层面的人才。随后，《山西省高技能人才开发工程实施意见》《山西省高端创新型人才培养引进工程实施意见》《山西省新兴产业领军人才培育工程实施意见》《关于加快发展山西省现代职业教育的建议》《山西省边远贫困地区、边疆民族地区和革命老区人才支持计划科技人员专项行动实施方案》《关于调整山西省引进海外高层次人才“百人计划”相关政策的通知》和《山西省引进支持海外高层次人才创业创新团队暂行办法》等文件相继出台，保障“十项重大人才工程”顺利实施。此外，2016年年底省委书记骆惠宁提出、次年正式启动晋商晋才回乡创业创新工程，以鼓励和吸引晋商晋才在山西设立总部企业、研发中心、营销中心、结算中心，引导人才要素回流回乡。

第五阶段（2017 年至今）：明确提出实施一流人才政策，着力推动机制体制改革，引进高精尖缺人才，人才政策进入新阶段。2017 年年初，省长楼阳生在年度政府工作报告中指出要实施一流的人才政策。3 月，山西出台首个人才发展体制机制改革综合性文件《关于深化人才发展体制机制改革的实施意见》，力图从落实用人主体自主权、改革传统人才评价机制、构建全新人才流动机制等方面发力，补齐产业转型升级中的“人才短板”，借助改革打造人才洼地，营造最优人才政策环境。随后，省科技厅牵头省财政厅等部门集中出台《山西省科研项目经费和科技活动经费管理办法（试行）补充规定》《山西省深化人才发展体制机制改革财政支持政策》《山西省促进科技成果转化若干规定（试行）》《关于进一步完善省属国有企业科技研发人员激励机制的指导意见》以及《关于进一步改进职称评审工作的通知》等 14 个政策文件和法规，形成系列政策体系，以推动知识价值为导向的分配方式，最大限度地激发科研人员的积极性和创造性。此外，9 月山西印发《支持引进高精尖缺人才实施办法（试行）》，指导人才引进工作。

三、当前山西人才政策的主要特征

从 2000 年《〈山西省引进人才工作证〉试行办法》印发，到 2004 年《关于进一步加强人才工作实施人才强省战略的意见》正式颁布，再到 2017 年《关于进一步加强人才工作实施人才强省战略的意见》正式颁布，山西人才政策不断完善；从 2004 年人才强省战略的实施，到 2017 年一流人才政策的实施，山西对人才的重视度不断提高。总体上，目前山西人才政策呈现以下六个主要特征。

（一）内容比较全面，深入体制机制改革层面

山西人才政策内容已较全面，覆盖了人才引进、培育、评价、激励奖励、职称晋升及服务保障等诸多方面，并已触及体制机制改革等深层问题。人才引进方面，山西制定“百人计划”和“十项重大人才工程”以引进海外高层次、高端创新型和新兴产业领军人才等。人才培育方面，印发《关于加快发展我省现代职业教育的建议》，选拔成立省级高技能人才培训基地和技能大师工作室，以培养高素质劳动者和技能型人才。人才评选方面，以能力、实绩和贡献

为人才评价导向，发布《关于进一步改进职称评审工作的通知》；以规范“三晋学者”人才评选工作为目标，出台《“三晋学者”支持计划实施办法》和《“三晋学者”特聘教授（专家）支持计划实施办法》等。激励奖励方面，设立“山西省享受政府津贴高级技师”“三晋技术能手”和“山西省优秀人才突出贡献奖”等荣誉和专项资金，使品质优秀和技艺高超的技能人才、对经济社会发展作出突出贡献的优秀人才和团队“名利双收”。服务保障方面，从高新技术成果认定、成果转化、知识产权保护、产学研合作、落户、社会保险、配偶安置、子女入学等方面着手，为海外高层次人才量身订制相应措施。体制机制改革方面，《关于深化人才发展体制机制改革的实施意见》着重解决人才管理体制及人才培养、引进、评价、激励、流动和保障机制等“一个体制、六个机制”的改革问题；2017 年出台的包括 14 个政策文件和法规的“政策大礼包”着重解决高等学校、科研机构、医卫系统等知识技术密集行业工作人员关心的资金支持、绩效奖励、业绩认定、科研经费管理、成果转化收益、随迁配偶生活补贴、宽容失败风险共担等问题。

（二）对标国内先进，实行一流人才投入政策

山西按照“对标中央，对标一流”的要求，比照国内发达地区，补充完善人才引进培养财政补助政策。为改善人才环境，山西主动对标国内一流地区，找差距、补短板，形成《关于深化人才发展体制机制改革的实施意见》《山西省深化人才发展体制机制改革财政支持政策》和《实行以增加知识价值为导向分配政策若干意见》等政策文件。根据相关文件，山西每年安排 1.5 亿元专项资金，参照各省引进同类人才的最高标准，对引进人才给予科研经费、安家费、生活津贴补助、分享成果收益等方面的财政补助，确保人才政策领先或看齐全国一流水平。例如《山西省深化人才发展体制机制改革财政支持政策》规定，对成功引进驻晋工作的国内外院士给予 1000 万元科研经费、200 万元安家费和每年 40 万元津贴；对成功引进驻晋工作的国家千人计划专家等高层次领军人才给予 500 万元科研经费、100 万元安家费和每年 20 万元津贴；对柔性引进的院士和“千人计划”专家等高层次人才，根据在晋实际工作月数，分别给予 2 万元和 1 万元的津贴。《山西省鼓励投资政策（2017 版）》规定，对入选国家“千人计划”创业人才、国家级学术技术带头人、新兴产业领军人才、省“百人计划”创业人才及省青年拔尖人才以及受聘到“三晋学者”、“青年三晋学者”岗位的优秀人才给予科研经费和岗位津贴方面

的丰厚待遇。《山西省促进科技成果转化若干规定》提出，提高科技人员职务科技成果转化收益比例，将“对职务科技成果完成人和为成果转化作出重要贡献的其他人员给予奖励”的比例规定在70%以上。以上这些标准在国内均属较高水平。

（三）强化激励奖励，调动人才积极性和主动性

山西强化人才激励奖励机制，建立利益导向、薪酬分配导向和表彰奖励导向机制，以调动各类人才主动性和积极性。例如，实施薪酬激励倾斜与分配办法改革。对各类高层次人才实施基本工资和津贴补贴激励政策；对知识技术密集、高层次人才集中、国家战略发展需要重点支持以及具有行业特殊性的事业单位，在核定单位绩效工资总量上给予一定幅度的倾斜；对高校、高级技工学校（技师学院）、科研机构、公立医院等事业单位，可结合单位自身实际，对人员基础性绩效工资和奖励性绩效工资按一定比例自主分配发放。再如，落实国家股权激励政策。根据国家规定对科研人员实施股权、期权和分红激励，构建对科技人员的股权激励等中长期激励机制。对符合条件的股票期权、股权期权、限制性股票、股权奖励以及科技成果投资入股等实施递延纳税优惠政策，鼓励科研人员创新创业，促进科技成果转化。此外，省政府设立“山西省优秀人才突出贡献奖”和“山西省人才工作贡献奖”，定期对为山西省经济社会发展作出突出贡献的优秀人才和团队及在人才培养、引进、开发、使用等工作中成绩突出的地方和企事业单位给予表彰奖励；树立工匠榜样，对评选出的优秀高级技师给予政府津贴，对评选出的三晋技术能手、首席技师、金牌导游等各行各业的优秀职工，利用科技手段推动当地脱贫攻坚的优秀科技工作者，在技术革新与发明创造中取得优异成绩的科研人员与职工，给予政府奖励。此外，山西还将成果收益向科研人员倾斜。科研机构、高校可自主决定将70%以上的科技成果转化收益分配和奖励给主要完成人或做出重要贡献的科技人员。

（四）扩大合作交流，营造开放式人才发展环境

山西将招才引智、人才发展等人才工作纳入全省对外开放的整体布局中。第一，招才引智时突出开放性。在人才引进选拔过程中，无论是土秀才还是洋专家，只要是当前经济发展急需的高精尖缺人才，山西均给予高度重视。第二，支持扩大人才国际交流，提高人才素质、促进人才发展。支持高层次人

才、三晋学者、青年拔尖人才等科研人员参加国际学术会议和技术交流活动，与世界著名大学、科研机构进行国际交流与合作；支持各行业优秀人才访学和出国深造。省财政给予国际往返机票费和国外食宿费补助，补助费用列入年度部门预算。高校、科研院所教学科研人员对外交流年度计划实行单独统计，不计入国家工作人员因公临时出国批次限量管理范围。对留学回国人员，继续资助开展教学科研或创业创新。第三，支持扩大战略合作，壮大人才队伍。省财政通过安排专项资金，统筹教育科技等经费，支持实施好省政府与国家有关部委、科研机构、金融机构和国内高水平大学的战略合作框架协议。充分借助各方面的政策、科技、文化、人才优势，在决策咨询、教育与人才、科学技术、文化旅游、社会领域开展全面合作。在合作中了解科技前沿信息，在合作中发展壮大山西省人才队伍。对与国外高校、科研机构达成的合作项目，省财政给予专项补助。

（五）灵活自主性强，释放人才活力和创造力

山西人才政策体现灵活自主性，避免机械教条，以最大限度释放人才活力和创造力。具体表现在以下几方面：第一，人才引进政策灵活。对具有国际一流、国内顶尖水平的科研创新领军人才及人才团队，允许采取“一人一策”、“一事一议”和特事特办的引进方式；民营企业引进高精尖缺人才，同等享受财政“一人一策”的引进政策。取消机关事业单位控编进人卡和进人计划卡，所引进人才不受国家及山西省“百人计划”、“千人计划”、“万人计划”、“学者计划”等各类人才计划名额限制，经省委人才领导小组考核认定符合规定条件的，均执行山西省所规定的同类人才引进政策。第二，引进人才方式多样化。各部门单位引进人才不拘形式，可由人才自我推荐到省委人才办公室，由省委人才办转由相关部门单位联系落实引进工作；可由部门单位自行联系引进人才，可通过战略合作、共建共享、合作交流等方式引进人才；也可通过与国内外高端人才猎头公司或各类企业、社会团体、民间组织以及驻外机构搭建平台帮助引进人才。第三，人才管理方式灵活。除常规全职用人模式外，引入柔性流动制度。人才可以调入省内，也可以通过聘用、兼职、合作研究、学术交流、担任顾问和客座教授等形式来山西省工作；可不迁户口，不转关系，两地共享，来去自由。对引进的一流人才实行专用编制、人编捆绑、动态调整、周转使用的编制周转制度。第四，允许人才政策区域异质。鼓励各地区、各部门根据实际情况，自行引进人才。高校、科研机构可根据科研项目特点，建立健

全劳务费、间接经费管理方式，可统筹使用间接经费，可合理安排间接经费中的绩效支出。鼓励有条件的科研项目中实行经费支出负面清单管理，负面清单之外的科研经费开支由高校、科研机构自主决定。

（六）加强基础建设，提升政府人才服务能力

山西注重加强基础平台建设，提升为人才服务的能力。例如，支持建立省级人才需求信息库、山西籍在外人才数据库、晋商晋才数据库、山西院士专家服务联络中心等大数据平台，为用人主体和人才双方提供高效便捷服务，有效解决人才供需双方信息不对称、沟通联系渠道不畅等问题。再如，加大对高端智库和专业智库建设的基础设施、科学研究以及科研成果传播宣传等方面专项经费投入，支持高校、科研机构借鉴国际国内先进成熟经验，建立全省科技创新智库，为省委、省政府在全省科技战略、规划、布局和政策等方面提供决策咨询、科研评价、政策普及等专业化服务。统筹使用省级应用基础研究计划、平台基地计划、重点研究计划、科技重大专项和科技成果转化引导专项（基金），对引进人才主持的科研项目给予优先大力支持。国际国内科研创新机构（包括创新团队）或者高级别基金管理机构和投资机构来山西转型综改示范区设立总部或分支机构的，提供前5年免费、后5年租金补贴50%的工作场所。同时，鼓励并补助建设院士工作站、博士后科研流动（工作）站、国家级和省级技能大师工作室等科研技术工作站（室）。此外，健全完善引进人才住房“建购补”保障措施，允许高校、科研机构和大型骨干企业利用自有存量土地、自有资金，自主建设人才公寓、人才周转用房等配套服务设施，或使用自有资金购买、租用商品房出租给高层次人才居住等。

四、山西人才政策现存问题及对策建议

尽管当前山西人才政策在覆盖广度和深度、财政投入力度、激励奖励力度、区际合作交流、执行灵活自主程度以及基础平台建设等方面具有一定优势，但却存在重引进、轻自主培育，政策数量多、系统性差，市场主体作用发挥不充分，政策效果尚未充分显现等问题，有待采取增强人才培育力度、整合现有人才政策、激活市场主体活力、增强执行力度监管等手段，对山西人才政策进行深度改革和优化。

(一)增强人才培育力度,打破当前重引进、轻自主培育的局面

当前山西高度重视海外、省外高精尖缺人才及人才团队的引进工作,针对其面临的编制、薪金待遇、子女入学等问题制定了系列政策,力求解决人才来晋工作的后顾之忧,为引进人才提供全方位的服务。针对人才培育,山西曾于2012 年颁布《山西省高技能人才开发工程实施意见》,旨在围绕煤炭、冶金、电力、现代装备制造业、现代煤化工、新型材料、特色食品工业、交通物流业、文化旅游等人才紧缺行业,培养一批具有精湛技艺、高超技能和较强创新能力的高技能领军人物。然而时间推移至 2017 年时,人才培育在整个人才工作中的地位有所下降,蜂拥而至的人才政策多针对引进人才。这种重视引进、轻自主培育的人才政策,虽有利于缓解当前山西高水平、高技能人才紧缺的现状,有利于政府短期内看到人才工作的效果(引进人才数量),但是却缺乏长远眼光(郑代良和钟书华,2012)。可能出现以下不良后果:一是依靠二流财政支持一流的人才引进待遇易造成财政压力大、可持续性不强等问题;二是引进人才对当地经济、业态熟悉度不够,极有可能出现水土不服的现象;三是易忽视在整个人才体系中占比极大的本土人才对当地经济发展的作用和热情;四是极有可能出现中低端人才缺失,从而牵绊引进高层次人才智能向社会经济效益的转化效果,降低引进人才的价值实现度。

为打破当前重引进、轻自主培育的局面,谋求长期人才红利,为区域发展提供持久智力资源,建议山西提高人才培育力度,引才与育才并重。应高度重视且执行《山西省深化人才发展体制机制改革财政支持政策》第六条,不但要鼓励高校统筹使用省财政专项资金为"1331 工程"的 3 个重点和 3 个平台建设引进人才,更要培育人才;执行第十条,统筹使用各类资金,鼓励文化艺术名家和哲学社会科学人才队伍建设。此外,支持职业技术院校发展,为经济转型和高层次人才智力发挥提供技术人才保障;注重团队建设培育及合作网络构建,通过干中学的方式培育本土人才。

(二)深度整合现有政策,解决当前协调性、系统性差的问题

自 2004 年至 2017 年,山西制定并出台了几十部政策文件,涉及引进、培育、评价、激励奖励、职称晋升及服务保障等人才工作的各个方面。然而正是由于政策数量众多,常出现多个政策文件涉及同一问题、但不同文件规定不尽相同的现象。例如《山西省鼓励投资政策》规定,入选国家"千人计划"创

业人才项目的海外高层次人才，享受中央财政给予的每人人民币100万元的资助和其他优惠政策。而《山西省深化人才发展体制机制改革财政支持政策》规定，对成功引进驻晋工作的国家“千人计划”专家等高层次领军人才给予500万元科研经费、100万元安家费和每年20万元津贴。执行时，“千人计划”专家究竟该享受何种待遇的就显得不那么明了。同时，正是由于政策数量众多，涉及科技、教育、产业、财政、土地、工商、税务等多个领域的职能部门。一些职能部门主要从部门利益来制定和执行相关政策，不同部门之间很难形成统一协调，有时甚至产生内在的冲突。比如，财政、发改、经信、科技等部门都出台了一些对高层次人才资金扶持政策，但部门之间政策安排缺乏统筹安排，一些人才科研项目多头申报，从不同部门申请资金资助，出现“一女嫁多夫”的现象。此外，当前山西许多地级市政府、企事业单位等自主制定了人才政策，同样涉及人才的薪酬待遇、资金支持等问题。此时参照标准该如何选择，还是同时享受各级别政策优惠，便成为问题。

要解决上述政策重复、不统一、协调性差、系统性不足等问题，建议全面、深度整合山西现有人才政策，明确政策有效时间、效力范围、执行标准，协调并明确省委组织部、省人力资源和社会保障厅、省教育厅、省科技厅、省财政厅等部门的权力和职责，构建部门间协同工作机制，避免政策重复制定、牵头单位不明等混沌现象。

（三）激活市场主体活力，转变政府职能庞杂、不专业的局面

单纯以行政力量来推动人才政策，虽然短时间内有一定的优势，但发展到一定阶段以后，往往出现“人走政息”“昙花一现”“执行打折扣”等不可持续问题。事实上，人才除了需要启动资金、税费减免、土地资金倾斜等，还需要人才招聘、市场拓展、品牌营销、科技创新指引、内部管理咨询等专业化服务，而这些并非政府所长，要依靠市场机制和社会组织的力量。当前山西已意识到人才工作应充分尊重市场，发挥市场在人才资源配置中的决定性作用，故出台政策性文件取消“控编进人卡”和“进人计划卡”，改革计划体制的管理模式，将自主权还给用人主体；与国内外高端人才猎头公司建立长期稳定合作关系，帮助该省引进急需的高精尖缺人才及其团队；支持各类企业、社会团体、民间组织以及驻外机构搭建引进人才平台，举荐引进急需的高精尖缺人才及其团队的，同等享受对高端人才猎头公司的佣金政策；支持各类中介机构帮助引进注册各类科技创新基金管理公司、分公司机构，成功引进注册后，省财

政给予中介奖励。然而，与经济发达地区相比差距依然明显，各类专业化人才机构缺乏、用人主体需求体现不充分、市场化运作比例和经验不足等问题仍非常突出。

要扭转当前政府职能庞杂但专业度不高的局面，建议山西进一步转变政府职能，突出从组织人事部门到党管人才格局下多主体协同创新的转变（汪怿，2014）；将引才引智与招商引资紧密结合，围绕产业链谋划人才链，把人才的选、用、育、留嵌入产业中，对接市场、突出企业需求；加快高端猎头公司等专业化人才机构的引进或合作以及本土专业化人才机构的培育建设，将招聘、职业规划、咨询等人才工作交由市场去处理。

（四）增强政策执行监管，切实将人才政策转化为优质人才环境

栽好梧桐树，引得凤来栖。对人才来说，事业是感召力，环境是吸引力。没有干事创业的平台，给钱给物人才也不愿意来；没有好的环境，人才来了也留不住。当前山西制定颁布了诸多人才政策，意在为人才引进、人才培育和留用提供良好的条件和保障。然而，人才政策不等同于人才环境。人才引进和智力发挥，最重要的还是要靠环境营造，靠对人才的重视和使用，而不是政策。政策只是手段，不是目的。一味抬高政策杠杆，最终会让人才变成形象工程，这显然不符合人才引进的目标和要求（谭浩俊，2017）。真正的人才，更加注重能不能发挥作用、有没有施展空间。一线城市对人才的吸引力远大于其他城市，主要原因在于能够给予人才更多的机会和挑战。因此，环境才是吸引人才永久的吸引力。换言之，只有良好的人才政策不折不扣地得到落实才可能转化为良好的人才环境。而人才政策红利快速释放，关键在于政策落实的速度与温度。

鉴于此，山西应在当前制定并颁布了诸多人才政策的基础上，加强政策执行监管，确保人才新政一条一条全面兑现、一项一项全面落实，务实举措让政策红利迅速释放，切实转化人才政策为良好人才环境。具体地，应形成人才政策执行监管体系，指定部门专门负责对高校、企业、园区、地市等主体进行人才政策执行力度、效度等进行督察和评估，对这些主体进行优奖劣罚；对政策执行过程中存在的问题、政策与实际的吻合程度等及时反馈，便于政策的修订及更新。

参考文献

[1] Peter Holland, Cathy Sheehan, Helen De Cieri. Attracting and retaining talent: exploring human resources development trends in Australia, *Human Resource Development International* [J]. 2007, (3): 247 - 262.

[2] 陈莎利，李铭禄．人才政策区域比较与政策结构偏好研究［J］．中国科技论坛，2009（09）：107 - 111.

[3] 陈锡安．构建国家人才政策体系的思考［J］．中国人才，2004（4）：59 - 62.

[4] 刘媛，吴凤兵．江苏三大区域科技创新人才政策比较研究［J］．科技管理研究，2012，32（1）：72 - 75.

[5] 宁甜甜，张再生．基于政策工具视角的我国人才政策分析［J］．中国行政管理，2014（04）：82 - 86.

[6] 谭浩俊．大力引进人才重在改善环境［N］．中国青年报，2017 - 12 - 18（02）．

[7] 汪怿．人才政策创新突破要有新思路［J］．中国人才，2014（15）：54 - 55.

[8] 武靖州．振兴东北应从优化营商环境做起［J］．经济纵横，2017（1）：61 - 64.

[9] 萧鸣政，韩溪．改革开放 30 年中国人才政策回顾与分析［J］．中国人才，2009（1）：12 - 15.

[10] 浙江省委组织部．以人才为竞争之本转型之要活力之源［N］．组织人事报，2014 - 12 - 25（011）．

[11] 郑代良，钟书华．中国高层次人才政策现状、问题与对策［J］．科研管理，2012，33（09）：130 - 137.

[12] 翟肖锋．山西人才流失与对策研究［J］．图书情报导刊，2006，16（8）：198 - 199.

第十二章 山西营商环境对大学生创业影响研究

高　楠　高丽鑫　王　玺　张旭红

随着2017年山西省优化营商环境专项行动年的实施，为大学生创业带来了新的发展。本章主要对山西省营商环境的现状及其对大学生创业的影响进行了探讨与分析，并针对山西省目前的营商环境提出提升策略，助推山西省大学生创业蓬勃发展。

一、引　言

2017年5月20日，山西省优化营商环境会议在太原召开，会议强调系统工程的重大制度创新是优化营商环境，要坚持问题导向，扎实开展优化营商环境九大专项行动。为进一步深化“放管服效”改革、简政放权、降低制度性交易成本、吸引更多的企业和企业家投资兴业，山西省确定2017年开展优化营商环境专项行动年，出台了一系列措施方案，全力打造“六最”营商环境，优化山西省营商环境，规范山西，重塑山西。优化营商环境对创业者带来了制度性的保障、政策性的支持、便利性的服务。大学生创业需要大学、企业、政府三方联动机制，良好的营商环境能够为大学生创业者搭建制度化、智能化的服务平台，降低大学生创办企业的风险，提高成活率和成功率，加快创业速度，活跃创新氛围。但营商环境对大学生创业的影响具有不同的作用效果，本文将针对其积极与消极的营商环境提出具体的应对策略，助推山西省大学生创业的蓬勃发展。

二、山西省营商环境的现状

（一）营商环境的含义及界定

营商环境指的是企业在开设、经营、贸易活动、纳税、关闭及执行合约等方面遵循的政策法规所需的时间和成本等条件，表明地区企业筹建买卖的难易程度。

（二）山西省营商环境表征描述

2003年，世界银行集团发布了首份《营商环境报告》中包括5套指标133个经济体，并于2014年扩展为10套指标189个经济体，分别刻画了开办企业、申请建筑许可、注册财产、获取信贷、投资者保护、缴纳税款、跨境贸易、合同执行、办理破产、获得电力供应的便利程度。该项目自2008年首次提供了中国国别报告，迄今已出版多年度的《中国营商环境报告》。首次报告提供了中国30个城市的数据，包括各个城市在开办企业、登记财产、获取信贷、强制执行合同四个方面便利程度的详细信息，数据虽难以涵盖营商环境的全部内容，但此四个方面是开办和经营企业所要考量的关键因素，在一定程度上也可反映一个地区营商的便利程度。从2008年的数据（表12－1）中可以看出，山西营商环境指标综合排名靠后，远远落后于东部沿海省份。具体表现为：企业开办和财产登记过程中手续繁琐，程序冗杂；工商行政制度还不够健全，制度保障不够充分；企业贷款仍有一定困难，审批过程时间长，步骤多；地方性工商法律法规不健全，商业合同的执行法律保护还有待于提升。

表12－1　　2008年中国各省营商环境指标

省会城市	开办企业	执行合同	登记财产	获取信贷	省会城市	开办企业	执行合同	登记财产	获取信贷
华东地区					中南地区				
上海	5	4	1	4	郑州	12	16	27	17
南京	2	2	5	2	长沙	22	27	24	18
杭州	1	3	7	8	武汉	15	17	25	15
合肥	27	26	17	12	广州	3	1	2	3
福州	7	12	3	1	南宁	28	20	30	30
南昌	21	15	20	21	海口	13	11	23	28
济南	4	5	4	5	西南地区				
华北地区					重庆	17	8	9	26
北京	6	9	12	6	成都	19	23	11	11
天津	8	5	6	7	贵阳	30	24	28	27
太原	20	18	26	13	昆明	23	29	22	29
石家庄	16	14	21	9	西北地区				
呼和浩特	11	19	18	16	兰州	29	30	29	22
东北地区					西安	25	5	10	24
沈阳	9	10	14	14	银川	26	13	16	25
长春	10	25	8	19	西宁	23	28	19	20
哈尔滨	18	20	14	10	乌鲁木齐	14	22	13	23

近年来，山西加快了经济转型与发展的步伐，开始实行多项措施来优化本省的营商环境。2017年山西省出台了开展优化营商环境专项行动方案，针对项目落地难、实体经济融资难、企业经营难、群众办事难等突出问题，开展加快招商引资项目落地、入企服务常态化、在建重点工程项目无障碍施工、涉企

合同“执行难”整治、打击恶意逃废金融企业债务、化解企业担保链风险、企业周边治安环境治理、减证便民、仿制药质量和疗效一致性评价等 9 个专项行动为突破口，加快复制推广自由贸易试验区改革试点经验，切实优化营商环境。“栽下梧桐树引来金凤凰”，全力打造“六最”营商环境，优化山西省营商环境，规范山西，重塑山西，力争把山西打造成为全国审批最少、流程最优、体制最顺、机制最活、效率最高、服务最好的“六最”省份。

为了真正让优化营商环境落到实处，山西提出要坚持“四个结合”，一是把压实责任与形成合力结合起来，要求各级政府具体推动营商环境的优化，形成全方位、各领域共同推动营商环境的工作格局；二是把改革创新与依法办事结合起来，在法治的轨道上，推行试行企业承诺制、探索无审批这项重大改革落地见效，提高行政效率，进一步把企业投资发展的活力激发出来；三是把简政放权与加强服务结合起来，实行行政流程再造，明确具体操作规范，强化过程服务，深入企业，主动上门服务；四是把攻坚克难与争创一流结合起来，奖励先进，鞭策落后，推动各级各部门把优化营商环境的责任担起来，让企业和群众看到实实在在的变化。主动向国际国内先进地区对标看齐，从观念、思想上提升，从体制、制度上创新，从监管，服务上突破。

优化营商环境专项行动方案和无审批管理的出台实行使得山西省营商环境得到了极大程度的优化，政府的推力将会给予整个山西市场新的活力。李克强总理曾在多次场合公开表示“营商环境就是生产力”，山西省积极响应最新政策导向，实行营商环境专项行动方案等诸多举措，极大地优化了山西省营商环境。

综合上述情况，可以看出山西省在近年来通过政府的努力有效地优化了本省的营商环境，逐渐改变了之前限制多、阻碍大的营商环境，“六最”营商环境方案也为山西的营商环境和企业发展注入了新的活力。但是，优化营商环境非一朝一夕之攻，山西多年来较为严苛的营商环境仍然有着很多的历史遗留问题，影响和限制着创业者的创业活动和省内企业的发展，这是我们需要关注与解决的。

三、山西营商环境对大学生创业的影响分析

营商环境是大学生创业最重要的环境背景，良好的营商环境是大学生创业

热情和成功创业的基石。

（一）积极影响

山西省近年来营商环境的优化以及各项支持大学生创业的优惠政策的出台为大学生创业带来了一定的便利，助推着大学生创业的发展。

1. 设立专业机构助力大学生创业。山西省就业服务局设立了山西省创业融资服务中心，为全省以高校毕业生为主体的各类创业者和小微企业，提供10万—200万政府贴息贷款。山西省创业融资服务中心的设立具有较强的针对性，专门替大学生创业者提供咨询与融资服务，为大学生创业者寻找融资渠道和提供直接贷款，帮助大学生创业者较好地解决创业过程中的资金问题。

2. 税收政策支持大学生创业。大学毕业生在毕业后两年内自主创业，到工商部门办理营业执照，注册资金在50万以下的允许分期到位。大学生新办各类企业或经营单位的均可以在不同程度上享受政府免税，税收返还和其他各种优惠政策。大学生在初创阶段一般无法投入和吸引大量的资金来支撑公司发展，创业资金捉襟见肘，制约着创业活动的发展。税收对大学生企业的优惠和减免以及注册资金的分期缴付能够使大学生创业者在初创时期缓解资金困难，专注于企业经营，推动企业的快速发展。

3. 专门项目补贴大学生创业。山西省同时为大学生创业设立多个支持项目补贴大学生创业活动。其中，“星火项目计划”为多个大学生创业项目进行补贴，山西省人力资源和社会保障厅、山西省财政厅围绕现代科技、现代农业、现代物流、文化传媒、社区服务等重点行业，定期评选出30—50个符合山西省产业发展方向、成长性好、潜在经济和社会效益好的创业项目，作为“山西省创业星火项目”，从省级创业资金中给予一定的创业扶持。各个市县都会选择一些重点创业项目，对高校毕业生创业给予支持。“星火项目”年度补贴金额总计达328万元。这些针对大学生创业的补贴项目，在很大程度上可以调动大学生的创业热情，提高全体大学生的创业积极性，同时也帮助解决了一部分大学生创业项目资金困难问题，在很大程度上帮助了其顺利成长。

4. 政府补贴贷款。山西省各国有银行、股份制银行、城市商业银行和有条件的城市信用社为自主创业的大学毕业生提供了小额贷款业务，并简化了申办程序，提供开户和结算便利。银行系统是创业者在创业时期需要多次面对和合作的部门，山西省银行系统为自主创业的大学生创业者提供贷款，帮助解决大学生创业者的资金困难，并且为大学生创业者简化办理程序，提供业务便利，为大学生的创业活动提供了许多支持，让众多的大学生创业项目节省了创业成本，提高了创业活力。山西省大学生创业项目还会获得各种创业补贴支持，如创业实训补贴、场地经营补贴、创业园区一次性建设补贴、吸纳就业困难人员的岗位补贴、新录用人员培训补贴和技能鉴定补贴，社会保险补贴，就业见习补贴等。一系列的补贴为大学生创业者带来了实实在在的优惠与福利，助推着省内的大学生创业活动。

5. 免费创业服务。山西省为大学生创业者提供了免费的创业服务，大学生可以享受政策咨询、信息服务、项目开发、风险评估、开业指导、融资服务、跟踪扶持等“一条龙”创业服务。这些免费的创业服务大大降低了大学生的创业难度，能够为大学生创业者节省一大批资金、时间、人力成本。山西省还在全省境内举办大学生创业项目大赛，建立创业模拟公司，发掘好的创业项目，帮助好的项目。各种各样的创业大赛项目为大学生创业者提供了良好的创业平台，可以展示项目，交流学习，同时大学生还可以通过大赛平台获得来自政府和社会各界的实质性的帮助与支持，解决部分创业过程中的困难。

6. 工商登记制度的改革。山西省在近年来采取了一系列措施优化本省营商环境，完善工商登记制度，试点实行注册资本登记制度改革，为企业发展铺路助力。工商登记制度的不断改革大大便利了大学生创业者的创业活动。

工商登记制度是政府管理经济社会的一项基础性制度，主要包括办理登记和开展监管两个方面的内容。在原有的登记制度框架下，创业者要开办公司就要跨过许许多多的门槛，其中以“先证后照”制度和注册资本实缴制度难度最大。“先证后照”的工商登记制度之下创业者要开办自己的公司必须取得前置行政许可后方能到工商主管部门办理营业执照。但是，登记涉及的审批事项多达上百项，许多前置审批项目又互为条件，创业者进行登记审批往往要耗费大量的时间与精力。2016 年山西省工商行政管理局公布山西省工商登记后置审批事项指导目录，开始逐渐实现“先证后照”到“先照后证”登记制度的转变，逐步推进“三证合一”的登记制度，通过优化登记方式，放松经营范围登记管制，支持各地结合实际放宽新注册企业场所登记条件限制，推动“一址多照”登记制度改革等。后置审批新规的出台，极大地便利了大学生创业者，使得大学生创业者在进行工商登记时更加方便快捷，时间成本大大下降。

注册资本实缴制度则要求创业者申办公司必须提供相应的公司注册资本最低到位资金，大学生创业者首次出资不得低于注册资本的 20%，且最多分期延迟两年要缴足注册资本。注册资本实缴制度虽然有利于规范法人的市场行为，保护债权人的合法权益，但这一制度，往往会给创业者带来高额的初创成本，注册资本问题是很多创业者，尤其是大学生创业者的“门槛”。办照成本大、门槛高、周期长、效率低等影响了市场主体的发展。山西省于 2014 年 3 月全面实施注册资本登记制度改革工作。山西省工商登记将由原来的注册资本实缴制变为注册资本认缴制。转变为认缴登记制度后，工商部门只登记公司认缴的注册资本总额，无需登记实收资本，也不再收取验资证明文件。这也意味着“零门槛”创办公司将成为可能。注册资本变认缴制等改革措施，将使山西省内的创业门槛大幅度降低，企业行政负担也会显著减轻，大学生初创资金短缺问题也会得到有效缓解。

山西省工商登记制度改革也放宽了市场主体住所登记条件，按照方便注册和规范有序的原则，申请人提交住所合法使用证明即可予以登记，允许一个地址登记多个市场主体。这一规定也大大降低了大学生创业者的房租成本。

同时，山西省不再限制公司设立时股东（发起人）的首次出资比例和缴足出资的期限。这一举措使得大学生初创企业可以在初创阶段更有效地缓解资金紧缺问题，延长良性发展时间，形成良性的资金链和资金循环。

（二）消极影响

过去山西营商环境较为严苛，使得山西省营商环境存在着很多问题，给大学生创业带来了很大的不利影响与艰难阻碍。这些问题严重制约着本省大学生创业活动的发展。具体问题如下：

1. 大学生创业服务不到位，信息提供不充分。山西省近年来为大学生创业者提出了一系列的服务措施，但是省内大学生创业者数量大，情况复杂，山西省对于大学生创业者的服务还是存在较大的提升空间。诸如服务覆盖空间小和人数少，业务工作人员服务态度和服务质量问题，不能良好地执行政府对大学生的创业政策，不能有效满足大学生创业者的合理需求等现象，导致了部分大学生创业者得不到政府的创业支持和服务，创业项目中途夭折。

大学生在创业过程中掌握营商环境信息是十分关键的。营商环境和政策信息的获得可以为大学生降低创业难度，节约创业时间和创业成本，助推大学生创业项目快速发展。但是山西省为大学生创业者创建的信息渠道还不够畅通，使得大学生不能够及时地了解各种政策信息和市场信息，加之各种关于创业的信息覆盖面不够大、信息内容不完全、这也使得大学生创业者在搜集有关创业信息和政策信息方面耗费时间多，投入的人力资金成本过高，而且不能够迅速掌握到充分的创业政策信息和市场信息，导致大学生创业时间和人力、资金成本上升，甚至有可能错过良好的创业机遇，造成不可弥补的失误和问题。

2. 行政审批程序繁杂。行政审批作为政府对微观经济活动干预的重要手段，繁冗的行政审批程序与低下的行政审批效率将严重地阻碍微观经济行为，为大学生创业带来巨大的障碍。

山西省提出优化营商环境专项方案，致力将山西省打造成全国审批程序最少的省份，但目前山西省行政审批程序还是过于繁冗，不利于为创业者提供优质的服务。根据世界银行《2008 年营商环境报告》的调查结果，中国各地区的行政审批程序基本一致，大体为 13 个或 14 个。从表 12 －2 可以看出，全国中部省份，其行政审批的时间、成本、最低实缴资本分别约为 42. 6667 天、13. 8667%、294. 5833%，从中不难看出，作为中部省份的山西省，其行政审批环境总体来看可提升的空间较大。高强度的行政审批不仅会降低大学生的创业倾向而且会降低创业规模，影响大学生的创业热情与积极性。

表 12 －2　　中国行政审批环境地区比较

地区	时间（天）	成本（%）	最低实缴资本（%）
东部	35. 6000	6. 4200	207. 5700
中部	42. 6667	13. 8667	294. 5833
西部	45. 4545	14. 1636	339. 6818

3. 市场竞争制度不完善压缩创业空间。山西省的市场竞争体制虽然经过了多年的发展并且在政府的引导下得到了逐步完善，但是省内不公平竞争的问题依然比较突出，各种市场主体不尊重市场规则，采取不正当或者投机的手段进行经营发展，降低了其他企业公平竞争的权利，这对于大学生创业者而言是一个不小的挑战。大学生创业者往往刚刚步入社会，创业经验和社会阅历都十分不足，进行创业活动更需要一个公平透明的市场环境，在公平的市场环境下才能提高大学生创业的信心，让大学生没有后顾之忧、不必畏手畏脚而大胆进行创业活动。

再者，山西市场内各行各业的垄断势力依然较为强大，很多中小型民营企业在市场竞争中明显处于弱势地位，难以得到发展。大学生创业者在面对这些行业内垄断势力的资源限制和竞争时更显得寸步难行。大学生创业者在初创阶段由于没有充足的资金和各种资源，市场竞争能力处于劣势，属于市场当中的弱势群体，而行业内的垄断者以强势姿态与大学生创业者进行竞争，使得很多大学生创业者往往会产生极强的畏难心理，在市场夹缝中寻求缓慢成长。这样的市场环境和不完善的市场竞争机制将会使得大部分大学生创业项目搁浅失败，使整个社会的创业活力下降，良好的创业氛围受到摧残。

4. 创业成本高抑制创业热情。山西省近年来不断优化本省的营商环境，而且山西省政府专门针对大学生创业活动出台了一系列政策，尤其是在降低大学生创业成本方面实行了许多振奋人心的措施，减免税收，各项大学生创业补贴，大学生创业项目资金支持，大学生创业融资帮助与咨询等一系列的措施，在很大程度上降低了大学生的创业成本，缓解了大学生在初创阶段的资金不足等问题。但是即便如此，大学生创业成本过高的现状并没有得到根本性的改变，创业成本高仍然是限制大学生创业活动的最重要问题。山西省内劳动力成本不断上升，房租成本也随着全省经济的发展不断上升，创业基本需求的成本越来越高，使得大学生创业项目在长时间内很难得到发展，甚至因为高额的成本供给出现资金链断裂等一系列问题，给予大学生创业项目以致命打击。再者，贷款难、融资难等问题并没有因为政策性帮扶和补贴而得到很大的改观。大学生创业者社会信誉度较低，贷款难度较大，而且初创阶段很难吸引到创业投资，这使得大学生创业者只能个人筹措资金发展。极高的创业成本，使得初创阶段的大学生创业项目往往在资金上捉襟见肘，没有外来资金的注入，大学生创业项目发展也将变得步履维艰。与省内创业高成本的现状形成鲜明对比的是，大学生创业企业在创业阶段的受益微乎其微，使得企业发展难以再续，随时面临着十分巨大的生存危险，导致山西省内的大学生创业企业成功率总体较低，生存率甚至不及10%。

5. 创业法制不健全。市场经济是法制经济，创业者在创业过程中及在初创企业的运营过程中都将遇到大量的法律问题。长期以来，社会法制观念相对淡薄、部分法律缺失以及有法不依等现象时有发生，导致权钱交易，寻租行为等现象的存在，增加了企业开办和运行成本，恶化了创业环境，打击了创业者的信心。还有一些大学生初创企业在创业过程中陷入领导权和分配权的内耗和法律纠纷之中，没有良好的法律解决和调停，很多初创企业在这样的纠纷中往往中途夭折。大学生作为脆弱的创业者，十分需要一个法制健全的环境，来保障个人的创业活动。

6. 创业教育不足导致创业意识人才缺乏。自1997年以来，我国高等院校就逐渐开始从应试教育向包括就业教育、创业教育在内的素质教育转变，而且创业教育在我国高校已经开展数十年之久。自李克强总理提出“大众创新，万众创业”以来，创业教育更是在各个高校如火如荼地开展了起来。山西省更是在部分高校设立了创业学院，加强创业教育。但是，总的来讲山西省的创业教育仍然处于初级阶段，大部分学校在政策引导下才刚刚进行创业教育，而且各种创业教育机构部门不仅缺乏对创业教育的理性认识，而且创业教育还没有融合到全社会人才培养的整体体系之中。此外，山西省全社会对职业教育的认可度不高，政府引导力度不足，职业教育作为创业教育的一大源头发展却十分缓慢，导致富有技能和实践经验的教师数量不足，致使许多职业学校毕业生缺乏创业所必需的基本素质。

山西省各高校和相关部门在创业教育上的引导发展不足，导致山西省大学生群体创业意识缺乏，大学生对创业活动的理解力不够，很多大学生甚至不了解国家的创业政策和大学生创业的目的，对创业活动的热情不足，积极性不高。创业教育缺失无法起到对大学生群体创业素质的培养，大学生群体不具备基本的创业素质，创业能力低下，无法领导或者参与创业活动。创业教育的普及与提高有利于优化营商环境，向大学生群体释放积极的信号，向大学生传递国家以及山西省的各种创业政策，使大学生增强对山西省创业环境的信心，积极地投入创业大潮中来。

四、优化山西营商环境助力大学生创业发展的策略分析

综上我们可以得知山西省目前的营商环境喜忧参半，对大学生创业也产生了截然不同的影响。可喜的是山西省近年来大力改善省内营商环境，开展优化营商环境专项行动方案，努力将山西省打造成为营商环境“六最”省份。这些举措都在不同程度上为大学生创业者带来了便利，给大学生提供了很多的优惠，提高了大学生的创业信心，燃起了大学生创业的热情，可以很好地推动山西省内的大学生创业活动。

但是，山西省因为长期以来营商环境严苛，诸如行政审批繁杂、制度不完善等很多问题还是一直存在。这些问题给大学生创业者带来了很大的阻碍，严重制约着大学生创业活动的发展。为此，本文针对这些问题为山西省的营商环境发展提出了以下几点策略，以优化山西省的营商环境，助推大学生创业活动蓬勃发展。

（一）转变政府职能，优化创业服务

山西省各级政府应该加快职能转变的步伐，按照精简、统一、效能的原则和决策、执行、监督相互协调的要求，深化机构改革，使政府组织机构更加合理、科学、高效。建设服务型政府，改变政府作风，使政府增强服务定位，政府职能由原来的管理逐步转向服务，能够更好地服务于市场，服务于各个市场主体。

山西省各级政府以及主管部门应该努力优化创业服务，为大学生创业者提供全面、快速、实用的创业信息和政策信息。积极主动地为大学生创业者提供服务，发掘项目，扶持项目，落实国家的各项创业优惠政策，帮助大学生创业者解决资金少，融资难等各种问题，努力向大学生营造国家支持创业，社会鼓励创业的氛围。政府要做大学生创业者的后盾，做大学生创业者的支持者、服务者，尽量减少大学生创业者的后顾之忧，提高大学生的创业信心，助推大学生创业的发展。

（二）实行行政审批改革

降低行政审批成本、缩短行政审批时间是激发大学生积极创业的重要手段。山西省各级政府应积极梳理当地创业行政审批的程序，因地制宜，对症下药。切实减少不合理，不必要的行政审批程序，让行政审批程序在能够履行好国家和当地政府的相关规定的同时，又能够良好有效地服务于省内每一位大学生创业者。在优化行政审批程序的过程中，各级政府还应逐步实现行政审批程序的网络办理，推行网上申报、网上办理、网上审批的电子化登记管理，从而提升行政审批效率。只有同步实现行政程序的优化与行政审批效率的提升，才能实现行政审批成本的降低和行政审批时间的缩短。

山西省各级政府必须推进行政审批部门之间的协同合作。各级政府一方面要加强政府信息化建设，改造升级各相关业务信息管理系统，建立信息共享交换平台，推动创业相关信息在政府部门间广泛共享和有效应用；另一方面，要完善法制保障，立法与执法部门应认真梳理行政审批改革涉及的营业执照、组织机构代码证、税务登记证等法律、法规及规范性文件，及时进行修订和完善，破除部门利益，努力使行政审批改革涉及的各个环节衔接顺畅，保证行政审批改革要顺利实施。

最后，山西省各级政府应逐步放宽或取消市场准入的行政审批制度，充分

发挥市场经济的活力。行政审批制度改革，一定会增强大学生创业者的创业信心，促进大学生积极参与自主创业，点燃大学生的创业激情。

（三）完善市场竞争制度，激发市场活力

山西省各级政府应努力完善市场竞争制度，优化营商环境，助力大学生创业活动的健康发展。山西省应积极将“政府主导的市场经济”变为“市场主导的市场经济”。政府要不断引导、建立和完善山西的市场体系、市场秩序、市场竞争机制，加强公平、开放、透明的市场规则建设。营造良好的市场环境，是大学生创业成功的基石，良好的市场环境，才能使大学生创业者这一脆弱的市场主体减少创业顾虑，积极地投身到自主创业的浪潮中来。

山西省各级政府要起到监督者的作用，建立纵横联办的协管机制，强化事中和事后的监管，要严厉打击各种违反市场规则的违法行为，为大学生创业者创建一个公平、透明、良好的市场环境，让大学生创业公司在山西省能够享受公平，得到公平的发展机会和同等的资源条件，促进大学生创业活动在山西的发展。

（四）加强政府补贴和优惠政策

大学生创业成本高是一个老大难问题，尤其是山西省内劳动力成本不断上升，房租也日益升高等使得山西省大学生创业成本不断提高，创业难度也大大增大。山西省应该继续增加对大学生创业者的创业补贴，提高补贴资金，使大学生创业者能依靠政府补贴降低创业成本，周转创业资金；不断推出多种大学生创业优惠政策，在创业资金补助、商业用地、创业空间、创业服务等各个方面为大学生创业者提供各种优惠政策，并且要使得各个政策切实落地，真正能够惠及每一个大学生创业者，让优秀的创业项目和创业者能够借助政府优惠政策的春风，实现创业资金灵活周转，创业活动永续发展，最终让一批有能力的创业者走向成功。

（五）健全创业法制

山西省各级政府应该引导提高社会群众的法制观念，营造良好的法治营商环境。各级政府应该严厉打击权钱交易、寻租行为等违法行为，营造遵法守法的社会经济环境，运用法律手段为大学生创业者保驾护航。不断加快制定各种地方性法规，加强对山西省公民和企业的财产保护，切实运用法律规章保障大学生创业者的各项权益，使得大学生创业者可以专注于企业发展。积极运用多

元化的社会治理方式，营造护商安商的社会环境。山西省各级政府要积极适应市场经济条件下社会多元化发展的趋势，改进社会治理方式，坚持系统治理、依法治理、综合治理，提高社会治理法制化水平，使各种矛盾得到制度性的合理解决，法律得到切实遵守，为营商主体特别是大学生创业者提供稳定的发展预期。

（六）加强创业教育

山西省各级政府应该在全社会倡导创业，积极开展创业教育。各大高等院校应该将创业教育纳入教学体系，开展模拟创业和创业实践课程，培育大学生的创业意识，调动大学生的创业激情。各大高校应该有意识地培养一批高素质的创业人才，扶持一批有前景有质量的创业项目，带动整个大学生群体积极投入创业浪潮。

山西省相关部门也应加强对职业教育的引导，积极发展职业教育，培养一批有实际操作能力的创业者和创业活动参与者，进一步扩大创业人才的来源，壮大创业人才队伍。

创业教育也应该社会普及化。面向全山西，全社会展开创业教育，让每一个社会个体都能够接受优质的创业教育，在整个社会营造“大众创新，万众创业”的创业氛围，以优秀的创业社会环境吸引大学生，引导大学生积极参与各种创业活动，投入到社会化的创业浪潮当中来。

参考文献

[1] 钟根清. 全力推进农村电商发展加快培育经济发展新动力［N］. 丽水日报，2015-05-09.

[2] 袁宁. 东北文化环境对民营企业家成长的影响分析［J］. 东北亚论坛，2008（5）：68-72.

[3] 张世满. 2015-2016年山西旅游发展分析与展望［M］. 太原：山西经济出版社，2016.

[4] 马倩如. 山西：开展5个专项活动优化营商环境［N］. 检察日报，2017-7-8.

[5] 曾照英，王重鸣. 关于我国创业者创业动机的调查分析［J］. 科技管理研究，2009（9）：285-287.

[6] 蔡莉等. 创业环境研究框架［J］. 吉利大学社会科学学报，2007（1）：50-56.

[7] 郭洪，毛雨，白璇等. 大学创业教育对学生创业意愿的影响研究［J］. 软科学，2009，（9）：69-74.

第十三章

营商环境对山西人才集聚的影响与对策

樊贵莲　裴耀琳

营商环境优化、人才集聚与区域创新发展的良性互动机制对于改变欠发达地区的落后状况具有重要意义。近几年山西相继出台一系列政策措施，大力改善营商环境，为投资者、创业者、经营者等创新创业人才流入和集聚创造了较好的条件。但仍然存在政策执行不力、服务不到位、法律滞后、开放程度低等问题，导致人才集聚的优质载体缺乏、人才创新发展的商务环境监管不力、人才流入的渠道少。实现欠发达地区的创新发展，需要进一步提升营商环境水平，可以采取产业集聚推动式、政府牵引式、合作共建式、虚拟网络式、扩大开放式、就地开发式等路径，通过优化创业环境、人文环境、招商投资环境、网络环境、贸易环境等多措并举，促进欠发达地区的人才集聚。

人才是区域经济崛起的根本性要素，构建人才聚集机制是点燃区域经济发展引擎的核心举措。新常态经济背景下，山西经济结构亟待转型升级，经济驱动面临全面转换，对于人才的需求更为迫切。但是对于欠发达地区而言，由于经济发展水平低，各方面发展滞后，对人才的吸引力非常有限，存在人才引不进、留不住的问题，出现“人才集聚陷阱”。这又进一步严重制约了区域经济发展，如此形成恶性循环。如何打破这一尴尬局面是欠发达地区谋求发展需要优先考虑的问题。营商环境的优劣，对“人才”这一核心资源的流向与集聚具有深刻的影响。如何通过优化营商环境集聚和激活人才资源，发挥区位优势，打造开放型经济，主动融入“一带一路”战略，对于欠发达地区的创新驱动转型发展意义非凡。

一、山西营商环境的优势及其对人才集聚的影响

世界银行对营商环境的定义是一个企业在开设、经营、贸易活动、纳税、关闭及执行合约等方面遵循政策法规所需要的时间和成本等条件。有学者认为，营商环境分为微观营商环境和宏观营商环境。所谓微观营商环境是指与企业本身紧密相连且直接影响企业正常运作的各种参与者，包括企业自身、顾客、竞争者、公众等。宏观营商环境是指人口环境、经济环境、自然资源环境、科学技术环境、政治法律环境、社会文化环境等。由此看来，营商环境即企业的生存和发展环境，影响企业的“一生”。近几年，山西省委、省政府在优化营商环境方面加大了力度，提出要从观念、思想上提升，从体制、制度上创新，从监管、服务上突破，着力打造审批最少、流程最优、体制最顺、机制最活、效率最高、服务最好的“六最”营商环境，积极开展了“1+9”专项行动，现已取得初步成效，为人才流入与集聚积蓄了力量。

（一）积极改革制度解决难题，为企业经营者创造良好的运作环境

为了尽快优化山西营商环境，山西省委、省政府先后召开了全省优化营商环境会议、优化营商环境专项行动专题会议等，针对性地出台了一系列政策制度。如山西省将简政放权作为深化国家“放管服效”改革的“先手棋”，积极推进行政审批制度改革，推行政府部门权力清单制度，终结了非行政许可审批类别。开展“减证便民”专项行动，最大限度减少审批要件和办事条件，解

决企业、群众办证多、办事难等问题。2017年年初，山西省政府制定了《关于建立服务常态化工作机制的通知》，按照常年受理、分级办理、联动协同、高效服务的原则，从建立机构、畅通问题受理渠道、高效协调解决问题、加强监督考核等方面，建立完善服务企业常态化机制。同年5月，提出开展入企服务常态化专项行动。建立困难企业帮扶联络员制度，完善重点项目分包责任制，帮助困难企业解决问题，推进重点项目建设。截至2017年6月底，山西确定省市两级重点工程项目1158项，年度投资计划3135亿元。其中，产业转型重点项目794项，传统产业升级项目52项，基础设施项目312项[①]。建立了服务企业平台，通过入企服务、门户网站设置服务企业专栏、开通服务企业热线电话等多种形式，及时推送惠企政策，常年受理企业问题诉求，推进服务企业常态化。2016年9月份以来，省市县三级共选派14477名干部，入驻4580户企业，收集企业反映问题8812个，问题解决率达到99%[②]。

（二）多方位支持创业创新，为创业者开拓宽松的创业环境

在“大众创业，万众创新”的背景下，为了提高新创企业的申办效率，减少开办企业所需时间，山西采取一系列措施为创业者提供方便。对于新创办企业，全省加快推进实施工商营业执照、组织机构代码证、税务登记证“多证合一”，实现“一照一码”，精简行政审批前置申请材料，简化开办企业手续；充分利用现代信息技术，开通网上登记系统，积极推进登记全程电子化和电子营业执照改革，从企业设立、变更到注销、备案等手续都可以通过网上办理，对未开业企业及无债权债务企业试行简易注销程序；优化登记方式，放松经营范围登记管制。结合具体情况放宽新注册市场主体经营场所登记条件限制，推动“一址多照”；开放名称库，方便企业自主择名。

在创业资金方面，多方联动多渠道拓宽创业资金来源。2017年7月印发了《山西省促进创业投资持续健康发展若干政策措施》，要求建立股权债权等联动机制，支持创业者的政策资金迅速落地。根据山西省就业局统计数据，2017年上半年全省累计担保基金5.17亿元，累计发放贷款15.13亿元，扶持创业0.64万人。同时还出台税收减免等优惠政策鼓励创业，如创业者在初创

---

① 杜哲蓉．山西优化营商环境 扫清重点工程建设“障碍”［N］．生活晨报，2017－07－14.

② 安中民，李振．山西：优化营商环境开展专项行动之机关干部入企服务常态化［EB］．中国发展网 http：//www.chinadevelopment.com.cn/news/zj/2017/07/1157554.shtml.

期不仅可以拿到贴息贷款，还可以凭借《就业创业证》减扣税收，最高 9600 元。对于月销售额低于 3 万元的，甚至可以免征增值税等①。除此之外，还为创业者提供创业培训、投融资对接、商业模式构建、政策申请、工商注册、法律服务等全方位创业服务。这些切实的支持和帮助，为大学生、科研人员等创新创业营造了有利条件。

（三）招商引资与招贤纳才并举，为投资者开辟绿色通道

为了引进更大的项目，吸引更多的人才，山西大力实施招才引智工程，坚持招商引资、引才引智并举。以产业项目、园区、基地招商为载体，根据产业发展实际需求，积极对接世界 500 强企业，大力引进国内外高层次人才。采取山西品牌中华行、山西品牌丝路行活动、重点项目推介会、博览会等形式，开展形式多样的招商引资和项目对接活动，发挥品牌带动优势，吸引企业投资和人才加盟。

同时，不断优化政策环境和生态环境。为了使项目真正落地，为投资者创造良好的发展环境，2016 年山西省开展了招商引资签约项目大起底。对近几年签约的近 1 万个招商引资项目进行摸排，了解签约但未落地项目、已受理但未审批项目的具体问题，并对存在的问题进行分析，分别提出处理意见，针对性地制定解决方案②。为此，山西大同市率先建立招商引资项目电子督办系统，密切跟进和督促项目进展，随时发现问题并及时解决。为了提高工作效率和效果，还不断提高服务水平，为项目发展提供保姆式服务。在重点项目落户过程中，山西省相关部门从协调、审批、开工一路绿灯。大同市甚至计划在开发区试行企业投资无审批管理，建立招商引资项目审批绿色通道，以后在全市展开。针对重大招商引资项目，建立领导联系制度，统筹推进机制，实行项目承接地代办服务制度，加快招商引资项目手续办理。这些举措为招商引资工作中的困难提出了切实的解决办法，扫除了企业、资金、人才进入和落地的障碍，在很大程度上改善了投资环境，为海内外投资商到山西投资合作开辟出一条绿色通道。

二、山西营商环境存在的问题及其对人才集聚的影响

总体上，山西省在“简政放权”“服务提质”等方面积极推进，努力降低

① 张丽媛．让创业者轻装前行［N］．山西日报，2017－07－25.

② 王晓华．2017，山西招商引资踏上变革之路［N］．山西经济日报，2017－02－07.

制度性交易成本，加快政府职能转变，“亲”“清”新型政商关系正在逐步生长。但很多政策还仅仅停留在初步执行阶段，当前山西的营商环境对人才的吸引力仍然不足，缺乏优秀人才立足的土壤和空气，导致人才流入少、流出多、生产要素配置效率提升缓慢。山西营商环境存在的问题及其对人才集聚的影响突出表现在以下几方面。

（一）政策执行不力，企业经营难，缺乏人才集聚的优质载体

1. 政策落实不到位。山西营商环境政策实施中存在“空转”问题。随着“放管服效”“简政放权”改革的不断深化，行政审批事项减少了，但是前置申请材料的审批事项、证照等还是比较繁杂，办事难等问题还不同程度地存在着①。有的地方和单位对上级出台的涉企优惠政策落实不到位，对招商引资项目只承诺不兑现。另外，各部门之间还不协调，涉及多个部门、多个环节的事项，这个部门放了、那个部门没放，大部分环节放了、某个关键环节没放，致使事情还是不能及时解决。

2. 融资准入比较困难。中小企业融资难的最主要原因有：可抵押物较少，抵押折扣率较高；贷款额度较小及频率较高，贷款成本增加；中小企业融资渠道较少，担保体系不够健全完善；获取优惠政策、财政补贴和贷款援助比较困难。

3. 服务不到位。服务体系还不完善或服务难以及时跟进，不能满足企业发展的需要，比如创业辅导、上市培育、产品设计平台等服务不到位，对中小企业服务的针对性不强。政策执行、金融环境、服务平台等这些方面的缺陷使得创业者很难选择来晋创业，也不利于现存企业运作效率的提升和成长壮大，进而影响企业对人才的吸引力。

（二）市场环境差，难以为人才集聚提供公平高效的商务环境

高层次人才除了有基本的经济需求之外，更看重的是发展平台和工作环境。而目前山西营商环境方面的相关法律、信用体系建设几乎处于缺失状态，导致企业之间出现无序竞争、不公平竞争等现象。具体体现在：

1. 法律保护不够完善。以行政审批改革为引领，建设法治化国际化营商环境是市场经济发展的必然结果。而随着审批事项取消、行政权力下放

① 曹英，吴晖．山西优化营商环境［N］．中国经济时报，2017－07－04.

等重点制度改革，需要及时对法律法规作出调整，加强法制化建设。但当前营商法律法规在一些领域仍然处于空白状态，如集体土地拆迁、工业投资项目审批等，亟需省级乃至国家在法律层面进行顶层设计。有的立法项目又过于强调对重点领域、国外投资等企业的政策扶持，一定程度上造成了对其他市场主体的不公平竞争。长期来看，反而不利于公平营商环境的促进和保护。

2. 市场秩序有待整治。欺行霸市、制售假冒伪劣商品等不正当竞争行为以及公共资源交易管办不分、垄断服务等现象仍然存在，不利于公平竞争。这样的营商环境很难吸引到优秀人才。

（三）对外开放程度低，人才流入渠道少

由于山西所处的地理位置属于内陆地区，交通和信息比较闭塞，人们的观念相对保守。经济发展水平不高，尚属于欠发达地区，相对于东部沿海地区来说，其对外开放程度很低，贸易开放度也远不及东部沿海城市，不利于对国际人才的引进。长期以来造成山西人才流动系统处于一个相对封闭的小范围之内，人才引进和流入通道狭窄，难以形成多样化、异质性的人才资源储备。与发达省份相比，山西人才队伍建设存在总量不大、结构不优、创新创造能力不强、领军人才稀缺，区域人才竞争力偏弱、与经济社会发展要求还不完全适应等问题。就科研人员情况来看，2015 年国家区域创新能力监测结果显示，关于山西科研人员共 4 项指标，其中三项即 R&D 人员全时当量、万人 R&D 人员全时当量、R&D 研究人员全时当量与全国平均水平的差距均达到了 50% 以上（具体见表 13 - 1），山西人才的稀缺程度可见一斑。

表 13 - 1　　山西省科研人员情况

指标名称	山西监测值	与全国平均水平的差距
R&D 人员全时当量（人年）	48955	-59.10%
万人 R&D 人员全时当量（人年/万人）	13.42	-50.53%
R&D 研究人员全时当量（人年）	16443	-66.56%
R&D 研究人员占 R&D 人员比重（%）	54.02	+31.50%

资料来源：2015 年国家区域创新能力监测报告。

三、营商环境、人才集聚与区域创新的良性互促机制

营商环境直接和间接对人才集聚产生影响。直接影响主要体现在：创新创业环境直接影响创业者进入；投资环境影响投资者投资；除了经济水平，生活环境、人文环境、治安环境、发展空间等会影响优秀人才对工作地的选择。间接影响主要体现在营商环境是企业赖以生存和发展的环境，而企业又是人才发展的重要载体，营商环境的不同会直接影响交易成本的改变，进而导致资源配置效率的改变，从而影响新企业的创立、小微企业的再发展、不适企业的退出转移。政府的政策法规及监管情况会激发或抑制创业者的创业精神。营商环境影响企业设立、经营、退出等从开办到退出所有的过程，最终影响企业的运作效率和竞争优势，进而影响人才对组织的内在心理感受。

区域创新的核心资源是拥有异质性生产能力的人才。空间集聚是发挥人才优势的最佳组织形式。一方面，人才集聚基于地理邻近、制度邻近、认知邻近促进了知识特别是隐性知识的创新和共享，提升区域创新能力，形成人才集聚的邻近效应。另一方面，人才集聚不是简单的 1 + 1 = 2 的组合，通过人才集中优化配置，能够发挥最大潜能，产生 1 + 1 > 2 的协同效应，并且形成人才发展的成本优势。同时会牵引需求、相关产业或企业、政府服务等不同元素进行网络化集结，进而通过强化创新激励和提高创新绩效激发区域整体创新和发展。

随着区域的不断创新发展，吸引人才的环境和条件更加优越，进一步吸引外部人才或企业转入和新企业的创办。人才集聚规模逐渐增大，人才资源日益丰富，人才的协同效应又会带动生产要素配置效率提升、产业发展、服务完善，区域快速发展，如此形成环境优化、人才集聚与区域发展的良性互动机制（见图 13 – 1）。

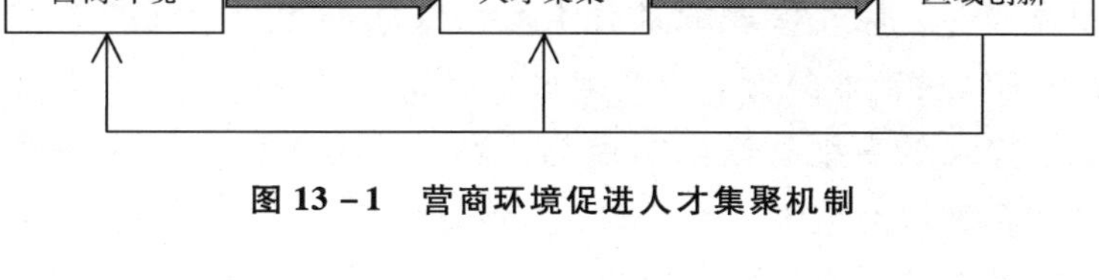

图 13 – 1 营商环境促进人才集聚机制

四、优化营商环境，促进山西人才集聚的路径与对策

实现开放型经济新突破，需要有力提升营商环境水平。欠发达地区经济方面没有优势，但是可以通过优化营商环境，形成环境势差，进而形成人才集聚势差，吸引人才流入，有效集聚和利用异质性优秀人才，为欠发达地区以创新驱动为主要内容的经济转型升级提供人才支撑。

（一）产业集聚推动式：以企业或产业发展拓展人才集聚载体

企业或产业是人才集聚的载体，促进人才集聚需加强高层次人才载体的建设，为人才集聚打造良好的引才环境，为人才发展提供广阔的空间，使三晋大地成为见贤思齐、群贤毕至的人才高地。

1. 优化创业环境，培育人才创业基地。可以依托山西科技创新城、高新开发区、科技创业园、企业孵化基地等空间载体吸引和集聚人才。通过提高行政效能、完善服务体系，提高办事成效，促进新企业的创办或外部企业入驻。对新办或新进企业给予其在房租、水电、税收、信托等方面的优惠。根据山西各高校的优势专业和各地的特色产业可以兴建一些博士后流动站和工作站，建设博士、留学生等高层次人才创业园，培育各类创业孵化机构，打造一批能够充分吸纳就业的大众创业平台。营造创业投资、天使投资发展的良好环境，支持新企业、新业态的发展。推进创业培训工作，大力倡导企业家精神和工匠精神等。加快形成以高等院校、科研机构为主的知识创新平台，以企业为主体的技术创新平台，以科技中介机构为主体的科技服务平台，努力拓展人才创业平台和空间，以集聚人才形成区域发展新动能。

2. 加强产业集群建设，构筑区域人才高地。山西在大力发展高科技等新兴产业的同时，应着力挖掘和释放区域经济的内生力量，培植和发展“原发型”产业集群。根据区域资源禀赋特点、产业发展现状、市场需求空缺、区域间的竞争态势等，优先发展最具有本地比较优势的产业或产品，重点培育“一地一品”的特色产业集群。以当地重点产业、优势产业、优势产品（比如祁县的瓷器、广灵的剪纸、运城的棉花、沁源的小米等等）为突破口，促进传统支柱产业在区域的集中，生产要素在区域的聚集。打造一批功能齐全、配套完善、各具特色的产业集群，构筑传统产业和经济发展的核心区域，形成人

才集聚之势。集聚一个产业，可以吸纳一批人才为之服务，增加各类人才的总量和优化人才结构。人才的集聚会加快产业集群发展，提升产业集群的创新能力，随之吸引人才的环境和条件更加优越，人才集聚规模更大，如此形成产业集群与人才集聚的良性互动，产生磁场效应。

（二）政府牵引式：优化商业环境，打造人才流向的区位优势

优化营商环境已经成为转变政府职能、激发市场活力的重要工程。在人才集聚过程中，政府属于支持性因素，通过调控、导向、监管、分配等功能使人才有序流动和集聚。人才流动会受到资源流动的影响，资源流动会带动人才经常性流动。而政府会根据地区的资源环境等承载能力进行统筹规划。充分发挥政府在人才流动和聚集中的宏观调控作用，才能够真正实现整个地区经济和社会的可持续协调发展。山西省委出台的《人才发展体制机制改革实施意见》中，针对优秀人才引进出台了一系列优惠政策，比如为高层次人才入晋发“绿卡”，创新引进方式、打通政企流动通道、完善事企流动制度等多项举措，打破了阻滞人才流动的制度壁垒，扫除了影响人才汇集的身份障碍。政府还可以通过制定其他政策或措施吸引和激励人才。

1. 创造诚信、公平、和谐的商业环境。完善的营商法律体系是促进市场健康有序运行的前提和保障。因此，应坚持标本兼治，加强制度供给和法规建设，建立完善长效机制，营造公正法治的市场环境。一是政府尽快出台“山西省信用诚信体系条例”“山西省知识产权保护条例”等方面的法律法规，加强信用监管，构建社会信用体系和行为规范。加强知识产权创造、运用、保护，推动创新驱动战略、鼓励自主创新。二是政府通过建立和完善监管与督导机制，对不法行为进行约束和规制。但注意要建立创新包容审慎的监管制度，探索制定新兴产业监管规则，量身打造符合新动能特征的监管模式，建立完善公平竞争审查制度。同时，应着力提高社会安全感，积极组织开展区域性打击整治行动，严厉打击盗窃企业财物、欺行霸市等违法犯罪行为，为企业经营和人才工作创造良好的商务环境。

2. 金融创新，加强金融环境建设。加快金融创新，优化金融环境，为企业和人才进入提供良好的发展平台和金融支持。针对当前中小企业面临的金融困境，应尽快完善金融机构建设和开发金融新产品。一方面，建立企业资产评估机构、信用风险评级机构、融资担保机构等。一条龙服务机构能够使企业及时获得发展所需的资金支持，降低了因缺少流动资金而陷入财务困境的风险，

避免因融资难而无法发展壮大的尴尬局面。另一方面，开展知识产权、专利等质押贷款，以缓解文化企业因缺乏抵押、质押物而贷款难的问题，同时降低金融机构的信贷风险。另外，针对政府、金融机构及企业间的信息不对称问题，可以建立由政府、企业、银行和市场联合组建的融资平台。政府通过综合平台上传政策、融资等相关信息，企业和金融机构可以根据自身需求在平台上寻求适合的政策或信息，拓展融资渠道，提高金融和政策资源支持企业发展的效率。

3. 营造宽松多元的人文环境。推进人才国际化，吸引并充分利用全球人才资源为晋服务，必须创造一种文化认同氛围，使引进人才感受到尊重、亲切、宽容。在建设基础设施时，要注意多种语言标识环境建设，对图书馆、博物馆、科技馆、剧院、公园等公共场所，要配置多种语言文字，为国际人才提供便利。

4. 创造安定舒适的生活环境。当地政府应统筹规划各个城市的基础设施建设和居住环境改善，提供良好的生活环境，以留住人才。对于优秀的高层次人才，在薪资、住房、科研经费、工作条件、职称评聘、教育培训、医疗保健等方面给予政策倾斜。可以采取政府扶持、企业购买、市场运作的方式，建设各类人才公寓，打造一批符合不同需求的居住小区，同时要考虑子女上学、老人照顾等配套设施和机构的统一设计，切实解决人才的实际困难。

（三）合作共建式：设立研发机构，就地取才

知识经济时代，企业的竞争就是人才的竞争。在优秀人才非常稀缺的情况下，山西应树立合作共赢意识，加强合作，以合作引才，拓宽人才的“宽度”，借助外力为我所用。一方面，本地企业应积极在区域之外寻找合作伙伴，各方提供自身优势资源，通过与合作方共同出资、出人等方式，在发达地区或国家组建研发机构、功能实验室、产学研基地、科技成果转化基地或工程技术研究开发中心等，还可以聘用当地的优秀人才一起工作，集聚全球范围内的人才资源。另一方面，利用企业创新项目、高校研究等方式与国内外高层次人才进行交流与研发合作，为其提供优良的研发工作环境，鼓励其在当地长期或短期驻留，进行学术与技术交流。采取“走出去”和“引进来”等多种合作方式，具有灵活、多样、方便等特点，能够打破地区、部门之间的局限，避免人才因转关系、搬家等所带来的一系列问题，还可以实现合作各方扬长避短、优势互补、共同发展，达到双赢或多赢的效果，是弥补欠发达地区人才资

源不足的一种可行途径。

（四）网络虚拟式：借助网络技术，探索组建虚拟人才同盟体

网络虚拟式是指充分发挥现代互联网技术和优势，创新引才用才模式。通过虚拟、并行等方式在全球范围内获取人才资源。促进人才及其知识跨越地区或国界流动与传播。比如，可以利用 Facebook、Twitter 等社交平台、微信、微博等媒介建立虚拟社区、群、组等，还可以开设论坛、朋友圈等，根据项目所需在全球范围内探索建立人才“虚拟同盟体”。这就要求优化网络环境，重点是要加快信息化基础设施建设，加快网络覆盖和网络安全保护立法，建立网络安全基础性制度，规范网上信息传播秩序，完善互联网法律体系建设及网络风险控制机制等配套措施。

（五）扩大开放式：扩大对外开放，开门迎才

在全球化深入推进的大背景下，欠发达地区应进一步加强对外开放的深度和力度，不仅可以使贸易商品便利化，同时打开人才流入的通道。积极有效地吸引外商直接投资，以商引才，通过创办外资或三资企业，引进外籍科技、管理人才。贸易开放度的提高有利于全要素生产率的提高，通过促进区域内竞争，鼓励技术模仿和创新，增加企业学习先进技术的机会而影响全要素生产率。另一个更重要的作用是通过影响人力资本的积累水平而影响全要素生产率[①]。因此，欠发达地区应扩大对外开放的程度，打破封闭式的人才管理模式，使欠发达地区的人才结构成为开放性的自我调节系统，充分利用人才的社会化管理渠道，多层次、多形式、多方面地在全球范围内招贤纳才。

一是互联网辐射。充分利用各种新闻媒介，疏通信息渠道，特别是利用互联网信息传播速度快、范围广、方便快捷等特点，全面发布地区人才需求信息，大力宣传人才引进的优惠政策，使人才需求和政策信息辐射全球。

二是广设窗口。充分利用社会关系网络，联系在国外及国内经济发达地区工作的本地人员，请他们作为山西在外招揽人才的联络员，鼓励他们为振兴家乡引荐人才，为家乡企业和优秀人才之间牵线搭桥，作为各地的信息窗口，广纳贤才。

---

① 许和连，亓朋，祝树金．贸易开放度、人力资本与全要素生产率：基于中国省际面板数据的经验分析［J］．世界经济，2006（12）：3-10+96.

三是上门招才。要大量收集国内外人才信息，对于一些高层次的稀缺人才，应建立专门的招聘团队，实地与人才联系洽谈，本着双赢的原则，向优秀人才发出真诚邀请，并考虑人才的实际需求，切实消除他们的后顾之忧，要有“三顾茅庐”的求才精神。

（六）就地开发式：营造尊重知识、尊重人才的人才发展环境

从外部引进人才是快速揽才的有效途径，但大力培养当地人才是欠发达地区长期发展的应有之义。从长期来看，政府应树立创新发展、教育为先的理念，营造重视教育、尊重人才的社会氛围；加大教育投资，从基础教育、继续教育到在职培训，建立起完善的教育机构和体系，满足不同层次人才的学习需求。从具体实践来看，政府或企业可围绕本地区的发展需要，定期组织有发展潜力的人才到科研院所、一流企业、著名高校进行跟班实践或研修，学习他们的先进技术和管理经验，更新知识结构，提高创新创业能力；邀请国内外知名学者、优秀技术人才来晋短期访问、技术指导、兼职等方式，对当地人才进行指导；产学研相结合的方式培养人才，可以把高校的优秀人才有针对性地派到企业一线，依托产业完善的基础设施和成熟的实践平台，进行科研成果转化，实现资源共享，推动校企人才的共同成长。除此之外，政府、企业、科研院所等各类组织是人才赖以生存的土壤，促进人才集聚需要区域内有足够多的组织能提供有吸引力的工作岗位、有竞争力的薪酬以及良好的工作环境。因此，各类组织应加强自身建设，积极成为学习型组织，以更好地吸引、培养、留住高素质人才。

参考文献

[1] 多丽娜·格奥尔吉瓦．全球营商环境报告2017——机会平等［J］．中国市场监管研究，2017（09）：9－11.

[2] 黄吉乔，丘书俊，张颖．推进深圳法治化、国际化营商环境建设的国际比较分析及启示［J］．市场经济与价格，2014（02）：42－47.

[3] 左沛廷．打造最佳营商环境——临沂市优化营商环境情况调研报告［J］．机构与行政，2015（04）：8－11.

[4] 邵学军，王玉．营商环境视域下高校创新创业发展研究——以辽宁省为例［J］．当代经济，2017（14）：89－91.

[5] 江静．制度、营商环境与服务业发展——来自世界银行《全球营商环境报告》的

证据 [J]. 学海, 2017 (01): 176 - 183.

[6] 芮雪琴, 李亚男, 牛冲槐. 科技人才聚集与区域经济发展的适配性 [J]. 中国科技论坛, 2015 (08): 106 - 110.

[7] 张莉云, 冯志明, 单钧, 谢资二, 陶菊良, 袁娇娇. 南通市营商环境调查分析与思考 [J]. 统计科学与实践, 2017 (01): 35 - 38.

[8] 龚柏华. 国际化和法治化视野下的上海自贸区营商环境建设 [J]. 学术月刊, 2014, 46 (01): 38 - 44.

[9] 孙丽燕. 企业营商环境的研究现状及政策建议 [J]. 全球化, 2016 (08): 106 - 119.

[10] 马太建, 丁淑渊, 汪立生, 褚志霞. 打造法治化营商环境 [J]. 唯实, 2016 (06): 23 - 27.

[11] 黄振饶. "一带一路" 国家战略视野下的广西营商环境建设 [J]. 社会科学家, 2015 (10): 41 - 44.

[12] 邢文杰, 刘彤. 基于营商环境视角的企业家创业行为研究 [J]. 贵州大学学报 (社会科学版), 2015, 33 (04): 91 - 96.

[13] 李桂东. 欠发达地区高端人才集聚问题的研究 [J]. 中国就业, 2017 (03): 48 - 49.

[14] 季小立, 浦玉忠. 产业创新背景下区域人才集聚效应及管理跟进——以江苏为例 [J]. 现代经济探讨, 2017 (04): 72 - 76.

[15] 王全纲, 赵永乐. 全球高端人才流动和集聚的影响因素研究 [J]. 科学管理研究, 2017, 35 (01): 91 - 94.

[16] 陈志恒, 方志军. 相对欠发达地区人才集聚困境及突破路径 [J]. 中国劳动, 2016 (06): 29 - 33.

[17] 于斌斌. 区域一体化、集群效应与高端人才集聚——基于推拉理论扩展的视角 [J]. 经济体制改革, 2012 (06): 16 - 20.

[18] 周均旭. 产业集群人才集聚效应演化规律与对策研究 [J]. 武汉科技大学学报 (社会科学版), 2010, 12 (06): 40 - 44.

[19] 王吉春. 新常态背景下高端创新人才集聚的形成机理研究——基于和谐理论视角 [J]. 中国教育学刊, 2015, (S2): 13 - 15.

[20] 梁文群, 郝时尧, 牛冲槐. 我国区域高层次科技人才发展环境评价与比较 [J]. 科技进步与对策, 2014, 31 (09): 147 - 151.

[21] 董志强, 魏下海, 汤灿晴. 制度软环境与经济发展——基于 30 个大城市营商环境的经验研究 [J]. 管理世界, 2012 (04): 9 - 20.

第十四章

基于营商环境的“双创”生态体系构建研究

张宝建　张丽波

“大众创业，万众创新”之“双创”体系为缓解经济下行的压力提供了很好的思路，同时，我们也应该注意到“双创”企业在现行经济体制下面临的经营困境，要从政策上优化政府治理、优化“双创”环境，其着力点应体现在良好营商环境的构建上。本文首先着重从山西的实际情况出发，通过分析营商环境及其评价指标体系，明确了“双创”生态体系在促进经济转型升级中的重要作用，并从企业行为的角度分析了“双创”生态体系下，不同的企业发展阶段对营商环境的需求。最后，针对山西在营商环境推动“双创”建设中存在的问题和取得的成果进行总结，提出了构建“双创”生态体系的政策建议。

一、引　　言

山西是一个矿藏资源丰富的大省，多年来以重工业为支撑的经济发展体系导致山西经济发展底盘不稳、后劲不足，资源的不可再生性，曾一度让山西经济发展陷入困境；加之，山西身处我国中部，交通不便，对外开放程度低造成了山西产业结构转化滞后、经济发展缓慢的局面。综合上述原因，山西省经济发展的结构性矛盾突出，多元支撑的现代化产业体系尚未建立，形象的说法是，山西省的发展一直处在“夹缝中求突破”的状态，其发展急需新鲜的市场力量。寻求多元化支撑的现代产业体系，是山西当前经济发展的重中之重。

李克强总理在2014年9月召开的夏季达沃斯论坛上，首次提出了“大众创业，万众创新”的号召，经过对其内涵的不断阐释，在全国范围内掀起了一场“草根创业”的新浪潮，形成了“人人创新”的新势态。通过鼓励创新带动经济发展，形成财富积累，进而实现精神追求和自身价值的最大化。党中央、国务院高度重视“大众创业，万众创新”，并把“双创”作为实现经济平稳健康发展、落实创新驱动发展战略、培育发展新动能、加快旧动能转换、推动经济转型升级的重要支撑和促进社会就业、提高发展质量效益的重要途径。这也给正处在转型发展重要时期的山西省带来了新的发展机遇。

在山西省内，大力推动“大众创业，万众创新”是充分激发群众智慧和创造力的重大改革举措，要保证这一重要措施的顺利实施，自然离不开政府的保驾护航。而政府亟待解决的问题就是良好营商环境的建设。

经济发展依托的两个重要因素：一是企业；二是环境。经济竞争的背后，说到底是制度和环境的竞争。将“双创”战略的着力点定位于营造良好的营商环境，应该成为山西省政府为实现经济转型升级的重要战略。通过优化营商环境实现“双创”活力，实现资源环境的良性发展是经济持续发展的不竭动力。

当前，已有学者从不同的方面论述了“双创”背景下，营商环境对经济发展的促进作用：董志强等（2012）以30个大城市开埠通商历史为工具变量，研究城市营商软环境对城市经济发展的影响，表明良好的城市营商软环境对城市经济发展有显著的促进作用，对于我国当前的创业型城市建设也有一定的启发。孙丽燕（2016）从营商环境全程参与企业运作的角度出发，指出营造良好的营商环境是解决中国当前经济发展中的突出矛盾和问题的重要途径。武靖州（2017）指出，营商环境与经济发展水平紧密相关，而营商环境不佳是导致生产要素流入少、流出多和生产要素配置效率提升缓慢的主要原因。

同时，学者也指出“双创”背景下，企业在营商环境在建设过程中所遇到的主要困难：许可等（2014）通过对各行业营商环境的评估，指出在当前中国的营商环境中，企业所面临的问题主要有企业金融准入困难、人力资源受教育程度不高、非正规部门竞争以及税负重等四大问题。同时，实验数据表明人力资源受教育程度不高所带来的困难对中国企业的业绩的影响并不明显。周瑞芳（2008）指出，中小企业成长过程中需要一个良好的环境，而实际上，中小企业融资渠道、资金成本先天不足，需要给予特殊的政策平衡；同时也指出中小企业具有明显的行业特点，需要加以区别对待。

由此，我们可以总结出“双创”背景下着眼于营商环境建设是有重大意义的：

（1）通过“双创”热潮激发城市创业活力，促进省内高技术企业的孵化；进而通过营商环境建设保证企业发展壮大，两者相辅相成，共同促进山西省经济的健康发展。

（2）通过优化营商环境，着力解决新设立的“双创”企业面临的困难和问题，进一步强化政府治理，改善创业生态，唱响“人说山西好环境”序曲。

二、营商环境概述

（一）营商环境的界定

“营商环境”一词最早起源于世界银行的 Doing Business 小组，中国很多学者将“Doing Business”译为营商环境。该项目通过对中小企业的考察，并根据设定的指标收集和分析数据，利用定量分析的方法，对各个经济体在不同时期的商业环境进行评估。最终将结果通过《营商环境报告》的形式发布，作为相关研究人员和商界人士分析商业环境的重要参考。

此外，一些专门的机构和学者还对营商环境进行了专门的界定。企业发展捐助委员会（简称 DCED）认为，营商环境是支配商业活动的政策、法律、制度、规则等的一种复杂的融合体；国际商业观察（简称 BMI）认为，营商环境可以通过透明度、任人唯亲主义和腐败、劳动力市场的灵活性、企业税负负担、利率水平、银行业和股市的复杂程度、商业信心水平、基础设施和信息技术等方面进行衡量。艾佛特（2005）则从广义相对论的角度将影响企业经营效率的因素分为政策、机构、基础设施、人力资源、地理环境等；斯拉雷德尔（Slappendel，1996）从结构主义视角，认为企业商业环境的要素包括两个方面，一方面是消费者、竞争者、政府等与企业任务有密切关系的因素，另一方面则是与环境有关的企业组织创新因素。卢卡斯（Lucas，2001）将影响企业商业环境的重要因素分为八类，包括技术、管制、经济、社会文化、国际影响、消费者、供应方、竞争者；沃辛顿（Lan Worthington，2011）在其著作《企业环境》一书中，将企业所面临的商业环境分为两类：一类是与企业日常生产经营直接相关的外部因素；一类是倾向于影响企业整体的宏观因素。

据此，本文将营商环境定义为企业经济体整个生命周期中各种环境和条件的总和，涉及企业从开办、运营到注销等各个环节中涉及的政治要素、法律要素、经济要素、社会要素等方面，是一项涉及社会经济改革和对外开放等众多领域的系统工程。从企业成长的角度将营商环境分为微观环境和宏观环境两部分，微观环境主要是直接影响企业正常运作的各类因素，宏观营商环境则涉及政治、法律、经济等方面。企业的微观环境是企业运行的基础，宏观营商环境的不同则会直接导致企业交易成本的变化，进而导致资源配置效率的不同，从新企业的创立、企业的再发展到企业的退出转移，大的宏观环境不同，对企业传递的信号也是不同的，可能会在一定程度上起到激发或者抑制创业者的创业精神的作用。

（二）营商环境的指标衡量

营商环境的发展需要有一套完善的指标体系进行衡量，现行的具有可操作性、且在实际工作中被广泛采用的指标体系，是由世界银行发布的"企业营商环境指标"。它是用来衡量和评估各国私营部门发展环境的重要指标体系。早在 2001 年为了更好地促进世界各地各私营部门的发展，并评价各地投资环境的好坏，经过多年的不断完善，评价小组收集分析了大量数据，并通过构建相应的指标对各个经济体的营商环境进行评估和比较，通过十组数据衡量和复杂模型的计算，来衡量企业营商环境的综合状况。

表 14-1 世界银行营商环境各项指标及测量维度

序号	指标	测量维度
1	开办企业	合法正式开办企业的流程（25%）
		完成各个流程所需要的时间（25%）
		完成各个流程所需要的费用（25%）
		最低实收资本金（25%）
2	办理施工许可	合法建设仓库所需流程（25%）
		完成各个流程所需要的时间（25%）
		完成各个流程所需要的费用（25%）
		建设质量控制（25%）
3	获得电力	获得电力所需流程（25%）
		完成各个流程所需要的时间（25%）
		完成各个流程所需要的费用（25%）
		供电稳定性和电力透明度（25%）
4	登记财产	转移不动产所需流程（25%）
		完成各个流程所需要的时间（25%）
		完成各个流程所需要的费用（25%）
		土地管理质量（25%）
5	获得信贷	相关法律（50%）
		信息深度（16.66%）
		信用咨询公司的覆盖范围（16.66%）
		征信机构的覆盖范围（16.66%）
6	中小投资者保护	披露深度（16.66%）
		董事责任（16.66%）
		股东讼诉便利度（16.66%）
		股东权利（16.66%）
		所有权和控制权（16.66%）
		公司透明度（16.66%）
7	纳税	纳税次数（25%）
		完成纳税所需时间（25%）
		总税率（25%）
		税后事项（25%）

续表

序号	指标	测量维度
8	跨境贸易	进口时间（25%）
		进口费用（25%）
		出口时间（25%）
		出口费用（25%）
9	合同执行	解决商业纠纷所需时间（33.3%）
		解决商业纠纷所需费用（33.3%）
		司法程序质量（33.3%）
10	办理破产	所需时间（12.5%）
		所需费用（12.5%）
		结果（12.5%）
		债款回收率（12.5%）
		破产制度（50%）

根据《2017年全球营商环境报告》（排名越靠前，表示该指标衡量的中国营商环境质量越优），我们可以发现，我国整体营商环境中在合同执行和财产登记两方面表现较好，在全球排名中分别占第5和第42。但是，根据雷达图也显示，以办理施工许可、纳税、开办企业、中小投资者保护为代表的指标所表示的营商环境体系亟待改进与提高（见图14－1）。

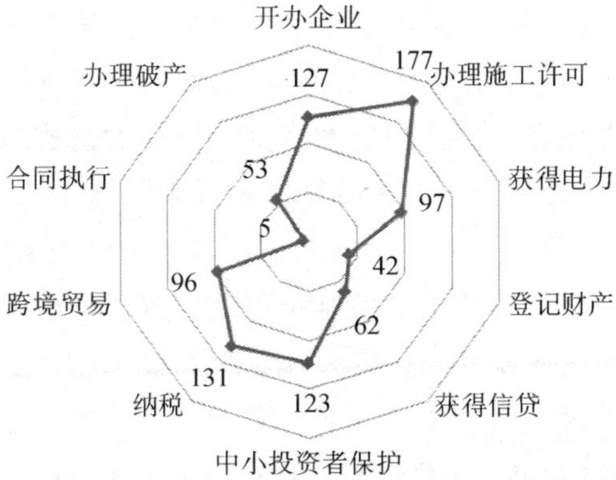

图14－1　2017年中国营商环境指标排名

（三）营商环境的经济模式

各个经济地区的发展都离不开对营商环境的改善，尤其以营商环境的法制化和国际化为先行体系。营商环境的法制化是指依靠一套行之有效、公正透明的法律、法规来监督经济的运行环境；营商环境的国际化则是指建立符合国际惯例和世贸规则的市场运行机制和体系。对于广大中小企业来说，市场环境、政策服务环境、社会化服务环境、融资环境和法制环境的构建，对于实现企业的快速发展有着重要作用。由此，演变出一系列政府营造良好的营商环境促进经济发展，最终实现经济增长的营商环境发展模式，其中，具有代表性的有新加坡模式以及中国香港模式、深圳模式、天津模式。

1. 新加坡：法制优先模式。根据世界银行发布的《2017 年营商环境报告：人人机会平等》：在所有国家的营商便利度中，新加坡排名第二。从新加坡的发展模式上来看，我们不难发现，新加坡良好的营商环境的发展得益于完善的法律法规体系。新加坡良好的投资环境离不开政府对知识产权的保护、大力吸引人才和对劳动者权利保护，并就移民等方面建立了健全的制度保障。通过公正的司法审判系统，为解决企业纠纷、建立良好的市场秩序提供了条件。通过《竞争法案》来约束市场竞争的垄断行为，为促进健康的市场竞争提供了条件。根据瑞士洛桑国际竞争管理学院发布的《国际竞争力年度报告》，新加坡是世界上知识产权保护最好的国家，《专利法案》、《商标法案》、《注册商标设计法》和《版权法》为广大企业的发展提供了重要保障。

2. 中国香港：国际化优先模式。中国香港是一个高度开放的区域，这为其打造优质的营商环境奠定了基础。中国香港的城市管理水平体现了国际化高标准，扎堆的各国领事馆、便捷的国际航线与航班、与国际接轨的高等教育体系和良好的国际语言环境，便捷舒适的公共服务让香港成为高水平的国际化政治文化交流中心。中国香港的开放不仅体现在城市规划、市政建设、交通管理、公共服务等“看得见”的设施建设上，作为一个开放的国际大都市，香港更是以便利的金融服务、简单低税制吸引着国际化金融人才的聚集，极大地推动了香港现代金融服务业的繁荣。

3. 中国深圳：效率优先模式。“时间就是金钱，效率就是生命”，这是深圳在打造高效便利的营商环境下所提出的口号。党的十八大以来，在全国“大众创业，万众创新”双创热潮鼓舞下，深圳通过积极改善投资和市场环境，降低市场运行成本，着力打造高效的便利营商环境。长时间以来，深圳市通过整合内部资源，不断优化商事登记改革，先后推出“多证合一”“企业名称自主申报”、股权变更登记不再将公证书作为必要材料等一系列重大举措，持续激发了市场活力，简化了审批程序，真正意义上做到了审批环节做“减法”。另一方面将“互联网+政务”服务理念，将政府办事大厅搬到了网上，各单位充分利用大厅集中办理行政审批业务的平台优势，根据窗口业务特点，打破部门边界，加强单位间横向业务协同，建立多层次横向联动机制，促成审批业务无缝衔接，提升一体化程度。真正意义上做到了审批效率做“加法”。深圳模式下，这种重效率、重法制、重服务的工作态度为良好的营商环境提供了基础。

4. 中国天津：便利优先模式。天津是重要的沿海开放城市，长期以来，紧紧围绕着打造营商环境高地，以振兴实体经济、深化国企改革、降低生产要素成本、加快产业转型升级为目标，提出了一系列成果显著的重要举措：通过“网上填报、网上审核、现场提交材料、复审当场办结”实现了从名称核准到设立登记的全程网上办理，进一步深化商事登记制度，是持续推进简政放权、放管结合、优化服务，激发企业创业创新活力的重要举措。以“天津滨海新区”为代表的营商环境，强化了以贸易自由、投资便利、金融服务完善、高端产业聚集、法制运行规范、监管透明高效、辐射带动效应明显等的核心内容和总方向，积极探索投资便利和贸易便利的措施。通过成立行政审批局和综合执法局，幅度减少、取消审批事项，加快推动政府职能转变，促进政务服务便利化；通过扩大服务业和先进制造业对民营资本和外资的开放领域，对于外商投资率先实行准入前国民待遇加负面清单的管理模式；创造条件推动人民币资本项目可兑换、利率市场化、人民币跨境使用、外汇管理体制等方面创新，加快金融领域改革创新；依托“一线放开”实现通关便利化。

三、“双创”及其生态文化内涵

（一）双创内涵

李克强总理在2014年9月召开的夏季达沃斯论坛上，首次提出了“大众创业，万众创新”（“双创”）的号召，极大地拓展了创业创新的内涵。

“双创”是在国家转型发展时期提出的重大战略，旨在优化创新创业环境，激发蕴藏在人民群众之中的无穷智慧和创造力，让那些有能力、想创业创新的人有施展才华的机会，实现靠创业自立，凭创新出彩。“双创”突破了传统意义上在科学技术层面狭义的创新，是从理论观念、体制机制、发展方式、技术和社会管理等多方面、多层次的战略性、系统性的广义创新；同时，“双创”摒弃了传统意义上以企业为主的创新，而是把社会上每一个成员都看成了市场上创新的主体，在民间掀起了“草根创业”的创业热情，进一步释放了市场活力。

当然，“大众创业，万众创新”不是让所有人都放下本职工作去创业，而是为想创业的人创造一个更好的创新创业环境，是符合我国经济新常态发展的重要举措。“双创”是基于我国人力资源丰富、国内市场大、工业体系完备等特有优势和巨大潜力，致力于激发全社会的创新潜能和创业活力。“双创”是基于人们对机会公平、权利公平的内在追求，致力于探索劳动致富、共同富裕、社会公平的新路径。

（二）“双创”生态体系

“双创”是适应经济社会发展和国家发展战略的一种重要模式。2017 年 7 月 12 日的国务院常务会议再次聚焦“双创”，李克强总理首次提到要创造生机勃勃的“双创”生态环境。无疑“双创”的开展需要良好的营商环境，但“双创”的主体力量应该是具有创业基本素质和开创型个性的人才，“双创”应该重视素质教育，重视培养创业者的创业意识、创业精神和创新创业能力。

生态是生物生存状态和所处环境密切相关的统一体。“双创”的生态既包含创业者，也包含与创业者密切相关的创新创业环境。所谓“双创”生态文化，是指一个系统性的有机整体，它包括“双创”人员及企业、政府、相关中介机构等多种参与主体，并内含这些主体所处的政策、制度、市场和文化等环境。其中，参与主体之间、参与主体和环境之间相互交叉作用，不断影响着创新创业的发展水平。从个人角度看，“双创”生态体系下，个人的素质得到全方位协调发展，更能够适应未来的知识储备和社会技能的需要。从国家社会角度看，具有“双创”精神的人，有更高的素质，能够为社会创造更多的岗位，创业成果对社会也有着积极的推动作用，能够促进国家和社会的繁荣发展。

四、营商环境与“双创”下的企业行为

（一）营商环境大形势

世界银行高级副行长兼首席经济学家考什克·巴苏所说：“一个经济体的成败取决于多种变数，其中往往被忽视的是那些方便企业和营商的细节。“双创”模式的带动下，各地纷纷响应：沈阳狠抓营商环境激活“双创”热潮。据了解沈阳市工商行政管理局在“先照后证”“五证合一、一照一码”“双告知”等改革措施的基础上，深入开展“两证整合”“口头申报、当场取照”、众创空间住所登记备案制、企业简易注销、“多证合一”等工作，进一步缩短企业开办时限，降低企业开办制度性成本，提高企业开办便利度，加快了“双创”步伐，并取得了喜人成果，2017 年 1—8 月沈阳市共新登记市场主体 104650 户，同比增长 54. 99%，平均每个工作日新登记市场主体 627 户，平均每分钟就诞生 1. 31 户市场主体；全市实有各类市场主体 63. 17 万户，同比增长 18. 76%。

除了政府为“双创”营造的高效便捷环境，为解决中小企业、初创企业在创设、运营过程中遇到的融资难等问题，银企对接也为优质营商环境助力。兴业银行大连分行辖内的一家网点，以“服务高新园区科技型中小企业，着力为中小企业融资排忧解难”定位。“双创”“科技支行”为高新区小微企业打造新引擎，助力优化营商环境。借助高新园区管委会这一政府平台，对大连市高新园区内的优质科技型企业给予“创业贷”“中小企业贷款保证保险”“三板贷”“税银通”等信用贷款支持，为高新园区众多小微企业插上了腾飞的翅膀。

由上面各省的例子可知，“双创”和“营商环境”两者是相辅相成的，改善营商环境可以促进“双创”，“双创”带来经济效益的提高也将进一步促进政府优化企业生态环境的决心。

（二）营商环境与企业行为

企业所面临的营商环境是一个较为宽泛的概念，营商环境会通过各种途径诱发、促进或者限制企业经营行为和活动。当然，若环境发生变化，如出现政

治局势不稳，经济状况恶化，也会改变企业组织决策行为；其次，为了生存和发展，企业作出任何选择或决策都必须考虑环境因素，企业生产和发展的过程也是对外部环境进行“选择”的过程。

实际上，营商环境全程参与了企业的运作，本文将营商环境划分为多个要素，有针对性地考察营商环境对企业设立、运营、获取资本和绩效等方面，为中小企业利用好外部营商环境提供参考，同时也可以为政府改善营商环境提供政策建议。

1. 营商环境与企业设立。“大众创业，万众创新”激发了社会的创业浪潮，在对新创企业的调查中可以发现，企业设立之初，对企业设立影响最大的是法规条例。

初创企业往往会面临过高的行业壁垒，而与行业壁垒密切相关的那些具有官僚性质的法律条例，这对于新创企业来说都是有害的。同时当代“双创”企业往往以中青年创业者为主要群体，他们是一群充分掌握当代知识技能的人，精力充沛，创新能力强，因而新创企业的行业科技含量更高，知识密集型公司比重更高，正因为如此，初创企业也面临知识产权保护力度不够的问题，急需相关法律法规的保驾护航。

数据显示，良好的营商环境对创业有着显著的促进作用，良好的营商环境能为创业带来更多的便利条件，从而激发私人部门的创业活动。现代化的商业注册登记程序的目标就是通过网络提供一站式、自动化的注册方式，简化办证流程。总体而言，快捷高效和节约成本的商业注册登记，是通过良好的营商环境促进私人部门开展创业活动的关键。

2. 营商环境与企业运营。中小企业在经营过程中遇到的问题是多种多样的，税费沉重是阻碍中小企业发展规模壮大的重要因素之一。

近年来，为提高企业竞争力，进一步深化供给侧改革，降低企业运营成本，我国持续推进减税降费这一利好政策，优化企业营商环境。实际上，“营改增”的意义不仅仅是减税，还在促进产业分工优化，拉长产业链，带动制造业升级和服务业发展方面起到了积极的作用。据统计，在“营改增”拉长产业链、扩大税基的作用下，2017 年前三季度，建筑、房地产、金融、生活服务四大行业“营改增”纳税人月均增加 20.7 万户，明显高于 2016 年的月均增加 8.4 万户。

同时，支持小微企业发展的税收优惠政策不断扩围，对小型微利企业实施减半征税政策，同时进一步调高这类企业的应纳税额起征点，释放市场活力。

减税的同时，中国大规模清理规范收费基金，实施普遍性降费。中央层面已累计取消、停征和减免了593项政府性基金和行政事业性收费，每年可减轻社会负担超过3200亿元。为了推进供给侧结构性改革，降低实体经济企业成本，优化企业营商环境，今后中国减税降费不会止步不前。

3. 营商环境与企业融资。中小企业的经营发展在资金方面的需求具有天然的弱质性，受金融机构贷款利率和人民币汇率变动的影响，中小企业面临的贷款利率节节上升，一旦遇到经营困难，资金链断裂的风险节节攀升。

营商环境的公平则可以改变这种状况。兴业银行大连分行在这方面做了一个表率作用，其定位于服务高新区科技型中小企业，着力解决中小企业融资难的问题。针对中小企业发展过程中普遍存在的缺少抵押物的问题，通过社区走访和实际调查，制订出科技型小微企业集群营销方案，即利用科技型企业聚集地——高新区管委会这一政府平台，对优质科技型企业给予“创业贷”“中小企业贷款保证保险”“三板贷”“税银通”等信用贷款支持，为高新区众多小微企业插上了腾飞的翅膀，通过主动将金融资源向科技型中小企业倾斜，彰显了“科技银行”的定位和特色，从政策上解决了中小企业融资困难的问题，为企业的发展营造了更加和谐的营商环境，也积极响应了国家“大众创业，万众创新”的号召，增强了小微企业发展的信心。

4. 营商环境与企业绩效。辽宁省在营商环境建设上走在全国前列，并出台了《辽宁省优化营商环境条例》，将营商环境建设纳入政府绩效考核体系，将优化营商环境的任务分解到位、落实到人，建立健全营商环境投诉举报制度和行政问责制度，为中小企业带来了发展红利。

企业是市场经济的主体，在市场经济中发挥着重要作用，进一步增强企业绩效就是提高发展速度，增进发展质量。为此，政府要进一步加强企业服务意识，营造良好的政商关系，从尊商、安商、辅商、兴商的角度出发，着力为企业提供高效、便捷、优质的服务，实现政务环境的改善。

现有的实证研究也表明，投资环境对企业层面的经济绩效有重要影响，尤其是在企业进入、退出和投融资的可获得性等影响企业绩效的重要因素上扮演了重要角色。企业会根据对市场环境的判断，来选择企业发展战略，进而进行企业的决策。企业和营商环境之间无时无刻不在发生密切关系，呈现出一种相互作用的动态联系，企业营商环境的变化，最终导致了企业决策的方向，进而影响了企业绩效的变化。

5. 营商环境与企业之间的互动。以企业为代表的私营部门和以政府政策为代表的环境之间的良好互动在企业发展过程中的作用是巨大的。一方面可以促进经济的可持续发展；另一方面对于增强企业竞争力也有着巨大的作用。为此，相关研究已经着力于开始关注通过精简官方和公共管理机构来提升营商环境的氛围，并通过相关的法律法规来保证相关政策的执行。

五、政策建议

（一）山西省营商环境中的焦点问题关注

山西省委、省政府通过一系列政策积极推进优化营商环境，在“双创”的风潮下，通过招商引资，实现山西省经济发展的转型升级，各项工作取得了实质性的进展。但是依然存在着营商环境不优、制度性交易成本偏高，政策“空转”、公共服务体系不够完善等问题。产业结构不优、大项目支持不足、要素配置效率不高，一直是困扰山西全境的一个顽疾，具体来说，突出表现在以下几个方面：

1. 办事效率不高。一些单位内部职能没有完全整合，教条主义严重，往往急事缓办；有的部门业务不熟，只说“不能办”，不说“怎么办”，结果就是企业跑来跑去办不下来，信心跑没了，把企业整没了；有的表面上制定了一些制度，对政策“走上限”，企业机会成本较高，把企业整跑了；有的“玩弄权术”，服务企业推诿扯皮，个别人吃拿卡要的现象还时有发生，把企业整垮了。

2. 群众观念淡泊。工作方式简单粗暴、违规办事、以势压人，好事办不好；摆不正自身位置，缺乏为群众解决问题的激情和热情。尽管各级政府就围绕招商引资和优化营商环境，做了大量工作。对发现的问题也及时做了整改，但是，在落实过程中还有整改难、根除不到位的现象。

3. 企业开办程序仍需精简。2015 年 10 月，我国开始全面推行“三证合一”；2016 年 10 月，全面推行“五证合一”；2017 年 4 月，在召开的国务院常务会议，进一步确定要推进“多证合一”和削减工商登记前置审批，涉及市场主体登记、备案等有关事项和各类证照进一步整合到营业执照上。相关资料表明，经过中国商事制度改革大大缩短了企业开办的流程，减少了企业在创办过程中的花费，但是企业名称登记管理尚未放开，大大削弱了商事制度改革的成效。

4. 对中小投资者保护不足。保护中小企业者的利益，是中小企业者发展的重要基石，越是市场需要快速发展的时期，越是要突出强调中小投资者的保护。目前中国中小投资者保护水平已有很大进步，但跟成熟市场相比、跟中国资本市场发展的现实要求相比还有很大差距。这种差距既体现在立法与执法层面，也体现在中国中小投资者权益保护方式上。

（二）当前“双创”热潮下的山西营商环境建设成果

当前山西正处于全面构建良好政治生态、全面实现经济转型发展、全面走向大治的关键时期，大力提升营商环境对于山西省经济发展具有重要作用。为了优化营商环境，让各类市场主体的活力竞相迸发，让一切创新驱动转型升级的源泉充分涌流，就要充分激发“大众创业，万众创新”的全民创新精神，激发“双创”活力，进一步改善我省的经济发展环境。

在全国“双创”热潮下，现在的招商引资与以往有着极大的不同。具体体现在招商引资从一道“单选”题变成了“双选”或“多选”题。也就是说，政府在选择企业，企业也在挑地方。对企业来说，哪里的营商环境优，服务质量好，办事效率高，投资成本低，企业就到哪里发展，紧随着资金也就会向哪里聚集，项目建设就会推得快。因此，只有营商环境变好，项目才能落得下、建得快、发展好。

1. 相关政策。山西省在转型路上，紧随时代潮流通过一系列政策积极营造良好的营商环境。2017 年 5 月专门召开优化营商环境会议，与会人员一致认为，山西省的发展要坚持改革创新，攻坚克难，对标一流，奋力争先，推动山西营商环境进入全国第一方阵，在唱响“人说山西好风光”的同时，再唱好一曲“人说山西好环境”。为此，山西省工商和市场监督部门通过了“六最”营造优良营商环境的重大举措。即紧紧围绕打造“审批最少、流程最优、体制最顺、机制最活、效率最高、服务最优”营商环境要求，砍掉束缚创业创新的陈规旧制，向广大中小企业投资者提供更加便利的工商登记服务，为市场增活力，为发展添动力。

为进一步落实党的十八届三中全会确定的投资审批制度改革精神，山西省出台了 2017 年开展优化营商环境专项行动方案，针对项目落地难、实体经济融资难、企业经营难、群众办事难等突出问题，开展加快招商引资项目落地、入企服务常态化、在建重点工程项目无障碍施工、涉企合同“执行难”整治、打击恶意逃废金融企业债务、化解企业担保链风险、企业周边治安环境治理、减证便民、仿制药质量和疗效一致性评价等9个专项行动为突破口，加快复制推广自由贸易试验区改革试点经验，切实优化营商环境。

2017年6月，山西省开展优化营商环境“1+9”专项行动，找准切入点，省委省政府提出了在全省范围内开展“1+9”专项行动。

“1+9”中的“1”指的是《山西省企业投资项目试行承诺制实行无审批管理试点工作方案》。山西省以高度思想自觉和行动自觉，贯彻党中央、国务院重大决策部署，共选取10个开发区，对政府核准的投资项目目录外的企业投资项目试行承诺制无审批管理，企业按照设定的准入条件和标准，作出具有法律效力的书面承诺，相关部门对法律明确要求的事项预审公示后，企业即可开工建设。

2. 政策效果。山西高起点谋划布局开发区建设，打造3000平方公里的开发区、600平方公里的转型综改示范区、100平方公里的起步区，为广大投资者搭建了广阔平台；实施一流人才政策，对引进的驻晋工作院士、国家“千人计划”专家等高层次人才，给予全国一流水平的经费支持和津贴补贴，切实解决来晋人才住房、子女上学等后顾之忧；试行企业投资项目承诺制，实行无审批管理，梳理汇总、修订创设招商引资政策224条，在示范区推出了20条创新性政策措施；建立覆盖省市县乡四级的“13710”电子督办系统，全力打造“六最”营商环境，为各类市场主体创新创业提供一流的服务和保障。

与此同时，各地市委积极响应省委、省政府的号召，在全市范围内开展营商环境的重大举措，发出了激发“双创”活力的“组合拳”。以晋中市为例，2017年晋中市出台《晋中市改革和创新招商引资工作方案》《全面优化营商环境实施方案》《开展2017年优化营商环境专项行动工作方案》等政策文件，形成一套较为完整的制度性成果，为做好招商引资做了厚实的铺垫。“春江水暖鸭先知”。营商环境如何，市场主体最敏感，其选择就是最好的证明。据了解，截至2017年5月底，晋中市市场主体注册数量达到21.7万个，较2016年增加1.3万个，其中企业增加2462个，达到39744个；个体工商户增加9899个，达到165865个；农民专业合作社增加626个，达到11148个。市场主体最多的是榆次、介休、平遥，大数分别达到4万个、3万个、2万个。同时在晋中市委着力进行营商环境整治的政策下，晋中市大项目的签约成效也可圈可点。2017年1—5月份，晋中市共完成签约项目75个，总投资733.6亿元，完成任务的35%；开工项目23个，开工率31%。签约项目完成任务最好的是平遥和榆社，分别完成任务的74%和68%。

（三）“双创”生态体系的构建路径

1. 调适与强化“双创”理念。我们要首先明确“双创”生态对经济发展的作用、使命和价值。从个人角度，“双创”是提升个人适应社会发展需要的重要桥梁，从社会角度，“双创”是创新型社会发展和创业型人才培养的重要推动力。对于调适社会矛盾，拉动经济增长，促进社会的转型升级具有重大意义。首先要从思想上牢固树立“双创”的重要地位，着重注意对“双创”型人才的培养，通过日常教学和培训，启迪创业者和有志于创业的人的创新思维，挖掘他们的创业潜能，源源不断地为社会输出合格的创新型人才。其次，要营造良好的创新创业氛围，解除创业者的后顾之忧，进而在整个社会中形成宽容开放、创业进取的良好社会氛围，让敢于创新、敢于创造、敢于创业成为引领时代发展的新的价值观。最后，用精神感染其他人，发挥好创业作为标杆的导向作用，在社会上形成有利于创新创业的良好风气，带动其他人从事创新创业工作。

2. 改革相关的营商环境，打造适合“双创”的土壤。在中小企业营商环境构建上，要考虑市场环境、政策服务环境、社会化服务环境、融资环境和法制环境、推动实现投资自由化、对外贸易和投资更加便利化。山西省在改善营商环境，激发“双创”活力上，用硬措施改善软环境、用软环境营造新优势，在转型路上，山西不断放大招，通过“六项举措”，营造“六最”营商环境。

一是大力推行“多证合一”改革，积极同有关部门沟通协调，按照“能整合的尽量整合、能简化的尽量简化、该减掉的坚决减掉”的原则，全面梳理涉企证照事项，进一步降低制度性交易成本。二是积极推进市场主体登记全程电子化和电子营业执照改革，以市场主体办理登记“零见面”、电子营业执照“无介质”为目标，进一步优化线上服务。三是大力推行名称改革和住所申报承诺制，进一步方便企业准入。四是按照“最多跑一次”的理念和目标，全面推行窗口无否决权、免费咨询帮办、首办负责、一次性告知等制度，进一步提升窗口服务水平。五是大力支持示范区先行先试，为全省改革提供可复制可借鉴的经验。六是参照世界银行的全球营商环境评价体系，委托第三方机构，对全省各地开办企业便利化情况进行评估和排名。通过分析评估，找出存在问题，为进一步优化营商环境提供决策支持。

全省上下抖擞精气神，撸起袖子加油干，深化改革，清除痼疾，打响一场全面优化营商环境的攻坚战。具体而言，我们还可以从以下几方面提出具体的措施：

（1）力促“亲”“清”的新型政商关系助推经济稳步向前发展。习近平总书记关于“亲”和“清”的要求指明：要加强督查与问责、考评与奖励，构建“亲”“清”新型政商关系、严守生态底线，推动社会投资持续增长。组织第三方对成效进行评估，听取市场主体的真实评价，评估结果将向社会公布。民营企业发展要靠政府支持，帮助引导。一些领导干部之所以犯错误，甚至犯罪，就是在“亲”和“清”上没弄明白。亲到勾肩搭背，就无法清了。亲不能利用手中权力为自己谋利。不牟利也能亲，这才能清。亲的前提要清，否则亲得就不明不白。

（2）进一步深化商事制度改革，充分利用“互联网＋政务”模式，推广电子证照库的运用，推进工商全业务、全流程电子化办理，简化企业办证流程，推行“多证合一”，管好企业行走天下的“身份证”。实践中“多证合一”的制度不断被刷新，广东省江门市为简化企业开办流程，颁发“十五证合一”的营业执照，河南省开封市更是颁发了“二十二证合一”的企业营业执照，并实现“四十八证联办”。山西省也要进一步强化这一利好企业的政策，处理好政府和市场的关系，对企业充分做到“放管服”三个方面：“放”，主要是在市场准入便利化方面；“管”，是从过去以审批为主的准入监管、审批监管转向事中事后监管；“服”，就是重点扶持小微企业，小微企业的经营、用工、融资等问题。

（3）根据存在的问题，各级政府要充分应用好“四大药方”：一是深化认识，切实增强抓招商引资、优化营商环境的行动自觉；二是明确任务，全面提升招商引资质量和水平；三是抓住关键，努力打造“六最”营商环境；四是精心组织，确保招商引资和优化营商环境取得实效。值得一提的是，在强化督查考核方面，可以由政府牵头，会同监察、发展和改革、投资促进、政务大厅等部门组成督查组，抓实监督问责，形成常态化的监督问责机制，定期通报督查考评结果，并在新闻媒体公布，以“零容忍”的态度整饬风气，做好招商引资和优化营商环境工作。

3. 形成政府与企业联动的“双创”支持体系。首先要着力建设政府与企业创新创业联动社会机制，充分发挥创业孵化园在创新成果孵化中的重要作用。“双创”是一种企业行为，但是离不开政府的支持。政府是促进“双创”

成果转化的润滑剂，能够有效地实现社会资源的合理利用和有效流动。其次，政府应在创新创业顶层设计的基础上，制定和实施创新创业教育领域更为具体的政策措施，并针对各地方、各区域的实际情况进行灵活安排。最后，要落实创新成果转化等战略对接项目，形成企业与政府互惠互利的良好局面，为“双创”提供更加优质的环境支持。

六、结语

对营商环境的态度就是对发展的态度。我们要旗帜鲜明地提出营商环境是生产力。良好的营商环境，是吸引力、竞争力，更是创造力、驱动力，能准确真实地反映着每个城市的思想解放程度、市场发育程度、对外开放水平、发展潜力和综合实力。

营商环境的优劣，决定经济要素资源的流向和竞争优势，打造“六最”营商环境是山西创新驱动转型升级的迫切需要。山西省在构建优质营商环境的过程中要大力推进以“13710”为牵引的效能革命，做到各个环节无缝衔接，促使营商环境问题实时解决。要严格考核，问效于民。特别要以市场主体和服务对象的获得感和满意度来作为检验改革成效的标准，持续用力。我们最终的目的是通过全面深化改革和打造“六最”营商环境，为转型综合改革注入持久动力。

同时，优化营商环境，激发“双创”活力，要在改革中大胆探索创新，要持续深化商事制度改革，大幅提高企业注册便利度。同时，积极复制借鉴自贸区改革试点的好经验、好做法，并予以推动。要创新和加强包容审慎的监管制度，在守法守规底线的前提下尽可能创造宽松环境。

栽下梧桐树，引来金凤凰。我们要把营商意识、营商观念内化于心，外化于行，深化于制，实化于效，量化于果，努力让山西成为营商环境最好的地区，使山西更富活力，更具动力，更显魅力，更有实力。

参考文献

[1] 潘虹．营商环境视野下我国商事主体登记制度研究［D］．宁夏大学，2016.

[2] 朱磊．湖北汉江生态经济带城市营商环境总体分析［D］．湖北省社会科学

院，2015.

［3］裴广成．京津冀先进制造业营商环境的构成与优化——基于产业发展与区域协同视角［J］．经营与管理，2017（06）：73－76.

［4］金彦海．辽宁营商环境存在的问题及对策［J］．辽宁省社会主义学院学报，2017（01）：65－67.

［5］马洪君．沈阳打造国际化营商环境迫在眉睫［J］．辽宁经济，2017（02）：52－54.

［6］王陛佳．深刻领悟海口“双创”内涵［J］．今日海南，2017（02）：20－21.

［7］梁然．“放管服”三管齐下　全面优化提升营商环境［N］．营口日报，2017－02－06（001）．

［8］江静．制度、营商环境与服务业发展——来自世界银行《全球营商环境报告》的证据［J］．学海，2017（01）：176－183.

［9］孙丽燕．企业营商环境的研究现状及政策建议［J］．全球化，2016（08）：106－119＋135.

［10］董彪，李仁玉．我国法治化国际化营商环境建设研究——基于《营商环境报告》的分析［J］．商业经济研究，2016（13）：141－143.

［11］马晓白．如何提升中国营商环境国际排名［J］．中国经济报告，2017（07）：72－76.

［12］王永高．创新四个履职抓手　打造四大作为平台［J］．中国市场监管研究，2016（04）：17－19.

［13］张军扩，张永伟．双创如何成为发展新动能［J］．新经济导刊，2016（04）：81－85.

［14］张龑，孙浦阳．双边营商环境、契约依赖和贸易持续期——基于中国企业微观数据的实证研究［J］．财经研究，2016，42（04）：49－60.

［15］徐越倩，范钧．生态经济发展的制度基础与实现机制——基于浙江省营商环境的分析［J］．对外经贸，2016（02）：103－105＋134.

［16］黄振饶．“一带一路”国家战略视野下的广西营商环境建设［J］．社会科学家，2015（10）：41－44.

［17］邢文杰，刘彤．基于营商环境视角的企业家创业行为研究［J］．贵州大学学报（社会科学版），2015，33（04）：91－96.

［18］王军．“双创”的核心内涵与社会价值［J］．中国报道，2015（07）：29.

［19］魏下海，董志强，张永璟．营商制度环境为何如此重要？——来自民营企业家“内治外攘”的经验证据［J］．经济科学，2015（02）：105－116.

［20］许可，王瑛．后危机时代对中国营商环境的再认识——基于世界银行对中国2700家私营企业调研数据的实证分析［J］．改革与战略，2014，30（07）：118－124.

［21］周泽辉．法与金融发展——基于世界银行《全球营商环境报告》的实证分析［J］．今日中国论坛，2013（12）：74－75＋78.

［22］史长宽，梁会君．营商环境省际差异与扩大进口——基于30个省级横截面数据的经验研究［J］．山西财经大学学报，2013，35（05）：12－23.

［23］张波．企业营商环境指标的国际比较及我国的对策［J］．经济纵横，2006（10）：62－65.

［24］刘洋，尚菲菲．中西方双创教育生态文化比较研究［J/OL］．沈阳工业大学学报（社会科学）：1－4［2017－12－18］．http：//kns.cnki.net/kcms/detail/21.1558.C.20171120.1116.012.html.

第十五章 山西省创新型企业成长的营商环境短板识别与优化对策

吉迎东 马文婷 窦倩倩

本文立足于山西省创新型企业成长现状，从营商环境分析框架、创新政策等方面，以企业成长为导向进行营商环境短板识别和优化对策研究。结合创新型企业的内在成长规律，从政务环境、市场环境、人力资源、基础设施和人文环境、法律环境方面进行短板识别。着眼于创新型企业成长所需的创新资源集聚诉求，提出了优化营商环境的对策建议。统筹考虑各相关政策的互动与协调机制，给出了创新政策体系构建策略：加大需求型和环境型创新政策力度，同时注重供给型政策与需求型政策的有机互动，构筑较为完善的创新链，促进企业依靠创新驱动实现持续健康成长，增强企业创新成长的内外动力。

一、山西省创新型企业成长现状

当今世界科技革命蓬勃发展，构建创新型国家已经成为我国未来发展的核心目标。结合山西省情，尤其是在当前背景下，想要摆脱经济发展对资源环境和单一产业的依赖，发挥企业在创新中的主体作用，要求广大企业必须勇于跨入依靠科技进步和创新求发展的新阶段，向创新型企业迈进。创新型企业是在技术创新、品牌创新、体制机制创新、经营管理创新、理念和文化创新等方面成效突出的企业，是以创新求生存并实现持续发展的企业，通过创新可以实现企业资源的有效配置、形成良好的治理结构和高绩效运行的惯例。自 2006 年以来，科学技术部、国务院国有资产管理委员会、中华全国总工会开展的“技术创新引导工程”的重点工作之一就是创新型企业试点工作。山西省科技厅、国有资产管理委员会、总工会从 2006 年联合开展创新型企业（试点）建设工作。目前，三部门已经选择 140 家重点企业分四批开展试点工作，并于 2013 年进行了首批创新型企业评价，命名 105 家企业为第一批山西省创新型企业。先后有 15 家企业被评为国家创新型试点企业，其中 9 家被评为国家级创新型企业。山西省创新型企业建设对于引导更多的企业走创新发展的道路起到了示范作用，旨在通过创新型企业试点工作带动更多企业走创新发展之路，塑造产业竞争新优势，进一步形成创新驱动发展的新局面。但目前政策要素、人才要素、技术要素向企业集聚程度仍有待提高。

目前山西省创新型企业中，国家级创新型试点企业数位于全国第 16 位，与湖南、新疆、吉林、江西相当；国家级创新型企业数量位于全国第 15 位，处于中等偏下水平。从时间上看，山西省国家级创新型（试点）企业建设相对较晚，第一、第二批均较少，第三批较多达到 6 家。开展省级创新型试点企业较早，规模达到中等，但开展省级创新型企业评价工作相对较晚，于 2013 年 12 月进行了第一批省级创新型企业评价，确定了 105 家省级创新型企业。

根据全国各省份创新型企业建设工作报告，各地创新型企业创新投入方面，山西省创新型企业研发经费支出与其他省份相比明显偏低。同时，全国近半省份创新型企业参与创新联盟建设数量已呈快速增长，尤其是创新能力较强的地区，创新产出各地数据差别较大。但总体来看，各地创新型企业专利申请量和授权量占本地区的比重具有明显优势，说明创新型企业专利产出质量较高，创新型企业已成为地区创新的主要源泉。山西省创新型企业新产品销售收入与其他省份相比较高，但所获科技奖励却与其不相匹配，反映出山西创新型企业中部分是煤炭行业或密切关联行业，在煤炭价格快速上涨的市场环境中，该类企业销售收入较高，但核心技术创新能力并未获得较快的提升。其中，山西省创新型企业资产总额规模不小，但税后利润与资产总额的比值却远低于其他省份，说明山西省创新型企业运行效率有待提升。

通过对山西省创新型（试点）企业的调查，其成长现状有以下特点：

（1）创新型企业数量少，产业分布较单一。自 2006 年以来全国进行了五批创新型试点企业建设，共有 671 家企业入选，山西省入选 16 家；全国先后建设三批国家级创新型企业 353 家，山西省入选 9 家，创新型企业数量和占比均较低，企业的创新能力还比较弱，与其他较为发达的省份相比还有很大的差距。山西省 38 家创新型上市企业分布在制造业、煤炭开采和洗选业占比分别为 34% 和 18%，共 52%，其中制造业 13 家，煤炭开采和洗选业 7 家，在数量和份额上这些企业主导着创新型企业发展的大方向。

（2）盈利能力不高，管理效率待优化。山西省创新型企业资产总额规模不小，但税后利润与资产总额的比值却远低于其他省份，说明山西省创新型企业运行效率有待提升。多数创新型试点企业处于成长期，总资产报酬率比较低，基本都低于 5%，持续创新力不强。

（3）企业的行业影响力不大，原始创新不足。山西省创新型企业参与制订各类国家或行业标准总体较少，获得重要原创性奖励较少，在历届国家科技进步奖技术创新工程奖中还没有山西省企业获奖，反映出山西省创新型企业在行业内地位有待提升。山西省创新型企业基于基础研究的原始创新动力不足，也将影响持续创新的目标。

（4）创新型企业组织创新发展迟缓。以山西省创新型企业中的上市公司为样本，约有 50% 通过自主开发方式实现企业技术创新，通过外部引进的方式实现技术创新的企业约 10%，通过科研院所合作方式实现技术创新的有 18%，有 11% 的企业通过与其他技术领先的企业进行合作产品开发。近年来，以企业为主导的产业技术创新战略联盟成为产学研深度融合与协同创新的重要形式之一，并向跨区域、国际化、网络化发展。目前，以提升企业持续创新能力和形成产业核心竞争力为目标，围绕产业技术创新链的构建，我国已分三批成立了 150 个产业技术创新战略试点联盟。山西省主要在现代煤化工、装备制造、新能源、农业产业行业构建产业技术创新战略联盟，以发挥联盟在行业内的影响，推动创新能力的提升。但联盟成功运行的机制和治理结构还有待完善，体现利益、共享与信任的联盟治理机制成为创新型企业成长过程中组织创新的重要实施途径。

二、山西省创新型企业成长营商环境短板识别

从相对广义的角度，营商环境包括影响不同企业和行业经营效率的政策、机构、基础设施、人力资源、地理环境等，我国在《国民经济和社会发展第十三个五年规划纲要》中提出，营商环境具体包括市场环境、政务环境、法律政策环境、人文环境等。借鉴以上营商环境识别和分析框架，结合山西省创新型企业发展的实际情况，从政务环境、市场环境、人力资源、基础设施和人文环境、法律环境等方面进行短板识别。

（一）新的审批政策尚未落地，涉企流程仍显繁琐

随着改革的全面深化，政府部门在行政审批制度方面进行了简政放权等系列改革，给予市场主体以更大的选择权。山西省在行政审批制度改革上也在不断向纵深推进，针对营商环境的优化，省政府特地开展了“减证便民”专项行动，全面深化“多证合一”改革，遵循“能整合的尽量整合、能简化的尽量简化、该减掉的坚决减掉”的原则，对所涉及企业的相关证照进行全面梳理。同时进一步优化线上服务，力图实现电子营业执照发放“无介质”的目标，将营业执照的签发、验证与管理嵌入全程电子化登记系统中，使企业实现办理登记“零见面”。这一专项行动的开展给创业创新者提供了便捷宽松的平台，使得工商注册制度更加高效简洁。然而就目前情况看来，审批事项前置申请材料、证照等依旧过多过杂，“先照后证”这一政策尚未真正落地，现在仍延用之前的登记前置审批事项，步骤繁琐复杂致使办理过程演变为一场“拉锯战”，从而使不少企业管理者丧失了对商标注册、专利申请的积极性。此外，虽然国家出台了并联审批制度，但由于科室多难协调、技术审查交叉难度大等种种理由，环节多、审批程序冲突、部门间不衔接等问题依然较为严重。以房地产企业为例，开工前需要进行环评、用地、立项等多个事项的审批，这其中便存在审批申报材料互为前置的问题，大大拉长了项目的审批期限，从而导致一些新上项目进展缓慢。

（二）创新型企业融资障碍重重

创新型企业对资金的渴求尤其强烈，但融资难、融资贵仍然是企业发展的瓶颈。一是中央虽然出台了相关的金融政策和措施，但在当前形势下，创新型企业从政府得到的资金支持微不足道，大部分资金都集中到了重大基础设施建设项目，而这些项目更多惠及国有企业和大型企业。二是创新型企业多为中小型企业，其抵抗风险能力较弱，因到期贷款难以偿还而违约的可能性较大。考虑到还款能力和信誉度，商业银行更愿意将客户锁定在大型企业，而不愿意将资金贷给中小企业。同时，山西省产业结构单一，多依仗煤炭、钢铁等发展，而自国家颁布去产能政策以来，金融机构对煤炭、钢铁行业的贷款大幅缩减，企业难以通过银行信贷获得资金支持。此外，一些煤炭企业发行的中期票据、定向私募债也陆续出现了销售困难的现象，融资供求矛盾突出。再者，从事民间借贷业务的小额贷款公司、投资担保公司等其他融资渠道狭窄，远远不能满足企业需求，即便企业能够获得预期的第一轮融资，贷款利率也是居高不下，直接导致融资成本攀升。资金短缺、融资障碍重重，使得企业在开拓市场和开展创新工作方面畏首畏尾，根本不敢涉足存在投资风险的技术创新，从而导致企业缺少技术储备，且高精度的产品少，这些问题不仅制约了企业的市场竞争能力，同时也严重削弱了企业的发展后劲。

（三）内生人才培养机制欠缺，对外人才吸引能力较弱

创新型人才是企业开展技术创新的最重要因素。科技创新时不我待，但山西省的人才队伍建设却面临巨大考验，高端科技人才尤其匮乏。目前，全国有两院院士 1500 余人，而山西省仅有 6 人，仅为全国平均水平的 1/10；山西仅有 15 名国家杰出青年基金获得者，这一数字还占不到全国的 1%；企业自有人才科研能力严重不足，重大自主创新项目和自主品牌开发过度依赖外来引进人才。高校、科研院所等高素质人才不足，无法为企业创新提供强有力的支持，产学研合作难以得到深化，企业无法持续推出高精尖的创新产品。此外，高校人才流失更是创新型企业发展的深层忧虑。据统计，省内各高校毕业的硕士研究生仅有极少数选择继续留在山西工作，绝大部分都去了“北上广深”等经济较为发达的城市。山西省政府为吸引海内外高层次人才来晋创新创业，推行了“百人计划”“三晋学者支持计划”等一系列人才引进优惠政策，对来晋人才给予一定数额的项目扶持资金，同时大力筹建科技创新团队。目前这一

工作已取得一定幅度的进展，然而与创新驱动的实际需求相比仍差距甚远。同时，山西省创新环境建设落后，科研成果就地转化障碍重重，墙内开花墙外香的现象屡屡出现，山西本土企业难以享受到科研成果带来的益处。本土人才难留住，大量优秀人才“孔雀东南飞”；外地人才难引进，即使可以引进少量人才，省内科研环境又难以使其实现自身价值。山西省面临着严重的人才危机，这不利于企业开展重大研发项目，导致山西企业创新能力一直比较薄弱，难以形成核心竞争力。

（四）创新型企业税费负担较重

我国税收水平呈现逐年增长的态势，从企业角度出发，这无疑加重了其负担，使企业生产成本居高不下。为帮助企业减轻税负，2011 年，财政部、国家税务总局联合下发“营改增”试点方案，这一举措理论上有利于减少营业税重复征税，但政策落实效果却不尽如人意，在试点过程中部分企业税负“不降反升”。此外，涉煤税费负担仍较重，需缴纳的税种也多。据调查，当前我国涉煤的税费不少于 109 项，各种涉煤税费一般占企业营业收入的 25%—35%，个别地区甚至更高。原因大抵包括以下三个方面：一是增值税税率较高，煤炭产品增值税抵扣范围过窄、转型不到位。根据分析测算，增值税转型后，煤炭实际增值税负提高 1.4—3.0 个百分点，煤炭企业中煤炭产业增值实际税负高达 11.82%，税是全国平均水平的 3—4 倍。二是煤炭企业成本核算不完整，比如开采活动中发生的环境成本、资源成本等没有被及时纳入成本核算，导致企业账面利润高于其真实水平，从而使得企业需要支付更多的所得税。三是煤炭行业的税费项目设计存在诸多不合理的现象，各种税收收费项目互相交织，经行政部门批准，煤炭企业需缴纳各项收费近百种。低利润高税负带来的不仅仅是增加企业生存压力，企业无心发展，缺乏激情去提升自身的市场竞争力和占有率，最终很可能会演变成创新型企业改善经营模式的绊脚石。

（五）创新区的集聚效应尚未形成

因受耕地红线的限制，用于创新型企业发展的土地供应占比逐年减少，且土地的征用中审批手续繁琐、持续时间长、成本过高等现象对于企业的正常发展产生了许多负面影响。主要短板体现在以下方面：

1. 土地利用率低，低效用地多。首先，山西省对于企业用地规划制度建设还不完善，企业分散发展，土地管理上的漏洞造成急需用地扩大规模的企业发展速度受到限制。据调查，山西省经济技术开发区平均工业用地率为47.52%，高新技术开发区平均工业用地率仅为25.31%。其次，历史遗留问题处理不当。部分地块存在征地拆迁补偿等遗留问题，还有部分已批复的土地地块项目未被落实或已经被取消，这些闲置或未供土地的长期处理不当，破坏了对土地的整体规划。国家土地督察北京局2016年例行督查时发现山西省有455宗（其中，涉案查封38宗）闲置土地，共2.3万亩。

2. 土地获取成本居高不下。一是由于越来越多的企业数量带来日益增长的用地需求使得工业用地征地成本过高。二是对于一些工矿废弃用地或村落用地，需要大量的资金进行改造，这部分需求的筹资难导致改造成本升高。山西省的开发区中存在着2083.43公顷的农村建设用地，占开发区总面积的12.4%，对这部分土地进行改造、搬迁和安置村民以及对土地的改造升级都需要大量投资，工作量巨大。

3. 对服务与创新企业重视不足。山西省资源型大企业的发展和改革长期以来都得到政府的重视和支持，而对于服务与创新型企业的发展重视不足。在用地指标有限的情况下，政府对于土地的分配一直都偏向于大企业，而创新型企业很难得到较大的地块进行发展，使得企业建设受到阻碍，发展速度缓慢，给中小型的服务与创新型企业带来明显的“挤出”效应。

4. 用地审批工作效率低下且执行力度欠缺。首先，创新型企业成长所依托的各类园区基础设施建设进程落后。多地的企业园区建设标准低于企业的入驻要求，山西省的高新开发区中不达标的工业用地占开发区总面积的三分之一，影响了技术集聚效应的发挥。其次，土地的审批手续过于繁琐，周期长，影响企业申请用地的积极性。目前，在用地预审和用地报批环节，山西省要对土地规划、用地标准、征地补偿、占补平衡四个方面进行重复性审查，严重影响审批效率。

（六）企业产权专利保护支撑环境缺乏

近年来涉及知识产权、专利技术和产品的侵权行为不降反升，特别是竞相压价，无序竞争愈演愈烈。再一方面疏导不足，行业维权贵于防微杜渐，一些地方习惯于搞暴风骤雨式的整顿市场秩序，起到一定的威慑作用，但并非是治本之举。

1. 法律缺失且企业自我维权意识淡薄。由于行业协会承担行业维权职责的法律依据缺失，这就导致了行业协会维权难。一些行业协会制定的行规行约和自律公约，对行业内企业虽有一定的约束力，但缺乏刚性，更不能作为处罚侵权行为的依据。近几年，山西省出口产品种类已过万种，但贴有专利技术和自主品牌标鉴的不足30%，有的未作专利申请急于将产品打出国门，结果饱尝了专利技术被人抢注的苦果。据太原海关的数据，共有8家权利人的31项知识产权权利向海关总署备案成功，包括1项专利权、26项商标权和4项著作权。

2. 中小企业难以承受过高的维权成本。2014年，山西省对于《山西省专利实施和保护条例》进行了新修订，明确了在举报假冒专利流程、处罚假冒专利举措、专利申请奖励等方面的规定，尤其对于专利侵权的事件处罚规定进一步细化，处罚力度也进一步加大。但是各地不断反映，打官司不仅费力费财，即使赢了官司，执行起来也相当难。特别是涉外官司，势单力薄的企业实难承受。目前山西省只出台了专利保护和惩罚的相关举措，而针对降低企业维权成本，促进企业保护自主知识产权的积极性方面还没有有效的举措。

三、优化山西创新型企业成长营商环境的对策建议

在经济新常态和资源型经济转型背景下，山西要走出一条转型升级、创新驱动发展的新路，就要优化营商环境激发企业尤其是创新型企业在良好的营商环境中公平竞争，健康发展，建立与市场经济体制相适应的行政管理体制，构建商业友好型政府管制环境，通过以下方面打造良好营商环境。

（一）精简审批事项，优化办事流程

简政放权就是政府将原有的权限转交给相关机构，给市场主体以更大的自治权和自我管理能力，加大减少和下放行政审批事项工作的力度，进而为企业的创立和运行过程减小阻碍。山西相关中小企业主管部门应该从自身职责定位出发，尝试将可以由市场自主调节的审批事项移交给市场，并且对保留的事项进行整合和集中办理，比如在企业注册过程中，可以将工商、税务等部门联合办公，推行“联审、代办”一站式服务，这样可以使办理人员首先集中办理事项，提高审批效能。同时，简政放权的另外一个要求就是要推进审批流程的

合并、简化，改变原来的部门繁多、机构重叠、程序繁琐、责任不清等现状，使整个程序简化，比如对多部门、多环节审批同一行政项目进行调整，遵循相同或相近职能由一个部门承担、其他部门配合的原则，变多头受理为集中办结。对于一个行政审批项目需要在同一部门内多环节办理的，则变“多表制为一表制”，一律实行“一章审批”制度，进一步压缩审批时限。从更加长远角度看，要始终围绕“应减必减、该放就放”的原则，大幅砍削行政审批环节，将其纳入法制化轨道，从而给予企业发展以更大的自由和灵活空间，政府则更多发挥好宏观调控的职责。

（二）清理融资障碍，减少行政收费

创新型企业自有资金紧张且融资极为困难，解决这一问题的根本出路在于以下两个方面：融资和减少收费。一是降低企业获得银行信贷融资的门槛。应该将不断拓宽间接融资渠道摆在首位，使商业银行尽快真正打破国家、国有银行、国有企业“三位一体”的扭曲的金融资源配置结构，可调整某些地域性银行的信贷投向，突出支持地方重点中小企业，或者在商业银行内部成立专门的中小企业贷款部，将中小企业作为服务对象，适当放宽其贷款审批资格。建立并完善企业考核评价机制，以使金融机构全面了解企业当前运营情况，充分调动其加大信贷投放量的积极性。二是规范建设项目收费。一方面，可以实行项目收费“一费制”，由财政部向社会公布统一的收费账户，遵循“一次预收，办结决算，及时分割”的原则；另一方面，保留国家和省依法设定的行政事业性收费，并对其实行目录化管理，取消市级以下自行设置的收费项目，收费标准凡是有上下限的一律按照下限执行。

（三）大力招才引智，打造高精尖人才队伍

人才队伍建设是一项重大任务。面对人才队伍大而不强、领军人才稀缺的困境，山西省应强化人才引育意识，把人才资源作为第一资源，在聚焦和引进高层次人才方面持续发力。全职人才引进困难重重，山西省目前的创新创业环境难以吸引高素质人才的驻留，全省各创新型企业可借鉴潞安集团“借火点灯、借船出海”的人才使用模式，与国内多家具有专业优势的科研机构和高校联合组建合资公司，并进行股权多元化合作，探索核心人才持股机制，让人才理直气壮挣大钱，不必再把科研时间分出来跑关系、拉项目等。同时，为避免本省优秀人才外流，企业可与省内各高校开展战略合作，推行诸如“蓝点

计划”等高端复合型领导人才培养方案，以科学的管理实操训练平台、丰厚的待遇鼓励博士研究生及博士青年教师进驻企业，从而实现校企之间的优势互补、合作共赢。而面对科研成果转化率裹足不前的现状，则必须坚持正确的导向建立公开透明的人才评价机制，以个人实际产出作为衡量标准，关注点由专利发明的数量向创新的质量转变，由发表SCI论文的篇数多少向解决社会实际需求转变，重质量胜于重数量，力图改变青年学者只会纸上谈兵的局面，引导其走向生产一线，促进科技成果的转化。

（四）清费正税，降低企业成本

煤市下行之际，名目繁多的涉煤税费令企业不堪重负，山西省的清费正税工作虽已取得一定程度的进展，但还不彻底，有些早应该取消的税费项目依然存在，就当前情况而言，市县一级的税费征收情况尤为杂乱。山西省政府可效仿贵州的先进经验，只保留国家同意征收的收费项目，在煤炭资源税从价计征后，将省部级及省级以下部门所设立的涉煤收费一律取消。而且，创新型企业中绝大多数为中小型企业，其盈利水平较低，政府要减少行政干预，规范管理人员的行为，杜绝罚款、摊派和“吃、拿、卡、要”等腐败现象。对于实行核定征收方式的中小企业，可以考虑核定其销售收入的某一比例覆盖所有税费，并由一个税务机关统一征收。而对于经营陷入低谷的中小企业，应考虑其实际情况，对核定税率或定额进行及时下调。此外，对于征用残疾人职工或达到其他用工标准的中小企业，亦可酌情对其实行减免征税政策。当下市场持续低迷，建立涉企收费清单，进一步减少收费项目，降低收费标准，规范收费行为，将为企业减轻负担，有利于企业早日摆脱困境。

（五）优化土地空间规划和区位选择推动创新型企业集聚发展

1. 改善土地管理环境。一是盘活闲置土地。对于拥有闲置土地的单位，政府应成立工作组，对土地进行用途分类，通过鼓励其自主转让、投资新项目等渠道提高闲置土地的利用率。二是开发废弃空闲用地。一种是旧村镇的无人居住的空闲土地，根据地理特点进行科学分配和规划，对大块的土地进行整合，出让给企业进行厂房建设；一种是废弃的旧工厂或建筑物进行拆迁，将这类工业用地重新出售，投入新企业的新项目建设中，提高工业用地的循环利用率。

2. 完善土地供应制度，降低企业用地成本。一是多样化土地租赁模式，按照合约土地使用者可以选择先租后让、租让结合等方式减小资金压力，若是长期租赁可选择分期缴纳。二是通过建立创新型企业园区形成企业集群实现外部规模经济，政府注入资金鼓励创新型企业园区的建设。三是建设多层标准厂房，鼓励企业节约用地，拓展地下和空中的空间利用率，既可以降低用地成本，又能使企业减少土地制约，科学规划。

3. 政府要加强对服务与创新型企业的重视程度，加大对创新型企业的扶持力度。政府要对当地的企业结构和发展情况进行清晰统一的调查和管理，根据需求对工业用地进行合理分配，保证创新型企业能获得更多的用地机会。其次，通过建立官方的土地信息服务平台，增加土地买卖流通渠道，提高土地交易信息的对称性。

4. 要因时制定创新发展规划，降低创新型企业中心城区落地的成本。帮助中小型的服务与创新企业进行建设规划、土地选址；创建创新型公共社区，将城区生活区、休闲娱乐区、高新技术园区进行连接和融合，打造传统企业研发机构、高校科研中心、新型科技企业、现代服务业、投资机构以及刚进驻的小型公司的知识产业链，建设产业和市场的无阻碍渠道，提升整个城市的资源转化率和集聚效应。

（六）健全企业创新服务体系和法律体系

1. 加快社会信用体系建设，加强知识产权保护。首先，保证信息的公开、透明是前提，全省要对奖惩信息及时在信息公开网站进行公示。建立违法失信企业黑名单，对于破坏社会信用公平、侵犯知识产权的企业进行严厉处罚，严厉打击产品商标、专利注册等侵权事件；对于守信企业给予相应的奖励和补贴，增强企业自主维护全平台的信息平等公开的积极性。山西省政府相关部门应积极加强与海关等部门的沟通，建立密切联系，为我省企业维权打造便利快捷的通道。

2. 完善法规政策，加强法治环境建设。从山西省的实际情况来看，国家颁布的基本法律存在操作性不强的问题，仅具有基本的指导意义，目前缺乏适用于本地企业的具体细化的法规政策。为维护企业的合法权益，保证企业的良性发展，我省应加强对此类法律法规的建设，提前防范风险，防止恶性竞争现象，对企业进行正向引导，打造良好的营商环境和法治环境。

3. 规范行政执法，加强效能监察。政府应加强对行政执法规范的检查和监督，一旦出现行政事故要具有完善的处罚制度相配套，进一步对行政裁量权的基准进行细化和规范。此外，政府要建立一套完善的责任追究和行政考评制度，做到与时俱进，建设高效便捷的电子监察平台，能及时发现行政执法人员的不规范甚至违法行为，切实维护发展中的服务与创新型企业创业者、投资者的利益，为其提供规范优质的服务。

（七）完善促进企业成长的创新政策

借鉴 Rothwell 和 Zegveld 的政策作用面分析和前述创新型企业成长营商环境要素分析，系统性的创新政策体系可分别从需求型、供给型和环境型政策方面构建和完善。

需求型创新政策主要通过培育或调整市场需求状况和条件，发挥对市场对企业创新的扶持与刺激而产生作用。政府采购是此类政策的重要运用方式，在创新型企业成长的早期尤其是成长阶段，应当把政府采购等需求型创新政策作为提高山西企业自主创新能力的激励拉动手段。

供给型政策的核心是为企业的创新成长提供包括创新人力资源、研发资金、核心与共性技术、信息等关键资源的支持，通过人才引育、持续教育、信息服务、科技平台与基础设施、资金投入、公共服务等手段，加大对企业的创新资源供给和对共性关键技术的研发投入和供给，形成创新资源聚集、整合与扩散的有效机制。在此类政策内容中，山西应通过设立联合研发基金等方式，重点支持产业技术创新、示范工程和创新团队建设。另一方面建立科技、金融和产业的融合机制，以加快科技金融创新发展、支持产业转型升级为核心任务，构建多层次、多渠道、多元化科技投融资体系，着力释放科技创新活力，形成科技与金融创新协同效应，吸引省内外以及国内外的资金、技术和人才等要素向山西省创新型企业集聚。

环境型政策的核心是通过创新政策为企业营造良好的成长环境和生态系统，从法律、金融、财税、信用体系和知识产权保护等方面推动企业创新成长。以“创新培育、过程服务和创新成果服务”为中心，整合创新资源，服务于企业创新成长。山西应围绕资源型经济转型综改试验区建设，将发挥市场在资源配置中的决定性作用和更好地发挥政府的作用结合起来，改革体制、创新机制，切实形成创新驱动的动力机制，确立企业创新主体地位，搭建高效创新平台（见图 15－1）。

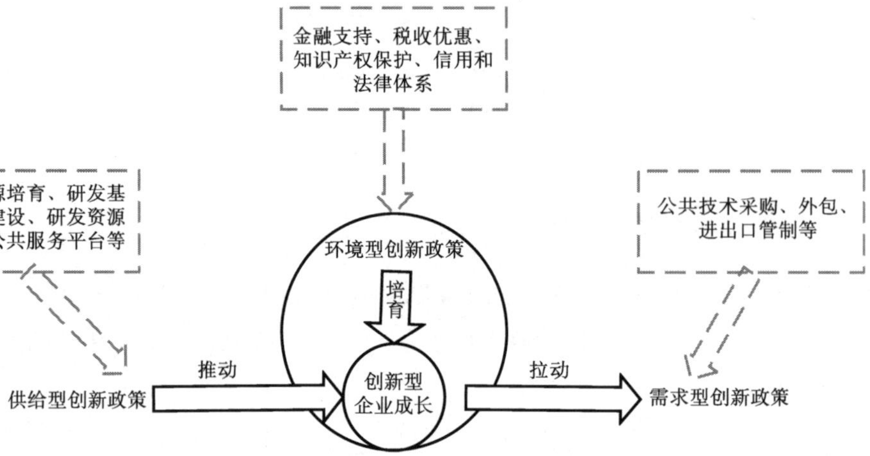

图 15－1 促进创新型企业成长的创新政策体系

创新政策作为一个政策体系，应统筹考虑各相关政策的互动与协调机制，以企业成长为导向，结合创新型企业的自身成长阶段和内在成长规律，促进企业依靠创新驱动实现持续健康成长。要加大需求型和环境型创新政策力度，降低运营成本，促进公平竞争。同时注重供给型政策与需求型政策的有机互动，采取直接扶持和间接扶持相结合的方式，促进创新政策制定与执行的协调与统一。

参考文献

[1] 山西省编办．深化“放管服效”改革 着力打造“六最”营商环境［J］．中国机构改革与管理，2017（7）：24－26.

[2] 史长宽，梁会君．营商环境省际差异与扩大进口——基于30个省级横截面数据的经验研究［J］．山西财经大学学报，2013，35（5）：12－23.

[3] 山西省人民政府关于推进内贸流通现代化建设法治化营商环境的实施意见［J］．山西省人民政府公报，2016（12）：11－21.

[4] 陈晓瑜，牛冲槐．生态学视角下基于熵权可拓模型的山西省人才聚集预警研究［J］．科技管理研究，2016，36（6）：93－97.

[5] 董志强，魏下海，汤灿晴．制度软环境与经济发展——基于30个大城市营商环境的经验研究［J］．管理世界，2012（4）：9－20.

[6] 许可，王瑛．后危机时代对中国营商环境的再认识——基于世界银行对中国2700家私营企业调研数据的实证分析［J］．改革与战略，2014（7）：118－124.

[7] 邢文杰，刘彤．基于营商环境视角的企业家创业行为研究［J］．贵州大学学报（社会科学版），2015（4）：91－96.

[8] 裴广成．京津冀先进制造业营商环境的构成与优化——基于产业发展与区域协同视角［J］．经营与管理，2017（6）．

[9] 魏下海，董志强，张永璟．营商制度环境为何如此重要？——来自民营企业家“内治外攘”的经验证据［J］．经济科学，2015，37（2）：105－116.

[10] 孙丽燕．企业营商环境的研究现状及政策建议［J］．全球化，2016（8）：106－119.

[11] 董彪，李仁玉．我国法治化国际化营商环境建设研究——基于《营商环境报告》的分析［J］．商业时代，2016（13）：141－143.

[12] 林珣．关于打造国际一流营商环境的思考［J］．北方经贸，2016（1）：34－35.

[13] 向景，刘中虎．借鉴国际经验 优化我国税务营商环境［J］．国际税收，2013（8）：57－61.

[14] 余云烙，李福春．清费上创特色 减负上重实效——台州市持续推进涉企清费减负工作［J］．浙江经济，2017（17）．

[15] 肖意．打造良好营商环境支持企业创新发展［N］．深圳特区报，2015－5－20（A01）．

[16] 于艳新．五项创新举措打好优化营商牌［N］．大连日报，2017－6－26（002）．

[17] 朱英．山西省出台新政破解“用地难批地慢”［N］．山西日报，2017－04－04.

[18] 山西省降低实体经济企业成本实施方案［EB/OL］．http：//www.shanxigov.cn/sxszfxxgk/sxsrmzfzcbm/sxszfbgt/flfg_ 7203/szfgfxwj_ 7205/201612/t20161209_ 265900.shtml，2016－12－13.

[19] 山西省人民政府办公厅．山西省人民政府办公厅关于加强土地批后监管进一步提高土地利用效率的通知［EB/OL］．http：//www.shanxigov.cn/sxszfxxgk/sxsrmzfzcbm/sxszfbgt/flfg_ 7203/bgtgfxwj_ 7206/201706/t20170614_ 306798.shtml，2017－6－14.

[20] 崔晓农．保护知识产权，保护“山西智造”［N］．山西经济日报，2017－5－15.

[21] 蒋玉涛，李纪珍，曾路．创新型企业成长政策研究［J］．科技管理研究，2013，33（13）：29－37＋61.

[22] 邓智团，屠启宇．创新型企业大都市区空间区位选择新趋势与决定——基于美国大都市区的实证研究［J］．世界经济研究，2014（9）：10－15＋87.

第十六章

资源型企业绿色转型的营商环境建设对策研究

王建秀　刘泽岩

资源型企业是我国经济发展的重要载体，转变资源型企业发展模式，促进资源型企业绿色转型，对于缓解资源和环境的双重压力，推进国家经济绿色发展具有决定性作用。以山西省资源型企业为例，通过对山西省资源型企业绿色转型现状和营商环境建设现状进行具体分析，发现山西省资源型企业绿色转型营商环境建设存在政策落实不到位、服务体系建设不到位、市场环境优化不到位、制度性交易成本仍然很高等问题，并在此基础上提出了相应的建议。

一、引　言

传统的工业经济以对资源的掠夺式开采作为主要发展方式，一方面自然资源的减少导致了资源型企业后续发展动力的不足；另一方面也对环境造成了巨大的破坏。随着资源环境和经济发展的矛盾日益突出，实现资源型企业绿色转型，符合我国生态文明建设战略决策的要求。这是把绿色生产转化为新的竞争力，实现可持续发展的有效手段，也是资源型企业发展的必然趋势。

山西省作为中国资源大省，资源型企业绿色转型是山西省综合改革试验区建设发展、生态文明建设、破解资源型经济困局的现实要求，是山西省实行“革命兴煤”、推进传统产业绿色改造和高碳产业低碳发展、促转型、调结构、增动能的重要途径，也是山西省遵循党中央“四个全面”战略布局以及“创新、协调、绿色、开放、共享”五大发展理念，所走的一条资源节约、环境友好的发展道路。跟随中国宏观调控思路的重要转变，从营商环境建设视角，增强山西省产业结构对需求变化的适应性和灵活性，是推动山西省资源型企业绿色转型，实现山西省可持续发展的有效手段。因此，如何优化山西省资源型企业绿色转型的营商环境，以更好促进企业的发展是个值得研究的问题。

营商环境就是生产力，它是由一系列社会制度构成的，影响企业活动的社会要素、经济要素、政治要素和法律要素等方面，几乎全部涉及制度性交易成本。营商环境的优劣直接决定着企业运行的“摩擦力”大小[①]。良好的营商环境可以为资源型企业带来新投资，降低创业的开办成本，为各种商业创意提供更多的实现机会和激励制度，提高资源型企业的综合竞争力，助推资源型企业绿色转型。近几年，我国整体营商环境已在不断改善中。根据世界银行发布的《全球营商环境报告》，中国营商便利度近 3 年在全球排名跃升 18 位，其中开办企业便利度大幅上升 31 位。但与世界各国相比，我国营商环境排名不仅落后于发达经济体，也落后于许多发展中国家。我国政府也先后颁布了相应的政策以进一步优化营商环境。2015 年 10 月，党的十八届五中全会提出要完善法制化、国际化、便利化的营商环境；2016 年 3 月 17 日颁布的《国民经济与社

① 中青报．营商环境就是生产力［EB/OL］．［2017 - 06 - 22］http：//opinion. people. com. cn/GB/n1/2017/0622/c1003 - 29354873. html.

会发展的第十三个五年发展规划》提出要“营造优良营商环境”，具体包括“营造公平竞争的市场环境、高效廉洁的政务环境、公正透明的法律政策环境和开放包容的人文环境”。随后各省市也先后颁布了优化营商环境的具体政策，以深化“放管服”改革，创造良好的营商环境。本文在对山西省资源型企业绿色转型和营商环境分析的基础上，分析了山西省资源型企业绿色转型存在的主要问题，提出了促进山西省资源型企业绿色转型的营商环境建设框架，在拓宽资源型企业转型升级战略研究视角的同时，也为政府制定资源型企业绿色转型营商环境建设相关政策提供了依据。

本文的结构安排如下：第二部分为相关文献综述；第三部分为山西省资源型企业绿色转型和营商环境建设现状分析；第四部分为山西省资源型企业绿色转型营商环境建设存在问题研究；第五部分为促进资源型企业绿色转型的营商环境建设对策。

二、相关文献

（一）企业绿色转型相关概念

1. 资源型企业的定义。目前对于资源型企业尚无完全一致的定义。但研究视角主要基于以下几点：

（1）生产要素、生产方式和生产产品角度。资源型企业中的资源主要是指不可再生资源，不可再生资源主要是矿产资源，所以资源型企业即为矿业企业或工矿企业。资源型企业主要以开发矿产资源为主，为社会提供矿产品以及初级产品（谢雄标和吴越，2015）并具有法人资格，实行自主经营、独立核算（敖宏和邓超，2009）。更多的学者认为，矿业企业只是资源型企业的一部分，是资源型企业的主体。资源型企业是通过垄断性占有或者独占某个区域内的某种特定的自然资源，尽可能地利用区域内的自然条件，生产、加工、经营人们所需要的资源型产品的企业（李宇凯和翁明静，2010；李存芳，2012）。

（2）企业类型角度。资源型企业主要包括煤炭开采和洗选业、石油和天然气开采业、金属矿采选业、非金属矿采选业、其他采矿业、石油加工以及炼焦业、金属冶炼及压延加工业、化学原料及化学制品制造业等企业（谢雄标和吴越，2015），多属于加工制造型企业（张方，2012）。

（3）核心竞争角度。资源型企业核心竞争力在于获取配置资源，形成并保持持续的竞争优势，并获得稳定的超额收益（敖宏和邓超，2009），是依靠资源的消耗来实现企业的增长，以资源占有优势为核心竞争力的企业类型（周贵川和揭攸纹，2013）。

由此可见，资源型企业是指从事矿产资源开发和粗加工的企业，主要涉及采矿业、石油加工炼焦及核燃料加工业、化学燃料及化学制品制造业、黑色金属冶炼及压延加工业、有色金属冶炼及压延加工业、电力生产业。

2. 企业转型研究。

（1）界定。转型是企业面对外部环境变化为谋求可持续发展所选择的一种重要战略，也是企业的一种战略创新（李烨，2009），是指企业采取组织变革，主动或被动采取战略来重新获得竞争优势（王吉发，2006）。

（2）影响因素。包括环境（Haveman，1992）、制度变革（Luo，2001）、信息化（Stephenson，2007）、企业文化（Philip，2004）等。

（3）实现路径。一是基于重组的视角（Caverlee，2007；李君清，2013），指出企业转型主要是相应业务流程的变化。二是基于信息技术使用的视角。很多企业基于 ERP 系统实现了真正的 E 供应链（Srinivasan，2010；张方，2012）。

3. 企业绿色转型研究。许多学者从企业外部环境、内部劳资关系以及社会关系角度定义了企业绿色转型，指出绿色转型就是企业处理好与这三者的关系（朱远，2011；Wang，2012；刘学敏，2015）。通过绿色转型，可以实现经济与环境效应的“双赢”（Liang，2008；马媛，2016），并可以从环境治理与资源综合两个方面对企业绿色转型进行评价（姜秀娟，2014；于雄飞，2014）。关于资源型企业的绿色转型，主要有以下三种主要的观点：

（1）强调资源的高效利用，促进资源的循环利用，而非脱资源化发展，向经济发展与环境保护协调发展的模式转变。

（2）运用高新技术，提升企业信息化水平，对资源产品进行深度加工，延伸产业链，实现产品增值与资源的充分利用，走节能低碳发展之路。

（3）强调企业的绿色管理与绿色运营制度的构建，注重资源型企业的绿色改造以及企业整体或部分体系的绿色重构，实现资源型企业的可持续发展（杨玲，易辉，2016）。

（二）企业营商环境研究

1. 营商环境与企业设立。贝尔加尔（Bergara，1998）指出，政治制度和政治环境主要是指政府机构的可信性和有效性，这些是包括企业在内的各种商业交易进行的基础条件。根据2008年世界银行最新的创业调查数据研究显示，创业与良好的营商环境之间存在显著正相关关系（Klapper，2009；唐磊磊，2012），有利的营商环境是促进企业创业的关键。

2. 营商环境与企业运营。迪耶多克（Dierdonck，1980）解释了环境因素和企业生产方式的关系。诚信经济环境是企业增长和竞争必不可少的条件（刘辉，2003），高水平的制度环境可以使企业更易与不熟悉但高效的政府政党打交道，从而有助于提高交易效率（Greif，1993）。商业环境也会影响企业的组织结构、利益相关者的满意度、组织创新、企业决策等（Goll，1997），奥顿（Oughton，2002）也实证检验了商业环境对企业创新行为的影响。基于世界银行2012年中国民营制造企业的问卷调查数据，张峰（2016）得出的结论为非正规部门的灰色竞争抑制了企业的独立创新。张辉（2012）通过构建外部环境评价指标和影响机制模型，监测外部环境变化给企业带来的风险和机遇，帮助企业在运营过程中作出决策。

3. 营商环境与企业融资。一国经济水平和制度形式会显著影响企业能够获得融资的形式（Brown，2011），外部商业环境是企业以何种方式获得金融资本的一个重要决定因素（Li，2011）。实证研究表明有出口的企业、出口规模大的企业或者拥有出口权限的企业面临的融资约束更小一些（罗长远，2014）实质上，我国金融体系结构和资本市场发展不完善等营商软环境是造成中小企业融资难的主要原因（何利辉，2016）。

4. 营商环境与企业绩效。多勒（Dollar，2003）利用中国5个城市的调查数据进行的实证检验表明，投资环境对企业层面的经济绩效有重要影响，其中进入和退出堡垒、融资可获得性在决定企业绩效上扮演了重要角色。政企关系通过法制环境、公共服务、税务负担等企业经营外部环境即营商环境对企业绩效产生影响（刘东浩，2016），高绩效的人力资源管理系统形成的自主创新能力需要与企业发展的营商环境相匹配才能提升企业绩效（刑周凌，2012）。

综上所述，已有的研究基本明确了资源型企业的定义、企业转型、企业绿色转型相关概念以及企业的创立、运营、融资、绩效等行为与营商环境的各因素之间的联系，为进一步研究促进资源型企业绿色转型升级的营商环境建设奠定了坚实的基础。本文的研究正是基于前人的研究，并在此基础上，针对山西省资源型企业绿色转型的营商环境的构建，提出有针对性的政策建议。

三、山西省资源型企业绿色转型发展和营商环境建设基本现状

（一）山西省资源型企业发展的基本现状

山西省作为我国重要的能源、有色金属和非金属矿产基地，截至2015年年底，山西省已探明的煤炭储量921.30亿吨，铁矿储量16.80亿吨，锰矿储量20.10万吨，铜矿储量152.70万吨，铅矿储量0.60万吨，锌矿储量0.60万吨，铝土矿储量14467.90万吨，硫铁矿储量1058.10万吨，磷矿储量0.20亿吨，高岭土矿储量160.2万吨等①，依托丰富的矿产资源，山西省资源型企业取得了快速的发展，不单是山西省实体经济发展的重要基础，同时也在改善民生和增加就业方面发挥着重要的作用。

1. 资源型企业是山西省工业企业的主导力量。山西省资源型企业数量从2003年起总体呈现逐步下降的趋势，2004年全省资源型企业数量为3092家，占山西省规模以上工业企业数的58.34%，到2015年山西省规模以上资源型企业数量为2230家，占山西省规模以上工业企业数的58.00%。其中，采矿行业1353家，石油加工炼焦及核燃料加工企业139家，化学燃料及化学制品制造企业220家，黑色金属冶炼及压延加工企业201家，有色金属冶炼及压延加工企业100家，电力生产企业217家，分别占山西省规模以上资源型企业数量的35.19%、3.62%、5.72%、5.23%、2.60%、5.64%，资源型企业仍是山西省工业企业的主导力量。

2. 资源型企业是山西省经济发展的重要力量。资源型企业依托独特的资源优势，在促进自生发展的同时，也为山西省经济的发展作出了巨大的贡献，2003年山西省规模以上资源型企业工业增加值为753.68亿元，2015年为3164.35亿元，占地区生产总值的比例由2003年的26.4%增加到2015年的84.62%，12年间增加了近3倍。同时，资源型企业的固定资产投资规模依然巨大，2015年资源型企业固定资产投资为2476.5亿元，占工业固定资产投资的46.9%。由此可见，资源型企业在山西省工业经济的发展中发挥了不可替

① 本文所有数据均是根据《中国统计年鉴》和《山西省统计年鉴》整理得出。

代的作用，占据着工业生产领域的主导位置，是山西省经济发展的重要力量。

3. 资源型企业是山西省增加就业和改善民生的重要力量。近年来随着第三产业的不断发展，资源型产业就业人数在逐年递减，但是由于资源型企业多属于劳动密集型企业，生产规模大，劳动力需求高，仍然是山西省吸收就业的重要渠道之一，2015 年山西省资源型企业就业人数为 231.46 万人，占全部就业人数的 36.25%。同时资源型企业作为山西省税收收入的重要来源之一，在改善民生方面发挥着同样重要的作用。

（二）山西省资源型企业绿色转型基本现状

资源型企业高投入、高能耗、高污染的粗放型发展模式，造成了资源的利用率低，环境污染严重，资源需求迅速递增的态势，一些重要的资源已经难以满足经济发展的需求，资源约束日益凸显，经济发展成本昂贵。而且随着人们环境意识的不断增强，环境污染问题逐步引起了国家和企业的高度重视。因此，面对全省经济正处于低迷状态的严重形势，资源型企业为了生存和发展，提高自身的可持续发展能力，在竞争日益激烈的市场环境下，纷纷主动或被动地选择了战略转型，走上了一条“资源消耗少、环境污染少的绿色转型之路”。

1. 产业结构不断调整。在绿色转型的背景下，山西省大部分资源型企业主动寻求绿色转型，跳出煤炭、焦炭等传统产业，立足于旅游、互联网、物联网等高新技术产业，积极调整产业结构，促进产品更新换代，发展领域从以工业为主向工业和服务业并重转变；发展重点从开采矿产资源等初级产品向先进装备制造、精细加工、特色食品和生产性服务业等多种新兴产业转变；发展模式从高能耗、高污染的粗放式发展向低能耗、低污染的绿色发展转变，绿色转型的趋势越发明显。

2. 环境污染逐步改善。资源型企业资源消耗量大、技术水平低的特点决定了其属于高污染的企业群体，根据《山西省统计资料》整理所得，资源型企业是山西省工业废水、废气等污染物排放的主要来源，2015 年资源型企业的废水排放量占全省废水排放量的 28.47%，二氧化硫排放量占全省排放量的 80.38%，氮氧化物排放量占全省排放量的 69.22%。由此可见，资源型企业作为山西省减少废弃物排放量的关键群体，绿色转型至关重要。“十二五”期间在国家和山西省转型政策的引导下，山西省资源型企业废水排放量累计下降 20.1%，二氧化硫排放量累计下降 22.1%，氮氧化物排放量累计下降 25.0%，固体废弃物利用率达到了62.5%，绿色转型取得初步成效。

3. 单位产值能耗仍需降低。受产业结构的影响，以资源的消耗实现成长的资源型企业能耗占山西省工业企业总能耗的比重为90.1%，而且单位产值能耗也一直处于全省平均水平之上。“十二五”期间，资源型企业的能源消耗总量由2010年的12118.08万吨标准煤上升到2015年的13917.36万吨标准煤，但占全省的比重由90.9%下减到90.1%，基本处于持平状态。山西省资源型企业单位工业增加值能耗也由2010年的2.99吨标准煤/万元上升到2015年的4.34吨标准煤/万元，山西省资源型企业单位工业增加值能耗水平居高不下。降低山西省资源型企业单位工业增加值能耗，大力发展新兴产业，是实现山西省节能减耗的关键所在。通过技术创新、发展高新技术产业等手段，实现资源型企业绿色转型，能够切实有效地降低资源型企业单位工业增加值能耗。

4. 科技创新投入严重不足。绿色转型的关键在于技术创新，即围绕“绿色、循环、低碳”的新兴经济理念，通过加大资源型企业的科学技术投入，激发资源型企业自主创新的活力，积极发展替代产业、接替产业，利用替代技术、减排技术等关键技术，突破制约资源型企业绿色转型的技术瓶颈。目前，以资源型企业为主体的山西省工业经济在科技研发投入方面的不足，严重制约了山西省资源型企业绿色转型的进程。“十二五”期间，山西省科技创新研发经费的投入占全省GDP的比重一直处于0.5%之下，直到2015年才突破了0.5%，但也仅仅达到了0.55%，远远低于全国平均水平。

由此可见，山西省资源型企业的绿色转型之路已经在逐步进行，产业结构的调整和环境的改善已经取得了初步成效，但是在资源的利用率和技术创新方面仍然存在许多问题，仍然需要进行进一步的改善。

（三）山西省资源型企业绿色转型营商环境建设基本现状

近年来，山西省委、省政府高度重视优化资源型企业的发展环境，为资源型企业的绿色转型提供了日趋良好的营商环境。

1. 政策支持不断加强，制度体系不断完善。为促进山西省资源型企业绿色转型，山西省相继出台了一系列的规范性文件，通过制定相关配套政策，推动国家和省税收优惠等相关扶持政策的落实。2012年以来山西省相继出台了若干高含金量、强操作性的促进资源型企业绿色转型发展的政策，为近年来少有，全省促进资源型企业绿色转型制度体系逐步完善。2017年6月山西省公布了《山西省绿色制造体系建设2017年行动计划》，明确提出2017年要在山西省培育30余个（类）绿色产品，推进60余个以清洁生产为主要内容的绿色改造和绿色制造项目建设，开展绿色工厂、绿色园区创建活动，争取国家第一批绿色制造体系建设示范支持[①]。这更明确了资源型企业绿色转型的阶段性任务。

2. 结构调整不断加快，产业体系初步形成。2010年，国务院批准山西省为国家资源型经济转型综合配套改革试验区，支持山西省资源型企业转型升级。目前，山西省已初步形成“以煤为基、多元发展”的产业体系，资源型产业改造提升取得明显成效，接续替代产业和服务业比重显著提高，经济对煤炭资源的依赖明显降低，促进资源型企业经济转型的体制机制初步建立。

3. 市场化进程不断加快，转型环境持续优化。2012年以来，山西省市场化进程进一步加快，金融改革取得巨大进步，货币市场化达到较高程度；证券市场发展快速，经济资本化逐步提高；利率市场化迈出了重要的步伐，同行业拆借市场已初步建立；同时山西省政府开始简政放权，逐步减少对市场的干预，部分资源垄断性行业的进入管制开始放松，资源型企业绿色转型环境逐步优化。

四、山西省资源型企业绿色转型营商环境建设存在的问题

虽然近年来山西省营商环境建设取得了一定的成效，但是资源型企业绿色转型所面临的营商环境建设仍然存在着新挑战，主要存在以下几个问题：

1. 促进资源型企业绿色转型的相关政策有待进一步落实。山西省尽管出台了一系列促进资源型企业绿色转型的政策措施，但是由于相关配套措施没能及时跟上，导致预期效果不明显，落实不到位；促进资源型企业绿色转型发展的扶持机制有待进一步完善，同时有一些法规政策的内容原则性较强，但缺乏完整的法律责任和惩罚措施，导致其无法顺利实施；部分县市领导对于资源型企业的关注力度不够，也在一定程度上影响了资源型企业的绿色转型发展。

2. 社会服务体系有待进一步完善。资源型企业的绿色转型离不开全社会的努力和帮助，包括政府政策的引导、人才交流、信息支持、资金融通、技术

① 推进工业绿色转型发展 山西公布“绿色制造2017行动计划”. http://www.sx.xinhuanet.com/2017-06/19/c_1121165354.htm.

服务、市场运作、管理指导等。主要表现为一些服务网络的不健全不完善，一些服务信息渠道不流畅，服务资源辐射性不强，服务协同机制有待进一步深化；服务机构能力不强，服务基础设施薄弱，无法满足资源型企业日益增长的服务要求；服务功能有待增强，个性化、特色化、专业化服务不足，针对性不强，服务领域和内容有待进一步拓展。

3. 制度性交易成本有待进一步减少。目前，资源型企业显性制度性交易成本大大减少，但存在一些显性成本隐性化的趋势。政府的直接收费虽然少了，但是设置了一些条件，资源型企业需要向一些中介机构支付一些费用才能达到政府设置的条件，如政府指定的第三方评估机构出具的评估证明等。正是由于一些制度性交易成本的隐性化，导致了政府和资源型企业对负担认识的差异性，使得资源型企业在绿色转型过程中负担没有明显减少。

4. 市场环境有待进一步优化。尽管山西省金融市场发展取得一定成果，但是仍然存在整体发展相对滞后，发展不平衡等问题，而且资源型企业大部分为国有企业，垄断性质严重，行业外投资者难以进入，导致市场缺乏竞争力；同时仍然存在部分县市政府滥用职权，干预市场，造成了资源的浪费和市场公平公正的缺失，市场环境有待进一步优化。

五、促进资源型企业绿色转型的营商环境建设的对策建议

营商环境的本质就是企业各种经营活动所面临的外部环境，政府管制环境是其中最重要的一部分，政府的各种行为都会对营商环境造成影响。推进政府职能转变，加大市场开放力度，构建与开放的市场经济体制相对应的行政管理体制，是促进资源型企业绿色转型的营商环境建设的长期优化之道。优化市场环境并构建与之相适应的商业友好型政府管制环境，既是更好发挥政府作用的需要，也是资源型企业为顺利展开绿色转型的普遍呼声。

1. 建立利于资源型企业绿色转型发展政策和法规体系，认真落实每一项扶持政策。在认真贯彻中央和省政府的促进资源型企业绿色转型发展的相关措施的基础上，各省市积极建立配套措施，深化财税改革，推进绿色财政体系建设，对正在进行绿色转型的资源型企业实施税收减免政策，形成有利于资源型企业绿色转型的金融服务体系，同时各级政府尤其是基层政府应该建立政府政策与制度的发布平台，让资源型企业可以及时了解掌握政策的变动，减少企业

与政府之间的信息不对称。同时在此基础上建立相应的惩处和保护机制，让政策落地，让广大资源型企业感受到政策的效力，顺利实现资源型企业的绿色转型发展。

2. 加快转变政府职能，完善社会服务体系。充分发挥“两平台一张网”[①]作用，运用信息化手段提高行政效率和行政审批透明度，设置政府服务大厅，将与企业相关的各项程序放入服务大厅，提高审批效率。进一步简政放权，实现“放管服效”相结合。推动行政审批制度改革与机构改革、职能转变有机结合。为资源型企业绿色转型服务的社会组织，应该按照企业自愿的原则在政府的监管下设立，避免依托于政府机构为资源型企业设立社会组织，探索推进市场准入负面清单管理。深化商事制度改革，进一步放宽企业准入，放开放活市场。充分利用“互联网+”创新服务和监管方式，不断扫除妨碍提高行政效能的制度羁绊，创优资源型企业绿色转型发展环境，激发市场活力，促进服务型政府建设。

3. 建立公平公正的市场环境。破除部分资源类行业的行政垄断，放宽资源型企业市场准入机制，引入行业外投资者，激发竞争活力。优化市场信用环境，对资源型企业实施守信联合激励和失信联合惩戒措施，引导鼓励资源型企业诚信经营。健全市场公平竞争保障机制，及时纠正政府滥用权力、限制竞争的行为，维护资源型企业合法权益。树立互惠共赢的开放思维，主动融入国家和区域发展战略，提升国际视野，建设法治化、国际化营商环境。

4. 支持由专业社会组织发布的区域性营商环境报告。制度性交易成本一直都是制约企业发展的关键因素，在资源型企业绿色转型过程中发生了多少制度性交易成本，企业和政府都难以掌握。一些政府机构、社会组织虽然也定期做区域营商环境评估报告，但由于种种因素的制约，很难全面系统地反应这个过程中企业的负担水平，为了更好地把握和降低资源型企业绿色转型过程中的制度性交易成本，山西省政府应该支持专业的社会组织定期对该区域的营商环境进行评估和发布，使政府和企业能够及时准确地掌握企业制度性交易成本水平，并通过报告披露各地营商环境改善导向。同时还要积极与发达地区合作，对营商环境进行横向对比，找出与发达地区的差距并及时完善。

5. 推进观念转型。解放思想、更新观念是企业转型的重要前提。坚持解

① “两平台、一张网”是指以政府电子政务外网为支撑的政务服务网络及政务服务平台和公共资源交易平台。

放思想、与时俱进，以思维转型促进企业发展转型。政府员工的思维转型，可以增强政府制度的执行力，降低政府政策的执行偏差；企业员工的思维转型，可以降低企业的内部成本。树立全员的绿色化转型思维，把“绿色化”“生态化”贯穿到转型发展的全过程，可以真正落实政府各项政策制度，降低企业的交易成本，营造良好的营商环境，推进资源型企业的绿色转型。

参考文献

[1] 谢雄标，吴越，冯忠垒．中国资源型企业绿色行为调查研究［J］．中国人口·资源与环境，2015，25（6）：5－11.

[2] 敖宏，邓超．论循环经济模式下我国资源型企业的发展策略［J］．管理世界，2009（4）：1－4.

[3] 李宇凯，翁明静，杨昌明，陈懿．我国资源型企业可持续发展制约因素与对策研究［J］．中国人口·资源与环境，2010，20（115）：451－454.

[4] 李存芳，周德群，杨保华．中国可耗竭资源型企业转移行为的特征和趋势［J］．管理评论，2012，24（3）：150－156.

[5] 张方．资源型企业技术创新管理的复杂性及协同研究［J］．科学管理研究，2012，30（3）：77－80.

[6] 周贵川，揭筱纹．资源型企业间合作技术创新绩效实证研究［J］．科技进步与对策，2013（12）：103－108.

[7] 李烨，张毅，郭继辉，彭璐．资源型企业产业转型的相关研究综述［J］．资源与产业，2009，11（4）：1－5.

[8] 王吉发，冯晋，李汉铃．企业转型的内涵研究［J］．统计与决策，2006（2）：153－157.

[9] Haveman H A. Between a rock and a hard place: Organizational change and performance under conditions of fundamental environmental transformation [J]. *Administrative Science Quarterly*, 1992, 37 (1): 48－75.

[10] Luo Y, Park S H. Strategic Alignment and Performance of Market－Seeking MNCs in China [J]. *Strategic Management Journal*, 2001, 22 (2): 141－155.

[11] Stephenson S V, Sage A P. *Architecting for Enterprise Resource Planning* [M]. IOS Press, 2007.

[12] Philip G, Mckeown I. Business Transformation and Organizational Culture: The Role of Competency, IS and TQM [J]. *European Management Journal*, 2004, 22 (6): 624－636.

[13] Caverlee J, Bae J, Wu Q, et al. Workflow management for enterprise transformation

[J]. *Information Knowledge Systems Management*, 2007, 6 (12).

[14] 李君清, 王斌. 浅析煤炭企业转型发展的战略选择 [J]. 中国能源, 2013, 35 (12): 12-14.

[15] Srinivasan M. *E-Business and ERP: A Conceptual Framework toward the Business Transformation to an Integrated E-Supply Chain* [M]. IGI Global, 2010.

[16] 朱远. 城市发展的绿色转型: 关键要素识别与推进策略选择 [J]. 东南学术, 2011 (5): 40-50.

[17] Wang X D. Promting Green Transformation for Building the Most Competitive Iron and Steel Enterprise [J]. *Shandong Metallurgy*, 2012.

[18] 刘学敏, 张生玲. 中国企业绿色转型: 目标模式、面临障碍与对策 [J]. 中国人口·资源与环境, 2015, 25 (6): 1-4.

[19] Liang M B. The Practice of Creating the Green Transformation Demonstration Enterprise of Jinyang Coal Separating Plant [J]. *Sci-Tech Information Development & Economy*, 2008.

[20] 马媛, 侯贵生, 尹华. 企业绿色创新驱动因素研究——基于资源型企业的实证 [J]. 科学学与科学技术管理, 2016, 37 (4): 98-105.

[21] 张叶, 张国云. 绿色经济 [M]. 中国林业出版社, 2010.

[22] 姜秀娟, 侯贵生. 大型煤炭企业转型绩效评价研究 [J]. 中国煤炭, 2014 (9): 16-21.

[23] 于雄飞. 我国煤炭企业发展方式转型研究 [J]. 能源技术与管理, 2014, 39 (2): 175-178.

[24] Bergara M E, Henisz W J, Spiller P T. Political Institutions and Electric Utility Investment: A Cross-Nation Analysis [J]. *California Management Review*, 1998, 40 (2): 18-35.

[25] Klapper L, Lewin A, Delgado J M Q. The Impact of the Business Environment on the Business Creation Process [J]. *Policy Research Working Paper Series*, 2009.

[26] 唐磊磊. 大连市中小企业营商环境分析 [D]. 大连: 东北财经大学, 2012.

[27] Dierdonck R V, Miller J G. Designing production planning and control systems [J]. *Journal of Operations Management*, 1980, 1 (1): 37-46.

[28] 刘辉, 周慧文. 诚信经济环境是企业健康发展的必要条件 [J]. 技术经济与管理研究, 2003 (4): 98-99.

[29] Greif A. Contract Enforceability and Economic Institutions in Early Trade: The Maghribi Traders' Coalition [J]. *American Economic Review*, 1993, 83 (3): 525-548.

[30] Goll I, Rasheed A A. Research Notes and Communications Rational Decision-Making and Firm Performance: the Moderating Role of Environment [J]. *Strategic Manage*, 1997, 18: 583-591.

[31] Oughton C, Landabaso M, Morgan K. The regional innovation paradox: innovation poli-

cy and industrial policy [J]. *Journal of Technology Transfer*, 2002, 27: 97 - 110.

[32] 张峰，黄玖立，王睿. 政府管制、非正规部门与企业创新：来自制造业的实证依据 [J]. 管理世界，2016 (2): 95 - 111.

[33] 张辉，白波，黄思聪. 基于面板数据的电信企业外部环境评价研究 [J]. 广东通信技术，2012 (7): 65 - 69.

[34] Brown G W, Chavis L W, Klapper L F. Institutions, External Financing, and Growth around the World: A New Lease on Life. 2011.

[35] Dan L M P F. Institutional environment and firms' sources of financial capital in Central and Eastern Europe [J]. *Journal of Business Research*, 2011, 64 (4): 371 - 376.

[36] 罗长远，李姝醒. 出口是否有助于缓解企业的融资约束？——基于世界银行中国企业调查数据的实证研究 [J]. 金融研究，2014 (9): 1 - 17.

[37] 何利辉，钟玮. 支持中小企业融资的财政政策研究 [J]. 经济研究参考，2016 (47): 38 - 43.

[38] Dollar D, Shi A, Wallsten S, et al. Improving the Investment Climate in China [J]. *Driemeier*, 2003.

[39] 刘东浩. 政企关系对我国企业绩效的影响研究 [D]. 南宁：广西大学，2016.

[40] 邢周凌. 高绩效人力资源管理系统与企业绩效研究——以中国创业板上市公司为例 [J]. 管理评论，2012, 24 (7): 91 - 98.

案例篇

第十七章

孝义市优化营商环境助力转型升级的主要做法与启示

郭淑芬　牛　娜　张晋楠

近年来，孝义市深化“放管服”改革，优化营商环境推进转型发展取得了显著成效。特别是在降低企业制度性交易成本、优化政府服务、提升城市品质等方面的做法具有典型性、示范性、可推广性。优化营商环境对资源型县域经济发展具有基石作用。地方政府可以借鉴孝义市的做法，搭建一体化服务平台，为提优服务、降低成本助力；构筑“互联网＋政务服务”模式，倒逼政府效能提高；提升城市品质，以汇聚各方力量。

孝义市是山西省吕梁市的一个县级城市，位于山西中部地区，西靠吕梁山，东接太原盆地，是典型的煤炭资源型城市，2009 年被国务院认定为第二批 32 个资源枯竭型城市之一，2013 年又被国务院重新认定为资源再生型城市之一。从资源枯竭型城市迈向再生型城市，标志着孝义的转型发展取得阶段性重大成功。这一成功固然有众多原因，但县政府坚定深化商事制度改革无疑是其重要力量。有数据表明，2010 年孝义市的中小微企业数量是 466 个，2016 年增加到 3613 个，这是经济活力的一个反映。在 2017 年由中国社会科学院竞争力实验室等单位的发布的《2017 年全国中小城市投资潜力百强县市（全国投资潜力百强县市)》榜单中，孝义市榜上有名，排名列 35 位，这也是孝义市良好营商环境的佐证。为深入了解孝义市营商环境的发展变化，本文从调研企业入手，采用问卷调查与实地考察相结合的方式对孝义市营商环境进行了一次多维度了解，发现孝义市营商环境确实发生着向好变化，在优化营商环境方面显然积累了诸多宝贵经验，对其他资源型县域以优化营商环境入手推进转型升级具有极大借鉴价值。

一、调查过程

（一）设计调查问卷

“春江水暖鸭先知”。考虑到企业对营商环境的感知敏感性，本次调查问卷的设计借鉴了世界银行基于企业的营商环境调查指标体系。2001 年，世界银行为评估各国私营部门的发展环境，构建了企业营商环境指标体系，并将营商环境定义为：一个企业在开设、经营、贸易活动、纳税、企业破产及执行合约等方面遵循政策法规所需要的时间和成本等条件。经过 10 余年的发展，该指标体系不断完善，到目前有开办企业、办理施工许可、获得电力、产权登记、纳税、跨境贸易、获得信贷、保护少数投资者、合同执行、破产办理和劳动力市场监管等 11 项一级指标和 46 项二级指标。结合山西省及孝义市实际情况，本问卷在指标体系设计过程中，从中选出企业创办、获得电力、产权登记、获得信贷、企业纳税、跨境贸易、法律纠纷、劳动力市场、政府服务等 9 大类事项。问卷中对调查问题从三个方面进行设计，分别是满意度调查、难易度调查和便捷性调查。对每个问题答案的设置采用李克特五级量表法，如对满意度调查设置非常满意、比较满意、一般满意、比较不满意、非常不满意五个选项。

（二）问卷回收与整理

考虑到营商环境的动态变化，本次调查在选择对象时考虑到了企业创办年份、所属行业等多元特征，选择代表性企业进行问卷发放，共发放17份，回收17份，其中因一家一家分别走上门调查，因此有效问卷17份，有效率100%。调研企业基本情况如表17－1所示。

表17－1　　调研企业的基本情况

情况1	企业所属行业						
	农产品加工业	资源型产业	制造业	商贸物流、餐饮住宿业	社会性服务业	新兴科技产业	其他
数量（家）	1	3	6	2	2	1	2

情况2	企业产业特征		
	劳动密集型	资本密集型	技术密集型
数量（家）	9	4	4

情况3	企业成立时间（年）								
	1995	2000	2003	2006	2009	2011	2015	2016	2017
数量（家）	1	1	1	2	1	2	6	2	1

二、孝义市营商环境的发展与变化

通过对调查问卷的整理，从企业创办、政府服务、企业融资、法律环境四个方面来分析孝义市营商环境的发展与变化。

（一）创办企业：手续趋于简捷，所需时长缩短

开办企业是企业发展的第一个环节。简捷高效的创办流程可以使企业较快投入运营。企业创办涉及注册登记、获得电力等多个环节，耗时长短直接决定着企业的创办效率及耗费成本。有研究表明，创办企业需要的时间减少10天，就会使投资率和GDP增长率分别增长0.3%和0.36%。

孝义市经过20余年的发展，在企业注册登记方面，一方面表现在审批环节更加简便、快捷，注册登记所需时长明显缩短。据问卷，2011年之前创办的企业所需要的注册审批时长均在10天以上，2011年之后创办的企业基本都能在10天内完成注册，2017年注册审批时长更进一步缩短为2天（如图17-1），孝义市在审批时长方面有大幅度变化。另一方面表现为企业注册登记的便捷性也有新的改观。从回收的问卷可以看出，在“您感觉企业注册的审批环节简捷程度如何?”的问题中，14家企业选择至少是便捷的，而回答为“比较不简捷”的企业创办时间分别为1995年、2000年、2006年（见表17-2），由此可以推断，孝义市开办企业的便捷性大大提高了。

表17-2 企业认为在注册审批环节的简捷程度

简捷程度	企业数量及创办时间
非常简捷	3家：2011年、2015年、2015年
比较简捷	6家：2003年、2006年、2011年、2015年、2016年、2016年
一般简捷	4家：2015年、2015年、2015年、2017年
比较不简捷	3家：1995年、2000年、2006年
非常不简捷	无

在获得电力方面，政府对企业的便捷性支持作用明显，企业办理接入电网手续不断趋于简便。在被调查的17家企业中，94%的企业认为办理接入电网手续简化了，在2015年之后创办的企业基本都能在3天内完成接入电网事宜。高效的接入电网极大降低了企业的时间成本，从而使企业能更快投入运营（见图7-1）。

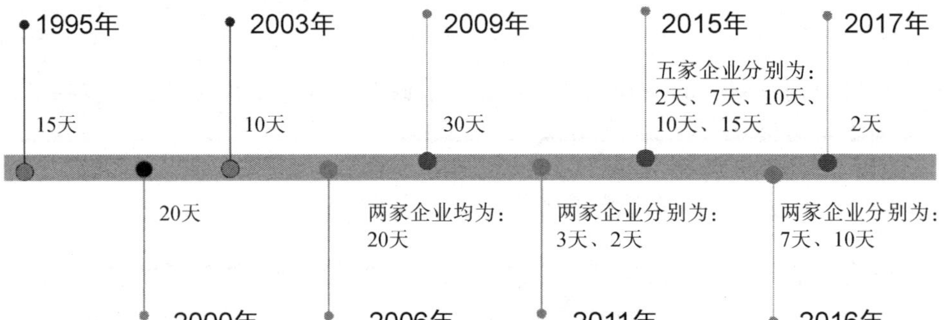

图17-1 17家企业注册审批时间汇总

此外，经过实地考察发现，孝义市于2016年12月建成了《孝义市民服务中心》，在该中心可集中办理多项手续，筑成了“一站式、一条龙”的政务服务管理格局，这使得企业的办理流程极大简化，是孝义市打造优良营商环境的一个阶段性成效。

（二）政府：“放管服”改革深入有效，服务效能提升

近几年来，孝义市不断通过“放管服”改革、优化政府服务，在服务态度、帮扶政策切实落地等方面取得重要进展。从调研反馈看，企业认为孝义市政府不仅服务态度较好，而且能够高效办理所需事项。如在企业纳税方面，有94%的企业对政府部门的服务态度表示满意，在办理企业产权登记或转移程序方面，也有94%的企业认为整个过程是方便快捷的。地方政府这种良好的服务态度获得企业普遍赞誉。

在进行政策帮扶方面，孝义市政府笃行利企之举，相继出台了多项政策对企业进行帮扶，详见表7－3。在本次调查过程中，从企业获得帮扶政策的渠道、政府是否兑现政策等方面进行了考察，从问卷反馈看，企业获得帮扶政策的渠道比较畅通，可以通过政府会议、报刊、电视、政府网站等多种渠道及时了解到这些帮扶政策；82%的企业对扶持政策的落实情况比较满意，并且认为扶持政策对企业发展有比较重要的作用；在对政策兑现优惠政策的满意度方面，所调查的17家企业均回答“一般满意”“比较满意”“非常满意”，满意度率为100%，其中有53%的企业选择了“比较满意”及“非常满意”。

总体来看，孝义市为企业提供了优质的政府服务。

表17－3　孝义市扶持企业的各项政策

序号	出台时间	政策	要点
1	2014年6月	《孝义市鼓励投资吸引人才促进稳增长调结构优惠政策》（孝发［2014］23号）	围绕人才创业项目奖补服务、人才科研创新支持等提出了24项优惠政策
2	2014年6月	《孝义市扶持中小微企业健康发展的若干措施的通知》（孝政发［2014］49号）	市财政每年安排300万元用于支持中小微企业发展，并根据财力逐年增加
3	2014年6月	《孝义市涉煤收费清理规范工作方案》（孝政发［50］号）	煤炭企业清费立税
4	2014年9月	《关于帮扶困难企业稳定就业岗位及鼓励小微企业吸纳劳动者就业的通知》（孝政发［2014］121号）	提供小额担保贷款及贴息

续表

序号	出台时间	政策	要点
5	2015 年 4 月	《孝义市落实山西省减轻企业负担促进工业稳定运行若干措施工作方案》（孝政发［2015］26 号）	设立战略新兴产业投资基金、文化和旅游产业投资基金、中小企业发展基金等财政支持政策

资料来源：孝义政府公开专栏 http：//zwgk. xiaoyi. gov. cn/，2017－11－3.

（三）企业融资：渠道多元化，环境较优

孝义市拥有多元的融资体系，企业融资环境较优越。从调查结果可以看出，孝义市企业更倾向于从股份制商业银行、小额贷款公司等国内中小型金融机构获得融资，这一定程度上缓解了在大中型商业银行贷款难的问题。据了解，孝义市出台了为企业提供融资优惠的多项政策，如表 7－3 中的政策序号 2、4、5，这在一定程度上满足了企业尤其是中小微企业的融资需求。同时，中信、民生等股份制银行，大同证券、山西证券等 16 家保险机构，宏远银小额贷款公司等 6 家小额贷款公司，累计各类金融机构 50 余家落户孝义，这些金融机构无疑可缓解企业发展的资金要求难题。良好的融资环境，促使企业平稳运转，同时也为科技创新提供了殷实支撑。

（四）法律环境：司法公开透明，企业权益意识增强

孝义市司法环境公开透明，企业有较强的法律意识。在问卷设计时，针对法律缓解设置了“产权保护”和“法律纠纷处理”两个题项。在“产权保护方面”，被调查企业都认为本企业的产权受到了法律政策的保护，其中 76% 的企业对产权保护的满意程度达到比较满意及以上；在“法律纠纷处理”方面，孝义市法院进行庭审时，除人民代表大会代表旁听外，还会进行全程网络直播，使得庭审过程在大众监督之下。公开透明的司法环境使得企业和大众的司法意识不断增强。此外，调查结果还显示，大多数企业拥有专门的法律部门或相关法律合作机构，企业的维权意识逐步增强，使得企业可以高效专业地处理诸如劳资纠纷、贸易纠纷、知识产权纠纷等多类纠纷，这有效维护了自己的权益，也可保障主业发展不被影响。

三、孝义市优化营商环境的典型做法

（一）降低企业制度性交易成本

1. 建立孝义市民服务中心，切实便捷企业办事。建立孝义市民服务中心是孝义市政府优化营商环境、深化“放管服”改革的最典型的阶段性平台式成果。据了解，孝义市民服务中心的建立使企业工商登记的时间由原来的20天变为1—3个工作日，发展和改革委员会核准类项目办结时限缩短为10个工作日，备案类项目办结时限缩短为5个工作日等，这极大地节约了企业办事的时间成本。该中心的突出做法有：

（1）构建“一站式、一条龙”的政务管理平台。孝义市民服务中心集行政审批、公共资源交易、工程建设招投标、政府采购、农村产权交易、公共服务、中介服务、智慧城市管理服务、市民热线、政务监察、绩效评价、政务公开等12类功能于一体，入驻有62家单位，设立了170个窗口，可集中办理212项行政审批、132个公共服务事项和4大类公共资源交易事项。“推开一扇门，办成百家事”。进入市民服务中心，向咨询台询问即可了解办事流程，同时该中心还配备了复印、打印、照相等服务，极大便捷了企业与民众，节约了办事所需时间。

（2）建立“互联网+政务服务”平台。网上办理各类服务事项是孝义市民服务中心的一大特色，主要体现在以下几个方面：一是网上公示政府职权。市民服务中心将各部门的行政职权全部梳理并在政府网站进行了公示，增加广大民众对各政府部门的认识与信任。二是建立了政府服务事项数据库。市民服务中心运用了业内最先进的VXLAN技术和云计算体系，通过政府服务事项数据库的承载，对所有的政务服务事项进行统一的、精细化的编码管理，从而保证数据的权威性、真实性，实现“把权力装在笼子里”。三是推行网络数据共享。中心开展政务服务事项相关信息的网上验证核对，使得凡是通过网络核验的信息则不需要企业和群众重复提交，从而实现公共数据在不同部门之间得以流通，有效地避免了重复递交材料和循环证明。四是推行政务服务线上线下一体化。孝义市民服务中心坚持“虚实结合”，将一些实体服务的事项迁移到互联网上，使线上线下深度融合，功能互补，实现政务服务“一号一窗一网”

办理，切实解决企业和群众在各部门之间来回跑腿的问题。这种“互联网+政务服务”平台模式使企业和群众的办事过程全程网络化，打破了不同部门间模式、层级、地域等限制，形成了优质高效的政务服务信息体系，不仅提升了政府的政务效能，而且更加方便企业、群众办事。

（3）公共服务事项高效办理。在制度改革方面，孝义市民服务中心在公共服务区实行清单管理制度，编制完成了公共服务事项清单和各项收费清单，并将这些清单通过文件、政府网站、宣传手册等形式向社会公开，形成了“一口受理、首问负责、一次性告知、限时办结”的工作机制；同时，市民服务中心还在各单位实行审批代表制，各个单位将审批权充分授权给审批代表，审批代表将自己的业务向大众公开，接受广大群众的监督。这些制度改革不仅提高了审批效率，也便捷了单位间的内部运转。在部门统筹方面，对于复杂的需要多个部门参与的项目建立部门联办机制，设置集中办理窗口，并联审批，有效防止了部门间的相互推诿，形成统筹协调各部门的机制。如在固定资产投资方面，对固定资产投资项目实行定点审批，由发展和改革部门作为牵头单位，同时抄报其他相关单位，集中一个窗口办理，如此避免了审批时间过长，使固定资产投资的审批时间缩短了50%左右。

（4）畅通公共参与和反馈渠道。为进一步畅通群众诉求渠道，提升政府联系群众和服务企业的能力，在孝义市民服务中心成立了“智慧城市管理服务中心”。该中心开通“12345”市民服务热线。为确保市民热线的正常开通、高效运行，中心全体人员花费大量时间和精力进行信息采集，构建了覆盖全市各部门、各乡镇的知识库，同时中心也对全员进行受理跟听、录音分析等多方面培训，使中心可以受理民生服务、政策咨询、发展建议、执法举报、信访反映、应急响应等多方面的诉求，且目前中心90%的工单都能直接办理完成。孝义市企业、市民可以通过直接拨打“12345”电话、发送短信至“1069 0559 3535 12345”、关注“孝义12345”微信公众号三种受理渠道提出自己的诉求。中心每周将受理的事项进行整理、同时展开督办，注重督办结果的追踪，有效解决部门间相互推诿的问题。

2. 深化商事制度改革，提高企业办事效率。孝义市近些年来在深化商事制度改革、降低企业准入的制度性交易成本方面做出了不断探索，主要体现在：

（1）改革企业登记制度。一是率先推行多证合一。孝义市从2015年开始推行“三证合一”，2016年推行“五证合一”，2017年9月推行“多证合一”

（在“五证合一”的基础上，将新整合的12项涉企证照事项进一步整合到营业执照上，即“十七证合一”），相比国务院要求提早了一个月的时间。“多证合一”改革后，申请人办理企业注册登记时只需填写“一张表格”，向“一个窗口”提交“一套材料”，即可领取加载统一社会信用代码的营业执照，真正实现了一体化、高效化的登记模式。同时，孝义市落实“先照后证”改革，即实现企业可以先申领营业执照，后办理有关许可证，从而削减了部分工商登记前置审批事项。二是工商登记过程全程电子化。即孝义市企业可以通过在网上进行申请、受理、审核等程序完成工商登记，实现了企业办理工商登记全程无纸化的网上发照新方式。工商部门的制度改革不仅提升了政府工作的透明度，也明显提升了企业对政府的满意度。

（2）放宽企业注册登记条件。孝义市政府明文规定，允许中小微企业在注册登记时不必以国民经济行业分类表核定名称中的行业术语，可以用“新兴产业”“新兴行业”来表述自己的行业特点，允许个体工商户、个人独资企业合伙企业转型升级为中小微企业，并最大限度地保留使用原有字号和行业用语。宽松的注册条件不仅使中小微企业的数量逐年稳步提升（如图17-2），而且鼓励了新兴产业的发展。

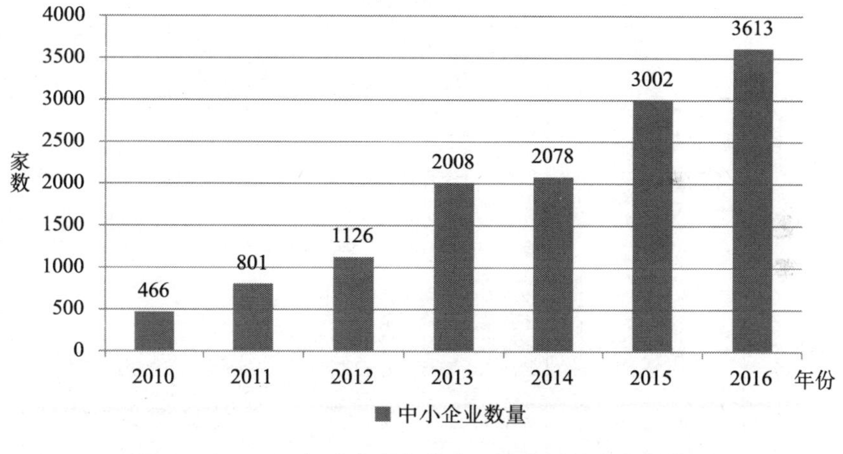

图17-2　2010年以来孝义市中小微企业数量变化情况

资料来源：孝义市中小企业局 http：//www.sxxysme.com/ 2017-10-10.

（二）建设服务型政府

1. 推进开发区建设，优化企业经营平台。近年来，孝义市政府为实现创新驱动转型升级，积极推进开发区建设，并取得了显著成效。孝义市现有1个省级经济开发区，开发区管辖五个产业园区（见图17－3），“一区五园”的建设格局为孝义市招商引资提供了良好的落地平台，不仅吸引了大量投资，而且推动了孝义市的创新创业。其具体做法有：

（1）科学帮扶企业落地。孝义市将不同特点的产业集中布局形成五个特色园区（见图17－3），并坚持“一园一业”的发展模式，如孝义煤化工循环经济园区重点发展煤系化工产业；孝义铝系新材料产业园区重点发展铝系深加工产业；山西吕梁（孝义）国家农业科技园区重点发展特色农产品加工、生物医药等产业；高新科技园区重点发展信息技术、创新孵化、节能环保、新能源、新材料等新兴产业；科教文化产业园区重点发展教育科研、文化创意、信息咨询、会展等高端服务产业。孝义市合理布局产业使得不同企业发展所需要的各类要素集聚，大大降低了因企业间频繁交易而产生的成本。

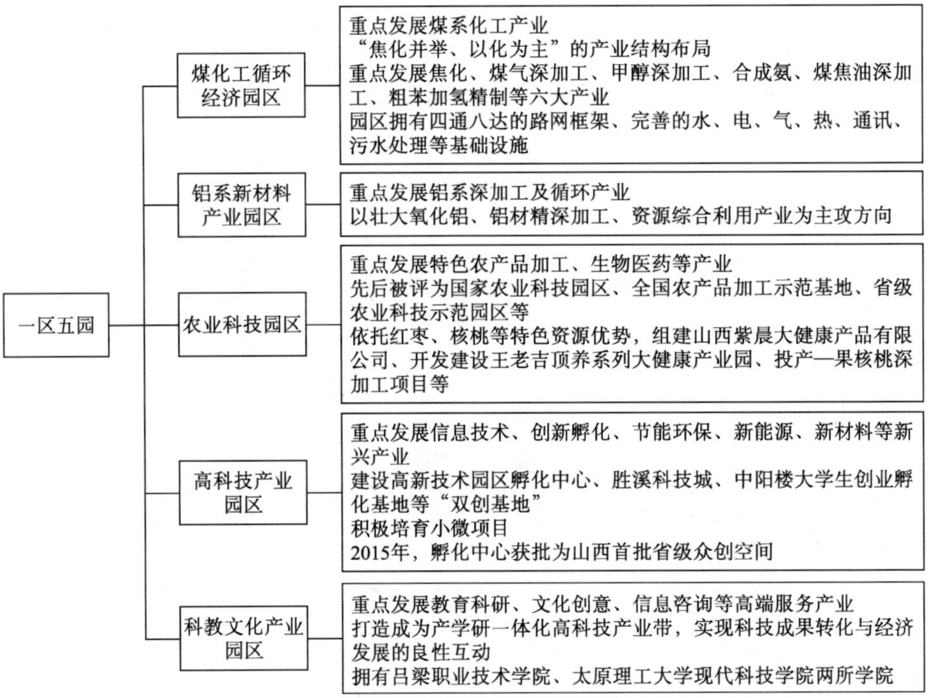

图17－3 孝义市的“一区五园”

（2）优化创新创业承载平台。孝义市依托特色的产业基地，不断完善创新创业的服务模式，逐步拓展创业创新空间。据了解，孝义市目前已累计建立中小微企业创业基地 4 个、众创空间 1 个。孝义市政府除了每年向各创业基地提供一定量的财政资金投入外，还为入驻的企业提供前 3 年内免收房屋租赁费和水电费等优惠政策。

2. 强化资金支持，拓宽企业融资通道。

（1）积极为企业寻找融资渠道。孝义市充分发挥政府在政银企合作中的桥梁作用，主动为金融机构与企业间建立沟通机制。首先为丰富企业融资渠道，孝义市除了先后引进中信、民生、晋商三大股份制银行、发展 16 家保险机构，培育 6 家小额贷款公司外，还同时创办了中小企业融资担保公司；开展了“汇农通”、“助保贷”等工程，累计为农企贷款 5090 余万元。其次，孝义市政府制定了多项金融制度，使孝义市的金融体系更加完善。一是实行贷款融资信息及时整理制度。孝义市《市金融事务服务中心》及时对全市的贷款融资需求信息进行梳理、归类形成《孝义市企业融资需求汇总》，并积极与各金融机构对接。二是实行金融工作例会制度。孝义市政府组织各银行机构、相关部门及有关企业每月召开一次金融工作例会，对银行存在的困难、企业上报的贷款需求与项目手续准备情况进行分析研究。三是实行银企对接跟进制度。孝义市《市金融事务服务中心》根据议定事项，及时组织银行与企业、个人进行对接，力促达成合作意向。在这种工作制度下，2017 年上半年，全市有 11 家银行机构通过贷款、票据等金融工具为企业融资 130.8 亿元，其中贷款融资 74.3 亿元，票据融资 56.5 亿元。全市各项贷款余额达到 194.96 亿元，同比上年增长 27.85%，存贷比达到 47.1%，比年初增加 4.8 个百分点。

（2）帮助指导有限公司中小微企业开展股权质押登记融资。针对企业贷款门槛高的问题，孝义市允许有限公司及中小微企业可以将自己持有的有限责任公司的股权作为获得金融机构贷款的担保标的，即利用股权出质登记进行贷款融资，并且企业在申请股权出质登记时，只要材料齐全，符合法定形式，就可以当场予以登记。据统计，2017 年 1 月至 6 月，孝义市共办理股权出质 17 件，帮助企业成功融资 10.26 亿元。

3. 创新服务企业机制，企业经营更便利。

（1）搭建企业大数据信息平台。孝义市通过引进“软通动力”城市创新综合体项目，在全市范围内建设众创服务平台、产业物联网平台、产业大数据平台和工业物联网智能平台，形成了以基础数据信息、企业行业信息及空间地理信息为重要内容的三位一体工业大数据中心，为孝义市企业间互相了解、交流融通提供了全面的信息支持。

（2）创新企业服务方式。为给企业提供更好的服务，孝义市成立常态化服务企业办公室，建立市级领导和部门联系服务企业制度、市级领导与企业家座谈会制度等5项新的工作制度，及时了解企业生产经营、投资建设情况，以协调解决好相关问题。此外，孝义注重创新创业环境建设，充分利用广播、电视、网络、微信平台等媒体，开设“双创”专栏，广泛宣传创业、就业的优惠政策，并创建创业项目推介会以及小型项目库，举办文创节，通过非物质文化展演等渠道，引导大众创业，万众创新，形成良好的“双创”氛围。

（3）加强企业家素质培训。孝义市重视人才的培养，近年来开展多次企业家素质培训活动，主要包括：举办了“中小微企业经营管理人才培训班”；与清华大学对接，组织中小微创业型企业负责人和创业创新辅导人员培训；与工信部人才交流中心对接，组织大中型企业技术人员进行产学研交流；依托孝义市东义集团，与吕梁技校共同建设吕梁技校东义分校等。这些举措为孝义市中小微企业培养了更多创业型人才，同时也为民营经济发展注入了更多活力。

（4）建设全覆盖的中小微企业服务站。为方便中小微企业办事，孝义市政府在全市17个乡镇建设中小微企业服务站，实现中小微服务站建设全覆盖。这些服务站可为全市的中小微企业免费提供政策法规、信息发布、财务咨询、企业认定、对外宣传等服务。同时，该市还建设了1个中小企业公共服务平台，1个产业集群窗口服务平台，组建煤化工产业窗口服务平台、铝业产业窗口服务平台、文化旅游产业窗口服务平台等，并将这些服务平台和市民服务中心的服务平台深度融合，实现资源共享，为企业提供了便捷高效的服务。

（三）完善基础设施，提升城市品质

1. 科学规划城市，拓宽企业对外交流的渠道。建设“开放性”区域城市是优化营商环境必不可少的一部分。为了主动融入太原都市圈，近年来，孝义市紧紧围绕打造“全国一流的现代化区域性中心城市”目标，推进“孝汾平介灵”城镇组群发展，铺开并完成了孝汾大道、孝介大道、吴汾大道、汾邢高速孝义连接线以及时代大道等工程，畅通了与周边汾阳、介休的交通，实现15分钟通介休、汾阳，1个小时通太原。孝义市通过科学合理的城市规划从而促进了城市组群的发展，加强了地区间的交流与合作，便捷了地区间企业的贸易往来。

2. 加大城市建设。近年来，孝义市不断推进城市建设进程，在公共服务方面，为满足居民对教育、医疗等优质资源不断上升的需求，实施大办教育、

医疗民生工程。据有关资料，孝义市近7年投资40亿大办教育，先后撤并农村学校、教学点110所，新改扩建学校、幼儿园44所；经国家教育部和山西省人民政府批准，开办了太原理工大学现代科技学院，这是一所实施本科学历教育的独立学院性质的全日制普通高等学校，为孝义市输送了高素质的专业人才。投资3亿元整合全市的医疗资源，实施建成了以3个市级公立医院、18个乡镇卫生院组成的医疗集团发展模式和医养结合健康养老模式，并探索出“网格化”医疗体系，切实解决了城市居民看病难的问题。在住房保障体系和基础设施建设方面，孝义市也不断加大城市公共设施投入力度，提升住房、交通道路工程、集中供暖供气等城市基础设施。与此同时，孝义市依托中心城区现代服务业的集中示范区，积极引进知名品牌，布局建设大型购物、专业卖场、生活体验等新兴服务业态，集聚了沃尔玛、华美新天地、梦幻水上乐园等国内国际知名品牌，以现代服务业的繁荣发展集聚人气，培育商机，提升城市的辐射力、影响力，对建设良好的营商硬环境有重要意义。

3. 塑造城市园林景观。为加快生态环境改善与城市污染治理，孝义市大力推进了生态治理工程，铺开了投资17.26亿元的孝河生态综合治理工程，建成胜溪湖森林公园和孝河湿地公园。同时，孝义市推动大型公园、城周防护林等绿色项目建设，加快城市绿化进程，2011年以来，孝义市实现新增绿化面积202万平方米，形成了“绿地系统纵横通透、环境优良舒适、文化特色鲜明”的现代化城市园林格局。在2012年，孝义市被授予“国家园林城市”的荣誉称号。清洁的城市人居环境，吸引了各地的企业和人才来孝入驻。

四、孝义市优化营商环境的做法带来的几点启示

孝义市营商环境助推经济转型的经验对山西省其他地区具有一定的借鉴意义。从孝义市的做法中可以得到以下几点启示：

（一）营商环境的优化对县域经济发展具有基石作用

在县域经济中，招商引资和项目建设是其发展的命脉和源泉，长期以来项目少，大项目更少的经济硬伤等严重滞缓了县域经济的发展进程。因此，通过打造一流的营商环境，扩大地区招商引资、吸引项目入驻等有助于当前县域经济摆脱发展困境。孝义市在近年来的经济发展过程中，高度重视营商环境的优

化，“搭起雀巢窝，自有凤凰来”。吸引了诸如王老吉大健康产业园等大项目入驻，推进了孝义市的经济转型发展。各级政府应充分认识营商环境的重要性，将营商环境的优化置于政府工作的重要位置，利用营商环境的虹吸效应吸引更多资本、人才、设施、项目、企业等要素集聚，提高地区发展潜力，为转型升级注入新的动力。

（二）搭建优化服务平台，为优服务、降成本助力

减少审批程序，缩减审批事项是创造优良营商环境最直接的方式。尽管近些年山西省在这些方面做了一些探索，但成效并不显著。孝义市通过建立孝义市民服务中心，实现业务办理“一条龙”，极大缩减了各项审批事项的办理时间，同时实行清单管理制，极大增强了政府办事的透明度。在建设服务平台上，孝义市的做法对山西省有极大借鉴意义。山西省的其他城市也可以在本地区范围内建设一站式审批平台，完善审批制度、统筹协调部门工作，将涉及企业登记与审批的多个事项集中办理，从而使企业和政府的人力、时间、资金成本最小化。

（三）构筑“互联网+政务服务”模式，倒逼政府效能提高

“互联网+政务服务”是融合了云计算、大数据、移动互联网和物联网等多种新技术，是现代政府办理日常政务、履行职能等可以依靠的强力工具。然而现实中不少政府部门的思维仍然停留在传统互联网阶段，在认识上存在主体错位、技术决定论等问题。为避免或解决这些问题，孝义市政府整合各部门的政务服务资源，实现各部门之间的互联互通，建造了“一个数据中心，一张网络”的信息化平台，极大提升了政府工作效率。各级地方政府部门应积极引入新技术，通过云计算、大数据和移动互联网等的广泛应用为企业和个人提供更深度、更便捷、更优质的服务。同时，还可以通过“虚实结合”推动政务服务线上线下一体化办理，使政务服务水平更高效。

（四）建设服务型有为政府

良好的政府服务是促进企业落地，吸引项目留驻的关键因素。政府的越位、缺位和错位都会影响企业的发展决策。近年来，孝义市政府秉承服务为本的理念，不断创新服务企业的机制，深化商事制度改革，完善制度细节，成立常态化的服务企业办公室，建立全覆盖的企业服务站，搭建企业大数据服务平

台，引导企业融资与投资，使孝义市成为山西省最具投资潜力的城市。各级政府可借鉴孝义市的做法，大力简政放权，减少政府对商事主体的管理和控制，开通企业家和政府直接交流的渠道，通过创新服务、建设有为政府调动企业在该区域内发展的积极性和创造性。

（五）提升城市品质，汇聚各方力量

经济的竞争实际上是人才的竞争，而人才的引进需要高品质的城市环境。近年来孝义市扩容提质，畅通周边道路联系，不断完善城市基础设施建设，改善生态环境塑造城市园林景观，不仅为城市居民提供良好的生活环境，吸引了优秀的人才，而且方便了企业对外交流，对于打造开放性地方经济具有重要意义。各地方政府应充分重视城市建设，通过改造提升城市生活服务设施，完善教育、医疗等公共服务体系，发展现代服务业等优化城市居民的生活环境。同时，通过良好的城市规划，推进道路工程建设不断拓宽城市空间，保证热、气、电等基本设施的集中供应，以保障企业发展所需的基本条件。此外，还可借鉴孝义市的做法，充分重视城市生态环境建设，加大生态环境治理与保护，扩大绿地面积与休闲空间，打造优美的园林城市，从而吸引各类人才流入与留驻。

参考文献

［1］唐磊磊．大连市中小企业营商环境分析［D］．东北财经大学，2012.

［2］武靖州．振兴东北应从优化营商环境做起［J］．经济纵横，2017（1）：61－64.

［3］董志强，魏下海，汤灿晴．制度软环境与经济发展——基于30个大城市营商环境的经验研究［J］．管理世界，2012（4）：9－20.

［4］宋军继．发力简政放权　加快职能转变　持续打造优良营商环境［J］．机构与行政，2016（1）：18－20.

［5］陈晖．商事制度改革成效与完善对策——以珠海横琴新区为例［J］．经济纵横，2017（2）：10－16.

经验篇

经验篇

第十八章 发达地区优化营商环境的经验及其对山西的启示

薛曜祖 包 盛 李佩娟

在经济全球化大背景下，国际竞争激烈，营商环境成为衡量一国或地区市场竞争能力的关键性因素。党的十八届五中全会提出，要完善法治化、国际化、便利化的营商环境。国家十三五规划提出要营造优质的营商环境，具体包括公平竞争的市场环境、高效廉洁的政务环境和公正透明的法律政策环境。在此背景下，山西积极响应国家号召，致力于优化营商环境，将改革创新与依法办事结合起来，试行企业投资项目承诺制；将简政放权与加强服务结合起来，重塑政府服务为民理念，通过全面优化山西营商环境，进一步开创转型综改新局面。本章通过对新加坡和中国香港等发达地区优化营商环境的做法进行深入剖析，首先简要介绍新加坡和中国香港依靠改善营商环境取得的一系列成就，然后详细总结各自优化营商环境的主要经验与做法，最后依据发达地区经验提出对山西优化营商环境的四点启示：效率优先，简政放权，降低制度性交易成本；提高城市服务水平，与发达地区对接；完善投融资相关法律法规，建设优质高效的投融资环境；打造服务企业的电子政务平台系统。

一、引　　言

世界银行指出，营商环境是企业在开办、经营、贸易活动、纳税、关闭及执行合约等方面遵循政策法规所需要的时间和成本。影响企业发展的营商环境要素包括政府监管的有效性和全面性、法律体系的完善程度、腐败现象的存在、稳定的政治环境、投资基础设施完善程度、资本可获得性等方面，良好的营商环境对于促进企业发展起着至关重要的作用。在经济全球化大背景下，营商环境不仅对本地企业产生长远的影响，同时也是国外投资者在全球范围内寻求商业机会的重要参照标准。从一定程度上来说，良好的营商环境有助于促进生产力提高，也有助于各类经济主体特别是民营和个体经济的蓬勃发展。营商环境助推经济发展通过两个渠道实现：一是促进生产性私人投资，包括外商直接投资与国内私人投资，优质的营商环境会吸引外资流入与国内私人投资增加；二是增加创新创业活动。良好的营商环境在降低企业生产成本和经营成本的同时，可以为企业家的各种商业创意提供更多的参与机会和激励机制，创新意识的增强和创业活动的增加有利于促进市场竞争，进而推动经济增长和发展。

党的十八届五中全会提出，要完善法治化、国际化、便利化的营商环境。在国家颁布的《国民经济和社会发展第十三个五年规划纲要》中，提出要营造优质的营商环境，具体包括公平竞争的市场环境、高效廉洁的政务环境和公正透明的法律政策环境。过去，山西是我国重要的能源化工基地与老工业基地之一，为我国工业化的发展作出了卓越贡献。当前，我国经济发展迈入新常态阶段，山西作为资源型经济转型综合改革配套示范区，面临煤炭生产经营成本不断增加、煤炭产能进一步限制等因素，亟需探索出一条转变经济增长的路径，这离不开营商环境的支持。为全面优化营商环境，激发市场活力主体，山西政府本着对标一流、奋勇争先、努力推动山西省营商环境进入全国第一阵营的理念，出台扎实推进优化营商环境的九大专项行动。党的十八大以来，东部沿海地区通过简政放权、优化公共服务等方式大力改善营商环境，持续向企业释放改革红利，以天津市为例，截至 2016 年年末，全市新登记民营市场主体超过 16 万户，注册资本超过 1 万亿元，同比分别增长 18.34% 和 80.42%，市场活力充分释放。东部沿海地区依靠良好的营商环境取得了成效，山西应当构筑开放、包容、创新、发展的良好格局，加快推动资金、技术、人才、信息等生产要素向山西集聚，依靠良好的营商环境吸引世界各地投资者，带动区域经济发展。基于此，研究发达地区优化营商环境的典型案例，总结其经验，并结合山西具体实际，提出可效仿、可实施、可指导的改善山西营商环境的建议，从而提高山西的城市形象和社会影响力。

二、发达地区优化营商环境的经验

为比较各经济体在不同时期的商业投资环境水平高低，也为投资者参与全球化经济分工、找到适宜的投资区域提供参考标准，世界银行集团国际金融公司（International Financial Corporation）于 2003 年发布了首份针对全球 133 个经济体的《营商环境报告》，以后每年发布一次，截至最新一期的《2017 年全球营商环境报告》，调查对象扩展到全球 190 个经济体，成为全球范围内最具影响力与参考价值的经济体投资分析报告。研究发现，在连续 15 年的《全球营商环境报告》中，新加坡与中国香港都始终处于全球最优营商环境地区，此外在世界银行“亲商经济体”的评定中新加坡多次位于榜首，在瑞士洛桑国际管理学院发布的《世界竞争力年报》中中国香港多次问鼎首位，两个地区受到世界各地投资者的青睐。新加坡和中国香港的经济飞速增长离不开各自构筑的优良营商环境。以下分别深入研究新加坡和中国香港优化营商环境的主要做法。

（一）新加坡以法治优先，规范营商环境秩序

早在独立之初，新加坡国内面临贪污严重、失业增加、社会秩序混乱、经济发展落后的现状，迫使新加坡进行法治规范的建设。在传统法治文化与经济改革推动下，通过颁布严格的法律制度，在短短几十年内，有效吸引外商投资形成了巨额的外资收益，不仅实现了由动荡到安定、由贫穷到富有的现代化转变，更是随着经济全球化的发展，成为世界各国投资者首选的投资区域，为推动建立全球命运共同体和世界经济的快速发展作出贡献。1960 年至 1984 年间新加坡年均 GDP 增长达 9%，失业率低至 3%，创造了“经济增长奇迹”，1992 年，新加坡外来投资占社会总投资的比例高达 81%，形成外资投资驱动经济增长的发展模式，同一时期，跻身于“亚洲四小龙”之列，成为发达国

家。新加坡的经济发展成就得益于以法治优先的方式，建立规范的营商环境秩序，有效吸引外资流入的同时，引导外资发挥积极作用，推动区域经济持续、健康地发展。

1. 新加坡法治规范营商环境的主要做法。在传统法治文化即“共同体法治”价值观的作用下，新加坡以法治优先，规范营商环境秩序，着眼于打造适合企业投资的软环境，致力于在全球合作中实现经济发展。

（1）以严格的反贪污法，创造廉洁的政府环境。廉洁政府是经济发展、社会进步的先决条件。新加坡通过颁布《反贪污法》《公务员法》《公务员准则》《公务员纪律条例》等，以法律形式明确建设廉洁政府的目标，禁止在职权范围内谋求私欲以及任何有损于政府的行为，严格规定违反法律的惩罚手段，利用法律威慑力，实现肃贪倡廉。在 1995 年《世界各国竞争力报告》政府机构无腐败作风国家的排名中，新加坡位列第二。

（2）以明确的投资法，保障外资企业经营环境秩序。通过《竞争法》与产权法，维护稳定的市场机制，明确知识产权，保障投资企业公平竞争的市场环境。新加坡除国防等个别特殊行业外，对外资的运作基本没有限制，对总部设在新加坡的外资企业给予奖励，以宽松的外资准入政策，促进外资流入。现阶段，新加坡已有 7000 多家跨国公司，是全球 500 强企业建立总部的首选国家。

（3）以具体的劳动就业法律，打造劳动力安全的就业环境。人才是推动经济发展的根本动力，新加坡来自海外的人才达总数的四分之一，这得益于新加坡在劳动力保护方面颁布了《移民法案》《雇佣法案》《外国人力雇佣法案》《工伤赔偿法案》《职业安全与健康法案》等法案，通过具体的法律规定外来劳动力的工作时间、工资酬劳、面临的风险等，以详细的法律规范，保护外来劳动力的合法权益不受侵犯。

（4）以优越的经济政策，吸引外资投资企业的驻入。新加坡企业所得税税率为 20%，个人所得税税率为中国的一半，且无资本税，对将海外收益汇回国内的企业实行免税，除汽车关税税率为 45% 外，其余货物的关税均较低，从价税关税率仅为 5%，简单低廉的税收使得新加坡在国际竞争中具有明显的优势。同时，通过对部分产业的外商投资企业进行奖励与补偿，引导外资投入倾向于高新技术产业，优化资源配置，充分发挥外资推动经济健康发展的作用。

（5）以规范的外贸协定，营造有利的国际合作环境。新加坡作为开放的经济体系，在强调合作与和谐、法律与道德一致性的法治文化影响下，积极参与国际贸易合作，区域合作中外贸协定的签署构成新加坡以法治优势打造优质营商环境的重要内容。如专栏 18 –1 为中新贸易协定。

专栏 18 –1　中新投资贸易协定

1. 中国与新加坡签署双边投资保护协定

1985 年 11 月，中国与新加坡签署了《关于促进和保护投资协定》。

2. 中国与新加坡签署避免双重征税协定

1986 年 4 月，中国与新加坡签署了《避免双重征税和防止漏税协定》。

3. 中国与新加坡签署的其他协定

1999 年 10 月，中国与新加坡签署《经济合作和促进贸易与投资的谅解备忘录》，建立了两国经贸磋商机制。双方还签署了《海运协定》《邮电和电信合作协议》《成立中新双方投资促进委员会协议》等多项经济合作协议。

2008 年 10 月 23 日，中国与新加坡签署了《中华人民共和国政府和新加坡共和国政府自由贸易协定》。同时，双方还签署了《中华人民共和国政府和新加坡共和国政府关于双边劳务合作的谅解备忘录》。

2. 新加坡法治规范营商环境的主要经验。新加坡依托完善的法律法规，着力打造优质营商环境，降低国外企业投资风险，吸引世界各国投资者在新加坡开展企业经营活动，带动资金、人才、技术的流入，促进区域经济可持续发展。2016 年吸引固定资产投资达 94 亿新元，外商投资企业的驻入激发了经济增长活力，2017 年上半年新加坡 GDP 实现 2111.12 亿新元，同比增长 2.7%。从新加坡经济发展历程能够直观的看出，以法治优先，规范营商环境秩序对吸引外资以及促进区域经济增长的显著作用。探究新加坡建立稳定、规范、法治的营商环境，发展区域经济的主要措施，对于其他具有资源匮乏特征的区域实现经济健康、可持续发展具有重要的意义。

(1) 加强政府廉洁建设，发挥高质量服务型政府职能。尽管新加坡打造优质营商环境时以市场为导向，更多的强调市场在资源配置中的作用，但也离不开廉洁政府的作用。商业安全水平很大程度上影响外商投资决策，因此，建设清正廉洁的政府，在有效吸引外资、保障法治规范的营商环境中起着重要的作用。通过严明的反贪污法律，规范政府工作的秩序，禁止政府工作者有任何损害国家利益的行为，新加坡政府在廉政建设方面取得显著的成绩。提高政府信息透明度，杜绝徇私舞弊行为，为外资企业提供良好的投资平台。通过建立严格的廉政法律制度，使得政府工作者的活动具有法律依据，有利于社会公众的监督以及提高权利活动的透明度，保障外资投资企业公平的市场环境。

（2）完善法律体系，使得企业经营活动有法可依。为了吸引国外资金、技术、人才的流入，促进企业经营行为规范化，推动经济的发展，新加坡以共同法治文化为依托，打造了全面、保护、优惠、开放的法治规范化营商环境。新加坡法治理念贯穿于投资经营活动的全过程。通过严格的准入制度，明确外资企业投资领域，确保本国利益不受侵犯，正确引导经济发展方向。放松出资比例条件，允许货币、实物、产权等多种方式出资，有利于外资的流入，通过企业注册法、公司法、合同法等保障投资企业经营活动的合法权益，构成全面的投资活动保障体系。借助严明的法律规定，加大对知识产权、劳动者权益的维护，保障外资企业合法权益，通过法律维权方式达到保护外资企业的效果，维护公平稳定的市场秩序，营造适宜外资企业经营的环境。以税收优惠政策与资金补偿为主要手段，促进企业进行技术研发，引入专业人才，开展高新科技工业项目，创新生产流程，推动经济的绿色发展。加大市场开放程度。借助中国提出的“一带一路”倡议平台，新加坡积极参与国际区域合作，通过签署合作协议，形成法律条文，使得合作项目受法律保护，对接国际化发展潮流，促进“地球村”的形成，推动全球经济发展。

（3）建立解决企业纠纷机制，创造稳定、优质投资经营环境。作为投资驱动经济发展的城市，为了吸引国外资金、技术流入，促进经济健康发展，新加坡建立了有效的企业纠纷处理机制，保障外资企业经营具有稳定的外部环境。新加坡国家法院纠纷解决中心作为司法体系的重要组成部分，以明确的法律条文为基础，以减轻法院积案为目的，致力于在法庭外通过调解或其他快捷简便的纠纷解决方式，改善纠纷双方的关系，“一站式”处理纠纷，形成多元化纠纷解决机制。新加坡通过成熟与完善的劳资争议处理机制，有效解决劳资争议问题。规定不同政府部门在处理劳资纠纷中的职责，确保劳资争议处理部门在解决劳资纠纷时以依法办案为原则，灵活使用多种庭审程序，增加处理纠纷部门的职权，树立权威性，提高解决劳资纠纷问题的效率与质量，维护劳资关系的和谐与稳定，保障企业纠纷及时、有效解决，为外资投资企业的经营发展，营造优质、规范的营商环境。

（二）中国香港依托自由市场建设，打造国际化营商环境

中国香港作为世界上最自由、最开放的自由贸易港，离不开香港特区政府多年来致力于营造自由通航、自由贸易、自由竞争、自由投资的良好营商环境。过去，中国香港是一个资源匮乏的孤岛，但是拥有世界上最优良的天然深水港，同时拥有优越的地理位置，地处亚太地区的要冲，是欧洲、非洲通往东南亚的航运要道，也是中国内地与世界经济往来的重要桥梁。香港紧紧利用区位优势，弥补自身发展“短板”，依靠自由港建设，制定零关税、零配额的贸易制度，实行从转口贸易到服务贸易的转变；创建自由兑换且独立的货币系统；依据社会需要设置政府部门，体现“服务行政”；运用现代化信息技术，建设高度透明、传递速度快、无障碍浏览的网络信息平台，受益于本地居民，服务于在港投资企业及本地企业。香港在长期发展过程中，依托自由市场，建立了优质的营商环境平台，在教育及培训、财经及金融、运输及物流、商业及专业服务方面都成功培育了推动城市经济增长的新动能。

1. 中国香港建立自由营商环境基本情况。香港奉行积极不干预的自由市场经济，围绕营造自由竞争的经济环境，以维护自由企业制度和保障最大限度地发挥市场自动调节的功能。香港政府在经济领域采取多项自由经济政策，包括自由贸易与自由通航、低税赋、企业经营自由、外汇自由，以推动自由营商环境的建设。

在自由贸易与自由通航方面，香港对进出口贸易与转口贸易均无任何限制；除烟酒、甲醇和碳氢油类商品外，其他商品免征关税；海关对进港船舶和船员不实施额外检查；在低税赋方面，中国香港作为世界上税率最低的地区之一，在2008—2016年间，中国香港的平均企业所得税为16.5%，美国为35%，日本为37%，英国为23.9%，企业所得税率远低于同类发达经济体。低税赋促使外商对港投资的增加以及在港开设公司数量的增加，截至2016年，中国香港外资企业数量达到8481家，外商直接投资额为1.3万亿港元；在企业经营自由方面，除赌博业受到香港政府严格管制外，其他行业外商投资者均可参与经营；在外汇自由方面，香港完全开放外汇和黄金市场，本地资金和境外资金均可自由流动与进出香港市场。

在上述自由经济政策的落实下，香港营商环境建设助推经济发展取得巨大成效。2016年，香港地区生产总值3210亿美元，以购买力平价计算，人均国民生产总值54279.2美元，成为世界上人均收入水平和生活水平最高的地区之

一。香港金融市场发达，业务包含货币、股票、债券、外汇、黄金、保险及衍生品，截至2017年7月，香港股票市场日均成交金额超过700亿港元，总市值突破30万亿港币，上市公司数量达到2060家。71家全球顶尖银行在港开设服务，占全球顶尖银行总数的71%，根据伦敦金融城2015年9月发布的全球金融中心指数排名，香港名列全球第三位。从过去一个以渔业为主导产业的边陲渔村，发展成如今的世界第三大金融中心、国际贸易中心和亚洲航运中心，香港的经济竞争能力位居国际前列，具体见表18－1。

表18－1　　2011—2016年香港经济竞争能力国际排名①

年度	全球竞争力（WEF）	世界竞争力（IMD）	营商便利度	经济自由度
2011	11	1	2	1
2012	9	1	2	1
2013	7	3	2	1
2014	7	4	3	1
2015	7	2	5	1
2016	9	1	4	1

2. 中国香港构建自由营商环境的主要做法。在城市建设和经济发展的过程中，香港始终站在时代发展的前沿，以国际化的视野制定经济发展战略，不遗余力地打造优质、便捷、高效的自由化营商环境，成为国内外不少大型企业的国际业务中心或地区总部。总结香港在构建自由化营商环境方面的主要做法，形成一套可推广、可复制的制度性经验，对于山西如何打造营商环境具有重要的借鉴意义。

（1）建立与国际接轨的经济运行体系。《华尔街日报》曾连续22年将中国香港评为全世界最自由的经济体，这离不开香港经济驱动的两大源动力——自由市场与自由贸易。香港特区政府坚持“大市场、小政府”方针，奉行积极不干预政策，借助市场机制指导经济运行，完成社会资源配置，可以说在自由开放程度上，香港傲视全球。

①在构建本地自由市场的过程中，香港特区政府主推企业经营自由与金融自由。对于本地及外来投资者的经营活动，香港政府一视同仁，既不干预也不

① 数据来源：世界经济论坛（WEF）发布的全球竞争力报告、瑞士洛桑国际管理学院（IMD）发布的世界竞争力年报、世界银行国际金融投资集团发布的全球营商环境报告、美国《华尔街日报》与传统基金会发布的经济自由度指数。

采取任何补贴政策，只需遵守香港本土的法律法规。香港的投资制度具有两大特征：

第一，行业准入开放度高。除赌博业受到香港特区政府严格的管制外，其余在香港特区政府颁布的法律法规框架下允许经营的商业活动中，不存在禁止港外投资者参与经营的情况，且香港本地投资者和外地投资者对于企业均可实现100%的控股。对于部分特殊行业，香港特区政府规定了行业进入条件。想要进入电子通讯、广播电视、医药销售、金融服务、酒制品销售等行业的投资者，除常规的商业登记手续外，需要向相关政府部门申请所进入行业的牌照。比如开办银行需要向香港金融管理局申请银行牌照，申请人实收资本必须达到1.5亿港币、总资产必须达到40亿港币、公共存款必须达到30亿港币，再比如投资医疗行业需要向香港医疗管理局申请医疗准许经营牌照。

第二，对外投资意识强。香港是世界第三大金融中心，资金流动性强，汇集全世界各类型的大型金融机构，为香港在对外投资中提供全方位、宽领域的信贷融资、杠杆收购、资金结算等多样性的金融服务。具备如此优质的金融环境，香港特区政府不仅使本地企业享受到便捷的金融服务，还为大陆企业在海外投资过程中以及国际企业在香港和大陆投资过程中提供帮助。在2007年，香港特区政府成立了投资推广署（Invest HK），设有专业服务供应商资料库，对于来港开业或扩展业务的外地企业，投资推广署提供策划、筹组业务、开业和继续拓展四大业务。在策划阶段，投资推广署专责人员为外商客户提供个别行业的最新商机、商业及会计法规、商标注册、贸易注册、安排实地考察及会见有关机构等专业意见；在筹组业务阶段，专责人员提供各类支持服务，协助外商客户顺利开业，包括办公室选址咨询服务、协助联系其他政府部门办理各类执照服务、协助企业人员在港生活的咨询服务等；在开业阶段，投资推广署提供宣传推广、协助客户召开新闻发布会等服务；在继续拓展阶段，专责人员为客户业务拓展提供以下支持服务和意见：提供行业及商界的联谊机会、提供有关香港特区政府政策和资助方面的咨询服务。

②在打造自由贸易的环节中，香港特区政府紧紧围绕国际贸易结算自由、国际航运自由和低税赋低配额三个方面。

在国际贸易结算自由方面，香港拥有成熟、活跃的外汇市场，对外贸易企业用货币进行贸易结算时，可自由选择使用世界任何货币，大大降低了贸易企业可能面临的外汇风险。香港特区政府制定的外汇自由流通的政策能够吸引大量离岸资金流入，加强香港地区金融资本的流动性。此外，香港对外来投资者将股息或资金结转回本国无任何限制。

在国际航运方面，香港是世界著名的自由港，对进出港的运输工具不限制，包括船只进入或离开港口无需向海关结关，海关对进出或转运货物在港内装卸、转船和储存不限制，海关对船员和船舶不实施额外检查，航运自由的便利性加快了进出港货物和人员的流动性，对推动香港自由贸易的发展具有积极的促进作用。

在低税赋与低配额方面，香港实行零关税政策、低税率政策和无主动的进出口配额。具体而言，香港是世界著名跨国公司的聚集地，其低赋税水平降低了企业的营运成本，提高了企业的盈利能力，是吸引跨国企业在港投资和设立区域研发中心或区域总部的重要因素。除烟酒、甲醇和碳氢油类商品外，香港特区政府对常规的进出口货物不征收任何关税，此外，香港特区政府不征收增值税和营业税，只征收利得税、薪俸税和物业税三种直接税，且税率低于世界平均水准。低税赋也促进了外资企业在港投资的积极性。香港特区政府对进出港货物的配额限制较少，仅对电子通讯和导航设备、军用物资、国家设限的纺织品出口进行配额管制，对烟酒、甲醇、汽车用汽油和柴油等较少数商品实行进出口证管理，给予通过香港开展进出口贸易活动的企业极大的主动性。

（2）依托国际化的规划体系进行城市建设。香港是一个高度城市化的地区，也是世界上人口密度最高的地区之一。截至 2016 年年底，香港总人口 723.5 万，人口密度为每平方公里 6420 人，其中市区人口密度高达每平方公里 2.1 万人。香港总面积为 1108 平方公里，其中 80% 的土地属于丘陵地区，人多地少是香港城市发展面临的首要核心问题。此外，香港地处亚热带，面向大海，属于海洋性亚热带气候，全年平均降雨量约为 2400 毫米，是太平洋周边地区降雨量最高的城市之一，但香港地区很少出现城市内涝现象。巨大的人口压力、可供开发的土地稀少、降雨量偏多三大因素，给香港的城市发展带来诸多困难与挑战，但是香港自内吸收中国文化传统，自外借鉴国际城市规划成功经验，中西融会贯通，形成了一套兼顾社会目标与经济目标、又能实现自然生态保育功能的国际化的城市规划建设体系。

①以城市规划科学指导城市建设开发。第二次世界大战后，人口日益激增和经济的持续高速增长刺激了对土地的大量需求，随之对香港的城市建设提出了更高的要求。在这一阶段，城市规划逐步在香港城市建设与发展中发挥越来越重要的先导作用，所有城市建设项目必须按照城市规划的指引。具体表现为，中国香港和英国政府共同实施了拓展新界和市区中心的计划，在新界地

区，重点开展新建第一批新市镇（荃湾、屯门和沙田）的计划，有效缓解市中心的人口压力与用地压力，转变单一城市中心的结构；在拓展市区中心的过程中，香港政府将火车总站从尖沙咀迁往红磡，进而带动了东北九龙的发展，并在帮助民众搬迁时制定徙置计划、廉租屋计划及公屋政策，使民众可以妥善地适应新生活居住环境。香港政府始终要求城市规划必须符合可持续发展的理念。例如，对于城市建设规划，香港政府要求城市建设的发展容量必须以交通容量为上限，如果香港某地的全部交通方式能容纳的交通流量为 10 万人次/天，那么周边的房地产建设项目设计必须使居住总人口在 10 万人以内。

②依据外部环境变化主动调整城市规划指引。香港真正意义上的城市转型始于第二次世界大战结束后，随后世界进程经历了朝鲜战争、石油危机、东南亚金融危机、非典时期、次贷危机，在国际流变中，香港依据外部环境变化主动调整城市规划指引，以世界瞩目的速度实现了城市的繁荣，既是国际上城市快速发展的缩影，也是城市建设成功的典范。梳理第二次世界大战后香港经济发展的脉络，包括第二次世界大战后工业化快速推进时期（1945—1970 年）、经济转型发展时期（1971—1984 年）、服务经济成熟发展时期（1985—1997 年）、全面建设国际大都会时期（1998 年至今）。

在第二次世界大战后工业化快速推进时期（1945—1970 年），由于全世界范围内掀起禁华运动的浪潮，香港被迫从对华贸易转口港变为输出本地产品，大力推动工业化发展。大量内地人口的涌入加强了香港政府对土地的需求，由于土地资源匮乏，香港政府提出走“分散发展”的空间策略和填海造陆、兴建海底隧道的战略。城市规划围绕新市镇发展计划和市区扩展中心计划，同时全港领域的发展计划、地区领域的发展计划和部门内的发展计划逐步建立，香港的城市规划体系形成层次多、联系密的格局，香港的城市规划体系日趋成熟。

在经济转型发展时期（1971—1984 年），中东地区大幅缩减石油产量引发世界石油危机，多数国家实行贸易保护主义政策，改变了香港经济运行的外部环境。香港政府主动出击，调整经济发展战略，采取工业多元化和经济多元化的战略方针，民众居住环境，成为社会矛盾加剧的主要因素之一。因此，香港政府于 1972 年出台“十年建屋计划”，为今后香港的公屋政策出台奠定了基础，从此香港的新市镇建设步入了发展的快车道。

在服务经济成熟发展时期（1985—1997 年），《中英联合声明》于 1984 签署，确立了香港的政治前景，也为日后香港与大陆经贸联系往来更加紧密奠定基础。此时的香港，金融业、服务业和旅游业已经成为驱动经济增长的主导产业，形成以服务型产业为主的经济结构。面对政治局势和经济结构的变化，港英政府又一次调整香港城市发展的模式与方向，以《全港发展策略》为指导方针，致力于将香港打造为亚太地区的金融中心、贸易中心和航运中心。香港政府将城市规划的方向从新市镇建设调整为市中心重建，同时兴建新机场和改善港口条件，此外，香港政府还制定了区域层面的发展战略——“都会计划”，和中心重建计划一起，有效地改善了香港都会区的环境，为房地产开发商提供了更多的土地。到香港回归大陆前，香港以香港岛、九龙半岛作为政治、经济和文化的中心，以新界九区作为城市发展的次级核心，连同商业活动繁荣、人际流动频繁的圩镇，形成了“三级城镇体系”。

③成立城市规划委员会。在香港，城市规划是一项引导和管制土地发展及用途的工作，一方面促进社区的卫生、安全、便利及一般福利，另一方面为香港居民缔造一个组织完善、效率高、居住环境更称心如意的地方。为更好地指引土地的发展、旧社区的重建、新社区的开拓以及制定可持续发展的城市规划体系，香港政府于 1991 年成立城市规划委员会（Town Planning Board）（以下简称城规会），下分执行机构规划署（Planning Department），负责制定、监管及检讨规划图则。城规会的主要职责是根据香港行政长官对于部分地区的布局指示，展开规划研究及咨询工作，包括在地区内应当建立的建筑物类型的图则，建造公屋、商住楼、写字楼等设施可能对周边居民产生的影响，最后将区域规划建设的草图报送规划。

香港城市规划委员会分为上、中、下三个层级。城规会的主要职能是系统地按照香港行政长官指示的某些地区的布局设计及适宜在该地区内建立的建筑物类型的图则（即分区计划大纲图和发展审批地区图）。城规会设有主席 1 名（现为香港发展局常任秘书长，主管地政和规划）、副主席 1 名、5 名官方成员（现为香港规划署署长、运输及房屋局副秘书长、环境保护署署长、地政总署署长和民政事务总署署长），和 29 名非官方成员。城规会下分规划小组委员会和聆讯申述小组委员会两大职能机构，其中规划小组委员会按照小组负责规划区域不同又分为都会规划小组委员会和乡郊及新市镇规划小组委员会。都会规划小组委员会负责中西区、湾仔区、东区、南区、九龙城区、观塘区、油尖旺区、深水埗区、黄大仙区、葵青区和荃湾区共 11 个区，重点负责城市中心的规划建设；乡郊及新市镇规划小组委员会负责离岛区、屯门区、元朗区、北区、大埔区、沙田区和西贡区共 7 个区，重点负责乡镇及偏远地区的规划建设。每个小组委员会设有主席 1 名（现为香港规划署署长）、副主席 1 名（非官方成员）、4 名官方成员（现为环境运输及工务局副秘书长、民政事务总署署长、环境保护总署署长和地政总署署长），和 13 名非官方成员。聆听申述小组委员会是针对反对规划方案意见而设立的聆听小组，其成员包括 1 名主席（现为规划署署长）、1 名副主席（非官方成员）、2 名官方成员和 5 名非官方成员。仔细分析香港城规会组织结构发现，城规会各级小组委员会之间分工明确、职能清晰，各委员会成员由与城市规划相关的政府不同部门的长官组成，对城市规划委员会的工作可以起到协调与监督作用。

（3）建设服务型政府。香港作为构建自由化营商环境的成功典范，缔造了最能支持经济运行的内部环境，将政府与市场力量的作用发挥到极大值，离不开香港特区政府坚持的“大市场、小政府”理念和“服务型政府”的自我要求。多年来，香港在建设服务行政的过程中主要围绕以下三个方面：

第一，适时调整，不断完善政府架构。从 1997 年香港回归之初到 2017 年林郑月娥成为香港特区第五任行政长官，香港特区政府架构在不断演进与完善。起初，其政府各部门架构基本沿用英国政府治理时期，设立 13 个决策局与 2 个资源局；到 2002 年 7 月 1 日，时任香港特首董建华重组决策局，变成十一局与三大司合称“三司十一局”；2007 年 7 月 1 日，曾荫权成为香港特别行政区第三届行政长官，将原有的“三司十一局”变为“三司十二局”，扩增发展局。发展局主要通过有效的土地用途规划、市区重建、环境绿化及文物保育，优化香港的居住环境和营商环境；到 2017 年 7 月 1 日，林郑月娥当选为第五任香港特首，又进一步将政府架构改为“三司十三局”，增设创新及科技局。创新及科技局负责制定创新及科技政策和咨询科技发展政策，为在港设立研发机构的世界 500 强企业提供良好的创科生态环境，致力于将香港打造为科技及其应用上的区域创新枢纽。政府架构的不断调整完善，逐渐理顺政府各部门职能和权责，对香港构建与时俱进的营商环境具有重要的保障作用。

第二，权责到人，注重人力资源管理。公职人员作为优化营商环境的关键，服务于投资者，为其选址、建厂、招工、生产、销售、纳税等一系列投资活动和经营活动提供便利。首任香港特区政府行政长官董建华围绕“权责到人”建立一套高管问责制度，注重对港公职人员的管理，决策局长官从传统的公务员晋升变为政治任命，同时局长要承担政治风险，特首无权利随意免去任何局长或处长的长官，这一举措为稳定香港的商业环境做出了一定贡献。此外，香港特区政府形成了“高薪养廉”制度，公务员具备良好的职业操守和较高的文化素质，也对香港高效的营商环境有重要意义。

第三，效率至上，创建电子政务系统。香港特区政府致力于减轻企业家在审批、纳税等方面的时间负担，利用最新的网络技术，积极打造电子政务系统，既减轻政府部门的工作量，又能提高政府工作效率。香港拥有超过 700 万的人口，政府网站的月均浏览页数高达 2.3 亿多万次，高效的电子政务系统融入了民众的日常生活。

三、发达地区优化建设营商环境的经验总结与借鉴

良好的营商环境是任何一个国家或地区经济发展的国际形象展现，也是参与国际竞争的基础条件。新加坡和中国香港探索出的法治和自由市场建设以改善营商环境做法是优化营商环境的典范。总结发达地区经验，对于山西优化营商环境具有重要的指导意义。

（一）转变职能，建设服务型政府

从发达地区成功打造优质的营商环境经验来看，“服务行政”的理念深入各国或地区的政府之中。新加坡政府通过颁布《反贪污法》，以法律条文的形式明确其建设廉洁、高效、服务型政府的目标，通过简化行政审批程序、出台投资扶持政策、加强外商投资监管、建立风险分担机制，服务于国际投资者；中国香港特别行政区政府始终坚持“大市场、小政府”的方针和建设“服务型政府”的自我要求，为中小企业和跨国公司提供便利的营商环境，基于此，中国香港特别行政区政府成立了投资推广署（Invest HK），设有专业服务供应商资料库，对于来港开业或扩展业务的外地企业，投资推广署提供策划、筹组业务、开业和继续拓展四大业务。山西在优化营商环境的过程中，政府应当努力破除体制、机制障碍，转变思想，以建设服务型政府为抓手，让外来投资者充分感受到“人说山西好政府”的投资氛围。

（二）规范秩序，培育竞争型市场

公平、公正、公开是保证市场充分竞争的基础，新加坡和中国香港政府都在不同程度上，依靠立法方式，一方面规范外商投资者参与本地经济建设秩序；另一方面以法律形式明确廉洁政府的目标，杜绝徇私舞弊行为，培育竞争

性市场，为外资企业提供良好的投资平台。新加坡以法律严明、条文全面在世界上闻名，颁布《投资法》《企业注册法》《公司法》《合同法》等保障投资企业经营活动的合法权益，构成全面的投资活动保障体系。完善的法律保障是外资企业知识产权和劳动者权益的维护，保证了公平稳定的市场秩序，营造适宜外资企业经营的环境；中国香港本土的法律条文规定，对于本地及外来投资者的经营活动，中国香港政府一视同仁，既不干预也不采取任何补贴政策，保证了外商来港投资与开办企业的公平性。对于山西而言，在构建高效、便利的营商环境同时，要注重加强外商投资者融资法律法规、知识产权维护法律法规、劳动者权益维护法律法规等方面的建设，规范外商市场竞争秩序，营造公平竞争的营商环境。

（三）依托技术，打造信息化平台

信息化时代，依托互联网技术，发展电子政务系统，可以大幅度提高政府服务企业、为民办事的效率，同时也能缩减政府公共开支。新加坡和中国香港均十分注重对电子政务平台的建设。新加坡政府借助网络信息技术，通过电子政务平台，实施“一站批准”的审批制度，缩短外资企业投资办厂开工生产时间，优化企业投资业务流程，打造便利高效的营商环境。中国香港特别行政区政府致力于减轻企业家在审批、纳税等方面的时间负担，利用最新的网络技术，积极打造电子政务系统，既减轻政府部门的工作量，又能提高政府工作效率。山西应当立足本省实际情况，建设服务于企业的电子政务系统，实施“互联网 + 政务服务”，另外在全省范围内推进“政务云”大数据建设，实现政府与企业间的信息共享。

四、发达地区优化营商环境经验对山西的启示

营商环境的改善与提升是推动山西省经济发展、吸引外资与刺激民营经济发展的重要举措。2017 年 5 月，山西省长楼阳生在山西营商环境大会上提出，全面优化山西营商环境，进一步开创转型综改新局面。营商环境的优化为转型综改提供坚强保障，有利于塑造山西美好形象，实现山西振兴崛起。基于对发达地区构建营商环境做法的梳理与分析，结合山西省实际情况，对于山西省打造“审批最少、流程最优、体制最顺、机制最活、效率最优、服务最优”的

营商环境提出如下建议：

（一）效率优先，简政放权，降低制度性交易成本

高效、简便的行政审批制度有利于构建宽松便捷的营商环境。对于山西省而言，一方面，要清理和规范阻碍企业发展的各项行政审批制度，减少企业各项不合理的负担，减轻企业制度性交易成本，降低企业税费成本；另一方面，要在山西省大力推行行政审批标准化、减少办事流程，缩短办事时间等相应举措，为企业提供无障碍的注册与审批服务。较低的制度性交易成本有利于降低企业的开办成本，以“规范、高效、优质”为目标，依法行政，为企业提供良好的机会与激励机制，有利于刺激社会投资的增加。2017 年 9 月，山西省开始全面推行“多证合一、一照一码”改革，比国务院要求的时间提前一个月。“多证合一”改革后，企业的制度性交易成本快速下降，实现相同的信息和材料“一次采集、一档管理、一网共享”，真正做到“信息多跑路、企业少跑腿”。

（二）提升城市的社会服务能力，积极与发达地区对接

城市公共服务水平的提升能够有效改善其营商环境，推动其成为国际大都市。在山西打造优质高效的营商环境时，也应不断提高城市的公共服务标准，尽快实现与国内高水平地区实现对接。首先，以全国化的视野制定经济发展战略，打造优质、便捷、高效的营商环境，成为国内外大型企业的国内业务中心或区域性业务中心。其次，学习香港的先进经验，适当地推动贸易结算自由、低税率政策，提升城市的服务水平，吸引高层次企业与人才。最后，成立改善营商环境指导机构。该机构统筹全省的营商环境的建设与服务工作。为投资商提供专业的资料库，对于新开办企业提供策划、筹组、开业与拓展业务的引导，并且组织发布区域性营商环境报告，对全省的营商环境实行动态掌握。山西省目前的营商环境建设的“九大专项行动”之首便是加快招商引资项目落地专项行动，在该项行动中，要建立重大招商引资项目统筹推进机制，对招商引资重大项目实行项目承接地代办服务制度，提升山西的城市服务水平，打造优质营商环境。

（三）完善投融资相关法律法规，建设优质高效的投融资环境

发达地区经验表明，优质高效的投融资环境为企业提供相应的服务与配套，提升本地区投资的吸引力与竞争力。因此，在山西省优化营商环境时，要

注重建设优质高效的投融资环境。首先，应注重健全完善的投资法律法规体系，避免企业盲目投资。根据山西省的具体现实，规范投融资的相关法律法规，明确投资法律的各项条款，为企业投融资提供具体的方向与指南，避免投资的随意性，减少投融资风险。其次，对山西新能源产业给予优厚的投资优惠，打造新能源产业的"龙头"，地方性银行可为此类企业提出相应的金融优惠政策与金融产品。

2017 年 4 月，山西省印发了《山西省深化投融资体制改革的实施意见》，共确定了改善企业投资管理、完善政府投资体制、健全融资机制、提升综合服务管理水平、完善投资要素市场等五个方面 33 项改革任务，同时深入贯彻落实《山西省企业投资项目试行承诺制实行无审批管理的决定》精神，对企业投资项目试行以政策性条件引导、企业信用承诺、监管有效约束为核心的承诺制管理模式。

（四）打造服务企业的电子政务平台系统

服务企业的电子政务平台系统的建设，是营商环境改善的重要工具。建设服务企业的电子政务信息平台是服务型政府建设的内在要求和必然选择。在山西打造服务企业的电子政务平台系统的过程中，一方面，政府应该尽快在全省范围内实施"互联网 + 政务服务"，推行"一号一窗一网"服务模式改革，畅通政务服务渠道，规范政府服务，积极推进网上办事，加快构建优质高效的政务服务体系，切实提高群众办事的满意度。另一方面，通过对企业大数据的完善，实现政府间的信息共享，将城市管理和公共服务实现智慧化融合应用，大幅度提升政务服务智慧化水平，让政府服务更智慧，让企业和群众办事更方便、更快捷、更有效率。另外，对电子政务平台系统进行网上监督受理，确保各类职权公开运行。当前，晋中市电子政务大力推行"政务云"，将信息化与政务深度融合，利用云计算、大数据技术对网络信息与资源统筹整合，实行集中管理，加快实现政务信息化领域的集约化发展。晋中市政务云计算中心的建成，是深化改革、改善营商环境的重要举措，对于加快推进政府与企业之间信息畅通、政府部门间的信息共享与业务协同具有重要意义。

参考文献

[1] 黄吉乔，丘书俊，张颖．推进深圳法治化、国际化营商环境建设的国际比较分析及

启示［J］．市场经济与价格，2014（02）：42－47.

［2］北方网．天津这五年：念好市场大学营造良好营商环境［EB/OL］．（2017－04－22）http：//news. enorth. com. cn/system/2017/04/22/031748507. shtml.

［3］杨建学．新加坡法治模式初探［J］．东南亚纵横，2009（06）：29－32.

［4］黄若君．新加坡投资法律环境分析与投资对策［J］．沿海企业与科技，2007（03）：27－31.

［5］TRADING ECONOMICS. 企业所得税税率［EB/OL］．（2017－09－25）https：//zh. tradingeconomics. com/united－states/corporate－tax－rate.

［6］腾讯证券．香港金融市场为何有着迷之吸引？［EB/OL］．（2017－09－15）http：//stock. qq. com/a/20170915/025348. htm.

［7］李一聪，张德友．香港特区政府优化营商环境的做法及启示［J］．中共青岛市委党校．青岛行政学院学报，2013（02）：50－54.

［8］董志强，魏下海，汤灿晴．制度软环境与经济发展——基于30个大城市营商环境的经验研究［J］．管理世界，2012（04）：9－20.

［9］武靖州．振兴东北应从优化营商环境做起［J］．经济纵横，2017（01）：31－35.

［10］邢厚媛．中国（上海）自由贸易试验区与中国香港、新加坡自由港政策比较及借鉴研究［J］．科学发展，2014（09）：5－17.

［11］陈然．营商环境，香港为何这样“牛”［N］．人民日报，2017－06－29（19）．

［12］张楠迪扬．香港城市规划体制的经验及启示［J］．党政视野，2015（01）：56.

［13］Haley U C V, Low L. Crafted culture：governmental sculpting of modern Singapore and effects on business environments［J］．*Journal of Organizational Change Management*, 1998, 11（11）：530－553.

［14］Sim L L, Ong S E, Agarwal A, et al. Singapore's competitiveness as a global city：development strategy, institutions and business environment［J］．*Cities*, 2003, 20（2）：115－127.

［15］山西新闻网．唱响山西好环境［EB/OL］．（2017－06－09）http：//www. sxrb. com/sxxww/zthj/2017/qmyhyshj. shtml.

［16］山西日报．打造“六最”营商环境［EB/OL］．（2017－07－14）http：//www. sxrb. com/sxrb/02/2017/07/14/6931590. shtml.

［17］山西省经济和信息化委员会．山西省深化投融资体制改革的实施意见［EB/OL］．（2017－05－02）http：//www. shanxieic. gov. cn/wnzz/NewsDefault. aspx？pid＝94_ 47314. xtj&wnzz＝13.

［18］山西晋中．政务云推动电子政务发展［EB/OL］．（2017－09－01）http：//difang. gmw. cn/sx/2017－09/01/content_ 25958989. htm.

第十九章
明清晋商成功之道与营商环境优化路径研究

张　静

晋商作为中国商业史上的一支重要的商帮，基于当时特殊的地理环境、经济环境、政治环境与人文环境，走出了“茶叶之路”，创造了票号、钱庄以及整个近代金融业的辉煌，并孕育和传承了独特的精神内核，在中国乃至世界商业文明史中留下了宝贵的精神财富。本文深刻分析了晋商五百年辉煌成就的政治、经济以及人文背景，开中制的实施、商品经济的繁荣，稳定的政治局面、驿站制度的建立、财税优惠政策以及崇儒不轻商和关公文化的盛行，为晋商的发迹与繁荣奠定了坚实的物质基础与精神支撑，并结合当今经济社会的客观实际，提出了包括以政府为主导、推动制度环境建设，政府推动、传承晋商精神，践行双创、推动创新创业新格局的优化营商环境的政策建议。

一、引　言

自古以来，山西地势险要，三面环山，其优越的地理位置成为兵家必争之地。境内有山地、丘陵、高原、盆地、台地等多种地貌类型，身居国中，贯流而居，表里山河。早在春秋时期，山西大部分土地被晋国占领，故简称为晋。山西物产资源丰富，尤以煤炭闻名遐迩，地下资源的丰富程度可见原始时代晋地的繁茂与生机。在黄河母亲的哺育下，依偎着母亲的山西大地上孕育了一批又一批的历史名人与悠久的文化古迹。

宋元时代是山西商人和徽州商人在经济领域的发轫期，由于地理位置的优越，山西商人在宋辽之间的贸易往来中扮演了重要角色。元朝建立政权一统各国以后，随着元代驿站制度的完善，明代开中制的推动和茶路的延伸，物贸的繁荣，票号的新盛，晋商的商贸活动范围得以快速发展，直到 14 世纪中期，山西商人逐渐成为一个具有代表性的山西“经济符号”与“文化符号”。明代末年已经形成了“无西不成商”的影响力，清代则有“有麻雀的地方，就有晋商”的传说。

自明清起，晋商作为一个群体真正走向全国和世界各地，影响了中国经济的发展进程，山西商人在天时地利人和等诸多因素中渐渐发迹，在走出山西，南下北上中，造就了一个伟大的商业传奇，开启了中国金融业的发展历程。

李克强总理 2016 年在视察山西时，山西有两座富“矿”：有形的是得天独厚的地下煤层，无形的是行走天下的晋商精神。

习近平总书记在视察山西时，高度评价晋商精神“山西自古就有重商文化传统，形成了诚实守信，开拓进取、和衷共济、务实经营、经世济民的晋商精神”，并提出具体要求，要积极营造公平竞争、诚信经营的市场环境，营造依法保护企业家合法权益的法治环境，营造尊重和激励企业家干事创业的社会环境，打造新型政商关系，真正把山西发展的软环境建设好，让人们愿意到山西投资，放心在山西发展。

二、晋商成功之经济环境分析

山西人经商具有历史传统，古代文献多有记载，到明代已在全国享有盛誉。

舜“耕历山，渔雷泽，陶河滨，……就时于负夏”，乃华夏商祖。

晋文公“轻关易道，通商宽农”乃成霸业。晋国的商人可以“文错其服、金玉其车”。中国古代与范蠡齐名的猗顿，也曾在山西晋南一带发迹，司马迁称他为“长袖善舞、多财善贾”，西汉的桓宽用“负荷之商，不知猗顿之富”的语句来形容他的财富之多。西汉时期，山西朔县人聂壹曾经和北方的匈奴做过边境贸易。唐朝时期，武则天的父亲武士彟就是有名的大商人，为唐朝的建立提供了巨大的物质资助。

到了宋代，山西商人与徽州商人并称，成为当时中国商业的中坚力量。北宋王朝所需要的战马大多数依靠北方的辽来供应，辽也急需要宋的手工业制造品。

（一）开中制的实施，是晋商发迹的历史选择

明朝是在朱元璋推翻元朝蒙古族政权后建立的，朱元璋为巩固明朝政权，持续不断地追击元蒙残余势力，并使他们被迫回到草原上。明朝政府对蒙古各部采取严密的防范措施，限制中原与蒙古交易。蒙古军队不断骚扰中原内地，掠夺财物，除了局部的边境骚扰事件外，还有几次较大的攻势，例如正统十四年的“土木之变”。面对蒙古军队的不断骚扰，明朝不断巩固北部边防，形成了以九边镇为据点的北部边塞军事基地。明朝政府在九边镇驻扎了80余万军队，如此庞大的边防体制，边防地区存在着巨大的军事消费市场，边饷就面临着巨大的供给困难。而且北部边塞，大多属于气候寒冷的地区，粮食缺乏，明朝政府首先要解决的就是粮食问题，为此明朝廷做出了许多努力，以解决巨大的财政负担。明朝政府采取了许多措施，最初的筹措粮食办法是屯田制，但产量不多，不足以供军需，后屯田制荒废，便采用民运粮进行顶替，征用山西、山东、河南、陕西等地农民运送粮饷，但耗资甚巨，最后朱元璋采纳山西行省的建议，实施“开中制”，开中制由此诞生。

初始的开中制，是政府以盐引向商人购买运输服务的制度。具体就是政府

控制盐的生产和盐的专卖权，根据边防需要，定期或不定期出榜招商，应招商人把政府需要的粮草输送到边防卫所，取得盐引，然后凭盐引到指定的盐场支盐，并在指定的行盐地区内销售。开中制的实质是政府的购买行为，其内容会随着政府需求的变化而变化。洪武之后，开中制的内容已经不再局限于纳粮，它随着政府的需求扩展到各种军需物资，包括纳铁、纳茶，纳马等等。

开中制的实行为山西盐商的崛起提供了一个有利的条件和良好的时机，同时也为山西盐商的崛起提供了政策便利。由于纳粮中盐的报中地点在九边，大同镇又是首先实行这一制度和纳粮数额最多的边镇（长时间宣府镇的粮饷也由大同镇供应），因而晋商近水楼台，捷足先登，逐步取得了贩运盐的特权，成为纳粮中盐边商中的商人。伴随着开中制的实行，晋商迅速发展壮大，并且产生了许多大盐商，尽管发展规模不及两淮，但山西盐业仍然取得了前所未有的大发展。

山西的人力资本促进了山西盐商的产生和发展。元末明初，山西的人地矛盾非常突出，元末的战乱对山西的影响较小，明初山西的人口密度较高。山西的地形以山脉为主，适合耕种的土地较少，人口密度过高的问题贯穿于整个明代，这就直接促使了一部分山西人需要走出山西，谋求生路。山西人有着在边关与游牧民族互市的传统和经验。山西地处边关，与北部游牧民族以长城为界，自汉代以来就是边贸最活跃的地区。在明政府实行民运粮政策的时候，山西就有不少农民参与运粮，运粮经验丰富，因此，这就促进了一部分山西人响应开中制，逐渐成为盐商。

明代全国较大的商业城市有 33 个，山西就有太原、平阳、蒲州（永济）三处。这时，晋商的资本积累已相当可观，“平阳、泽、潞富豪甲天下，非数十万不称富”。

从盐商开始，晋商缔造了从明初到清末雄踞商界 500 余年的不朽传奇。

（二）农业和手工业的发展，是晋商发迹的物质基础

明代的农业和手工业，都达到了前所未有的高度，这为明代商品经济的发展奠定了基础，从而为商人对商业活动的价值判断和晋商精神的养成奠定一定的基础。明代农业发展极大地促进了商业的发展，具体表现在两个方面：一是由于农业生产效率的提高，使得相当数量的劳动力可以从农业中分离出来，为商业的发展提供充足的劳动力；二是经济作物的推广使得以交换为目的的农业生产逐步扩大，同时经济作物促进了手工业的生产。虽然农业与家庭手工业相

结合的自然经济在整个社会经济结构中仍占有优势，甚至在部分经济发展落后的地区还很顽强。

但是历史事实表明，分工已经开始，有相当规模的手工业确已从农业中分离出来，转变为独立手工业；在独立手工业中，有的手工作坊又转变为手工工场。手工业生产分工的加大，规模的扩张，资本的集中，劳动的联合，技术的改进，都有力地促进了整个社会生产力的提高和发展。《中国经济通史》总结道："农业生产力进一步提高为将更多的劳动人口从农业中分离出来转向工商业提供了可能。明中叶以后，'弃本逐末'者日渐增多，按照松江名士何良俊在《四友斋丛说》中的说法，到了嘉庆、隆庆年间，'去农而改业为工商者三倍于前矣'，'去农而游手趁闲者十之二三矣'，'大抵以十分百姓言之，已六七分去农'。全国各地由务农转为工商的数量和比重尽管不同，但'去农而改业为工商'的趋势、潮流确实是存在的。众多脱离土地的非农业人口的存在，为手工业的发展提供了充足的劳动力，并促进了工商业城镇的勃兴。"①

（三）账局、典当等的发展，为货币商人的诞生奠定了基础

雍正时，我国北方已出现与商业发生借贷关系的金融组织，称账局，又称账庄。账局主要分布在北京、天津、张家口、太原等商埠，经营者多为晋人。雍正时，中俄恰克图贸易开始，乾隆时成为中俄"两国通商的咽喉"，而内地商民到恰克图贸易，多半皆山西人，由张家口贩运些绸缎布杂货等，易换各色皮张、毡毛等物。长途贩运，商品流转周期长，每周转一次，有时需一年，需社会信贷的融通与支持，以完成长途贩运，故晋商最早设立账局于太原、汾州、张家口、库伦。乾隆元年（1736 年）张家口祥发永账局，即汾阳商人王庭荣经营，资本 4 万两。② 由于贸易的扩大和交换的需要，乾隆时已出现经营兑换银钱业的钱庄，如上海从乾隆五十一年（1786 年）到嘉庆二年（1797 年）前陆续设钱庄 124 家，乾隆后钱庄业务发生变化，渐从银钱兑换向信贷转化。同时，由民间钱庄签发的钱票，已在一些地区使用和流通。当时，钱票已在北方山西、直隶、陕西、山东等省流行，因"西北诸省陆路多而水路少，商民交易势不能尽用银两，现钱至十千以上，即须马驮车载，自不若钱票有取携之便，无路远之烦……甚便于民。"在东南沿海，也未因使用洋钱而排斥钱

---

① 王毓铨．中国经济通史·明代经济卷［M］．北京：经济日报出版社，2000.

② 黄鉴晖．山西票号史料．太原：山西人民出版社，2002. p. 10.

票流通，如上海在乾隆四十一年（1776年）已成立钱业公所，其中资金雄厚钱庄大多与南北洋的船业发生资金关系。

清嘉道以来，由于部分商业资本转化为高利贷资本，使高利贷资本异常活跃，其中最典型的是典当铺。典当铺又称当铺、质库。康熙三年（1664）全国有当铺2万多家，其中晋商开办的就有4695家。清人李隧说："典当铺江以南皆徽人开办，江以北皆晋人开办。"由上可见，在票号产生前已经出现了因商品货币经济发展而产生的各种类型金融机构，这就是说票号的产生是在上述货币经济发展、商业资本与高利贷资本活跃，出现了一些金融机构的基础上而产生的。

（四）商品经济发展，为金融业和票号的发展创造了条件

中国的封建社会经济，到了明代中叶以后，由于社会生产力的提高，国外白银流入的刺激，商品货币经济有了较为明显的发展。这种发展延续到清代前期，特别是康熙、乾隆时期，国内政治安定，农业生产稳步发展，商品货币经济较前更为活跃。国内市场扩展，不但有众多地方性市场兴起，而且全国性的大市场也逐步形成。商品经济的发展为商品的转轨开辟了广阔的流通幅度，自然地对货币金融提出了新要求，促使封建金融机构开始突破单纯兑换范围，逐步过渡到信贷阶段。另一方面，埠际贸易开展，使商品流通幅度扩大，出现不同地区债务清算和现金平衡等新问题，于是需要汇兑专业化①。

银币的广泛使用，大致是从明英宗正统时（1436—1449年）田赋折收金花银开始，万历年间（1573—1620年）实行一条鞭法，规定向政府交纳的田赋、徭役、土贡、杂役等按人丁土地的一定比例全部并入地亩，折银征收。这一税制改革，是中国历史上封建物贸经济转向货币经济的一大进步。但是后来由于社会危机的加深和货币使用普及受客观条件的约束，一条鞭法并未能全部贯彻执行。清初，对赋役规定银米兼收，后来除了部分漕粮外，几乎全部征收银两和钱币，17世纪后，清代的征收赋役和发放薪饷一律用银，而且货币地租也有新发展。

从实物地租到货币地租的转化，要以商业、城市工业、一般商品生产和货币流通有比较显著的发展为前提。这种转化还以产品有一个市场价格，并或多或少地接近自己的价值出售为前提。而且没有一定程度社会劳动生产力的发

① 张国辉．清代前期的钱庄和票号［J］．中国经济史研究，1987（4）．

展，这种转化也是不能实现的。以上货币地租的出现，充分反映了社会货币经济在过去的基础上已有所发展。此外，由于商品货币交换日趋频繁，民间为了交换方便，除了用银外，还在一些地方出现了用钱和纸币的现象。如广东，小民贸易“喜用钱”；福建“多用纸票，自四百以至千万……听人自便”。

三、晋商成功之政治环境分析

（一）政治稳定，为晋商遍及南北的经商活动提供了保障

明代政权虽然也是一统天下，但长城外的鞑靼、瓦剌等尚未被完全控制，并成为北部地区的不安定因素，由此也阻滞了商人由九边继续向北疆腹地挺进的经营活动。入清以后，随着明末战乱的结束，蒙古、新疆、西藏内附，出现了中国版图空前辽阔的大一统局面。从康熙二十年（1681 年）至康熙二十八年（1689 年）的八年中，相继平息三藩之乱于西南，统一台湾于东南，驱逐沙俄势力、平定准噶尔部、噶尔丹叛乱于西北、东北，全国政局初步稳定。此后康熙三十年（1691 年）举行了著名的多伦会盟，妥善地处理了蒙古各部间的关系，在喀尔喀蒙古实行旗盟制度，加强了对喀尔喀蒙古的管理。噶尔丹的叛乱，经康熙、雍正、乾隆三朝，终于彻底平息。为了加强对新疆和西藏的有效统治和管理，乾隆二十七年（1762 年），在新疆设置“总统伊犁等处将军”统辖军政机构。康熙五十七年（1718 年）、五十九年（1720 年），清政府两次派兵西进，平定准噶尔部势力挑起的叛乱。雍正五年（1727 年）设驻藏大臣，负责管理前后藏事务。乾隆五十七年（1792 年）驱逐了入侵西藏的廓尔喀进犯之军，次年即颁布了《钦定西藏章程》。至此，大清王朝由东至西，由南到北，四方疆域安定。特别是对东北、西北、西南历来动乱较多、反复性较大的边疆地区实施了有效的行政管理制度，缓和了各民族间的矛盾，使多民族的国家出现了比较稳定的政治局面。

与此同时，清政府加速在四边开发农牧业生产，发展边疆地区经济，以此作为巩固边防的辅助措施，取得了实际成效。17 世纪末，清政府在黑龙江岸上及其南修筑了艾虎（瑷珲）、墨尔根（嫩江）、卜魁（齐齐哈尔）等城，并督率八旗官兵和人丁耕垦。到 19 世纪初，瑷珲、嫩江、齐齐哈尔等城已“流人四至，商贾云集，竟为内地，其街市喧闹，仿佛北省中上州县”。为了巩固

西北边防，乾隆二十五年（1760 年），清政府调集了大量军队驻防新疆，大兴屯田。同时在伊犁河北岸、惠远城一带修筑了通惠渠，溉田数万亩。清政府还在新疆建立了牧场。到乾隆五十八年（1793 年），牧场已孳生本马 28569 匹，孳生本牛 10000 头，骆驼 4173 头。牲畜的大量繁殖，不仅发展了边疆的畜牧业，而且推动了边疆的农业生产。蒙古地区本是单一的畜牧经济区，为了改变这一地区生产落后的面貌，清政府派专人前往“教养”，选择“田地甚佳，百谷可种”地区开垦农田，又“教之引（黄）河水溉田”，使蒙古地区的农牧生产有了长足的发展。

清代前期出现的这种和平、统一与稳定，是商品经济得以恢复发展的重要保证。而入清以后清政府所颁布的一系列与发展农业相配合的恤商措施，使明代以来兴起的地区商帮的经营活动取得了政策保障。随着北部广大地区经济的开发，晋商凭借地理位置和交通条件的优势，利用安定有利的社会环境，得以较早地占领北方市场。

（二）清政府财税优惠政策，为晋商发展壮大提供了可能

清顺康雍乾时代都曾采取过减免关税、商税等恤商措施。如顺治时，以京师初定，特免各关征税一年，并豁免明季税课亏欠和加增税额，及各州县零星落地税。顺治十年（1653 年）“令各关刊示定则。设柜收税，不得勒扣火耗”，革除“需索陋规”。康熙时明令“严禁各关违例征收”。雍正时还特令各关征税时，不可定求足数。各关必须把征税税则刊刻于木板，遍示津口，晓喻商民。乾隆时一面整顿税关，裁革吏员，核定税关经费，并颁布各省税课则例，以杜吏役滥征苛取。凡私添税口、苛执勒索的税官，一律严查究审，绳之以法，“司役严处，官吏严参”，收到了“舟车络绎，货物流通税自足额”的效果；另一方面则减轻市税性质的落地税，规定：“各省凡市集落地税其在府州县城内，人烟辏集，贸易每多，且官员易于稽查者，照旧征收，不许额外苛索，亦不许重复征收；若在乡镇村落则全行禁革，不许贪官污吏假借名色，巧取一文。”尤其对流通中的粮食，为了调剂各地区丰歉余缺，常以更多更大范围的免征、减征关税，垫付资本，赏赐顶戴等鼓励办法，招徕商人长途贩运粮食。

清以来的晋商，除继续在淮盐运销区域与徽商角逐外，之所以能在北方各大区域迅速扩展力量，占领市场，与清代前期的恤商措施所造成的宏观政策环境是有直接因果关系的。

（三）清政府驿站制度，为晋商扩大经商网络提供了机会

清代为了巩固统治在蒙古地区设置了台站，即驿道。这些蒙古台站分为漠南、漠北、漠西三部分，这些台站为中原和西、北地区经济的往来提供了条件。清代晋商在蒙古地区的贸易就是在蒙古台站的基础上，开辟了三条商道①。

在东北方面，清康熙时设置了从喜峰口到齐齐哈尔的驿站，则成为晋商北运茶、绸、布、瓷和南贩毛皮、山珍、麝香的重要商路。

晋商还通过蒙古草原，开辟了一条通往新疆的商路。据《新疆图志·实业二》载："惟古城馆毂其口，处四塞之地，其东自嘉峪关，趋哈密为一路，秦陇湘鄂豫蜀商人多出焉；其东北自归化趋蒙古为一路，燕晋商人多出焉。自古城分道西北科布多为通前后营路，外蒙古人每岁一至秋粜麦谷并输毛裘皮革易缯帛以归，又循天山而行为北路，取道绥来以达伊犁、塔城，循天山南为南路，取道吐鲁番以达疏勒、和阗，故古城商务于新疆为中枢，南北商货悉自此转输，廛市之盛，为边塞第一。"晋商开辟的这条商路，远比走甘肃为好。《新疆志稿》又称："关内绸缎茶纸瓷漆竹木之器，逾陇阪面至，车马烦顿，厘税重困，商贩恒以为累苦，不偿其劳费，是以燕晋商人多联结驼队，从归化城沿蒙古草地以趋古城。长途平坦，无盗贼之害，征榷之烦，其至常以夏五月、秋八月为期，岁运腹地诸省工产及东西洋之商品，其值逾二三百万，大率自秦陇输人者十之三四，自归绥输入者居十之六七，而私运漏货不在此数。"

旅蒙商与蒙古牧民的交易，主要是以物易物，基本上是以砖茶为一般等价物，如一块砖茶相当于一张羊皮。又布一匹（蒙古人以八寸为方，四方为托，七托为匹），约值银 1 两 2 钱，易犊 1 头，并不带走，仍留原主牧养，过三四年，牛已长大，然后驱入内地，可售价四五十两。进入蒙古各地的晋商，精于商业营销，尤注意蒙古牧民对商品的特殊需求。他们为了做好对蒙贸易，很注意学习蒙族语言，以克服语言障碍。旅蒙晋商曾自行编纂用汉语注音的《蒙古语言》工具书，要求赴蒙贸易者掌握蒙语。在经商活动中，还注意蒙族的风俗习惯，做到入乡随俗。他们还学习和掌握一些医疗针灸技术，在行商活动

---

① 即经多伦诺尔，通往漠南锡林郭勒、察哈尔、昭乌达、呼伦贝尔、喀尔喀蒙古、车臣汗部、土谢图汗部；经张家口直往乌兰察布、锡林郭勒、察哈尔、昭乌达、库伦、恰克图、科布多、乌鲁木齐、伊犁、塔尔巴哈台；经归化城通往乌兰察布、伊克昭、阿拉善、额济纳、库伦、恰克图、乌里雅苏台、唐努乌梁海、科布多、伊犁、塔尔巴哈台。

中对蒙民中一般病症予以医治，以获取蒙民好感，从而推销商品或购买其牛羊皮毛等。他们还极力讨好蒙古亲王、贝勒等上层社会人物，以便在营销活动中得到支持。经过长期的、多方面的努力，旅蒙晋商终于开拓并巩固了他们在蒙古草原的商业活动，并牢牢地掌握在自己手中，以致在一般牧民心目中，把晋商看做和牧主台吉（蒙族低层统治者）一样重要，晋商在广大蒙古地区的影响之大，可想而知。

四、晋商成功之人文环境分析

（一）崇儒不轻商

在中国封建社会“重本轻末”“重农轻商”的文化思想一直主导着社会思想领域，是中国封建社会统治者长期奉行的一种思想观念。中国传统的文化思想观念是“万般皆下品，惟有读书高”，在社会地位的排序上也是“士、农、工、商”，士为尊，由“士”而“仕”是人们追求的目标，“学而优则仕”是封建社会读书人追求的最高理想。商为卑，认为商人奸诈、唯利是图，是封建社会的最低阶层。朱元璋建立明朝以后，继续实行“重本轻末”政策，并指出：“若有不务耕种，专事末作者，是为游民，则逮捕之。”

然而，农与商并非绝对对立，仕与商也非绝对对立。《中国经济通史》总结：“明初对商业和商人实行保护和扶持政策，‘关市之征，宋元颇繁琐，明初务简约，其后增至渐多’。在商税征收上，明太祖制定了低税率和缩小征收范围的政策。”① 不仅如此，民间对商人的看法也并非如此之低。明汪道昆《太函集》卷五四记载“古右儒而左贾，吾郡或右贾而左儒，盖诎者力不足于贾，去而为儒，赢者才不足于儒，则反而归贾”②。

晋商更是如此，读书做官不成，与其务农，还不如经商，这是一种很普通的想法。他们认为靠正当的商业致富，并非不正当行为。山西平阳府商人席铭《成化十七至嘉靖二十一年》传记中记述了他应试失败后经商的经过：“君幼时学举子业，不成，又不喜农耕，曰，丈夫苟不能立功名于世，抑岂为汗粒之

① 王毓铨．中国经济通史·明代经济卷［M］．北京：经济日报出版社，2000.

② 汪道昆（明）．太函集，卷54.

偶，不能树基业于家哉”。[①]

（二）唐晋遗风的管理思想

周朝建立以后，周成王封其弟叔虞为唐侯，封地为唐即晋。唐叔虞到到达封地后，根据当地实际情况因地制宜采取施政方针，既适当保留了夏代以来的一些制度，维护夏人的传统习俗，暂不实行以周礼为中心的宗法制度；同时依照游牧民族生产和生活习惯分配土地开设田间疆界，以便利农牧生产，暂不实行周朝规定的井田制度，实行了不完全等同于周朝中央的政治经济政策。由此，晋国孕育出有别于其他诸侯国文化内涵的唐晋文化，政治上博大宽厚、兼容并蓄，经济上求同存异、自强不息，同时还有兼收并蓄的胸襟、宽容博大的豪情、与时俱进的品质、尚能尚贤的风气。

（三）关帝文化的崇尚

晋商崇拜关帝，尊关云长为财神，一是因为与关公有地缘亲情，为关公之魂在山西而自豪；二是为了以关公的忠义楷模教育约束员工；三是借关帝君的神威保卫商人事业的发展和财产的安全。晋商为了表达自己对关羽的尊崇，一赚了钱，首先想到的是修建关帝庙。晋商无论在何地，也无论是哪个行业，都供奉“关帝圣君”。晋商足迹所至，到处建有规模宏大的“关帝庙”作为会馆。晋商对关公的崇拜影响了整个商界。

晋商对关公崇拜，集中表现在诚信义利观。他们主张见利思义，先义后利，以义制利，不发不义之财，“仁中取利真君子，义内求财大丈夫”。明代晋商王文显训诫其子说：“夫商与士，异术而同心。故善商者处财货之场而任高明之行，是故虽利而不污；善士者引先王之经，而绝货利之径，是故名必有成。”[②] 诚信本身不讲功利，诚信具有双重性，诚信的本质是利他的，但反过来，利他的时候也利己。晋商的成功可以说是建立在商业诚信基础上的，诚信给他们带来了丰硕的回报，因为诚信而成功，因为成功而更加诚信，两者相得益彰，他们将悉心建立起来的诚信、商誉看得比什么都重要。

---

① 韩邦奇（明）．大明席君墓志铭．

② 李梦阳（明）．空同集，卷44.

五、传承晋商精神，优化营商环境的几点启示

2017 年 5 月 20 日，全省优化营商环境会议召开，推出“试行企业投资项目承诺制、实行无审批管理”的重大改革举措，部署开展优化营商环境九大专项行动，打造“审批最少、流程最优、体制最顺、机制最活、效率最高、服务最好”的营商环境。

楼阳生省长在晋商晋才回乡创业创新工程启动大会上，作了题为：“凝聚晋商晋才智慧力量，走好转型综改新长征路”的主旨演讲。他在演讲中指出，新中国成立后特别是改革开放以来，晋商精神进一步发扬光大，一大批山西籍企业家在省内外、国内外艰苦创业、取得成功，特别是在互联网、加工制造、高新技术产业等领域形成了一批实力雄厚的晋商龙头企业，书写了新时期晋商传奇。

（一）政府推动，构建良好制度环境

明代开中制的实行为晋商开发西北地区市场创造了条件，中俄《尼布楚条约》和《恰克图条约》的签订，打开了两国交往的大门，特别是《恰克图条约》的签订极大地促进了中俄贸易的发展，而晋商作为与沙俄贸易的主要商帮，从中获得了极大的利益，也为晋商的资本积累创造了良好的条件。可见，政府的政策引导，对企业发展以及经济社会的稳定发展有着至关重要的作用。

2008 年以来，全球金融危机深入影响着中国的经济，山西企业同样受到了不同程度的冲击。正是在这样一种形势下，太原市委、市政府领导审时度势、积极筹办、成立了新晋商联盟。成立新晋商联盟对于弘扬晋商精神，重塑新晋商形象，确立新时代晋商内涵有着重要意义，对于打造新晋商品牌、造就新时代诚信企业、再创新晋商崛起、推进晋商之都建设也有着不可忽视的作用。自此联盟成立之后，做出种种成绩证明晋商复苏，新晋商崛起有希望、有未来。他们深知自己必须重塑诚信义利的价值观，必须发扬艰苦奋斗的创业精神，必须重塑同舟共济协同发展精神，必须拥有回馈社会的责任意识，必须拥有锐意进取的创新意识，必须树立开放的全球化发展意识。这六个“必须”指引着新晋商前进，在“新”的历史机遇下，结合“新”的挑战，创造

“新”的制度，革新“新”的精神，为“新”晋商而扬名。

（二）政府引导，传承和弘扬晋商精神

“诚信义利，开拓创新”的晋商精神，不仅仅是商人精神，同时也是政府和社会成员应该学习、传承和弘扬的社会精神。我们的政府应该成为晋商精神的践行者，应该成为践行晋商精神的推动者，把晋商精神的传承和弘扬，作为重塑山西形象的重要途径和抓手，贯穿于整个社会管理和山西精神的塑造过程中。

楼省长指出，新时期构建新型政商关系，对于商人而言就是要诚实守信，依法经营。诚信是商业合作达到长久的根本，只有值得信赖，才会有更多商机，才会有更好的发展前途。但如若晋商没有开拓进取，努力拼搏的精神，一辈子也只会是一个平庸的买卖人，而不会成为驰骋大江南北、富可敌国的一代传奇。晋商在中俄贸易中出口茶生意可谓吃得苦中苦，才为人上人。山西并不是产茶一带，晋商瞅准商机，敢为人先，垄断了当时南方的茶叶输出，承担起运往天寒地冻的西伯利亚之旅。一路上交通不便，只能以牲口货车往来运输，途中强盗劫匪甚多，常常有被抢之事，当时山西镖局押镖诚实守信，不敢有一次疏漏，死在这途中的商人也不乏少数。也正是这个原因，才使得之前历朝历代从未有过、清政府不知为何物也无法管理的、晋商所独创的票号能够开遍全国，走出国门，才使得上至巨商大贾、下至普通百姓可以放心地将真金白银交给票号汇兑于全国。现代市场经济下，各种经济活动和关系都应依法守法，诚信依然是基本的商业底线。

同时，新时期构建新型政商关系，对于商人而言就是要和衷共济，经世济民，对国家对社会承担相应社会责任。

明清晋商作为一个群体，同行间以行会自律自管，和衷共济，在与其他商帮的激烈竞争中立于不败之地。同时晋商对国家、对社会、对家乡，急公好义，扶贫济困。清末许多晋商为巩固海防而慷慨解囊，在争利权保矿权而发起的保矿运动中更是走在最前列。富裕起来的晋商对家乡建设和发展也倾注大量心血，他们造桥铺路，捐资办学，造福桑梓，这样的事例数不胜数。今天我们山西的企业不仅要创造财富，也要承担相应的社会责任，不仅要金山银山，更要把青山绿水留给子孙后代。

（三）践行“双创”，打造创新创业新格局

晋商成为动力引擎的秘密是什么，在于真正的创新和革新精神，如果说晋商引领了中国的商业革命，那么票号则引领了中国金融革命，外国人曾统称山西货币商人的企业为“山西银行”。晋商的金融资本和商业资本混合生长，有许多创新之处。金融机构的创新有：当铺、钱庄、印局、账局、票号。金融工具的创新有：凭贴、兑贴、上贴、上票、壶瓶贴、期贴。金融制度的创新有：投资股份制度、两权分离制度、人力资本制度、信约公屡制度。金融业务的创新有：本平、顺汇与逆汇、贴现、代办、转账结算、银行清算。风控机制创新有：资本金管理、薪酬社保激励、宗法与担保、银行密押、金融稽核、内控制度。经营战略的创新有：分支机构随意盈利风险伸缩。资金随经济社会需要而松紧。资金调度“酌盈济需，抽疲转快”（北存南放）。重人信用大于重物信用。对外金融活动创新有：国外采购货币金属、对俄商贸易融资、国外设立金融机构（俄罗斯、朝鲜、日本）。从事政府金融方面的创新有：汇兑军协饷银、借垫汇款、贷款、代办政府证券业务、代理地方金库、充当清政府的财政支柱。这一系列的创新制度对晋商的茁壮成长添砖加瓦，为日后建立起宏伟基业奠定了坚实的基础，一步步的摸索探寻，融合了当时的时代背景，在实践的基础上寻找到一条独特而适合自身发展的道路是难能可贵的。

2017 年的政府工作报告提出，要多层次培育双创主体、全力支持民营经济发展，在全省孵化培育一批具有高成长性的创新型中小企业，扶持一批高成长性创新型“小巨人”企业，引导企业创造新需求、新市场、新业态。创造在基层，智慧在民间，关键在环境。山西要形成“龙头企业巨木参天、小巨人企业百木成林、小微企业漫山遍野”的产业生态，必须营造好环境，打造好平台。营造好环境，意味着要加强创业创新政策支持，探索包容创业创新、多元参与的审慎监管方式；要保障非公有制经济与公有制经济一样，平等使用生产要素、公平参与市场竞争、同等受到法律保护。

当前，大众创业、万众创新的理念正日益深入人心。各种新产业、新模式、新业态不断涌现，有效激发了社会活力，释放了巨大创造力，成为经济发展的一大亮点。通过“双创”推动山西经济结构调整、打造发展新引擎、增强发展新动力、走创新驱动发展道路。要使经济实现健康持续发展，离不开大量的市场参与者、灵活高效的调节机制和竞争有序的市场格局。

无论是大众创业，还是万众创新，都少不了一个“众”字。对于山西这

样一个特殊的经济体而言，如果只有少数市场主体参与，显然难以满足全国统一市场的需要。许多地方经过发展认识到，“活力增长财力，人气带来财气”。推进“双创”，既可以在最大范围内推动人财物等各种市场要素自由流动，更可以倒逼不合理的体制机制实现改革突破，最终提升整个经济和大多数企业的运行效率。

践行“双创”，秉承晋商创新理念，传承晋商创新精神，打造创新创业新格局，是当前以及未来很长时间我们需要严格践行的事业！

附　录

大事记（2016 年 11 月—2017 年 10 月）

【2016 年】

11 月 4 日，山西转型综改示范区管委会筹委会成立大会在太原举行，标志着示范区建设进入了实质性推进阶段。代省长、山西转型综合改革示范区建设领导小组组长楼阳生出席并讲话，强调要把建设转型综改示范区，作为落实省党代会精神的第一硬招、第一场硬仗，忠诚担当、攻坚克难，只争朝夕、狠抓落实，努力把示范区打造成为集聚先进生产要素的重要平台、转型综改的主战场、转型升级的重要引擎。

11 月 8 日，山西省发展和改革委员会、山西省经济和信息化委员会印发《山西省“十三五”轻工业发展规划》和《山西省“十三五”冶金工业发展规划》。

11 月 16 日，《山西省人民政府办公厅关于进一步促进旅游投资和消费的实施意见》发布，提出七方面总体实施意见：加强旅游基础设施建设，改善旅游消费环境；拓宽投融资渠道，确保投资主体持续健康发展；加大旅游投资力度，拓展旅游消费市场；促进旅游消费，培育新的消费热点；提升乡村旅游，开拓旅游消费空间；优化休假安排，激发旅游消费需求；加大改革创新力度，促进旅游投资消费持续增长。

11 月 23 日，省政府印发《山西省“十三五”文化强省规划》，提出到 2020 年，马克思主义中国化最新成果在山西广泛普及，中国梦和社会主义核心价值观更加深入人心，三晋文化“走出去”成效更加显著，建成具有较强综合实力的国际知名、国内一流的文化强省。

11 月 29 日，省政府决定成立山西省大数据发展领导小组，楼阳生省长为组长，旨在为加快实施大数据战略，培育数字经济，建设智慧山西。

11 月 29 日，《山西省人民政府关于促进会展经济发展的若干意见》发布，力争到 2020 年，全省年展会数量突破 150 场（次），年展览面积突破 120 万平方米，培育 2—3 个具有国际影响力的全国品牌展会、5 个行业品牌展会，永久落户 1—2 个国际性学术或研讨会议，将太原市打造成为我国中部地区重要的会展城市。

12 月 6 日，省政府印发《山西省降低实体经济企业成本实施方案》，力争经过 1—2 年努力，山西省降低实体经济企业成本工作取得初步成效，3 年左右使实体经济企业综合成本合理下降，营利能力明显增强。一是税费负担合理降低；二是融资成本有效降低；三是制度性交易成本明显降低；四是人工成本上涨得到合理控制；五是能源成本进一步降低；六是物流成本较大幅度降低。

12 月 6 日，省政府办公厅印发《加快推进省政府部门行政许可标准化建设工作方案》，要求准确把握国务院“以标准化促进规范化”的要求，认真对照《行政许可标准化指引（2016 版）》，加快构建系统完备、科学规范、运行高效的行政许可制度。

12 月 7 日，省政府印发《山西省深化制造业与互联网融合发展的实施方案》，提出到 2020 年，制造业骨干企业普及网络化、信息化，智能化制造形成亮点和特色；全省建设一批智能生产线、智能车间、智能企业等示范标杆；制造业重点行业骨干企业互联网“双创”平台普及率、工业云企业用户数量、库存周转率、能源利用率明显提升，新产品研发周期明显缩短；数字化研发设计工具普及率达到 68%，关键工序数控化率达到 48%；工业信息安全技术支撑和保障能力显著提高。

12 月 7 日，国家发展和改革委员会发布《关于公布第三批国家新型城镇化综合试点地区名单的通知》，确定 111 个城市（镇）成为第三批国家新型城镇化综合试点地区。山西省临汾市侯马市、吕梁市交城县、太原市古交市马兰镇、晋城市城区北石店镇入选。

12 月 16 日，山西省政府印发《山西省“十三五”农业农村经济发展规划》和《山西省“十三五”环境保护规划》。

12 月 19 日，山西省政府印发《山西省“十三五”科技创新规划》，提出“十三五”时期山西省科技创新的总体发展目标：科技综合实力显著增强；科技支撑引领产业发展能力明显提升；科技体制改革取得显著成效，初步建成要素齐全、布局合理、功能完善、开放合作的区域创新体系；山西转型综合改革示范区创新能力明显提高。

12 月 21 日，省政府印发《山西省“十三五”综合能源发展规划》，综合考虑资源、环境、水利、交通等约束条件，确定全省能源生产、能源消费、节能减排、环境保护、安全生产、深化改革等六方面“十三五”能源发展目标。

12 月 27 日，山西省发展和改革委员会印发《山西省“十三五”控制温室气体排放规划》，总体目标，到 2020 年，单位地区生产总值二氧化碳排放较 2005 年累计下降 45% 以上，能源活动温室气体排放得到有效控制，非能源活动温室气体排放得到初步控制。

12 月 29 日，国家发展和改革委员会印发《中原城市群发展规划》，将山西省晋城市、长治市、运城市纳入规划范围，以晋城市为核心发展区，联动辐射长治市、运城市。将晋城市纳入太原—郑州—合肥发展轴，运城市纳入沿陇海发展主轴，支持运城、晋城建设成为重要节点城市，支持长治建设成为区域中心城市，支持长治、运城建设成为地区性枢纽。

12 月 30 日，省政府印发《山西省贯彻中医药发展战略规划纲要（2016—2030 年）实施方案》。

12 月 31 日，省政府通过省发展和改革委员会《山西省物流业降本增效专项实施方案（2016—2018 年）》，提出 5 方面 20 条具体举措，推动山西省物流业降本增效，进一步提升物流业发展水平。

【2017 年】

1 月 6 日，山西省发展和改革委员会、山西省质量技术监督局印发《山西省“十三五”质量发展规划》和《山西省“十三五”食品工业发展规划》。

1 月 11 日，省政府办公厅印发《山西省政务服务管理办法》，提出县级以上人民政府应建立健全“一个窗口受理、一站式办结、一条龙服务、一个窗口收费”的运行管理机制。

1 月 12 日，山西供给侧改革发展基金首批战略合作协议和投资项目正式落地签约，签约总金额超过 220 亿元。

1 月 13 日，山西省发展和改革委员会、山西省文化厅印发《山西省“十三五”文化改革发展规划》，提出到 2020 年，实现由文化资源大省向文化强省的转变。

1月18日，省政府办公厅印发《2017年全省旅游景区（景点）体制机制改革创新工作推进方案》，确定2017年首批参加体制机制改革创新的149家景区（景点）。

1月19日，《山西省人民政府关于在市场体系建设中建立公平竞争审查制度的实施意见》出台，指出要确保全省各级人民政府相关行为符合公平竞争要求和相关法律法规，维护公平竞争秩序，保障各类市场主体平等使用生产要素、公平参与市场竞争、同等受到法律保护，激发市场活力，提高资源配置效率，推动大众创业、万众创新，促进实现创新驱动发展和全省经济持续健康发展。

2月8日，山西省发展和改革委员会、山西省经济和信息化委员会印发《山西省“十三五”节能环保产业发展规划》，提出四方面总体发展目标：产业规模快速增长；创新能力持续增强；产业布局逐步优化，市场服务体系快速发展。

2月8日，山西省发展和改革委员会、山西省人民政府金融工作办公室印发《山西省“十三五”金融发展规划》，提出“十三五”时期金融产业发展壮大、融资总量显著增长、金融机构体系不断完善、金融改革创新不断深化、金融市场体系进一步健全、普惠金融不断发展、金融生态环境进一步优化等总体发展目标。

2月9日，山西省召开国有资产监督管理暨党风廉政建设工作会议，全面部署山西国企国资改革工作。会议明晰了山西国资国企改革的战略目标、方向路径和关键环节，并对当前及今后一个时期的重点工作进行了安排部署。

2月15日，山西省发展和改革委员会、山西省经济和信息化委员会印发《山西省“十三五”装备制造业发展规划》，提出到2020年，山西省装备制造业掌握一批重点领域关键核心技术，优势领域竞争力进一步增强，新兴领域加快布局，产品质量有较大提高、国际化水平取得明显提高，重点行业单位工业增加值能耗、物耗及污染物排放明显下降。

2月15日，山西省发展和改革委员会、山西省经济和信息化委员会印发《山西省“十三五”医药工业发展规划》提出，到2020年末全省医药工业综合实力和核心竞争力全面提升。

2月25日，中国共产党山西转型综合改革示范区工作委员会、山西转型综合改革示范区管理委员会揭牌仪式在太原举行，省委书记骆惠宁出席仪式并为示范区党工委、管委会揭牌，省委副书记、省长楼阳生讲话。示范区由4个国家级开发区、3 个省级开发区以及山西大学城，共 8 个园区整合而成，总规划面积约 600 平方公里。

3 月 10 日，《山西省人民政府办公厅关于开展全省固定资产投资统计改革先行先试工作的通知》发布，按照《国家统计局关于山西投资统计改革先行先试的批复》和《关于开展 2017 年固定资产投资统计制度方法改革试点工作的通知》，国家统计局确定我省为 500 万元及以上项目月报频率投资统计改革先行先试省份，项目投资额统计由形象进度法改为财务支出法，500 万元及以上投资项目全部纳入网络直报。

3 月 13 日，省政府印发《山西省大数据发展规划（2017—2020 年）》，提出六大任务以及“云聚山西、云惠山西、云殖山西、云安山西”四大工程。

3 月 14 日，山西省发展和改革委员会印发《山西省“十三五”城乡居民增收规划》，提出城乡居民增收的三方面主要目标：（1）居民收入实现倍增。（2）收入差距缩小。（3）居民收入增长和经济发展协调。

3 月 16 日，“晋商晋才回乡创业创新工程启动大会”在北京举办。大会的主题是“新机遇、新晋商、新发展”。省委书记、省人民代表大会常委会主任骆惠宁出席并讲话。省委副书记、省长楼阳生作主旨推介。

3 月 17 日，省政府印发《山西省区域经济转型升级考核评价暂行办法》。

3 月 17 日，省人民政府决定成立山西省推进政府和社会资本合作工作领导小组，省委常委、常务副省长高建民任组长。

3 月 30 日，《山西省人民政府办公厅关于进一步扩大旅游文化体育健康养老教育培训等领域消费的实施意见》，提出十方面共计 33 条具体举措。

3 月 31 日，山西省发展和改革委员会印发《山西省“十三五”新型材料产业发展规划》，提出“十三五”时期全省新型材料产业要力争实现“两个提升、两个优化”。

4 月 5 日，省委组织部、省人力资源和社会保障厅、省财政厅印发《关于深化开发区人事和薪酬制度改革实行“三化三制”的指导意见》明确提出，山西省将在开发区建设中实行开发区领导班子任期制、全员岗位聘任制和绩效工资制，加快建设专业化、市场化、国际化的管理团队。

4 月 6 日，省政府印发《山西省“十三五”脱贫攻坚规划》，提出到 2020 年，58 个扶贫开发工作重点县全部摘帽。现行标准下 232 万农村贫困人口全部脱贫。

4 月 7 日，根据《国务院关于第三批取消中央指定地方实施行政许可事项的决定》，山西省对应取消34项行政许可等事项。

4月10日，省政府办公厅印发《山西省加快推进新材料产业发展实施方案》，提出围绕新型金属材料、新型化工材料、新型无机非金属材料、前沿新材料四个方向加快推进山西省新材料产业发展。

4月10日，省政府批复《山西转型综合改革示范区潇河产业园区太原起步区总体规划（2016—2030年）》，规划总面积57.3平方公里。

4月13日，省政府办公厅印发《山西省开发区设立升级扩区和退出管理办法》，进一步规范开发区设立升级扩区管理，建立开发区动态管理机制。

4月17日，山西省发展和改革委员会、山西省中小企业局印发《山西省“十三五”中小微企业发展规划》，明确山西省中小微企业未来五年的发展目标和主要任务。

4月18日，山西省招商引资工作领导小组成立，王一新副省长任组长，领导小组负责统筹领导全省招商引资和对外合作工作。

4月19日，《山西省人民政府办公厅关于改革和创新招商引资工作的若干意见》发布，进一步深化全省招商引资体制机制改革。

4月21日，省政府成立山西省复制推广自由贸易试验区改革试点经验工作领导小组，王一新副省长任组长。

4月22日，省政府办公厅印发《山西省招商引资重点产业指导目录》，列出当前我省重点培育和引进的产业发展方向。

4月24日，《山西省人民政府办公厅关于发挥保险作用支持创新驱动转型升级的若干意见》发布，提出六方面16条具体举措。

5月1日，《山西省人民政府关于加快推进“互联网+政务服务”工作的实施意见》发布，提出2020年底前，实现互联网与政务服务深度融合，建成上联通国家、下覆盖全省的一网办理“互联网+政务服务”体系。

5月4日，省政府同意设立右玉生态文化旅游开发区（总规划面积417.38平方公里），同意设立襄垣经济技术开发区（规划面积56.08平方公里）。

5月11日，省政府办公厅印发《“13710”信息督办系统使用管理暂行办法》《“13710”信息督办系统省级重点工作任务督办制度》《“13710”信息督办系统省级重大改革事项督办制度》《“13710”信息督办系统省级重点工程项目督办制度》《“13710”信息督办系统省级重点技改项目督办制度》《“13710”信息督办系统省级重点招商项目督办制度》等多个制度性文件，进一步深化拓展 延伸“13710”工作制度。

5月15日，省政府办公厅印发《山西省贯彻落实〈促进中部地区崛起“十三五”规划〉工作方案》，提出八项重点任务。

5月19日，山西省发展和改革委员会、煤炭工业厅印发《山西省“十三五”煤炭工业发展规划》，提出到2020年基本可以实现淘汰接替有序、产能储备合理、产销供需平衡。

5月20日，省委、省政府出台《关于山西省企业投资项目试行承诺制实行无审批管理的决定》，进一步确立企业投资主体地位，打造审批最少、流程最优、体制最顺、机制最活、效率最高、服务最优的营商环境。

5月21日，全省优化营商环境会议在太原召开，楼阳生省长发表重要讲话，会议强调要坚持改革创新，攻坚克难，对标一流，奋力争先，推动山西营商环境进入全国第一方阵。

5月22日，省委常委会议审议通过《关于深化国企国资改革的指导意见》。

5月25日，山西省发展和改革委员会印发《山西省“十三五”新能源产业发展规划》，规划旨在推动我省打造传统能源与新能源相结合，形成较高比例清洁能源的综合能源基地。

6月6日，《山西省鼓励投资政策（2017年版）》正式发布，提出14个方面，总计217项优惠政策，目标打造六最投资营商环境，创新一流招商引资政策。

6月19日，省政府批复《关于运城经济开发区和空港经济开发区整合并扩区的请示》，同意运城经济开发区和空港经济开发区整合，设立运城经济技术开发区并扩区，扩区后的运城开发区规划面积105.63平方公里。

6月21—23日，中共中央总书记、国家主席、中央军委主席习近平来到山西省吕梁、忻州、太原等地考察调研，对山西经济社会发展取得的成绩和各项工作给予肯定。习近平指出，实现资源型地区经济转型发展，形成产业多元支撑的结构格局，是山西经济发展需要深入思考和突破的重大课题。党中央赋予山西建设国家资源型经济转型综合配套改革试验区的重大任务。山西要用好这一机遇，贯彻新发展理念，着力解决制约发展的结构性、体制性、素质性矛盾和问题，以深化供给侧结构性改革推动经济转型发展，以创新驱动推动经济转型发展，以营造良好营商环境推动经济转型发展，以全面深化改革推动经济转型发展，真正走出一条产业优、质量高、效益好、可持续的发展新路。

6月26日，省委书记骆惠宁主持召开省委常委（扩大）会议，传达学习习近平总书记视察山西重要讲话精神，并就抓好贯彻落实作出部署。骆惠宁强调，习总书记亲临山西视察并发表重要讲话，为全省人民指明了前进方向，在山西发展史上具有重要里程碑意义。要把习总书记的勉励和期望铭记在心，在全省迅速兴起学习宣传、贯彻落实习总书记重要讲话精神的热潮，增强维护核心、干事创业的信念和力量，进一步走好新征程、探出新路子、创造新业绩。

6月29日，省政府同意设立太原西山生态文化旅游开发区，规划面积483平方公里。

6月28日，省政府印发《山西省政府核准的投资项目目录（2017年本）》。

6月28日，省人民政府决定赋予山西转型综合改革示范区管理委员会省级行政管理权33项，同时要求太原市、晋中市人民政府要按照“能放尽放、能授尽授”的原则，赋予山西转型综改示范区管委会市级相关行政管理权限。

6月30日，省政府批复《关于阳泉经济技术开发区扩区的请示》和《关于临汾经济开发区扩区的请示》。

7月7日，省政府出台《山西省人民政府关于贯彻落实国务院扩大对外开放积极利用外资若干措施的实施意见》，提出实施全面开放战略，更好地利用两个市场、两种资源，围绕战略性新兴产业培育、能源产业创新、传统优势产业提质、现代服务业发展、特色现代农业增效、“双创”孵化新产业新业态等六大工程，引资、引智、引技相结合，紧扣“放管服效”，着力放宽外资准入，着力优化投资营商环境，着力创新招商引资方式，着力推动政策落实和投资者权益保护，以开放推进改革创新、以开放促进结构调整、以开放拓展发展空间，实现山西省利用外资的新突破，努力把我省打造成为内陆地区对外开放高地。

7月27日，山西省现代农业产业园建设领导小组成立，郭迎光副省长任组长。

8月2日，省政府批复《关于朔州经济开发区扩区的请示》，扩区后朔州经济开发区规划面积99.87平方公里。

8月4日，省政府办公厅印发《山西省电力市场建设试点方案》。

8月6日，省政府办公厅印发《山西省煤层气资源勘查开发规划（2016—2020年）》和《山西省矿产资源总体规划（2016—2020年）》。

8月16日，省政府成立山西省政府投资基金理事会，王一新副省长任主任。

8月22日，省政府办公厅印发《山西省深化“放管服效”改革重点任务分工方案》。

8 月 17 日，省政府印发《山西省土地利用总体规划（2006—2020 年）调整方案》。

8 月 28 日，《山西省人民政府办公厅关于加快推进“多证合一”改革的实施意见》出台，要求自 2017 年 9 月 1 日起在全省范围内实行“多证合一、一照一码”改革。

8 月 29 日，省政府批复《关于孝义经济开发区扩区的请示》和《关于侯马经济开发区扩区的请示》。

9 月 4—5 日，中共中央政治局常委、国务院总理李克强到长治、临汾考察，充分肯定山西经济社会发展取得的成绩，希望山西在以习近平同志为核心的党中央坚强领导下，贯彻新发展理念，加大改革创新力度，加快新旧动能转换，促进经济转型升级，着力脱贫攻坚，推动民生改善。

9 月 8 日，《山西省人民政府办公厅关于建设省级大众创业万众创新示范基地的实施意见》出台。

9 月 11 日，国务院印发《关于支持山西省进一步深化改革促进资源型经济转型发展的意见》（国发〔2017〕42 号），提出到 2020 年，重点领域供给侧结构性改革取得阶段性成果，能源革命总体效果不断显现，支撑资源型经济转型的体制机制基本建立。到 2030 年，多点产业支撑、多元优势互补、多极市场承载、内在竞争充分的产业体系基本形成，清洁、安全、高效的现代能源体系基本建成，资源型经济转型任务基本完成，形成一批可复制、可推广的制度性经验，经济综合竞争力、人民生活水平和可持续发展能力再上一个新台阶。

9 月 13 日，省政府批复《关于运城盐湖工业园区扩区的请示》和《关于壶关经济开发区扩区的请示》，同意设立高平经济技术开发区（规划面积 26 平方公里）、长治经济技术开发区（规划面积 56.4 平方公里）、平定经济技术开发区（规划面积 46.52 平方公里）、闻喜经济技术开发区（规划面积 17 平方公里）。

9 月 14 日，《山西省人民政府办公厅关于进一步复制推广自由贸易试验区改革试点经验的实施意见》发布，旨在积极复制推广上海、天津、广东、福建自贸试验区改革试点经验，深化投资管理体制改革，推动金融创新，促进贸易便利化，加快转变政府职能，提高政府管理水平，为全省开放型经济发展和自贸试验区申报建设奠定坚实基础。

9 月 20—23 日，2017 年山西省旅游发展大会在晋中市举办。

9 月 26 日，省政府办公厅印发《山西省贯彻落实〈中原城市群发展规划〉实施方案》。

9 月 28 日，省政府办公厅印发《山西省 2017—2018 年秋冬季大气污染综合治理攻坚行动方案》。

9 月 28 日，省委、省政府印发《贯彻落实国务院支持山西省进一步深化改革促进资源型经济转型发展意见行动计划》，实施六大领域 74 项主要任务，旨在促进我省走出一条转型升级、创新驱动发展的新路，努力把全省改革发展推向更加深入的新阶段。

10 月 11 日，省政府成立山西省金融稳定发展工作领导小组，楼阳生省长任组长。

10 月 12 日，省政府批复《山西转型综合改革示范区潇河产业园区晋中起步区总体规划（2016—2030 年）》，规划总面积 43.45 平方公里。

10 月 19 日，省政府同意设立永济经济技术开发区（规划面积 15.1 平方公里）、洪洞经济技术开发区（规划面积 25.1 平方公里）、兴县经济技术开发区（规划面积 20 平方公里）、屯留经济技术开发区（规划面积 31.22 平方公里）、怀仁经济技术开发区（规划面积 20 平方公里）、太谷经济技术开发区（规划面积 24.78 平方公里）。

注：（1）《山西省国家资源型经济转型综合配套改革试验区发展报告 2017》中对山西综合改革试验的重要事件通过“大事记”的方式进行记录，本年度报告的“大事记”时间区间为 2016 年 11 月至 2017 年 10 月。

（2）“大事记”主要根据国家发展和改革委员会、山西省发展和改革委员会、山西省政府网站、山西省经济信息网、人民网、《山西日报》等网站资料整理。

范冬梅、王晓霞、任灿灿、李玥收集整理

后　记

近年来，山西政治生态不断净化，踏实干事、积极创业的良好氛围初步形成，营商环境优化进入攻坚阶段。围绕此，2017 年 2 月，山西转型综合改革示范区成立，随后实施开发区整合改制扩区调规，推行“三化三制”改革。3 月 16 日，“晋商晋才回乡创业创新工程启动大会”在北京举办，邀请海内外晋商晋才回乡创业创新。6 月 6 日，《山西省鼓励投资政策（2017 年版）》正式发布，提出多达十四个方面总计 217 项优惠政策。扎实推进“放管服”改革，深入推行企业投资项目承诺制试点、推进“证照分离”改革试点、深化相对集中行政许可权改革、加强事中事后监管、推行“互联网 + 政务服务”等实践，呈现了山西营商环境促转型发展的五彩斑斓画面。该发展报告研究团队深入实践，基于问题与需求开展研究，形成了本年度的发展报告篇章内容。

本报告在形成过程中，得到山西财经大学资源型经济研究中心学术委员会委员、山西财经大学资源型经济转型发展研究院学术委员会成员、山西财经大学资源型经济转型协同创新中心管理委员会及首席专家的指导。感谢他们对本年度发展报告各个专题研究主题、题目立意、报告文稿等提出的建设性意见和建议。

本报告在调研分析和写作过程中，得到山西省国家资源型经济转型综合配套改革试验区工作领导组办公室、山西省商务厅、孝义市政府、太原市晋源区“农创联盟”众创空间等的大力支持和帮助。在此，对他们表示衷心的感谢。

本报告主要得到了教育部哲学社会科学系列发展报告（11JBGP014）的资助。同时，也吸收了课题组成员在其他相关项目的研究成果，这些项目包括国家社会科学基金项目（11AZD091、16BGL207、17BGL046），国家自然科学基金项目（71774105、71473233、71303143），教育部人文社会科学研究项目（17JYC790076、13YJC630217、16YJCZH131），山西省回国留学人员科研项目（2017—101），山西省软科学研究项目（2017011001—3、2016041029—1）、山西省高等学校人文社科重点研究基地项目（2017324、2017322、2017333、2016322）、山西省高等学校哲学社会科学项目（2017244、2015242）、山西省社会、经济、统计科学研究课题（KY［2004］082）、山西省社会科学界联合会重点课题（SSKLZDKT2016059、SSKLZDKT2017035）、山西省哲学社会科学规划课题（晋规办字［2017］2号、晋规办字［2016］2号）、山西省哲学社会科学"十二五"规划课题（晋规办字［2017］3号）、山西省研究生教育改革研究项目（2016JG66、2017JG66）、山西省高等学校教学改革创新项目（J2017057）、山西财经大学青年科研基金项目（QN－2017006），山西财经大学科研专项基金项目（ZX－201710）、山西财经大学资源型经济转型协同创新中心科研专项基金项目（ZX2017204、ZX2017313）、山西省工业产品生产许可证审查中心项目（《山西省委省政府贯彻落实〈中共中央 国务院关于开展质量提升行动的指导意见〉的实施方案》研究）等。课题组成员积极调研，认真撰写研究报告（文责自负）。在此，对所有作者表示衷心感谢。

今年习近平总书记和李克强总理先后到山西考察，充分肯定山西经济社会发展和资源型经济转型综改取得的成绩，同时也提出新希望和新要求。党的十九大报告中明确指出支持资源型地区经济转型发展，对于山西这样的全省域资源型地区意义尤为重大。愿我们继续共同努力，为山西省资源型经济转型综合改革推向更加深入的新阶段贡献力量。

郭泽光

2017年11月